Canada 加拿大

no.76

格陵蘭島

溫哥華
Vancouver

洛磯山脈
Rocky M

卡加
Calg

維多利亞
Victoria

渥太華
Ottawa

Québec City

蒙特婁 Montré

尼加拉瀑布
Niagara Falls

多倫多 Toronto

美 國

MOOK NEWAction

本書所提供的各項可能變動性資訊,如交通、時間、價格(含票價)、地址、電話、網址,係以2023年08月前所收集的為準;特別提醒的是,COVID-19疫情期間這類資訊的變動幅度較大,正確內容請以當地即時標示的資訊為主。
如果你在旅行中發現資訊已更動,或是有任何內文或地圖需要修正的地方,歡迎隨時指正和批評。你可以透過下列方式告訴我們:
寫信:台北市104中山區民生東路二段141號9樓MOOK編輯部收
傳真:02-25007796
E-mail:mook_service@hmg.com.tw
FB粉絲團:「MOOK墨刻出版」www.facebook.com/travelmook

## 符號說明

| | | | |
|---|---|---|---|
| ☎ 電話 | 💲 價格 | ⏱ 所需時間 | 🅗 住宿 |
| 🖶 傳真 | 🌐 網址 | ↔ 距離 | 🅕 Facebook |
| 📍 地址 | ✉ 電子信箱 | ➡ 如何前往 | 🅘 Instagram |
| 🕐 時間 | ❗ 注意事項 | 🚇 市區交通 | ◯ Line |
| 🎌 休日 | ✽ 特色 | ❶ 旅遊諮詢 | |

# Welcome to Canada

# 歡迎來到加拿大

**請**繫好安全帶，我們馬上就要出發了

我們的旅程從溫哥華開始，這座被評為地球上最適合人類居住的城市在和煦的陽光下閃閃發亮，朝氣蓬勃的街景彷彿正炫耀著她那與眾不同的生活品味。接著我們來到比英國還要英國的維多利亞，在馬車和下午茶的相伴下，回到一個世紀前的風雅時代。山海相峙的海連天公路，是通往冰雪天堂惠斯勒的大門，新建成的雙峰纜車，將黑梳山與惠斯勒山連成美洲最大的滑雪勝地。

當我們開上洛磯山脈時，請千萬別打瞌睡，因為沿途的景致你可能只有在畫布中看過。清澈的湖面上蕩漾著壯麗的冰河倒影，一切都顯得深邃而寧靜，野生動物在此樂園自歌自舞，彷彿人類的紛擾世界從不曾存在。

順著1號公路，我們又重回熱鬧的地盤，牛仔與恐龍在卡加利歡愉地共舞，自然與文明在此和諧並存。接著我們要穿越無際曠野，遠處的森林覆蓋住地平線，風吹來了狼的氣味。等到聽見隆隆大水聲，表示尼加拉瀑布近在眼前，浩浩湯湯的巨大水幕奔騰澎湃，似乎全世界的水都傾注在這裡了。

到了多倫多又是另一種完全不同的風景，這座五光十色的國際大都會每到夜晚，當舞台上的燈光亮起，就是她綻放無限魅力的時刻。參觀國會大廈和總督官邸是來到加拿大首都渥太華不可錯過的行程，這也是認識加拿大國家體系的大好機會。

在蒙特婁，你可能會產生一種宛如置身法國的錯覺，隨處可見的天主教堂、碎石鋪成的街道巷弄、人們交談的言語、精緻的法式料理，無一不充滿著歐洲風情。而古色古香的歷史名城魁北克，更是擁有說不完的故事，也成為北美洲唯一名列世界遺產的城市。

幅員遼闊的加拿大，從最西到最東，猶如一道色彩遞嬗的光譜，從原始的人間仙境到現代的社會人文，從純樸的鄉村小鎮到繁華的國際都會，從騎著馬的印地安人到揚著帆的歐洲騎士，這一切都等著您來親自探索。

5

N

北極海
Arctic Ocean

阿拉斯加（美國）
Alaska

03：00

04：00

Beaufort Sea

費爾班克斯
Fairbanks

○ Tuktoyaktuk

○ Inuvik

○ Arctic Red River

維多利亞島
Victoria Island

05：00

○ Cambridge Bay

Gjoa Haven ○

○ Dawson City

育空地方
Yukon Territory

Great Bear
Lake

○ Carmacks

○ Haines Junction

○ Ross River

白馬市 Whitehorse

○ Teslin

Haines ○  Skagway

Watson Lake ○

Dease Lake ○

寧詩省（英屬哥倫比亞）
British Columbia

○ Stewart

Mackenzie Mts.

洛磯山脈 Rocky Mts.

西北地方
Northwest Territories

○ Fort Simpson

黃刀市 Yellowknife

Fort Providence ○

Hay River ○

Great Slave
Lake

努勒維特
Nunavut

Baker Lake ○

○ Fort Nelson

Wood
Buffalo
NP.

亞伯達省
Alberta

Prince Rupert ○

○ New Hazelton

○ Fort St. John

Coast Mts.

Vanderhoof ○

○ Prince George

Quesnel ○

惠斯勒
Whistler

溫哥華島
Vancouver Island

Ashcroft ○
甘露市
Kamloops

溫哥華
Vancouver

Nanaimo ○

鹽泉島 Salt Spring Island

維多利亞
Victoria

西雅圖 Seattle
Kelowna

97

○ Dawson
Creek

○ Grande Prairie

○ Peace River

○ Slave Lake

○ Fort McMurray

薩克其萬省
Saskatchewan

曼尼托巴省
Manitoba

Thompson ○

傑士伯
Jasper

艾德蒙頓
Edmonton

Lloydminster ○

○ Prince Albert

93

班夫
Banff

○ Red Deer

○ Drumheller

基洛納
Kelowna

卡加利
Calgary

○ Cranbrook

○ Lethbridge

North Battleford ○

Saskatoon ○

Kindersley ○

Medicine Hat

Yorkton ○

太平洋
Pacific Ocean

溫尼伯
Winnlpeg

Swift
Current

麗金娜城
Regina

Brandon ○

Portage
la Prairie

美國United States

6

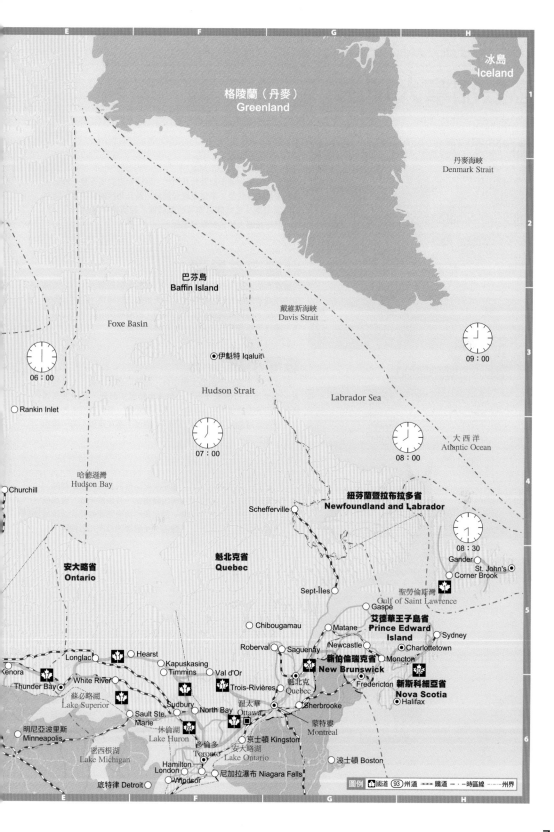

冰島
Iceland

格陵蘭（丹麥）
Greenland

丹麥海峽
Denmark Strait

巴芬島
Baffin Island

戴維斯海峽
Davis Strait

Foxe Basin

09：00

06：00

●伊魁特 Iqaluit

Hudson Strait

Labrador Sea

○Rankin Inlet

07：00

08：00

大西洋
Atlantic Ocean

哈德遜灣
Hudson Bay

○Churchill

紐芬蘭暨拉布拉多省
Newfoundland and Labrador

○Scheffervile

08：30

Gander ○

安大略省
Ontario

魁北克省
Quebec

St. John's ●
● Corner Brook

Sept-Îles ○

聖勞倫斯灣
Gulf of Saint Lawrence

● Chibougamau

Matane

Gaspé ○

艾德華王子島省
Prince Edward
Island

Sydney ○

Roberval ○ ○ Saguenay

Newcastle ○

Charlottetown ●

○ Longlac ○ Hearst

Kapuskasing

○ Val d'Or

Timmins

新伯倫瑞克省
New Brunswick

Moncton ○

魁北克
Quebec

○Kenora

White River ○

Trois-Rivières ○

Fredericton ●

新斯科細亞省
Nova Scotia

Thunder Bay

蘇必略湖
Lake Superior

Sudbury

North Bay ○

Sherbrooke ○

Halifax ●

明尼亞波里斯
Minneapolis

Sault Ste.
Marie

休倫湖
Lake Huron

渥太華
Ottawa

蒙特婁
Montreal

密西根湖
Lake Michigan

多倫多
Toronto

安大略湖
Lake Ontario

京士頓 Kingston

波士頓 Boston

Hamilton ●

London ○

底特律 Detroit ○

○ Windsor

尼加拉瀑布 Niagara Falls

圖例 ⌂國道 (93)州道 ┅┅鐵道 -·-時區線 ----州界

# 必去加拿大理由

### 迷人城市生活

加拿大的每座城市都各有其特色，氣候和煦的溫哥華、洋溢英倫風情的維多利亞、牛仔之城卡加利、多元兼容的多倫多、首善之都渥太華、法式氣息濃厚的蒙特婁、保留完整城牆的魁北克等，都等著遊人前去探索及感受。

### 壯麗自然景觀

加拿大的大山大水無處不衝擊著人們的美感經驗，深藏在洛磯山中如翡翠般的湖泊、彷彿摸得到天堂的山脊峰頂、深邃幽靜的峽谷絕壁、透著微微藍光的巨大冰河、壯觀無朋的尼加拉瀑布，每一處風景都讓人不禁懷疑眼前景象是否真實。

### 悠閒小鎮風情

加拿大除了五光十色的大城市外，城市周邊的小鎮風光更是迷人，北美第一座慢城卡沁灣、壁畫小鎮席美娜斯、圖騰之城鄧肯、極限運動天堂惠斯勒、湖畔酒鄉基洛納、藝術家群集的鹽泉島、恐龍之城德蘭赫勒等，悠閒的步調加上絕美風景，每一處都教人流連忘返。

### 經典加拿大象徵

在這富於特色的遼闊國度，有不少可以代表其精神的象徵物，你可以看到國旗上的楓葉在眼前山頭鋪就一片萬紫千紅，貨真價實的牛仔在競技場中策馬奔馳，原住民的神祕圖騰像是在述說故事，香醇甜美的冰酒滋味使人難忘，而豐富的恐龍化石則讓人神遊億萬年前。

### 奢華城堡酒店

菲爾夢酒店集團佔著地利之便，在全國景色最美的地方，建了數座奢華壯麗的城堡酒店。時至今日，這些酒店早已不只是個住宿的旅館，更成了當地的地標景點。在班夫河谷旁、露易絲湖畔、維多利亞內港前、魁北克老城裡，城堡酒店既獨享了風景，也與美景合而為一。

### 可愛野生動物

走進洛磯山脈，你就到了野生動物的家，在森林步道上，你遇見的野生動物可能比人類還多。小自可愛的岩兔、地鼠、郊狼，大到佔據馬路的麋鹿、北美馬鹿、大角羊，有時甚至還能親眼看見野生的黑熊、棕熊或雪羊呢！

# 旅行計畫
# Plan Your Trip

# Top Highlights of Canada
# 加拿大之最　文●蔣育荏　攝影●墨刻攝影組

蔣育荏提供

## 加拿大洛磯山脈
## Canadian Rocky Mountains

　　如果真有所謂人間仙境，加拿大的洛磯山脈沒有理由不名列其中。洛磯山在地質上還相當年輕，超過3千公尺的高山峰峰相連，將這塊祕境隱藏了數千年之久，直到太平洋鐵路開通，才漸漸揭開其神祕面紗，廣為世人所知。今日這片收藏奇景的山林，已被規劃為班夫、傑士伯、幽鶴、庫特尼四座相連的國家公園，公園中雄奇萬千的景色主要來自冰河的貢獻，像是水色呈現奇妙Tiffany藍的夢幻湖泊、深邃幽靜的萬仞峽谷、砅崖轉石的飛湍瀑布，一望無際的白色冰原，這些都不是尋常可見到的風景，美妙得令人難以形容，足以作為一輩子珍藏的回憶。（P.144）

**最佳自然景觀**
**The Best Landscape**

露易絲湖 / 洛磯山脈
Lake Louise /
Rocky Mountains (P.170)

慕寧湖 / 洛磯山脈
Maligne Lake /
Rocky Mountains(P.190)

# 尼加拉瀑布
# Niagara Falls

　　名列世界新七大奇景的尼加拉瀑布，橫跨美、加兩國邊境，被公羊島分隔為「馬蹄瀑布」和「美國瀑布」。尼加拉瀑布的落差雖然只有57公尺，但尼加拉河的河水以每秒60萬加崙的豐沛水量奔流而下，尤其是馬蹄瀑布792公尺的寬幅，彷彿要把全世界都吞沒似的。環形的瀑布就像地表上的一個大洞，人類在這頭怒吼的巨獸面前渺小如同蟻螻，不由得對造物者的偉大發出讚嘆。

　　今日環繞著瀑布發展出各種娛樂設施，也讓此地成為名副其實的觀光勝地，遊客可以搭乘遊船長驅直入瀑布近前，或是參加瀑布探險深入瀑布背後，當然還可登上岸邊的觀景平台，由上俯瞰這道奇觀。現在的人不必再做敢死隊，就能以最輕鬆的方式，感受尼加拉瀑布的磅礴氣勢。
（P.255）

哥倫比亞冰原 / 洛磯山脈
Columbia Icefield /
Rocky Mountains
(P.194)

瓦特頓湖 / 亞伯達
Waterton Lakes / Alberta
(P.222)

尼加拉瀑布 / 安大略
Niagara Falls / Ontario
(P.255)

# 城堡酒店
## Château Hotel

　　1880年代，隨著太平洋鐵路完工，西部沿線城鎮也逐漸繁榮起來，尤其是洛磯山中的班夫與露易絲湖，更像一塊未經開發的璞玉，不論是富人還是登山愛好者，都為其無與倫比的美景深深吸引，太平洋鐵路公司預見商機，於是興建了班夫溫泉旅館。為了宣揚集團財力，魁北克的芳堤納克城堡也緊接著開幕。接下來的20年內，維多利亞帝后酒店、露易絲湖城堡酒店、渥太華洛麗耶城堡一一完工。這些城堡酒店給人印象最深的，莫過於其夢幻般的城堡外觀，甚至由於建築本身太吸引人，而使酒店成為當地必遊景點。更棒的是，城堡飯店的位置全都得天獨厚，佔據了當地最好的視野，因此人們來到加拿大，就算住不起城堡酒店，一定也會來這裡徘徊流連。
（P.113、177、178、276、321）

最佳公園與花園
**The Best Park & Garden**

# 布查花園
# The Butchant Gardens

　　如果說米其林的星星是對餐廳大廚的最高肯定，那麼布查花園毫無疑問就是園藝界中的三顆星花園，加拿大最頂尖的園藝家們在這座花園裡肆意揮灑才華，在他們的細心照料下，布查花園的花期竟長達8個月之久，從每年3月一直到11月，遊客們都可以在這處由花卉構成的調色盤裡心醉神馳；即使時序漸入秋冬，滿園的黃葉紅楓依然將花園妝點得姿韻迷人。

　　在佔地55英畝的範圍內，義大利花園、玫瑰園、日本庭園，當然還有最常登上明信片的窪地花園(Sunken Garden)，各自以不同的旨趣吸引遊人目光流連，其間還點綴著羅斯噴泉、鱘魚噴泉等美麗的造景；夏日白天裡不時有音樂會演出，到了夜晚更是煙花絢爛。（P.116）

布查花園 / 卑詩省
Butchart Gardens /
British Columbia (P.116)

皇家山公園 / 魁北克
Parc du Mont-Royal /
Québec (P.311)

蒙特摩漢斯公園 / 魁北克
Parc de la Chute-
Montmorency /
Québec (P.330)

# 尋找恐龍化石
# Looking for the dinosaur fossils

　　恐龍！這兩個字不知是否勾起你一些兒時的憧憬，當我們還是孩子的時候，曾經無數次望著博物館中的巨大模型驚嘆，或是對著電影中嘶吼奔騰的怪獸熱血沸騰，或是拿著手上的恐龍玩具自導自演。現在來到加拿大，你所看到的不再是博物館中的複製模型，不是電腦製作出來的特效動畫，更不是中國製造的便宜玩具，而是…也不能說是活生生啦…是曾經活生生的真實恐龍。看到恐龍化石其實也沒什麼稀奇，但要在荒野中實際尋找、觸摸，這機會就千載難逢了。在亞伯達的省立恐龍公園與皇家泰瑞爾古生物博物館，都有提供尋找化石的行程，當親手捧著化石的那一刻，心中的感動真是難以言喻，不過，可不要偷偷帶回家哦！（P.225、228）

最佳觀景平台
The Best Observation Deck

| | |
|---|---|
| 馬拉哈特天空步道 / 卑詩省 Malahat SkyWalk / British Columbia (P.126) | 哥倫比亞冰原天空步道 / 洛磯山脈 Columbia Icefield Skywalk / Rocky Mountains (P.195) |

# 原住民文化
# Native Culture

　　早在幾萬年前，原住民的祖先就經由白令陸橋從亞洲來到北美洲，他們的臉孔五官與毛髮膚色都還保留著亞洲人的特徵，有時看起來格外親切。他們在這片遼闊大地上生存了無數個世代，在嚴酷的環境中發展出獨特的生活方式，無論在過去、現在還是未來，他們都是美洲大陸不可切割的一部分。原住民們最鮮明的藝術成就，莫過於一根根色彩鮮豔的圖騰柱，在加拿大的許多地方都能欣賞這些神祕而精彩的作品。而不少原住民藝術家也發展出獨特的藝術觀，應用新的素材來表現其傳統故事，像是加拿大國寶比爾里德就是最好的例子。

卡加利塔 / 亞伯達
Calgary Tower / Alberta
(P.214)

加拿大國家電視塔 / 安大略
CN Tower / Ontario
(P.241)

史凱隆塔 / 安大略
Skylon Tower / Ontario
(P.263)

# 遇見野生動物
## Encounter the Wildlife

在台灣，路上能看到的「野生動物」，大概就只有野貓野狗，但是在加拿大，野生動物卻常是居民們生活中的一部分；平日裡可能會有一頭鹿探出頭來，吃掉人們種在院子裡的花草，或是臨河欄杆上的木條被河狸偷走，拿去興建水壩。雖然這對當地人來說是一種困擾，但是對台灣人而言，和野生動物如此靠近是多麼不可思議啊！撇開這些生活中的意外不談，遊客在加拿大能看到最多野生動物的地方，當屬洛磯山脈國家公園群內，公園的道路兩旁經常會出現大角羊、北美馬鹿，甚至灰熊、黑熊等動物在此悠哉閒逛，為了爭睹動物們的身影，於是形成了「動物堵塞」的長長車陣。（P.149）

最佳博物館
**The Best Museum**

英屬哥倫比亞大學人類學博物館 / 卑詩省
UBC Museum of Anthropology / British Columbia (P.76)

皇家卑詩博物館 / 卑詩省
Royal BC Museum / British Columbia (P.110)

# 追逐極光
# Chasing Aurora

　　極光的形成來自從太陽射出的超高速電漿，在地球表面受到磁氣圈阻擋後，部分帶電粒子被磁力拉引，沿著漏斗形的磁場線來到兩極周圍，形成一環以極地為中心的極光帶。當這些太陽風的質子、電子與地球大氣中的原子、分子碰撞時，改變了大氣粒子中的能量狀態，為了回歸平衡，便以光子的形式釋放出多餘能量，於是就形成了極光。這如夢亦如幻的光影，時而寬如簾幕，時而細如飄帶，時而輕描淡寫如抒情慢歌，時而激烈奔放如搖滾龐克，各有各的美，任憑人們悠然遐想。

　　在加拿大，觀賞極光最有名的地方，一是在西北領地的黃刀鎮(Yellowknife)，一是在育空地區的白馬鎮(Whitehorse)，因為就位於極光帶下，與其他地方相比起來，特別容易看到極光。想看極光的人，最好在8月底到4月中之間出發，畢竟天色全黑的時間愈長，看到極光的機率也愈大。

皇家泰瑞爾古生物博物館 /
亞伯達
Royal Tyrrell Museum /
Alberta (P.228)

皇家安大略博物館 / 安大略
Royal Ontario Museum /
Ontario (P.248)

加拿大國立美術館 / 安大略
National Gallery of
Canada / Ontario (P.281)

## 品嚐冰酒
## Tasting Icewine

　　冰酒最初是由德國人發明的，據說是源於一場突如其來的風雪讓葡萄結霜，農夫捨不得將這些葡萄丟棄，繼續拿來釀酒，沒想到葡萄中的糖份因為結霜的關係，全都凝結在葡萄裡，是以釀出來的酒又香又甜，甚至還有濃郁的蜂蜜味道。由於全球葡萄產地能夠結霜的不多，而只有加拿大每年都具備這樣的氣候條件，使得加拿大冰酒格外出名。坊間有很多假的冰酒，是用人工的方式冷凍葡萄，或是乾脆在酒裡添加香料，因此購買冰酒時，必須認明酒瓶上貼有「VQA」貼紙，表示通過葡萄酒商品質保障聯盟鑑定。

## 漫步在老城小鎮
## Roaming in the old town

　　加拿大的許多城市都保留了昔日的味道，例如溫哥華的蓋士鎮、維多利亞內港邊、蒙特婁的舊港區等，而魁北克城牆環繞的老城區，更是令遊客產生出穿越歷史的錯覺。老城區的街道常是城裡最富於觀光氛圍的區域，除了歷史風味的老酒館、極具地方特色的紀念品店，與目不暇給的街頭表演，你甚至還能看見一輛輛復古的馬車達達而過。至於加拿大的鄉間小鎮，精彩亦不遑多讓，像是圖騰之城鄧肯、壁畫小鎮席美娜斯、慢城卡沁灣、酒鄉基洛納、藝術小島鹽泉島等，都美得讓人有想移民的衝動。

## 最佳在地市場
## The Best Market

格蘭佛島公眾市場 / 卑詩省
Public Market at Granville Island / British Columbia (P.75)

肯辛頓市場 / 安大略
Kensington Market / Ontario (P.247)

## 體驗刺激戶外活動
## Experience outdoor activities

如果你的血液裡流動著喜愛冒險的基因，來到加拿大，千萬別錯過這裡多采多姿的戶外活動。在加拿大的許多自然名勝景點，都有各式各樣的戶外活動可以體驗，以惠斯勒的高空滑索Ziptrek為例，那是在身上穿上一組吊環，藉由一根鋼索滑到溪谷對岸，雖然在很多地方都能找到類似的樂子，但惠斯勒的索道之長、溪谷之深、速度之快，最重要的是風景之優美，絕對是其他地方的高空滑索所望塵莫及的。

## 前進楓葉大道
## Maple Road

每年9月到10月，從魁北克省一路往西延燒的各色楓葉，對加拿大人而言，只不過是秋天裡必然增添的顏色罷了。如果真要定義，一般認為楓葉大道是從渥太華到多倫多的這段401號公路，因為公路兩旁接連不斷的橘紅色秋景，確實是當仁不讓。每當夏季結束，赭、紅、橘、紫、黃等，各種表達秋意的顏色都迫不及待地奔放出來，以最強勢的姿態佔據人們的雙眼，而暖暖的午後陽光更把楓樹全都塗上一層金箔，滿山頭的黃綠橙紅紫，甚至是一眼望不盡的程度，真正展現「楓葉王國」的氣勢。

聖勞倫斯市場 / 安大略
St. Lawrence Market / Ontario (P.254)

拜渥市場 / 安大略
ByWard Market / Ontario (P.282)

蒙特婁市場 / 魁北克
Marché de Montréal / Québec (P.314)

# Top Itineraries of Canada
# 加拿大精選行程

文●蔣育荏

## 卑詩雙城7天

●行程特色

　　這個行程以卑詩省兩大城市：溫哥華與維多利亞為主軸。前兩天先玩溫哥華，再搭乘卑詩渡輪前往維多利亞，把維多利亞精選景點玩遍後，開車沿溫哥華島東岸北上，一路遊玩卡沁灣、席美娜斯、鄧肯等城鎮，最後再從那乃摩搭卑詩渡輪回到溫哥華。如果還有時間的話，其實不妨把北邊的惠斯勒也加進這個行程來。

●行程內容

Day 1~2　　溫哥華
Day 3　　　溫哥華→維多利亞
Day 4~5　　維多利亞
Day 6　　　溫哥華島
Day 7　　　那乃摩→溫哥華

## 洛磯山脈12天

●行程特色

　　這個行程要玩遍整個洛磯山脈國家公園群，以最靠近洛磯山的大城卡加利為進出點。頭幾天先玩班夫鎮以及班夫鎮附近的景點，接著繞到庫特尼國家公園，如果無法當日來回，可以投宿在鐳溫泉村。從庫特尼回到班夫後直奔露易絲湖，在露易絲湖附近的景點和步道玩個兩天，然後去幽鶴國家公園。從幽鶴回到露易絲湖，再沿著冰原大道前往傑士伯，如果當日無法到達，冰原大道上也有些極具特色的旅館。玩遍傑士伯後一路往南回到卡加利，中途可在班夫休息停留。

●行程內容

Day 1　　　卡加利→班夫鎮
Day 2~3　　班夫國家公園
Day 4　　　庫特尼國家公園
Day 5~6　　露易絲湖
Day 7　　　幽鶴國家公園
Day 8　　　冰原大道
Day 9~10　傑士伯國家公園
Day 11　　傑士伯→班夫
Day 12　　班夫→卡加利

# 加拿大洛磯山脈國家公園城堡10天

### ●行程特色

　　這趟經典行程從溫哥華出發，經由風景優美的海連天公路，前往2010年的冬奧會場惠斯勒渡假村。接著從惠斯勒經甘露市抵達傑士伯國家公園，沿途遊玩以火山岩瀑布聞名的威爾斯省立公園、羅伯森山省立公園，並欣賞洛磯山脈的最高峰羅伯森山。在傑士伯國家公園可以體驗完整的冰原大道之旅，包括哥倫比亞冰原雪車、匹投湖、弓湖等，並來到露易絲湖附近，觀看夢蓮湖對岸的十峰山，晚上則下榻露易絲湖城堡酒店。從露易絲湖出發，先去幽鶴國家公園的翡翠湖逛逛，隔天再前往班夫國家公園。離開班夫後，在卡加利搭乘國內線班機至維多利亞，參觀聞名遐邇的布查花園。最後，再搭上卑詩渡輪回到溫哥華。

### ●行程內容

| | |
|---|---|
| Day 1 | 溫哥華→惠斯勒 |
| Day 2 | 惠斯勒→甘露市 |
| Day 3 | 甘露市→傑士伯 |
| Day 4 | 傑士伯→露易絲湖 |
| Day 5 | 露易絲湖→幽鶴 |
| Day 6 | 幽鶴→班夫 |
| Day 7 | 班夫 |
| Day 8 | 班夫→卡加利飛往維多利亞 |
| Day 9 | 維多利亞→溫哥華 |
| Day 10 | 溫哥華 |

# 加東六城15天

### ●行程特色

　　這個行程遊覽安大略與魁北克的精華。行程從多倫多開始，接著拜訪世界奇景尼加拉瀑布，同時尼加拉瀑布一帶也是加拿大知名的冰酒產區。從尼加拉瀑布到京士頓只需半天車程，因此到了京士頓還有半天可以利用。京士頓的第二天去搭乘千島遊船，結束後再開車前往渥太華。渥太華再往東，便是加拿大的法語區，蒙特婁與魁北克市是法語區兩大重鎮，都是極有韻味的城市。最後再從魁北克市搭機返回多倫多。

### ●行程內容

| | |
|---|---|
| Day 1~3 | 多倫多 |
| Day 4~5 | 尼加拉瀑布 |
| Day 6 | 尼加拉瀑布→京士頓 |
| Day 7 | 京士頓→渥太華 |
| Day 8 | 渥太華 |
| Day 9 | 渥太華→蒙特婁 |
| Day 10~12 | 蒙特婁 |
| Day 13 | 蒙特婁→魁北克市 |
| Day 14~15 | 魁北克市 |

# When to go
# 最佳旅行時刻　文●蔣育荏

加拿大四季氣候涼爽，冬冷夏涼，東部氣溫稍低，南部氣候適中，西部氣候溫和溼潤，北部為寒帶苔原氣候。即使是夏季前往旅遊，也要攜帶長袖衣物以防夜間溫度驟降。洛磯山脈的氣溫平均都在10度以下，緯度較高的加東地區秋天便可能降到0℃，手套、圍巾和帽子不可少，若是冬季前往，一定要準備禦寒衣物如雪衣、雪鞋等。

## 加拿大旅遊季節

溫哥華、維多利亞等卑詩省南部地區，屬於溫帶海洋性氣候，雖然緯度高，但因受到海洋調節，冬天很少降雪，更不會積雪，氣候溫暖宜人。7、8月是最適合到這裡旅行的季節，既不會炎熱，日照也很充足，不過早晚還是有點溫差，出門最好帶件薄外套。而10月之後降雨開始明顯，整個冬天都非常潮溼，直到來年3、4月雨季才算結束。

洛磯山區由於地勢較高，屬於亞寒帶氣候，夏天時涼爽舒適，適合從事各種戶外活動，但冬天卻是一片酷寒景象，高山西麓的迎風坡降雪量尤其豐沛。通常山上從10月中開始積雪，有時早的話，9月底就會迎來第一場雪。冬天時山上道路常因積雪而封閉，許多設施也不會開放，不過對雪上運動的愛好者來說，冬天才是他們的旺季。

洛磯山東麓的亞伯達省南部，天氣變化較大，一般而言與洛磯山西麓相比起來，氣候更為乾燥，晴天佔了大多數，而冬天也更冷，有時9月就開始飄雪，來年5月積雪都還沒有融化完。基本上6~8月是最適合旅遊的季節，但同樣要注意早晚溫差。

安大略省南部與魁北克省南部地區，屬於溫帶大陸性溼潤氣候，四季分明，降水量平均，沒有特別明顯的雨季。夏季炎熱，白天高溫時可達30℃，雖然略嫌溼熱，但仍是適合出遊的理想季節。秋天氣候特別宜人，大約從9月開始一直到10月，是加東的賞楓旺季，愈往西賞楓季節愈晚，魁北克與蒙特婁約9月底至10月中，渥太華約10月初到10月中，京士頓約10月初到10月底，尼加拉瀑布約10月中至10月底，多倫多則是10月中至11月初。至於冬天則平均氣溫在攝氏0度以下，一般而言10月就會開始降雪，真正的雪季則從11月開始，一直到來年4月。5月之後冰雪消融，遊船紛紛載客出航，宣示新一年旅遊季的開始。

# 加拿大**旅行日曆**

| 月份 | 地點 | 節慶名 | 內容 |
|---|---|---|---|
| 1月1日 | 全國 | 元旦 New Year's Day | 國定假日。 |
| 1月中 | 湖濱尼加拉 | 尼加拉冰酒節<br>Niagara Icewine Festival | 為慶祝冰酒收成，由30多家酒莊共同舉辦，有冰酒品嚐、美食與音樂表演。 |
| 1月中 | 歐肯納根 | 冬季酒節<br>Okanagan Wine Winter Festival | 為期10天的冰酒節，有品酒會、美食與冰酒選拔競賽。 |
| 1月中至2月初 | 溫哥華 | 溫哥華美食節<br>Dine Out Vancouver Festival | 加拿大最大的餐廳嘉年華，為期17天，全城有超過200間餐廳參加。 |
| 2月中 | 魁北克 | 魁北克冬季嘉年華<br>Carnaval de Québec | 為期10天，有夜間狂歡遊行、皇后選拔、巨大冰宮、冰雕展與各種冰上表演及活動。 |
| 2月第3個週一 | 卑詩省<br>亞伯達省<br>安大略省 | 家庭日 Family Day | 國定假日。 |
| 2月底至3月初 | 蒙特婁 | 蒙特婁燈光節<br>Montréal High Lights Festival | 蒙特婁的冬季嘉年華，集音樂、美食、藝術、冬季活動於一身，讓全城陷入一片五光十色當中。 |
| 3月中 | 多倫多 | 加拿大花卉博覽會 Canada Blooms | 加拿大最大的花園與庭院設計展覽。 |
| 復活節前的週五 | 全國 | 受難日 Good Friday | 國定假日。 |
| 春分後第1個週日（隔日放假） | 全國 | 復活節 Easter | 國定假日，全國各地都會有尋找彩蛋的活動。 |
| 5月初 | 歐肯納根 | 春季酒節<br>Okanagan Wine Spring Festival | 為期12天的葡萄酒節，有品酒會、美食與葡萄酒選拔競賽。 |
| 5月中 | 渥太華 | 加拿大鬱金香節<br>Canadian Tulip Festival | 為紀念二戰期間加拿大對荷蘭王室的庇護。為期11天，有花卉展、音樂會、美食秀、嘉年華等活動。 |
| 5月中 | 維多利亞 | 高地運動會與凱爾特嘉年華<br>Victoria Highland Games & Celtic Festival | 來自蘇格蘭的傳統，有風笛樂隊、鼓樂隊遊行、高地舞蹈，與各種體育競賽。 |
| 5月25日前的週一 | 全國 | 維多利亞日 Victoria Day | 國定假日。 |
| 6月初 | 蒙特婁 | 加拿大大獎賽 Grand Prix of Montreal | 加拿大最重要的一級方程式賽車大賽。 |
| 6月24日 | 魁北克 | 魁北克日 Fête nationale du Québec | 國定假日。 |
| 6月底到7月初 | 蒙特婁 | 蒙特婁國際爵士樂節<br>Festival International de Jazz de Montréal | 為期11天，在許多音樂廳或表演場地，都有一場場爵士音樂會。市中心的藝術廣場上，也有免費演出及藝術展覽。 |
| 7月1日 | 全國 | 加拿大國慶日 Canada Day | 國定假日。 |
| 7月上旬或中旬 | 卡加利 | 卡加利牛仔節 Calgary Stampede | 為期10天，有牛仔競技、馬術表演、園遊會、遊樂設施等。 |
| 7月中 | 溫哥華 | 溫哥華民謠節<br>Vancouver Folk Music Festival | 為期3天，除了主舞台的民謠表演，也有市集和美食園遊會。 |
| 7月底到8月初 | 多倫多 | 加勒比嘉年華 Caribana | 為期2~3週，有華麗的遊行、化妝舞會、音樂舞蹈、美食攤位與藝術市集。 |
| 8月第1個週一 | 卑詩省<br>亞伯達省<br>多倫多<br>渥太華 | 卑詩省紀念日 BC Day<br>亞伯達紀念日 Heritage Day<br>多倫多紀念日 Simcoe Day<br>渥太華紀念日 Colonel By Day | 國定假日。 |
| 8月底至9月初 | 溫哥華 | 太平洋國家展覽場園遊會<br>Fair at the PNE | 在遊樂場中舉行的嘉年華，有明星演唱會、動物表演、舞台劇與美食園遊會。 |
| 9月第1個週一 | 全國 | 勞動節 Labour Day | 國定假日。 |
| 9月上旬或中旬 | 多倫多 | 多倫多國際影展<br>Toronto International Film Festival | 為期11天的北美重要影展，參展電影風格多元，並由觀眾票選最佳影片。 |
| 9月下旬 | 尼加拉瀑布 | 尼加拉葡萄酒節<br>Niagara Wine Festival | 為期2週，有各種品酒活動、藝術展覽、音樂表演與花車遊行。 |
| 9月最後1個週四開始 | 歐肯納根 | 秋季酒節<br>Okanagan Wine Fall Festival | 為期11天的葡萄酒節，有品酒會、美食與葡萄酒選拔競賽。 |
| 9月30日 | 全國 | 全國真相與和解日<br>National Day for Truth and Reconciliation | 國定假日。 |
| 10月第2個週一 | 全國 | 感恩節 Thanksgiving | 國定假日，全家人要聚在一起吃火雞大餐。 |
| 11月11日 | 全國(安大略與魁北克除外) | 國殤紀念日 Remembrance Day | 國定假日。 |
| 12月25日 | 全國 | 耶誕節 Christmas Day | 國定假日。 |
| 12月26日 | 全國 | 節禮日 Boxing Day | 國定假日。 |

# Transportation in Canada
# 交通攻略

文●蔣育荏　攝影●墨刻編輯部

## 租車旅行

1950年代，傑克凱魯亞克(Jack Kerouac)的曠世鉅作《旅途上》(On the Road)甫一出版，立刻成為一整個世代的文學聖經，從此公路旅行就成了美加年輕人在年華老去之前，一定要經歷一次的洗禮。其實開車也是在加拿大旅行時最方便的交通方式，無論行程還是時間，都可以隨心所欲自由安排，尤其加拿大的公路景色絕美，看著窗外風景像畫片一般在照後鏡裡飛過，這正是對於「美」的直接參與。於是奔馳在公路上，穿州越省，音樂開得很大聲，你會發現開車並不只是一種移動方式，有時更是享受本身。

## 租車方式
### ◎租車公司

在加拿大，較大的連鎖租車公司包括Hertz、Alamo、National、Enterprise、Avis、Budget、Dollar、Thrifty等，在各機場附近都能找到這些租車公司的櫃檯。其中以Hertz規模最大，且在台灣有旅行社代理，對想要租車旅行，又擔心不知如何臨櫃辦理手續的旅客來說，最是方便。

**Hertz在台總代理──大登旅行社**

⌂ 台北市松江路146號8樓之3
☎ (02) 2731-0377
🌐 www.hertz.com.tw

### ◎Hertz金卡會員

如果你打算向Hertz租車，這裡建議你辦張金卡會

員(Hertz Gold Plus Rewards)，以金卡會員身份在出發的2天前預訂，可享有9折優惠，且預訂和取車手續都會簡便快速許多，尤其現在台灣居民申請完全免費，何樂而不為？

加入金卡會員的方式十分簡單，你只要連上Hertz的台灣官網，點選右上角的「登錄/註冊會員」，跳出的頁面再點選「立即免費加入」。在接下來的頁面中，依序輸入個人資料、聯絡詳情、付款詳情、會員資料詳情、偏好的車型與保險項目等5個步驟後，再次檢查所填入的資料是否正確，並勾選同意規定須知，送出資料即可取得金卡會員號碼(建議列印頁面以保存紙本會員卡資料)。

雖然簡單，但仍有幾點注意事項：在填寫個人資料時，請務必輸入護照上的英文姓名(中間名可以不必填寫)。由於國際駕照的號碼會變動，因此駕駛執照號碼建議輸入身分證字號，而駕駛執照效期建議先輸入2029年+自己的出生月日。另外，在CDP號碼欄可填入1355830，這是Hertz亞洲金卡會員的優惠折扣號碼。

而在輸入付款詳情時，請以英文輸入台灣的通訊地址，並且不要輸入符號代碼(如逗點、斜線、井號等)，而是以空格替代。如果地址1的字數超出欄位的話，可繼續填寫於地址2。

◎預訂租車

雖然臨櫃取車也是一種方法，但若能在台灣事先上網把車訂好，取車時便可節省不少時間。每一家租車公司的訂車、取車及還車方式，幾乎完全相同，因此以下僅以Hertz作為例子。

1. 首先連上租車公司官網，輸入取、還車地點及日期，再登入會員或訪客訂車。

2. 選擇車型、保險種類與附加配備。

3. 輸入個人資料、電子信箱、航班資訊與航空公司會員號碼，資料提交後，即算預訂完成。之後，電子信箱會收到確認單，上面有預訂號碼及取還車地點的明細及聯絡方式。若發現資料錯誤可上網站直接更改，但是駕駛人姓名錯誤則必須重新預訂，無法更改姓名。

還有一點要提醒的是，在加拿大租車一定要有台灣駕照與國際駕照正本才可以開車上路，若開車者的年齡在25歲以下，會被視為馬路新手，每日要多收一筆「差齡附加費」。

◎車型

一般來說，租車公司提供的車型分為以下幾種，由小而大分別為：經濟型(Economy)、小型車(Compact)、中型車(Intermediate)、標準型(Standard)、大型車(Fullsize)、廂型車(Van)。想要開什麼樣的車，應該依照同行人數與行李多寡而定。要去國家公園的話，建議選擇休旅車(SUV)，因為太小的車可能爬山會有點吃力；若旅伴不多，太大的車會增加不必要的油耗。

◎保險問題

租車時最頭痛的，大概就是保險問題了。保了，覺得平白花了一大筆錢，不保，又好像沒有安全感。這裡就來告訴你，哪些險非保不可，哪些險不一定要保。

**遺失碰撞險（LDW或CDW）**

這個險保的是租來的車在事故中的損壞，以及失竊的責任險，若是發生碰撞意外，而維修金額在LDW的理賠範圍內，租車公司將不會向有購買LDW的客人索取賠償費用。雖然交通意外不常發生，但在人生地不熟的地方開車，A到或刮傷時有所聞，因此這個險強烈建議一定要買，有些租車公司甚至將這個險放在合約中，強制投保。

不過若是因為違規或犯法因而導致意外，如酒駕、超載、非租約者駕駛等，LDW自動失效。

**個人意外險（PAI）與個人財物險（PEC）**

由於LDW只保障車輛本身，並沒有投保乘客的人身安全，因此有了PAI，保的是意外中，己方駕駛與乘

客的傷亡。另外還有一種PEC，保的是事故發生時，人身以外的財物損失。在許多租車公司，PAI和PEC是綁在一塊保的，不過其實這兩種險不是那麼有投保的必要，尤其當你本身已有投保海外旅遊險的時候，加上全民健保其實有海外緊急醫療給付。不過最好還是和自己的保險公司詢問清楚，告知你的出遊地點與計畫，以確保這些都在保單的理賠範圍內。

### ◎其他配備

#### 衛星定位導航系統 GPS

如果你的行程緊湊，這點錢就不要省了，租一台GPS絕對會有幫助，畢竟都已經花這麼多錢買機票了，如果把時間都花在找路上，那可就有點得不償失。但是建議你在上路之前，最好還是研究一下地圖，至少心中先有個方向概念，不要一昧依賴GPS，一來加拿大修路封路如同家常便飯，二來GPS的設定有時並非十全十美。換句話說，關於目的地的大方向，心裡一定要先有個底，小細節再交給GPS帶路，才能保證萬無一失。

#### 嬰幼兒安全座椅 Infant Seat / Child Safety Seat

加拿大法律規定，嬰幼兒必須乘坐適合年齡的安全座椅，因此若是有嬰幼兒同行，別忘了加租這項配備。

#### 預購汽油 Prepaid Fuel

一般說來，還車時必須先把油箱加滿，但若你加購了這個選項，就不用考慮這回事了。租車公司的油價以當時的平均油價計算，有可能比你在路上看到的貴，也有可能更便宜。預購汽油的好處是，如果你還車時有時間上的壓力，比如要趕飛機或火車，便可使你有更充裕的時間(畢竟找加油站是時間的掌握添加太多不確定因素)，心情上也會不那麼著急。

#### 緊急道路救援 Emergency Roadside Service

Hertz加購的緊急道路救援服務為每日9.99加幣，內容包括換輪胎、充電、送汽油、開鎖等。一般說來，Hertz出租的汽車車況都很不錯，用到緊急道路救援的機率極低，不過加拿大道路救援的費用非常驚人，若是對自己的駕駛沒信心，或是目的地路況或天候不佳，或是擔心天有不測風雲，是可以加購這個選項。

### ◎附加費用

在某些情況下，租車時會產生一些附加費用，不過各家公司規定不同，價錢也有差異。

#### 差齡附加費

若開車者的年齡在25歲以下，會被視為馬路新手，每日會被多收一筆費用。

#### 機場特許費

取車地點在機場時會產生的費用。其實若你行程的頭幾天只在市中心活動，倒是可以搭乘大眾運輸工具進城，等到要離開城市時，再去市區的租車據點租車，這樣既可省下機場特許費，又能省下前幾天的租車錢與停車費，只是沒有在機場直接租車來得方便就是了。

#### 拋車費

租、還車的地點不同時(也就是所謂的甲地租乙地還)，由於影響各個據點的調度，因而產生的費用。

由於許多人會把美加一起玩，因此有時會出現加拿大租車、美國還車的情形，對國際連鎖的租車公司而言，跨國租車並不會增加拋車費的價錢。稍微有點不同的是，如果你的合約沒有載明不限里程條款的話，由於美加里程的計算單位不同，可能沒有辦法在還車時立刻拿到收據，而是日後收到電子帳單時才能知道確切的金額。

#### 同車第二駕駛

若實際開車的駕駛不只一個，也就是路上會有換手開的情形時，必須依規定登記，可能也會有附加的費用。

## 取車

　加拿大機場的租車櫃檯通常在航廈外的停車場，或是機場附近的租車中心，在入境行李提領轉盤附近，可以找到前往租車中心的指標，若租車中心不在機場內，該指標則會指引你到接駁車的站牌。抵達租車中心後，就可前往櫃檯辦理租車手續，如已先在台灣預訂好，過程會簡單許多。記得要攜帶的證件，包括國際駕照、台灣駕照、護照，以及信用卡。

　取得租車合約時，要先核對合約的收費項目。若有錯誤，要請租車公司重新列印合約；正確無誤，再簽名認可。

　若你是在Hertz租車，而你已是金卡會員的話，取車流程將更快速便利，簡單到不可思議的程度。一到租車中心，就會看到一面金卡會員的電子看板，上面秀出許多人的名字，名字後是停車格號碼。找到自己名字後，到該停車格，鑰匙已插在車門上，熟悉各開關按鈕位置、調整好座椅及後照鏡，並檢查油箱是否加滿後，就可以直接開走。

　如果對車型不滿意，可就近請租車公司人員協助換車，若要升等，價差會秀在擋風玻璃上。

---

### 國際駕照

要到加拿大開車，第一個步驟不是租車，而是先去監理所申請國際駕照。

**申請文件**：國民身分證正本、國內駕照正本、護照影本、6個月內2吋照片2張

**申請費用**：新台幣250元

**申請時間**：臨櫃辦理，約2分鐘就可取件

**駕照效期**：3年或國內駕照到期日

---

　離場前，在停車場出口處將國際駕照等相關證件交給工作人員查驗，並取得租車合約及地圖，順便詢問加油的種類，即可正式展開公路旅程。

　不過若你是第一次使用Hertz Gold Plus Rewards的會員資格取車，還是得先到金卡會員區服務櫃檯查驗台灣駕駛執照、國際駕駛執照、護照以及信用卡等相關證件，並簽名辦理租車手續。

## 還車

　大多數旅人的還車地點也是在機場，在駛近航站大樓前，就會看到某一車道上的路標指示還車地點，順著該車道進入停車場後，會有不同租車公司的指標指引，在還車停車格停妥，就會有租車公司人員過來檢查車輛。務必在還車前先去加油站把油加滿，因為沒有滿油的話，會被收取不足的油錢，而租車公司的油價絕對比石油公司高很多。當然，要是你的租車合約上已標明向租車公司買油，那就不必再多跑一趟加油站。檢查完畢，租車人員就會開給你收據和信用卡簽單，簽名之後，還車手續就完成了。

　有些較小的還車地點，停車場上並沒有工作人員駐守。把車停在掛有自己租車公司牌子的停車格內，記下停車格號碼，再到租車公司櫃檯歸還鑰匙並拿取收據即可。

## 上路出發

### ◎交通規則

　加拿大和台灣相同，也是開左駕車行駛在右車道，因此沒有左右駕習慣轉換的問題，交通規則也大同小異，但其中還是有一點點差異。

### Stop Sign

　在許多路口，都會看到紅底白字的八角形標誌，上面寫著「STOP」(法語區為arrêt)；其實在台灣也有這種寫著「停」的標誌，只是在台灣大概沒有多少人會真

的停下來。但是在美國和加拿大，如果沒有「停」的話，你的麻煩就大了，因為這就和闖紅燈一樣。

當你看到這個標誌時，多半有幾種情況，如果其他車道上都沒有車，你只要停一下再走即可(所謂「停」並不是減速而已，而是讓車輛完全靜止)。如果十字路口上的「STOP」下掛著「4 WAY」的牌子，表示4個方向的車輛都必須停下後再依序啟動，不習慣的人常會搞不清楚何時輪到自己前進，這裡有個小訣竅，就是在停下之前先看好比自己早一步靜止的是哪台車，等他啟動後，下一個就輪到自己了。有時十字路口上只有自己的車道有Stop Sign，表示你開的是支道，而橫向車道為幹道，你就必須等幹道上都沒車之後才能前進(並不會等很久，因為若是繁忙車道就會設有紅綠燈)。

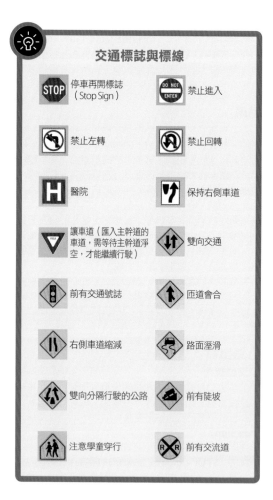

### 交通標誌與標線

| STOP | 停車再開標誌（Stop Sign） | DO NOT ENTER | 禁止進入 |
| --- | --- | --- | --- |
| | 禁止左轉 | | 禁止回轉 |
| H | 醫院 | | 保持右側車道 |
| | 讓車道（匯入主幹道的車道，需等待主幹道淨空，才能繼續行駛） | | 雙向交通 |
| | 前有交通號誌 | | 匝道會合 |
| | 右側車道縮減 | | 路面溼滑 |
| | 雙向分隔行駛的公路 | | 前有陡坡 |
| | 注意學童穿行 | R R | 前有交流道 |

另外，如果你看到閃紅燈的號誌，意義等同於Stop Sign，要先停一下才能繼續前進。而閃黃燈則表示「小心」，減速通過即可。

### 紅燈右轉

在加拿大，紅燈通常是可以右轉的，不過這並不是說你可以橫衝直撞地直接轉彎，而是得先在停止線前停下，確認前方沒車才可右轉。另外也有幾種情況例外，一是路口掛有禁止紅燈右轉的標誌，一是有指示右轉的紅綠燈，遇到這種路口，就必須等待綠燈或右轉燈亮起，才可以右轉。

### 遇見校車

若你前面的校車亮起停車燈，並伸出一塊「STOP」的牌子時，表示有學童要上下車，這時你必須真的停下，等校車收起Stop Sign後才能繼續前進，千萬不可直接從校車的任何一側超過去(即使是在對向車道)，因為那在注重學童安全的美加地區，可是罰得比闖紅燈還重。

### 速限

在加拿大大部分省份，市區道路速限為50公里，經過學校或工地時，速限為30公里；而快速道路或高速公路速限約為80~100公里，有些主要的高速公路速限達110公里。

加拿大人開車很快，尤其在安大略400開頭的公路上，這是因為大約有時速10公里的超速容許。不過公路上的警察也很多，作為一個觀光客還是本份一些的好，儘量不要超速，且勿佔用內側車道。

### 圓環

加拿大近幾年為了增加道路順暢，建了不少圓環。遇到圓環要注意的是，先進入圓環的車輛享有路權，因此開進圓環之後切勿搶快，一定要禮讓比你早進圓環的車輛。

### 變換車道

東方人在美加考駕照，最常被主考官趕下車的理由，就是轉彎或換車道時沒有「確實回頭看」。你可能會覺得奇怪，這種情況看後照鏡不就好了？但加拿大的車道比台灣寬，若隔壁車道的車剛好開在你車尾旁一小段距離，光看後照鏡真的會有死角。因此換道前，在前方路況許可時回頭瞄一眼，還是有其必要的。

### ◎其他規定

有些規定早已是常識，不過在此還是再次提醒。首先，開車不喝酒，喝酒不開車，美加地區酒駕罰責非常嚴重，值得台灣好好學習。其次，開車要繫安全帶，後座乘客也要繫安全帶，7歲以下兒童必須使用安全座椅，且需放置於後座。最後，要特別注意的是，最近加拿大開始嚴格取締開車時使用行動電話或是當低頭族，請勿以身試法。

（空） 

段

（略

## 加拿大公路體系

加拿大的公路體系複雜，但實際開起來卻相當簡單。說它體系複雜，是因為每個省份都各自為政，而說它實際開起來簡單，是因為不論是國道、省道、主要、次要，開起來其實都差不多，有時是4線的高速大道，有時是2線的平面道路；有時穿過市鎮，成為鎮上的主要幹道，有時甚至小到只有單線車道；速限也隨著各路段的不同而有快有慢。

比較需要注意的是，加拿大由於幅員遼闊，公路網不似台灣般單純，有些不同號碼的公路會共用路段，公路之間經常匯流或分流，且交流道不見得都在右側，因此要特別注意沿途指標，切換到適當的車道，以免誤入匝道或上錯公路。

### ◎卑詩省

卑詩省的公路層級最單純，其省道標誌為上平下圓角的盾牌形狀，中間標有公路號碼。

### ◎亞伯達省

亞伯達的主要省道為上平下尖角的盾牌，號碼在216以內；至於號碼500以上的，則是次要省道，路標為橢圓形。

### ◎安大略省

安大略省一級省道的標誌，上面有個皇冠，號碼多半為400開頭；二、三級省道標誌則分別為梯形與長方形。

### ◎魁北克省

魁北克的主要省道，標誌為帶著紅頂的藍色盾牌，主線號碼為兩位數，支線號碼為主線號碼前再加1個數字的三位數；若標誌近似方形，頂上畫有三個百合花紋章的，則是次級省道，號碼在101到399之間。

### ◎加拿大橫貫公路

另外還有一種路標圖形為綠底白楓葉的，這是全長8,030公里的「加拿大橫貫公路」(Trans-Canada Highway)。橫貫公路在加西省份比較單純，主線國道1號，起點在卑詩省維多利亞，一路穿過卑詩、亞伯達、薩克其萬與曼尼托巴省；副線國道16號，即黃頭公路(Yellowhead Highway)，起點在卑詩省魯珀特王子港，從北邊穿越洛磯山脈後，在曼尼托巴的溫尼伯與主線會合。然而進入安大略與魁北克後，路線變得複雜許多，也幾乎看不見綠底白楓葉的標牌。加拿大橫貫公路在安大略大致上為Hwy 17與Hwy 417，在魁北克為Hwy 40、Hwy 20與Hwy 85，但也偶有支線走在其他公路上。到了新伯倫瑞克，楓葉路牌又重出江湖，公路號碼為2、16；在新斯科細亞為104、105、106，而在艾德華王子島與終點紐芬蘭皆為國道1號。

## 收費道路

在加拿大，收費公路(toll road)難得一見，因為其公路養護預算已包含在國民稅收當中。以本書內容的範圍來說，卑詩省與亞伯達省完全沒有收費路段；安大略省如果不考慮美加國界上的諸橋樑的話，只有多倫多西邊與北邊從 Burlington到Oshawa的Hwy 407是收費公路；而魁北克省的收費橋樑有兩條，一是蒙特婁西南方Hwy 30上的聖勞倫斯大橋，一是蒙特婁西北邊Hwy 25上的大橋。不過上述這些路段一般觀光客都不會經過，怕誤上的話，在GPS上設定迴避收費路段，很容易就能避開。

## 其他開車時會遇到的狀況

### ◎停車

不論把車停在哪裡，下車之前都一定要把GPS收好，行李最好放在後車廂裡，不要留在後座，以免遭人竊盜破壞。同時提醒你，若把車停在坡道上，記得停車時要把方向盤往邊石的方向打到底。

這裡有個網站，方便協助你尋找目的地附近的停車場或可以停車的區域：en.parkopedia.com。

另外，在加拿大除了Motel之外，大部分市區的高級酒店都會額外收取停車費用，訂房之前可先看清楚條款，以便控制預算。

### 路邊停車格

在大城市的市中心裡，現在已經很難在路邊找到不用錢的停車格了。人行道上的牌子說明停車的時間限制，舉例來說，如果牌子上寫著：「2h 0900-1800 MON-SAT」，就是說在週一到週六的早上9點至下午

6點間，這個停車格是要收費的，且只能停2小時，如果要停超過這個時間，就要回來重新繳費，逾時停車的話，很容易就會被開單。而下午6點到早上9點以及週日，則不用繳費，也沒有停車時間上的限制。

但也要注意是否還有另一面牌子，說明絕對不能停車的時間，譬如如果上述的牌子旁，有另一面禁止停車的牌子寫著：「7AM-9AM MON-SAT」，就是說雖然早上9點才開始收費，但7點到9點之間不能停車，如果你的車前晚就已停在這裡，7點之前必須開走，原因通常是為了收垃圾或清洗道路。

現在大多數繳費機都是使用信用卡繳費，有的也還是有保留投幣孔。每個城市的繳費機都不太一樣，但大同小異：停好車後找到繳費機，輸入你的車牌號碼，然後插入信用卡，認證通過後，利用「Add Time」的按鈕增加停車時間(投幣的話，每投1枚25￠，多增加一段時間)，或是按下「Maximum Time」的按鈕，直接跳到最大停車時數。然後按下綠色確認按鈕，機器就會列印收據，注意看收據上的指示，有的需要你把收據放在擋風玻璃後的儀表板上，有的則不需要，只要妥善保管好就行了。

也有一些城市，每個路段的停車格都有一個號碼，操作繳費機時必須先輸入這個號碼，讓繳費機知道你停的位置。其他操作則相差無幾。

### 停車場

停車場的收費通常比路邊停車格貴(尤其是著名景點鬧區)，大多接受刷卡。不過停車場有個好處，就是有當日最高費用，意即當你停車時間達到該費用時，就不會再增加停車費。因此，如果停短時間的話，路邊停車

較為實際，但要停長時間，停車場會比較方便。另外，在加拿大許多停車場有推出早鳥優惠，意即在上午的某個時間之前把車停好，就能用極優惠的價錢停到當日夜間時段開始前。

### 住宅區

住宅區的街道如果路邊沒有劃紅線，就可以免費停車，不過還是要先看清楚人行道上有沒有特別的標示。像是有些停車格看似不用錢，但那其實是保留給當地居民的車位，沒有特許貼紙(permits)的車也會被開單，因此停車時一定要看清楚路邊標牌上寫了些什麼。

### ◎加油

加拿大的加油站大都為自助式，只有少數有人員服務。自助加油有兩種選擇，一是使用信用卡，一是付現，在油槍旁會有**step by step**的圖例說明(因為油槍規格不同，每個加油站的加油程序也略有差異)。一般加拿大人都是使用信用卡加油，這是最便利的方式，不過有些加油槍在過卡之後需要輸入卡片持有人居住地址的郵遞區號，因此台灣人的信用卡經常無法使用。遇到這種情形時，就必須到加油站附設的便利商店內，告知店員油槍號碼，請他啟動油槍，然後再出去加油。通常店員會請你先付錢，並以該金額來設定跳停，如果你不確定油箱有多大，也可以先付個一定足夠的金額，加完油再請店員找錢。

汽油通常分為3個等級，如果租車公司沒有特別要求，加「Regular」，也就是最便宜的那種就行了。加拿大的汽油都是浮動油價，因此沿路看到加油站時可先觀察油價多少，了解大致行情之後，一旦看到便宜的加油站，不管油箱是不是全空，進去加就對了！

### ◎道路救援

在道路上如果發生拋錨、爆胎、電瓶或汽油耗盡等狀況時，車鑰匙上通常會有道路救援的免付費電話號碼，而道路救援的費用則會在還車時顯示在信用卡簽單上(拋錨停在路肩時，別忘了在車後100公尺放置三角警示牌)。若是具有責任歸屬的交通事故，除了通知租車公司外，也必須報警處理，並在警察前來勘驗前，保留事故現場。

### ◎雪地行車

加拿大冬長夏短，冬天下雪的機率很高，如果沒有持續下雪，主要道路都會立刻被清理乾淨，因此沒有太多影響。但如果是有積雪的道路，或是正在下雪，一般台灣人沒有雪地行車的經驗，容易發生危險。

其實雪地行車的要訣只有一個字：慢。如果開車開到一半下起大雪，先把大燈切換成遠光燈，再打開霧燈或警示燈，前方有車轍的話，跟著車轍走是比較穩的。在雪地上緊急煞車是大忌，這也是雪地行車速度要慢的原因，因為在抓地力不夠的情況下，緊急煞車容易失控或翻車。若遇到下坡路段，使用「點煞」的方式放慢速度，也就是連續輕踩煞車，切勿將煞車踩到底。

有些山路在冬天時會要求上山車輛上雪鏈(Tire Chains)，遇到這樣的路段最好還是乖乖配合，要是沒有雪鏈的話請放棄上山的念頭，千萬不要強行硬闖。

另外還有一種情況稱為「黑冰」(Black Ice)，也就是看起來像柏油路上的一攤水，但其實是冰，非常危險，通常發生在下雪之前水氣結霜的橋面上。若看到疑似黑冰的物體，請儘量避開或放慢速度。總而言之，遇到特殊氣候時，不要開快車就對了。

# 卑詩渡輪 BC Ferries

攤開卑詩省的地圖，你會發現，雖然隔著一條喬治亞海峽(Strait of Georgia)，但兩岸公路的號碼卻是連貫的，像是加拿大橫貫公路(國道1號)與卑詩省道17號等都是如此。那麼中間這段道路去了哪裡呢？答案就在卑詩渡輪上。當你把車開到公路盡頭，前方就是卑詩渡輪的停車甲板，下了船之後，完全不用在港口裡周旋，直接就能開回公路上，沒有麻煩的托運，也沒有複雜的手續，就像搭個電梯一樣，非常方便。而且如此一來，不但省了在機場還車後再租車的麻煩，票價也比機票來得划算許多。

## 渡輪航線

卑詩渡輪的營運範圍很廣，南至美加邊界，北至夏洛特皇后群島，都有卑詩渡輪的航線。以本書內容而言，一般遊客會搭乘到的只有「加拿大本土-溫哥華島」(Mainland-Vancouver Island)與「南海灣群島」(Southern Gulf Islands)中的鹽泉島航線兩種。

### ◎加拿大本土-溫哥華島的航線

往來喬治亞海峽兩岸，主要的航線共有3條，分別為：

1. 溫哥華的茲瓦森 Tsawwassen ←→ 維多利亞的斯瓦茲灣 Swartz Bay (航程1小時35分鐘)

2. 溫哥華的茲瓦森 Tsawwassen ←→ 那乃摩的杜克角 Duke Point (航程2小時)

3. 西溫哥華的馬蹄灣 Horseshoe Bay ←→ 那乃摩的啟程灣 Departure Bay (航程1小時40分鐘)

### ◎南海灣群島中的鹽泉島航線

要前往鹽泉島，主要的航線共有2條，分別為：

1. 溫哥華的茲瓦森 Tsawwassen ←→ 鹽泉島的長港 Long Harbour (航程視中途停靠點多寡而定，約1.5~3小時)

2. 維多利亞的斯瓦茲灣 Swartz Bay ←→ 鹽泉島的福爾福特港 Fulford Harbour (航程約35分鐘)

由於從溫哥華直航鹽泉島的航線，有時因售票狀況的關係，變動因素較大，時常臨時取消船班；而溫哥華與維多利亞對開，以及維多利亞與鹽泉島對開的航線，船班不但密集，時刻也比較固定。因此若是在淡季從溫哥華前往鹽泉島，有非常大的機會需要在斯瓦茲灣轉乘，船票價格相同。

## 預訂船票

### ◎網路預訂

開車上渡輪採先到先排制，一般來說到了現場再買票就行了，但若擔心船上的停車甲板被停滿，也可以事先在官網上預訂，手續費為18加幣。若要更改預訂，手續費為5加幣。手續費在網路上以信用卡支付，船資則到了收費站再支付。

　　預訂完成後，記得把確認單列印下來，到碼頭收費站時會用到。特別提醒您，預約的車位僅保留到開船前30分鐘(以到達收費站的時間為準)，若您是在交通尖峰時刻前往，請注意預留時間。

　　若是遇到船班臨時取消，所有費用(包括手續費)會退還到信用卡帳單內，再重新購買其他航班的船票即可。

◎渡輪時刻與票價

　　往返加拿大本土與溫哥華島之間的航線，基本上在6月底~9月初每小時都有一班，其他月份約2小時一班，不過也經常會有例外和變動，因此為保險起見，搭乘前最好還是先上網查詢詳細時刻。

價錢：

| 航線 | 成人 | 5~11歲 | 20呎以內的小客車(不含駕駛及乘客) |
|---|---|---|---|
| 加拿大本土←→溫哥華島 (單程) | $ 18.5 | $ 9.25 | $ 63.85 |
| 溫哥華→鹽泉島 | $ 19.05 | $ 9.5 | 旺季 $ 72.25，淡季 $ 64.1 |
| 鹽泉島→溫哥華 | $ 8.4 | $ 4.2 | 旺季 $ 31.5，淡季 $ 17.7 |
| 維多利亞←→鹽泉島 (來回) | $ 11.5 | $ 5.75 | $ 33.75 |

---

**卑詩渡輪 BC Ferries**

☎ 1-888-223-3779
🌐 www.bcferries.com

---

## 如何前往渡輪站

### ◎從溫哥華前往茲瓦森

　　從市中心開車，沿Granville St (省道99號)南行，至W. 70 Ave左轉，再右轉Oak St，過Oak Bridge後接上省道99號。之後會經過一處河底隧道，過了隧道後的第2個出口(出口28)下交流道，匝道靠右側車道，循省道17號南，一路行駛即可抵達渡輪航站。總里程數約35公里，車程約0.5~1小時。

### ◎從溫哥華前往馬蹄灣

　　從市中心開車，走省道1A / 省道99號往北，穿過史丹利公園和獅門大橋後，靠內側車道接上省道99號北。注意往Whistler的路標指示，右轉繼續走省道1A / 省道99號北。穿過國道1號下方的涵洞後立刻左轉，開上國道1號西 / 省道99號北(往Horseshoe Bay / Squamish / Whistler)。到了出口3時，靠右側車道下交流道(往國道1號西 / Nanaimo)，沿著路往前開，就是渡輪航站了。總里程數約40公里，車程約45~75分鐘。

### ◎從維多利亞前往斯瓦茲灣

　　從市區的Blanshard St開車北行即是省道17號，循省道17號一路往北走到底，即是渡輪航站。總里程數約32公里，車程約30~45分鐘。

### ◎從那乃摩前往啟程灣

　　啟程灣碼頭就位於那乃摩市區北端。從市中心走Terminal Ave (國道1號)往北，注意岔路口往「Vancouver / 國道1號北」的指標，走右邊的岔路進Stewart Ave，開到底即是渡輪航站。

### ◎從那乃摩前往杜克角

　　從市中心沿國道1號往南開，於出口7 (往省道19號東 / Vancouver & Delta)下交流道，沿著省道19號東開到底，即是渡輪航站。總里程數約16公里，車程約12~20分鐘。

## 如何搭乘卑詩渡輪

把車開上渡輪過海，聽起來好像會有一番手續，但其實簡單得無以復加，就好像在得來速買份大麥克一樣。

### ① 開到航站

卑詩渡輪航站就設在主要公路的盡頭，只要依照公路上的路標指示，想要迷路都很困難。快到航站時，就會看到遵行車道的指引，如果你的車沒有要一起過海，就開上往「Foot Passengers / Parking」的車道，把車停在停車場後，到航廈內購買船票；若是要開著車過海，就走往「Vehicles / Toll Booth」的車道，直接開車到收費亭買票。

### ② 購買船票

航線不只一條的碼頭，會在收費站上方的電子看板顯示目的地名稱，根據自己要前往的地點，把車開進相應車道的票亭。買到票後，記得先看一眼船票，上面的數字代表你的候船車道(Lane)，千萬不要開到別的車道，以免錯上另一條航線的船。

如果你在抵達目的地前需要換船轉乘，那麼除了船票外，還會領到一張寫著「TF」的牌子，把它掛到照後鏡上，工作人員就會指引你停在適當的車位。

### ③ 候船

如果距離開船的時間還早，不妨在隊伍中把車停好，你可以在車子裡等待，也可以到航站的餐廳或候船室中上網，若是在
馬蹄灣碼頭，還可以到航站外的小鎮上消磨時間。只是請記得注意時間，別錯過了船班還把車擋在路中間。

### ④ 開車上船

大約在開船前20分鐘，地勤人員會開始指揮車主把車開上渡輪的停車甲板，停車甲板其實就是公路的延伸，所以只要把車在前一輛車的後面停妥就可以了。

### ⑤ 船上活動

由於航行過程中，所有人都不得在停車甲板逗留，因此務必把車門鎖上，貴重物品也請收好或隨身攜帶。船上有餐廳、咖啡廳、商店、有隔間的工作檯，甚至還有遊樂場，當然，許多乘客也喜歡待在甲板上吹海風、看風景。1個多小時的航程，完全不會感受到無聊。

### ⑥ 開車下船

渡輪在抵達目的地前會有廣播指示乘客回到自己的車上，當船靠岸停妥，工作人員便會指揮車輛依序下船。車子開出甲板後，直接就會接上公路，各位覺得是不是非常方便呢？

# 加拿大百科
# Encyclopedia of Canada

# World Heritage of Canada
# 加拿大世界遺產

在加拿大遼闊的土地上，蘊藏著為數驚人的考古發現，魚化石、恐龍化石讓加拿大成為世界研究古生物的重鎮。後來人類的足跡踏上北美大陸，無論是北美原住民、維京人、法國和英國移民，都在這塊土地上留下痕跡，讓後人了解北美洲的發展歷史。

文●蔣育荏　攝影●墨刻攝影組

克盧恩／蘭格爾—聖伊萊亞斯／
③ 冰河灣／塔琴希尼—阿爾塞克

② 納罕尼國家公園

⑦ 伍德野牛國家公園

⑥ 斯庫-瓜伊（安東尼島）

加拿大洛磯
山脈公園群⑧

野牛碎頭崖　④ 省立恐龍公園

⑫ 瓦特頓冰河國際和平公園
⑳ 阿伊斯奈皮右刻

⑲ 皮瑪希旺・阿奇

朗索梅多斯
國家歷史遺址
紅海灣巴斯克 ⑰①
捕鯨站

格羅摩恩⑩
國家公園　⑱ 迷斯塔肯角

喬金斯
米瓜夏國家公園⑬　化石崖
　　　　　　　⑮⑯⑪ 盧嫩堡古城
魁北克歷史區⑨
格朗普雷
景觀

里多運河⑭

## ①朗索梅多斯國家歷史遺址
L'Anse aux Meadows National Historic Site

登錄時間：1978年
遺產類型：**文化遺產**

　朗索梅多斯國家歷史遺址位於紐芬蘭島上北部半島(Northern Peninsula)的一角，在這裡發現了11世紀維京人曾經在此定居的遺址，是歐洲人最早踏足北美大陸的重要證據。遺址裡挖掘出土的木結構泥草房屋遺跡，和在格陵蘭島與冰島上發現的十分類似。

## ②納罕尼國家公園
Nahanni National Park

登錄時間：1978年
遺產類型：**自然遺產**

　　這座國家公園沿著北美洲最壯觀的河流之一——南納罕尼河(South Nahanni River)展開，範圍內包含了壯麗的深澗和巨大的瀑布，以及獨一無二的溶洞群。在高海拔的地區可以發現白大角羊和白山羊的蹤跡，也是為數眾多的狼、北美棕熊、馴鹿等動物們的家園。

## ④省立恐龍公園
Dinosaur Provincial Park

登錄時間：1979年
遺產類型：**自然遺產**

　　打從1884年，地質學家約瑟夫泰瑞爾(Joseph Tyrell)在這裡發現了第一塊恐龍化石以來，至今出土的恐龍物種已多達35種，年代可追溯至7,500萬年前，因而在古生物學上有著特殊貢獻。完整出土的恐龍化石大都被展示在德蘭赫勒的皇家泰瑞爾古生物博物館中，現在的公園裡，仍能找到許多細碎的化石殘骸。

©公主遊輪

## ③克盧恩/蘭格爾-聖伊萊亞斯/冰河灣/塔琴希尼-阿爾塞克
Kluane/Wrangell-St Elias/Glacier Bay/Tatshenshini-Alsek

登錄時間：1979年
遺產類型：**自然遺產**

　　這項世界遺產為美國、加拿大兩國所共同擁有，涵蓋了加拿大(育空領地與卑詩省)以及美國(阿拉斯加州)邊界壯麗的冰河與高山景觀，擁有北極圈以外世界上最大的冰原，自然景觀令人嘆為觀止，是許多棕熊、北美馴鹿以及白大角羊的棲息地。

## ⑤野牛碎頭崖
Head-Smashed-In Buffalo Jump

登錄時間：1981年
遺產類型：**文化遺產**

　　野牛碎頭崖記錄著6千年前黑腳族原住民所使用的特殊狩獵技巧。當時的原住民獵人會將野牛一路追趕至此處，狂奔中的野牛慌不擇路，紛紛栽下懸崖，成為遠古人類的食物。野牛和黑腳族的生活息息相關，牠們的肉、角和皮，都是人們日常所需的重要來源。今日在峭壁上建有一座展示中心，7層樓的展示廳重現了當時的景況，介紹北美平原地區的自然環境、原住民狩獵野牛的生活方式，以及使野牛絕跡的原因、考古研究與發現等。

# ⑥斯庫-瓜伊

SGaang Gwaii

登錄時間：1981年
遺產類型：**文化遺產**

　　斯庫-瓜伊位於加拿大西岸夏洛蒂女王群島(Queen Charlotte Islands)的最南端，這裡的南斯丁斯村(Nan Sdins)，在19世紀末葉遭到遺棄，那裡留有許多房屋以及32根圖騰柱和死亡之柱，展示了曾經在北太平洋沿岸居住的海達族人(Haida)過往的生活方式，有助於後人了解他們和陸地以及海洋的關係。

# ⑧加拿大洛磯山脈公園群

Canadian Rocky Mountain Parks

登錄時間：1984年
遺產類型：**自然遺產**

　　1885年時，班夫國家公園成為加拿大第一座，全世界僅次於美國黃石及澳洲皇家國家公園的第三處國家公園；而幽鶴、傑士伯、庫特尼等國家公園隨後紛紛設置，並由鐵路、公路連成一氣，統稱為「加拿大洛磯山國家公園」。加拿大洛磯山的歷史，記錄在層層重疊的石頭裡，洛磯山的形狀，由河流和冰河聯手雕塑；而鐵路，更是突破了洛磯山的屏障，呈現出隱藏在山中的寶藏，更奠定加拿大國家公園的基礎！

# ⑦伍德野牛國家公園

Wood Buffalo National Park

登錄時間：1983年
遺產類型：**自然遺產**

　　伍德野牛國家公園位於加拿大中北部的平原上，占地廣達44,807平方公里。公園裡居住著北美洲數量最多的美洲野牛，同時這裡也是美洲鶴的棲息地。皮斯河(Paix River)和阿薩巴斯卡河(Athabasca River)之間有著全世界最大的內陸三角洲，也是這座國家公園重要的特色之一。

# ⑨魁北克歷史區

Historic District of Québec

登錄時間：1985年
遺產類型：**文化遺產**

　　被城牆環繞的魁北克市，居高臨下面對聖勞倫斯河，是絕佳的防禦地點，自古以來就是兵家必爭之地，曾有小說家將魁北克市比喻為「北美的直布羅陀」。這座加拿大的歷史起源地，每走一步幾乎就是一棟古蹟、一個故事，法軍不只在此留下可歌可泣的捍衛史詩，也留下魁北克人自傲的精神傳統。城牆內的建築散發著濃郁的法國風味，彎曲窄小的石板街道和高聳尖塔的石造教堂，讓魁北克市和歐洲小鎮無異，由於保留完整的城牆遺跡，魁北克市在1985年被列為世界遺產城市。

## ⑩格羅摩恩國家公園
Gros Morne National Park

**登錄時間：1987年**
**遺產類型：自然遺產**

　　格羅摩恩位於紐芬蘭的西海岸，動植物生態豐富，國家公園主體是一座險峻的峽谷，於冰河時期因地殼變動所造成，最高點為海拔717公尺，峽灣的最深處則是在海平面下165公尺處，落差相當大。最近的一次冰河運動形成今日公園內的壯麗景觀，包括海岸低地、高山高原、峽灣、冰河峽谷、懸崖峭壁、瀑布、湖泊等。

## ⑪盧嫩堡古城
Old Town Lunenburg

**登錄時間：1995年**
**遺產類型：文化遺產**

　　建立於1753年的盧嫩堡，是北美洲英國殖民據點的典範，至今外觀仍保存完整，具有完好的原始布局。其城市整體結構呈矩形，模仿英國本土的城市規劃設計，其中有些木頭結構的房屋，歷史可追溯到18世紀，幾百年來，受到當地居民不遺餘力的保護。

## ⑫瓦特頓冰河國際和平公園
Waterton Glacier International Peace Park

**登錄時間：1995年**
**遺產類型：自然遺產**

　　瓦特頓湖國家公園成立於1895年，面積達525平方公里，在1932年時與美國蒙大拿州的冰河國家公園，合併為全世界第一座國際和平公園，也是代表著地球生態環境合作保育的重要指標。公園內到處都是扣人心弦的美景，由洛磯山脈的群山、一望無際的遼闊平原和散布於其間的湖泊，風、火、水共同雕琢出的險峻山嶺，升起在翠綠的平原上，各種不同的生態體系在這裡交會，而寧靜的瓦特頓湖以及鏈狀的冰河湖，也為這座自然與文化珍寶般的國家公園，孕育出多樣化的自然生態，更增添了人間仙境般的氣息。

## ⑬米瓜夏國家公園
Miguasha National Park

登錄時間：1999年 遺產類型：**自然遺產**

米瓜夏國家公園位於魁北克省東南部加斯普半島(Gaspé Peninsula)的海岸上，是一處古生物學的指標性里程碑，在這裡出土的魚化石，年代可追溯至3億7千萬年前，乃世界上關於泥盆紀「魚的時代」最著名的化石遺址。

## ⑮喬金斯化石崖
Joggins Fossil Cliffs

登錄時間：2008年

遺產類型：**自然遺產**

喬金斯化石崖是一處富含石炭紀化石的地點，因為海潮不斷侵蝕的結果，使得更久遠以前的地層不斷露出地表，大量的石炭紀化石不斷出土，揭示了3億多年前古生物的演化歷史。喬金斯在19世紀中就名氣響亮，因為在地質學之父萊爾爵士(Charles Lyell)所著的《地質學原理》，和達爾文的《物種起源》裡，都曾提到這地區。萊爾爵士的學生威廉道森(William Dawson)曾在喬金斯做過深入研究，並發現目前所知最早的爬蟲類——華來氏蜥。

## ⑭里多運河
Rideau Canal

登錄時間：2007年 遺產類型：**文化遺產**

完工於1832年的里多運河，是北美洲最古老且至今仍功能健全的運河系統。運河連接加拿大首都渥太華和安大略湖畔的城市京士頓，全長202公里，連結多個湖泊。當初是英國政府為了保護其殖民地利益，抵禦美國侵略而建造的軍事設施，後來開放商船航行以進行貿易。目前受保護的地區包括運河的所有水域、水壩設施、橋樑、堡壘、閘門，以及相關的考古研究地點。

## ⑯格朗普雷景觀
Landscape of Grand Pré

登錄時間：2012年

遺產類型：**文化遺產**

1755年，法裔血統的阿卡迪亞人被英軍放逐到格朗普雷開墾，那裡的潮汐落差平均有11.6公尺，而他們在這樣的環境及沼澤地上，利用堤壩及水閘創造液壓排水系統，成功地發展農業。這套工法被後人一直維護至今，超過1,300公頃的廣闊農田和格朗普雷、霍頓維爾古城鎮，不僅紀念這個特別景觀，也見證當年人們的生活歷程。

## ⑰紅海灣巴斯克捕鯨站
Red Bay Basque Whaling Station

登錄時間：2013年

遺產類型：**文化遺產**

「紅海灣巴斯克捕鯨站」是16世紀巴斯克的水手作為捕撈、屠宰鯨魚、取油及儲藏為主的地方，後來成為歐洲主要的鯨魚燈油來源地。到現在這裡都還可以看到當時烤油的烤箱、製桶所、碼頭、暫時住宿區及一座公墓，而水底下則有廢棄船隻及被丟棄的鯨魚骸骨，這些遺址都完整地描繪了當時捕鯨的情形。

## ⑲皮瑪希旺‧阿奇
Pimachiowin Aki

登錄時間：2018年

遺產類型：**綜合遺產**

皮瑪希旺‧阿奇是北美阿尼什那比族群(Anishinaabeg)祖居之地，在其語言中為「賦予生命的土地」之意。整個區域坐擁湖泊、濕地、森林、河谷等天然景觀，是個未開發的化外天地，區域內的布拉德文河(Bloodvein River)、小格蘭瑞匹茲(Little Grand Rapids)、寶盈斯(Pauingassi)和白楊河(Poplar River)等四處地方是阿尼什那族的傳統領地，他們遵循人與自然間的共生關係，利用水路複雜的網絡，在廣闊的森林與湖泊中狩獵、捕魚。根據聯合國教科文組織的說法，這裡入選世界遺產的主因，是此地保有土地文化的傳統，包括尊重造物主的恩賜、尊重一切形式的生活，並與他人保持和諧的關係。

## ⑱迷斯塔肯角
Mistaken Point

登錄時間：2016年

遺產類型：**自然遺產**

這處動物化石遺址位於加拿大東岸紐芬蘭島的東南端，是崎嶇海岸峭壁中一段17公里長的岬角。其地質年代可追溯到5億8千萬年前的埃迪卡拉時期(Ediacaran Period)，也是目前所發現年代最古老的化石群。這些化石代表著地球生命史上的重要分水嶺，那就是經過30億年的演化之後，地球上的動物演變成大型且複雜的有機體。

## ⑳阿伊斯奈皮石刻
Writing-on-Stone / Áísínai'pi

登錄時間：2019年

遺產類型：**文化遺產**

這處黑腳族人(Siksikáitsitapi)的聖地，位於美加邊界的北美大平原北部邊緣，以米爾克河谷(Milk River Valley)的範圍為主。此地由於侵蝕作用旺盛，形成錐形岩層的石林景觀，而黑腳族的祖先們就在這些岩柱上面雕刻圖像，目前已發現有數千個圖形，年代最古老的距今超過3千年，雕刻的傳統一直持續到歐洲人進入此地初期，見證了原住民族的文明發展。一直到今日，黑腳族人仍會在這裡進行儀式，以表達尊敬與崇拜。

# Best Taste in Canada
# 加拿大好味

加拿大食物和美國食物大同小異，對台灣人而言，可能不是那麼新奇，畢竟台灣人在美加文化耳濡目染之下，對於這樣的料理早已見怪不怪。不過，就像在美加吃中國料理，很難令你滿意一樣，美加料理就是要在美加吃，才有那種道地的fu。

文●蔣育荏　攝影●墨刻攝影組

## 西北料理

加拿大西岸的西北料理說穿了，就是以海鮮為基調。這一帶海域與阿拉斯加海域相連，是加拿大漁產豐富的地區，全年都可以吃到生蠔、淡菜、丹金尼斯大螃蟹等新鮮海產。除了煎炸、燒烤等美加式烹調外，主廚們更擅長利用魚貝與牛排搭配，並加入大量蔬果入菜，無論味覺與視覺都豐盛無比。同時這裡的沿海以及河湖一帶，是鮭魚與鱒魚的洄游產卵地，因此鮭魚與鱒魚大餐也經常是西北料理中的主角。

## 蒙特婁貝果

這種由波蘭猶太人帶進北美的食物，很快就獲得美、加人民的喜愛，尤以紐約和蒙特婁兩座城市為最。和紐約貝果稍有不同，蒙特婁貝果在發酵麵團中和進麥芽糖，並在蜂蜜水中煮過，最後放進柴燒的烤箱烘烤，因此吃起來較為酥脆，且帶有一種淡淡的甜味。貝果本身通常只有3種口味：原味(plain)、芝麻與罌粟籽，但當中的配料卻可以有無窮變化，端看師傅的創意。蒙特婁最有名的兩家貝果店，分別是老字號的Fairmount與後起之秀St.-Viateur，據說這兩家店彼此有些淵源，但今日之間的競爭，可是比連續劇還要精彩。

## 海狸尾巴
### Beaver Tails

大部分的人在初次聽到Beaver Tails時，通常是一陣驚愕：「怎麼把海狸的尾巴煮來吃呢？」其實這不是真的海狸尾，只是把麵粉揉成海狸尾的形狀，下鍋油炸來吃。現炸成金黃色的海狸尾，吃起來有點像台灣常見的小吃雙胞胎，但口感比較厚實，通常會依個人喜好再加上不同口味的配料，譬如最受歡迎的Killalde Sunrise甜醬、大蒜起士、蘋果肉桂、香蕉巧克力等，入口時那種又香又脆的口感，還真叫人回味無窮呢！海狸尾的創始老店是在加拿大首都渥太華的拜渥市場門口，目前已發展成全國連鎖店，也算是加拿大流行的招牌小吃。

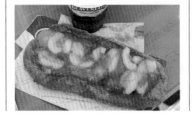

## 亞伯達牛排

亞伯達由於畜牧環境良好、飼養技術優越，加以牧地面積遼闊，每年牛肉產量驚人，是世界上最重要的牛肉產地之一。加拿大牛肉分為13個等級，最頂級的是「Prime」，無論肌理、油花，都是牛肉中的極品，其鮮嫩、多汁的程度，吃過後永難忘懷。不過真正的Prime等級牛肉價位很高，通常在餐廳能吃到AAA級的牛排就已經很美味了。再其次的等級是AA和A，做成牛排也都不錯，而B以後的等級則比較適合用做加工食材。

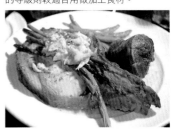

## 加式炸薯條
### Poutine

Poutine是什麼？簡單的說，就是炸薯條，但如果真的說得那麼簡單，加拿大人可是會不高興的。Poutine這種薯條吃法源自加拿大法語區的魁北克，基本款是將炸薯條淋上香濃的肉汁，並加上半融化的瑞士起士，通常人們還會在這上面加點變化，像是灑上義大利臘腸、燻肉、嫩煎洋蔥、蘑菇、黑橄欖、培根等配料，端看手邊有什麼食材，或是腦中有什麼創意，簡直就是把薯條當成披薩料理。在美式的簡單上賦予法式的講究，把薯條變成正港的「French Fries」，Poutine絕對是「新加拿大」小吃的代表典型。

## 馬鹿肉

在洛磯山遊玩時，常是一心一意想要親眼看到野生馬鹿，不過在山區的餐廳裡，也常可見到馬鹿的身影，只是已被做成了漢堡或鹿排，這樣想一想，其實也有些殘忍，於是常有遊客點不下手，最後選擇了用同樣可愛的牛隻做成的牛排。其實馬鹿是一種繁殖力很強的物種，數量過多時，常會對附近生態造成威脅，因此在打獵季開放時常成為獵捕的主要對象。馬鹿肉的口感介於牛肉與鹿肉之間，蛋白質含量比牛肉高，但熱量卻更低，同時也是鐵、鋅、磷等礦物質很好的攝取來源。

## 水牛城雞翅
Buffalo Wings

早期美國人會把燉完湯的雞翅丟棄，但1964年時，水牛城一家名叫Anchor Bar的餐館將這些雞翅裹上特製的辣醬，不沾麵粉便直接下鍋油炸，於是辣醬完全入味，吃起來非常過癮。通常一份水牛城雞翅裡除了翅尖外，還有棒棒腿，並會附上生芹菜、胡蘿蔔與田園沙拉醬，以便嘴裡味道太重時可以舒緩一下。由於水牛城距離美加國界不遠，因此這道菜很自然就流傳到了加拿大，尤以五大湖區最為普遍，像是美國連鎖品牌Duff's Famous Wings，在多倫多就開了3家分店。

## 美加式早餐

美加式早餐一定會有蛋，通常服務生會問你希望怎麼樣來料理你的蛋，是要只煎一面的太陽蛋(sunny side up)、兩面都煎但不要太熟的荷包蛋(over easy)、兩面都要煎到全熟(over hard)，還是要炒蛋(scrambled egg)？而像是歐姆蛋餅(omelet)、班乃迪克(benedict)、法式土司(French toast)等，也都是常見的蛋食主餐。而澱粉類通常來自馬鈴薯，服務生也會問你想把馬鈴薯做成什麼樣子，是要薯條(French fries)、薯餅(hash browns)還是薯泥(mashed potato)？

除了蛋和馬鈴薯外，早餐店有時也會有貝果(bagel)、煎餅(pancake)、燕麥粥(oatmeal)等選項，甚至早餐就在吃牛排的也不在少數。

## 漢堡與三明治

和速食店賣的漢堡不同，專賣漢堡或三明治的餐廳，用料都比較講究，起士總是特別濃郁，漢堡肉更為實在，煎得香香脆脆的培根豐富了口感，種類多樣的配料可以玩出更多變化，精心調製的獨門醬料也讓漢堡更有個性。這樣的漢堡絕非速食店可比，吃過很容易就會上癮。

### 本書餐廳介紹中的價位區間

**$**：15加幣以內解決的小吃或路邊攤
**$ $**：餐點在15~25加幣的輕食簡餐
**$ $ $**：主餐在25~40加幣，一般家庭外食
**$ $ $ $**：主餐在40~60加幣，適合親友聚餐
**$ $ $ $ $**：主餐在60加幣以上，適合慶祝或約會

# Best Buy in Canada
# 加拿大好買

出國旅行，人難免想買些紀念品或名產回家，一來證明自己到此一遊，二來有些東西就是要在當地買才划算。而到了加拿大，到底該買些什麼才算不辜負此行，哪些東西沒買到就算是錯失良機呢？以下就來為你介紹。

文●蔣育荏　攝影●墨刻攝影組

## 楓糖
Maple syrup

　　加拿大既然是楓樹王國，楓糖自然便成了象徵加拿大的名產之一。並不是每顆楓樹都適合提煉楓糖，品質較好的楓糖多半來自糖楓、黑楓與紅楓，冬天時楓樹會在根部儲備澱粉，到了春天這些澱粉會轉化成糖分貯存在木質部的汁液中。據說最早發現楓糖提煉方法的，還是北美原住民，他們在樹幹上鑽個小洞，承接從洞裡流出的樹汁，然後在寒夜暴露一晚，水分結冰後，當中的糖分就會沉澱在底部。現代人則是將樹汁煮滾，讓水分蒸發，剩下來的就是又甜又稠的楓糖漿了。

　　或許你會覺得奇怪，為什麼加拿大的楓糖會比想像中貴，其實一般我們在超市或大賣場買的，都不是真正的楓糖，而是「楓糖口味的糖漿」，這種人工化學產品不但口感比真正的楓糖遜色很多，而且吃多了對身體不好。在加拿大，只有100％由楓樹提煉且含糖量在66％以上的，才能稱之為楓糖，這也是為什麼加拿大楓糖會這麼貴的原因。

## 牛仔帽
Cowboy Hat

　　高頂寬邊的牛仔帽，大多以毛氈或皮革製成，是北美牛仔的招牌裝扮，至今仍是牧場工人們的標準配備，彷彿只要戴上牛仔帽，就能釋放出骨子裡的豪邁不羈，激發出血液中的冒險精神。在卡加利，你有非常多可以買到牛仔帽的機會，在那裡，餽贈牛仔帽含有親密、友好的意義，尤其是白色牛仔帽，更是帶有尊崇的象徵。

## 煙燻鮭魚
Smoked Salmon

　　卑詩省沿海一帶是著名的鮭魚產地，歐洲人從原住民那裡學到燻鮭魚的方法並加以改良，他們在新鮮魚片撒上天然海鹽、黑糖及其他香料，然後用木片燻熟，而現代人為了方便攜帶保存，多半採用真空包裝，成為許多人來加拿大會買的伴手禮，在一般紀念品店就能買到。而根據我國海關規定，經乾燥、醃漬、調製等加工處理之水產品及已完全去除內臟之魚產品，只要不是用來販賣或超量，是無須申報動物檢疫就可入境的。

## 原住民手工藝品
### First Nations Artwork

原住民藝術向來是加拿大的瑰寶，由當地海達族人或史瓜密許族人所創作的手工藝品，都有很高的藝術價值。目前市面上常見的原住民藝品，以圖騰、面具、木雕、角雕、捕夢網為大宗，有的大到得另外託運才帶得回國內，有的只是小巧的裝飾品。若是在與原民藝術家合作的藝品店購買，作品上會有藝術家的簽名，雖然單價較高，但保證純手工，藝術風格與獨特性也比較強烈。若是在一般紀念品店，價格則便宜許多，不過也有可能買到量產商品，對於只是想買個紀念，不計較這麼多的遊客，倒是可以考慮。

## 冰酒及楓樹製品
### Icewine & Maple Products

冰酒與楓糖是加拿大的兩大特產，於是從它們衍生出的各類型周邊產品，也跟著大行其道，成為紀念品店中的熱門寵兒。最常見的產品是冰酒與楓糖口味的茶包、餅乾、糖果等，多是利用釀造冰酒或提煉楓糖時的剩餘物來製造，也算是物盡其用。由於冰酒與楓糖的單價較高，有些平常不喝酒或不常做點心、但是又想湊湊熱鬧的遊客不見得買得下手，這時候買這些單價較低的副產品，送禮自用兩相宜，完美地解決了買與不買的難題。

## 冰酒
### Icewine

冰酒最初發源於德國，當時一場驟然來臨的大風雪，讓農民辛苦栽培的葡萄瞬間結霜，傷心的農民不捨丟棄，將就拿來釀酒，沒想到因為霜凍濃縮保留了葡萄的糖份與果酸，使得釀出來的酒擁有獨特的濃密香甜，甚至有種蜂蜜的味道。由於釀造冰酒時必須使用在藤蔓上結凍的成熟葡萄，而全球的葡萄產地中，只有加拿大每年都具備這樣的氣候條件，因此加拿大的冰酒遠近馳名，又以安大略的濱湖尼加拉與卑詩的歐肯納根為兩大產區。

因為冰酒產量有限，早年曾有酒商刻意加工製造，像是在葡萄中注射糖份，或是以人工冷凍，釀造的結果自然不倫不類。為了防止劣質冰酒氾濫，所有加拿大冰酒都必須通過VQA(加拿大葡萄酒商品質保障聯盟)的嚴格標準，買酒時務必認明酒瓶上有VQA的標章，才是貨真價實的冰酒。另外，Icewine在加拿大是個被註冊的單字，只提供給通過認證的酒商使用，若你看到酒標上寫的是分開的Ice wine，就有可能只是便宜的人工冰酒。

# History of Canada
# 加拿大歷史

文●蔣育荏

## 殖民主義之前

加拿大最早的居民，是遠古時期從亞洲東北部越過白令海峽來到美洲的印第安人。約在10、11世紀左右，北歐的維京人曾從格陵蘭島渡海來到今日的紐芬蘭省海岸。一直到16世紀，藉由探險家的航海探索，才揭開這塊北美新大陸的神祕面紗。

## 大航海時代

16世紀時，探險家為了尋找黃金和通向亞洲的西北通道，紛紛揚帆北美，從南至北探查了大西洋沿岸，揭開北美新大陸的帷幕。1534年，法國航海家賈克卡蒂爾(Jacques Cartier)多次到加拿大東海岸探險，並把這一帶稱為「新法蘭西」。探險隊伍行至聖勞倫斯灣，沿聖勞倫斯河上行，到達今日的魁北克、蒙特婁地區，打開了通往加拿大內陸的道路。

## 新法蘭西殖民時期

17世紀初，歐洲人開始殖民加拿大。1603至1608年間，法國人在芬地灣建立居住地，並在聖勞倫斯河流域建立了魁北克城，新法蘭西逐漸發展 皮毛貿易基地。1663年，新法蘭西殖民地成 法國的一個行省，到了18世紀初，其統治範圍已北達哈德遜灣，西至五大湖區，建立了以魁北克市為中心的殖民地。

## 英國殖民時期

17世紀，英國與法國展開了爭奪新大陸的鬥爭。1670年，英國佔領紐芬蘭島，並宣佈對哈德遜灣及其周圍地區擁有主權和貿易壟斷權，形成從南、北兩面對聖勞倫斯河流域的法國領地夾擊之勢。1713年西班牙王位繼承戰爭結束後，哈德遜灣地區、紐芬蘭和新斯科細亞歸屬英國。1760年前後，英國佔領了魁北克市和蒙特婁，加拿大爭奪戰的大勢底定。1763年英法七年戰爭結束，兩國簽訂《巴黎和約》，新法蘭西殖民地轉屬英國，加拿大成為英國殖民地。

1793年，蘇格蘭探險家麥肯齊(Alexander Mackenzie)沿皮斯河越過洛磯山脈，到達太平洋沿岸，完成了首次橫跨大陸的探險。19世紀上半，英國移民激增，殖民地的經濟開始發生變化。

## 加拿大獨立

1848年，英屬北美殖民地成立自治政府。1867年7月1日，英國議會通過《英屬北美法案》，4個省

份共同成立加拿大自治領聯邦政府。1870年至1949年，其他省份陸續加入聯邦。1926年，英國承認加拿大的「平等地位」，加拿大始獲外交獨立權。1931年，加拿大成為英聯邦成員國，議會獲得同英國議會平等的立法權。1982年，英國通過《加拿大憲法法案》，加拿大獲得立法和修憲的全部權力，鞏固獨立地位。

## 現行政府體制

加拿大的政體採君主立憲下的內閣制，雖已是個獨立國家，但英王仍是加拿大的元首，而加拿大總督便是英王在加拿大的代理人。總督由加拿大總理提名，再經由英王任命，為加拿大名義上的領袖。不過國家的大部分實權握在總理手中，這也是加拿大民主政治的基礎。因為加拿大國會分為上、下議院，上議院議員由總理提名、總督任命，權力較大的下議院議員才是由全民投票選出，而通常總督必須任命下議院多數黨的領袖擔任總理。

## 魁北克獨立議題

1967年，魁北克人黨提出要求魁北克獨立的議題，該黨並於1976年在選舉中獲勝。1980年，魁北克就獨立一事進行公民投票，結果反對者居多。1995年魁北克進行第二次公民投票，以49.4%的得票率未獲通過。之後，加拿大修改相關法律，規定即使魁北克全民公投支持獨立，魁北克的獨立也必須獲得全聯邦的批准方能生效。

# 分區導覽
# Area Guide

# 卑詩省

## British Columbia

文●蔣育荏
攝影●墨刻攝影組

英屬哥倫比亞在英文中經常簡稱「B.C.」，因此台灣在習慣上也常翻譯為「卑詩省」。卑詩省是加拿大最西邊的省份，濱臨太平洋，面積將近95萬平方公里，在加拿大排名第三。自18世紀起，來自英國及西班牙的探險隊經由海路來到加拿大西岸，第一位在此登岸的歐洲白人為英國探險家喬治溫哥華（George Vancouver），時間是在1792年，而溫哥華島及溫哥華市都是以他來命名。

卑詩省的首府維多利亞位於溫哥華島上，整座城市瀰漫著濃厚的英國傳統氣息，隔著喬治亞海峽與卑詩省最大城市溫哥華相望。溫哥華不僅是重要的港口及商業中心，同時也是加拿大的第三大城，整個大溫哥華地區的人口約有230萬。從溫哥華出發，行駛在景色優美的海連天公路上朝北前進，沿途可看到許多終年覆蓋白雪的高山與冰河，而公路也會經過著名的滑雪勝地惠斯勒，每年冬季那裡都吸引了無數國內外旅客前來滑雪度假。至於卑詩省南方內陸的歐肯納根(Okanagan)地區，陽光普照，土地肥沃，種植了品種豐富的水果，釀酒業也非常發達，素有「卑詩省的水果籃」之譽，也有不少果園和酒廠開放給遊客參觀。

# 卑詩省之最 Top Highlights of British Columbia

**史丹利公園 Stanley Park**
　　從溫哥華市中心北端延伸，突出於海灣中的史丹利公園，面積幾乎和市中心一樣大，是當地悠閒生活的象徵。公園中有不少值得參觀的景點，像是著名的溫哥華水族館就是位於這裡。（P.69）

**卡佩蘭奴吊橋公園 Capilano Suspension Bridge**
　　這座吊橋長達137公尺，公園裡不但有森林、峽谷，近年還建起了樹頂上的步道與懸崖邊的棧橋，讓遊客得以近距離欣賞大自然的美。（P.82）

**布查花園 The Butchant Gardens**
　　難以想像這裡曾經是片石灰礦場，如今數百種花卉在這裡輪番綻放，不分四季地爭奇鬥豔，使這裡成為全美洲最負盛名的花園之一。（P.116）

**惠斯勒度假村 Whistler Village**
　　這處遠近馳名的滑雪勝地，擁有長達大半年的雪季，除了冬天可以從事各種雪上活動，夏天也有五花八門的戶外刺激體驗。（P.134）

**皇家卑詩博物館 Royal BC Museum**
　　加拿大最重要的博物館之一，淵遠流長地記錄著卑詩省的歷史，從原住民的神祕圖騰，到19世紀的殖民地生活百態，都令人興趣無窮。（P.110）

# 溫哥華
# Vancouver

溫哥華的發展歷史和移民息息相關，1850年間，華人伴隨著淘金熱潮來到卑詩省，部分定居在溫哥華，之後陸續有歐洲移民到來，促進蓋士鎮的發展，奠定溫哥華繁華的經濟基礎，逐漸發展為加拿大西岸第一大城市；而氣候溫和、環境優美的溫哥華至今仍是各國移民夢想中的定居天堂，新興的移民社區持續成長，列治文的市容甚至與亞洲無異。由於有許多來自世界各國的移民，因此溫哥華也發展出兼容並蓄的多元文化，不論是何種種族，在當地都不會有人覺得你是外國人，因此觀光客對溫哥華的第一印象多半是「親切」。

對加拿大人而言，溫哥華素有「出入口城市」之稱，每天由溫哥華機場起飛的航空班次，前往全世界許多國家，不論由東岸到西岸，或西岸到東岸，溫哥華永遠是起站，也是終站，因此溫哥華可說是位居控制陸、海、空交通運輸樞紐的重要地理位置。在繁忙的經貿角色背面，溫哥華的市民生活卻意外地悠閒，若是你到市郊的公園走走，或是逛逛羅伯森街喝杯咖啡，都能更深刻地體會當地人這種閒適的步調。

# INFO

## 基本資訊

**人口**：約66萬(市區)
**面積**：約115平方公里(市區)
**區域號碼**：604、778、236

# 如何前往

## 飛機

溫哥華國際機場(機場代碼YVR)位於列治文市的Sea Island上，距離溫哥華市中心約12公里，是加拿大西部最重要的門戶，因與台灣有班機直航，常是國人旅行加拿大時第一個落腳之處。機場主要分為國際線與國內線兩個航站，航站之間有通道相連，徒步便可來往，不過由於還是有點距離，因此若要轉機的話，得注意一下時間。

目前在台灣提供直飛溫哥華航線的，有長榮航空、中華航空2家航空公司，長榮的BR10與華航的CI32，每日從桃園機場第2航廈開飛，至溫哥華機場國際航廈降落。至於加拿大航空的AC6546則是與長榮航空聯營，搭乘的是BR10的商務艙。

從台北直飛溫哥華，飛行時間去程約11小時，回程約12小時。

**溫哥華國際機場 Vancouver International Airport**
📍P.53B5
📍3211 Grant McConachie Way, Richmond, BC V7B 0A4
🌐www.yvr.com

## 火車

美加地區人民習慣於開車旅行，長程火車不似歐洲那般發達，速度也非常慢，但沿途風景優美，觀光價值遠高於交通用途。溫哥華太平洋中央車站位於Main St與Terminal Ave路口附近的Station St上，搭乘捷運博覽線至Main St／Science World站即達。

加拿大國鐵的橫貫火車Western Canada，連結溫哥華與多倫多，途經溫尼伯、艾德蒙頓、傑士伯、甘露市等城鎮，全程約4天。

**太平洋中央車站 Pacific Central Station**
📍P.55G5
📍1150 Station St, Vancouver, BC, V6A 4C7
**加拿大國鐵 VIA Rail**
🌐www.viarail.ca

## 長途客運

溫哥華巴士總站與太平洋中央火車站同處一地，提供多家巴士客運服務。前往維多利亞，可搭乘卑詩渡輪連結者巴士，5~9月間每日有4班車，10~4月間則是每日2班，車程約4小時。天貓巴士則主要往返於溫哥華與惠斯勒之間，每日有5~7個車次，車程約2.5小時。

至於原本的灰狗巴士(Greyhound)，其加拿大的事業已於2022年4月由Flix巴士公司收購，目前從溫哥華僅有前往美國西部各大城市的跨國路線行駛。

**卑詩渡輪連結者 BC Ferries Connector**
🌐www.bcfconnector.com
**溫哥華機場天貓巴士 YVR Skylynx**
🌐www.yvrskylynx.com
**Flix巴士 FlixBus**
🌐www.flixbus.ca

## 開車

經過溫哥華最重要的2條公路為國道1號與卑詩省道99號(BC-99)。國道1號屬於加拿大橫貫公路(Trans-Canada Highway)的一部分，往東通往甘露市、班夫、卡加利、女王城、溫尼伯，過安大略省界後成為國道17號，可達加東各省。

BC-99在市中心為Granville St，從溫哥華沿這條公路往南開，即會到達美加邊界。過了國界後，公路就成為美國的5號州際公路(I-5)，可通往西雅圖、波特蘭、洛杉磯等美西城市。從溫哥華往北走BC-99，則是著名的海連天公路(Sea-to-Sky Highway)，經過惠斯勒後，最終會接上卑詩省主要的縱貫公路BC-97。

## 卑詩渡輪 BC Ferries

卑詩渡輪是從溫哥華市前往溫哥華島上兩大城鎮——維多利亞與那乃摩的重要交通工具，可單純載客，也可連車一同運過海峽。關於卑詩渡輪的搭乘方

溫哥華全圖

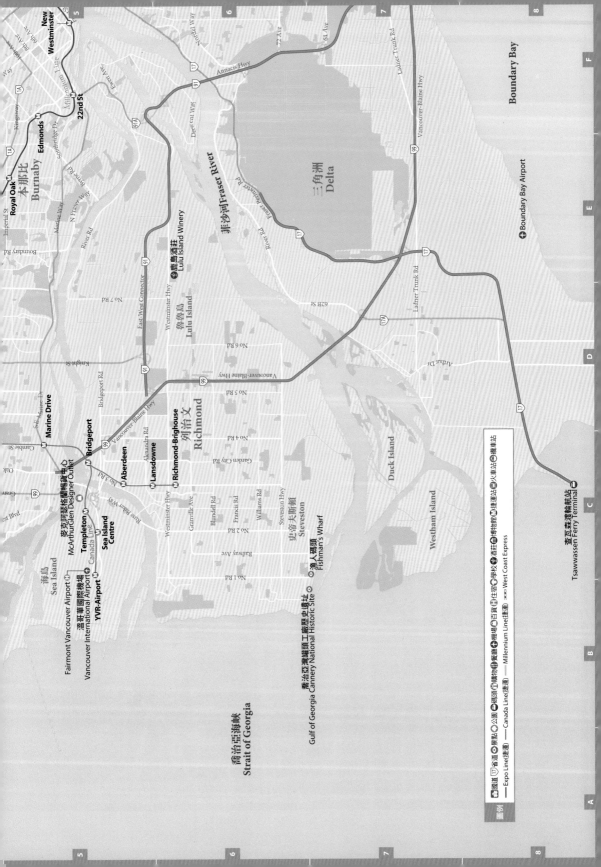

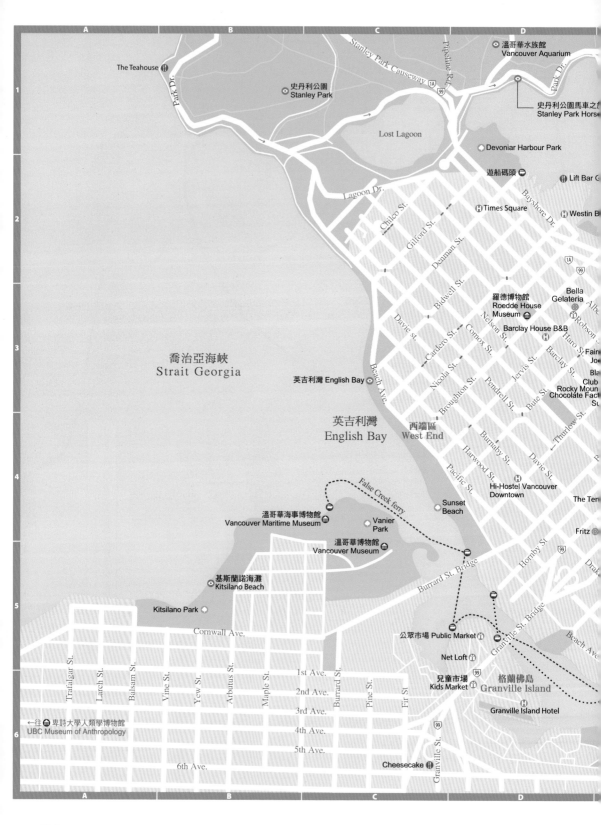

The Teahouse

史丹利公園
Stanley Park

Stanley Park Causeway

Pipeline Rd.

溫哥華水族館
Vancouver Aquarium

Park Dr.

Lost Lagoon

史丹利公園馬車之旅
Stanley Park Horse

Park Dr.

Lagoon Dr.

Devoniar Harbour Park

遊船碼頭

Bayshore Dr.

Lift Bar G

Times Square

Westin B

Chileo St.

Gilford St.

Denman St.

羅德博物館
Roedde House
Museum

Bella
Gelateria

Robson

喬治亞海峽
Strait Georgia

Bidwell St.

Davie st.

Cardero St.

Comox St.

Nelson St.

Barclay House B&B

Haro St.

Barclay St.

Fair
Jo

英吉利灣 English Bay

Beach Ave.

Nicola St.

Broughton St.

Pendrell St.

Bute St.

Club
Rocky Moun
Chocolate Fact
Su

英吉利灣
English Bay

西端區
West End

Burnaby St.

Thurlow St.

Davie St.

Harwood St.

Pacific St.

Hi-Hostel Vancouver
Downtown

The Ten

False Creek ferry

溫哥華海事博物館
Vancouver Maritime Museum

Vanier
Park

Sunset
Beach

Fritz

溫哥華博物館
Vancouver Museum

Burrard St. Bridge

Hornby St.

基斯蘭諾海灘
Kitsilano Beach

Kitsilano Park

Granville St. Bridge

Beach Ave.

Cornwall Ave.

公眾市場 Public Market

Net Loft

格蘭佛島
Granville Island

Trafalgar St.

Larch St.

Balsam St.

Vine St.

Yew St.

Arbutus St.

Maple St.

1st Ave.

2nd Ave.

Burrard St.

Pine St.

Fir St.

兒童市場
Kids Market

3rd Ave.

←往 卑詩大學人類學博物館
UBC Museum of Anthropology

4th Ave.

5th Ave.

Granville Island Hotel

Granville St.

6th Ave.

Cheesecake

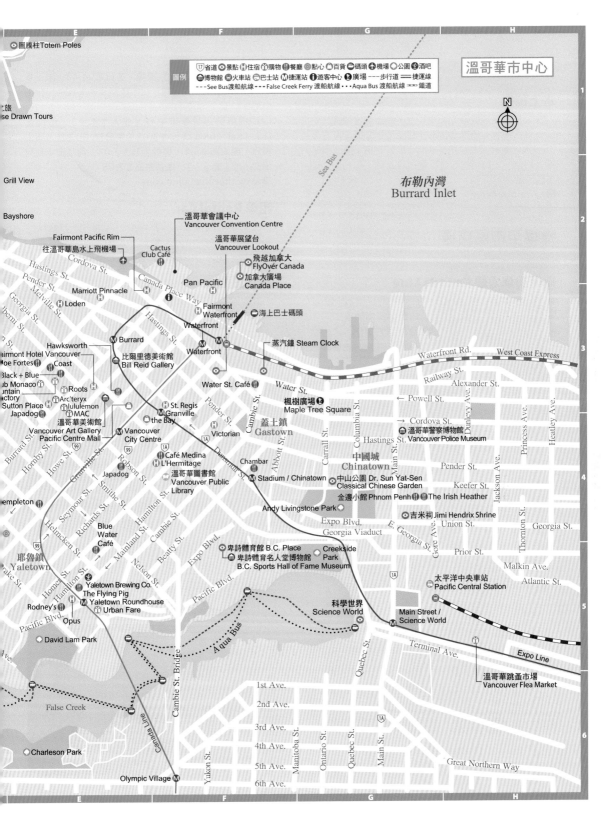

圖騰柱Totem Poles

se Drawn Tours

Grill View

Bayshore

圖例 〔17〕省道 ◎景點 ⊞住宿 🛍購物 🍴餐廳 🍵點心 🏬百貨 ⚓碼頭 ✈機場 ➕公園 🍺酒吧
🏛博物館 🚂火車站 🚌巴士站 Ⓜ捷運站 ℹ遊客中心 ▢廣場 ⋯步行道 ══捷運線
---See Bus渡船航線 --- False Creek Ferry 渡船航線 ••• Aqua Bus 渡船航線 ⊞▦鐵道

溫哥華市中心

N

布勒內灣
Burrard Inlet

Sea Bus

溫哥華會議中心
Vancouver Convention Centre

Fairmont Pacific Rim
往溫哥華島水上飛機場
Cordova St.

溫哥華展望台
Vancouver Lookout

飛越加拿大
FlyOver Canada

Cactus Club Café

加拿大廣場
Canada Place

Pan Pacific

Hastings St.
Pender St.
Melville St.
Georgia St.
Marriott Pinnacle
Loden

Canada Place Way

Fairmont Waterfront

Waterfront

海上巴士碼頭

Alberni St.

Hastings St.

蒸汽鐘 Steam Clock

Waterfront Rd.    West Coast Express

Burrard

Hawksworth
airmont Hotel Vancouver
oe Fortes
Coast
Black + Blue
ub Monaco
untain
actory
Sutton Place
Japadog

比爾里德美術館
Bill Reid Gallery

M Burrard

Waterfront

Railway St.    Alexander St.

Water St. Café

Water St.

← Powell St.

Arc'teryx
lululemon
MAC
溫哥華美術館
Vancouver Art Gallery
Pacific Centre Mall

Roots

St. Regis
M Granville
the Bay

Vancouver City Centre

楓樹廣場
Maple Tree Square

→ Cordova St.

蓋士鎮
Gastown

Hastings St.

溫哥華警察博物館
Vancouver Police Museum

Victorian

Café Medina
L'Hermitage
溫哥華圖書館
Vancouver Public Library

Chambar

中國城
Chinatown

Pender St.

Keefer St.

Templeton

Japadog

Blue Water Café

M Stadium / Chinatown

Andy Livingstone Park

中山公園 Dr. Sun Yat-Sen
Classical Chinese Garden
金邊小館 Phnom Penh  The Irish Heather

吉米祠 Jimi Hendrix Shrine

耶魯鎮
Yaletown

Yaletown Brewing Co.
The Flying Pig
Yaletown Roundhouse
Urban Fare

Rodney's

Opus

David Lam Park

Expo Blvd.
Georgia Viaduct

卑詩體育館 B.C. Place
卑詩體育名人堂博物館
B.C. Sports Hall of Fame Museum

Creekside Park

Expo Blvd.

科學世界
Science World

Main Street / Science World

Prior St.

Malkin Ave.

Atlantic St.

太平洋中央車站
Pacific Central Station

Aqua Bus

Canada Line

Cambie St. Bridge

Terminal Ave.

Expo Line

溫哥華跳蚤市場
Vancouver Flea Market

False Creek

1st Ave.
2nd Ave.
3rd Ave.

Charleson Park

4th Ave.
5th Ave.
6th Ave.

Great Northern Way

Olympic Village M

式，詳見P.32~34。

## 水上飛機

　　溫哥華水上飛機場位於加拿大廣場西側水岸邊，從溫哥華搭乘水上飛機前往維多利亞市中心的內港只要35分鐘，價錢當然也是搭乘巴士的好幾倍。除了飛往維多利亞外，每日也有航班飛往惠斯勒、那乃摩與鹽泉島等地。

🌐harbourair.com

# 機場至市區交通

## 捷運加拿大線 Canada Line

　　搭乘捷運加拿大線，從機場到市中心只要22~26分鐘。YVR Airport捷運站位於國際與國內航廈中間，在機場內很容易就能找到前往捷運站的指標，依指標登上電扶梯後即是捷運月台，車票在月台上的自動售票機購買。

🔽從機場到市中心，首班車05:07，末班車00:56；從市中心的Waterfront站到機場，首班車04:48，末班車01:05。平日每6~7分鐘一班，夜間及週末12~20分鐘一班。

💲從機場到溫哥華市中心，成人＄4.45，優待票(13~18歲及65歲以上)＄3.05；平日18:30之後及週末假日，成人為＄3.1，優待票為＄2.05。而從機場到列治文，成人為＄3.1，優待票為＄2.05

🌐www.thecanadaline.com

## 租車 Rental Car

　　在航站地面樓層的停車場附近，可找到Hertz、Alamo、National、Avis、Budget、Dollar、Thrifty、Enterprise等8家租車公司櫃檯。

## 計程車 Taxi

　　計程車招呼站在各航站入境大廳外，從機場至市區約30分鐘，到溫哥華市中心的車資為＄34，到加拿大廣場、蓋士鎮與高豪港邊為＄38，到史丹利公園為＄41，到中溫哥華為＄22~31，到列治文與南溫哥華為＄20~22。

# 市區交通

## 大眾運輸系統

溫哥華的大眾運輸系統由卑詩南岸運輸管理局(TransLink)負責營運管理，包括高架捷運、市區公車、通勤鐵路與海上巴士。

🌐 www.translink.ca

### ◎高架捷運 Sky Train

Sky Train屬於高架的軌道車系統，每日清晨營運至半夜，且班次非常密集。Sky Train的3條路線分別為加拿大線(Canada Line)、博覽線(Expo Line)與千禧線(Millennium Line)，前兩條路線都是從加拿大廣場附近的Waterfront站出發，加拿大線經耶魯鎮、伊莉莎白王后公園後，抵達YVR國際機場及列治文市區；博覽線經中國城、科學中心、溫哥華市、新西敏市後，抵達東南郊區的素里市(Surrey)。而千禧線從溫哥華火車站附近的VCC-Clark站發車，穿越本那比市後，通往東北郊區的高貴林市(Coquitlam)。

捷運站的自動售票機可選擇顯示中文，依螢幕指示操作購票。月台上沒有閘門，若持有1日票或轉乘券，可直接進入月台候車(月台上不時有人查票，請務必持有有效票券)。

### ◎市區公車 Bus

溫哥華擁有北美第二大的公車網，主要路線自清晨05:00起營運至半夜，約12分鐘就有一班，而凌晨也有夜間巴士行駛。上車時，將車資投入駕駛座旁的收費箱內(注意，車上不找零)，便能取得一張磁條卡，這張卡片就是你的轉乘券(Transfer)。若使用1日票、捷運車票或轉乘券，依指示插入感應器即可，感應器並會顯示剩餘的轉乘時間。

### ◎海上巴士 Sea Bus

Sea Bus是連結市中心Waterfront站與北溫哥華蘭斯黛碼頭(Lonsdale Quay)的渡輪(只載運乘客，不載運車輛)。從市中心出發的首班為06:16 (週日08:16)，末班01:22 (週日23:16)；從北溫哥華出發的首班為06:02 (週日08:02)，末班01:00 (週日23:02)。日間每10~15分鐘一班，夜間每30分鐘一班，航程約12分鐘。

### ◎通勤鐵路 West Coast Express

West Coast Express是連結市中心Waterfront站與東邊城鎮Mission City的短程火車，沿途停靠8站，是當地居民通勤的交通工具，西向列車只在上班尖峰時段行駛，東向列車只在下班尖峰時段行駛，因此觀光客不太有機會搭乘到。其票價依距離遠近計

算，範圍在＄6.05~13.1之間。

**◎購買車票**

除了通勤鐵路外，其他3種交通工具使用共通的購票系統。購買單程票時，票價依距離遠近分為3個區段，溫哥華市為zone 1，列治文、本那比、北溫哥華、西溫哥華為zone 2、再外圍的地區為zone 3；不過在平日18:30以後以及週末假日時，則不分距離遠近一律只要1區票價。單程票票價如下：

| | 成人票 | 優待票 |
|---|---|---|
| 單區段 | $ 3.1 | $ 2.05 |
| 跨2區 | $ 4.45 | $ 3.05 |
| 跨3區 | $ 6.05 | $ 4.15 |

如果一天之內會搭乘數次大眾運輸工具，可考慮購買1日票(Day Pass)，成人票價＄11，優待票＄8.65，當日不分區段皆可無限次數搭乘。

優待票適用於13~18歲青年與65歲以上長者，至於5~12歲的兒童若是和成人一起搭乘，票價則是免費。

如果要在溫哥華待上較長時間，建議購買一張可儲值的感應式票卡Compass Card，雖然卡片本身要價＄6，但每次搭乘都能享有折扣，並可在90分鐘內不限次數轉乘。

## 渡輪 Ferry

民營渡輪航行於溫哥華市中心與溫哥華市之間的假溪(False Creek)上，是前往格蘭佛島的重要交通工具，主要有Aquabus與False Creek Ferries兩家公司的渡輪行駛。

**◎Aquabus**

彩虹顏色的Aquabus共有8個停靠碼頭，分別為市中心的Hornby St路底、格蘭佛島北岸、Homer St路底的林思齊公園(David Lam Park)、假溪南岸的Stamp's Landing與Spyglass Place、耶魯鎮的Davie St路底、卑詩體育館附近的Plaza of Nations、以及科學中心附近的選手村(The Village)。

大約07:00~21:00之間發船。Hornby St往來格蘭佛島5分鐘一班，其他路線15分鐘一班

依行駛路線不同，成人單程＄4.5~＄10，4~12歲及65歲以上＄3~＄8.25。1日票成人＄17，優待票＄15

www.theaquabus.com

**◎False Creek Ferries**

淺藍色的False Creek Ferries在格蘭佛島以東的航線與Aquabus完全相同，格蘭佛島以西則有市立泳池(Aquatic Centre)與海事博物館2處碼頭。

格蘭佛島以東約在07:10~22:15之間發船，約7~15分鐘一班；格蘭佛島往返市立泳池07:00~22:30之間發船，每5分鐘一班；往返海事博物館10:00~20:00之間發船，每15分鐘一班

依行駛路線不同，成人單程＄3.75~＄11，4~12歲及65歲以上＄2.5~＄9。1日票成人＄18，優待票＄16

www.granvilleislandferries.bc.ca

## 計程車 Taxi

在溫哥華建議事先打電話叫車，或是至各大飯店門口搭車，起錶價為＄3.25，每公里跳錶＄1.84。

**MacLures Cabs**

(604) 831-1111

**Black Top & Checker Cabs**

(604) 731-1111

**Yellow Cab**

(604) 681-1111

**Vancouver Taxi**

(604) 871-1111

## 共享單車 mobi

由網路公司Shaw Go經營的共享單車mobi，在溫哥華市區擁有密集的租還站點。想要騎乘必須先下載Mobi by Shaw Go的APP，以信用卡註冊個人帳號，即可取得解鎖密碼。

解鎖費＄1 (電動車＄1.5)，騎乘每分鐘25￠(電動車35￠)，每次騎乘至少＄3

www.mobibikes.ca

## 觀光行程

### Westcoast Sightseeing

由Gray Line營運的隨上隨下觀光巴士(Hop-On Hop-Off)，每日從加拿大廣場發車，沿途停靠羅伯森街、史丹利公園、格蘭佛島、蓋士鎮等14個站點。車票須在官網上預訂購買，效期自第一次上車開始計算。

📞1-877-451-1777

🕐每日08:45~17:15，每20~25分鐘一班

💲24小時：成人＄65，3~12歲＄33。48小時：成人＄80，兒童＄40

🌐westcoastsightseeing.com

🏵線上購買車票，即可下載含中文在內的語音導覽

### 遊港船

參加由Harbour Cruises Ltd.提供的遊港行程，搭乘復古遊船航行於布勒內灣上，可將溫哥華著名景點的天際線一覽無遺。除了遊港行程外，該公司還有午餐巡遊、日落晚餐巡遊等行程可供選擇。

📍501 Denman St (遊船碼頭)

📞(604) 688-7246、1-800-663-1500

🕐5~9月每日11:00、12:15、13:30、14:45出發，航

程1小時(需於開船前15分鐘登船)

💲成人＄64.95，12~17歲及60歲以上＄58.95，5~11歲＄44

🌐boatcruises.com

## 旅遊諮詢

### 溫哥華旅遊局

📞(604) 683-2222

🌐www.destinationvancouver.com

❗線上諮詢：https://direct.lc.chat/7943841/

🕐每日09:00~16:00

# 溫哥華行程建議
# Itineraries in Vancouver

## ◎如果你有3天

　　在溫哥華的行程不宜緊湊，悠閒遊賞才能領受世界宜居城市的內涵。建議第一天可以從加拿大廣場開始，先往東在蓋士鎮、中國城一帶走走逛逛，喜歡購物的人下午則可以到羅伯森街上血拼，晚上再去耶魯鎮享用一頓有品味的晚餐。第二天不妨走大自然路線，早上先到布勒內灣北岸，前往卡佩蘭奴吊橋或葛勞斯山健行，下午再回到市中心的史丹利公園，在那裡散步、騎車。第三天的行程往市中心南邊發展，先到格蘭佛島上逛逛市集，下午再依個人興趣，參觀溫哥華博物館或英屬哥倫比亞大學的人類學博物館。

## ◎如果你有6天

　　玩完了市中心，如果還有時間的話，不妨到鄰近的城鎮走走。搭船到溫哥華島上的維多利亞來趟兩天一夜或三天兩夜的小旅行，是許多旅人的選擇。另外像是鹽泉島與惠斯勒，也是相當熱門的目的地。

# 溫哥華散步路線
# Walking Route in Vancouver

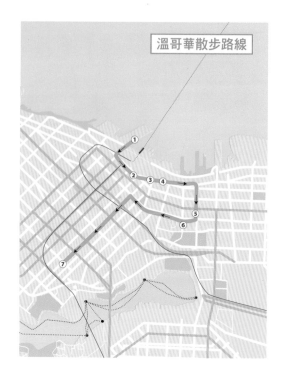

溫哥華散步路線

　　飽覽溫哥華的多元面貌，可以將①**加拿大廣場**當作起點，先欣賞溫哥華的港灣景色，再登上位於附近的②**溫哥華展望台**，從那裡可獲得360度的溫哥華市容全景。沿著Water St往東走，便是保留了古老街景的③**蓋士鎮**，可看見冒著白色蒸汽的④**蒸汽鐘**，而這裡也是紀念品店最集中的區域。

　　從蓋士鎮往南走便到了⑤**中國城**最早的發源處，街道兩旁的南北雜貨店、藥材行和中餐館，透露出早期中國移民在異鄉打拼的歷程。來到這裡，你也可以到⑥**中山公園**走走，亭台樓閣的典型園林，就像被人從蘇州原封不動地搬運到溫哥華來。

　　離開中國城後，前往市中心南邊的⑦**耶魯鎮**，這裡聚集著設計師品牌與精品名店，路旁高起的人行平台上，擺滿了餐廳或咖啡館的露台座位，走累了，乾脆就在這裡點杯飲料歇歇腳，或是找一間城裡有名的餐廳，品嚐溫哥華的美味。

**距離：**約4公里
**所需時間：**約1小時

## Where to Explore in Vancouver
## 賞遊溫哥華

**MAP ▶ P.55F2**

# 加拿大廣場

## Canada Place

**溫哥華港口的不動風帆**

🚇 搭乘捷運加拿大線或博覽線至Waterfront站，步行約4分鐘 🏠999 Canada Pl ☎(604) 665-9000 🌐www.canadaplace.ca

◎ 溫哥華港探索中心 Port of Vancouver Discovery Centre
🕐 每日08:00~20:00 💲免費

1986年的萬國博覽會在溫哥華舉行，這裡即是當年興建的展覽場地，其主體建築由溫哥華會展中心東大樓、郵輪碼頭、泛太平洋酒店(Pan Pacific Hotel)、及球形劇場「飛越加拿大」組成。建築西側是一條突出於海灣中的濱海觀景步道The Canadian Trail，步道分成13個區域，分別代表加拿大的10個省份與3個領地，地磚上各自鑲有具代表性的地名與一些地理小知識。建築北端還有一間溫哥華港探索中心，以多個觸碰式螢幕長廊，向遊人介紹溫哥華的港口歷史及運作模式。

每日從黃昏開始，一直到隔天清晨，加拿大廣場的5張巨大風帆便會打上投影燈光，在持續變幻的色彩中，不時也會有圖像舞動。要觀賞這齣投影秀，廣場西邊的會展中心西大樓前是最理想的地點。而在正午時分，這裡也會聽見響亮的汽笛聲，原本屬於卑詩水電局的Heritage Horns，在1994年被移置到泛太平洋酒店頂樓後，30年來每天中午都為人們吹奏起加拿大國歌的前4個音符。

---

**MAP ▶ P.55F2**

# 飛越加拿大

**MOOK Choice**

## FlyOver Canada

**4D版的「看見加拿大」**

🏠 在加拿大廣場內 ☎1-855-463-4822 🕐每日09:30~20:30，每15~20分鐘一場，片長25分鐘 💲現場購票$39，官網購票€28~35 (愈接近當日愈貴)。12歲以下兒童比成人便宜$10 🌐www.flyovercanada.com ❗兒童須滿102公分

© Pursuit Media Library

飛越加拿大這支影片以浩大的空拍手法，講述了加拿大的自然、文化與居住在這塊土地上的人民生活，不過這並不只是看場電影那麼簡單。劇院座椅設計成滑雪場纜椅的型式，在影片的最後8分鐘會飛升而起，並配合著3D影片的內容盤旋，觀眾於是彷彿化身為飛鳥，又像是坐在飛機的機翼上，翱翔在尼加拉瀑布、國會山莊、北冰洋冰山等加拿大著名風景上空，而座椅上的特殊裝置不時還會噴出花香、微風、水霧等效果，讓這段飛翔更加真實。

# 蓋士鎮

## Gastown

### 觀光味濃厚的歷史街區

🚇 搭乘捷運加拿大線或博覽線至Waterfront站，步行約2分鐘

溫哥華最古老的區域稱為「蓋士鎮」，100多年前，一位名叫John Deighton的商人帶著一桶威士忌站在街頭向工人們宣稱，只要他們協助他建造酒吧，便可以有喝不完的酒，於是在接下來的24小時之內，他的酒吧完工了。John的酒吧讓這一帶迅速繁榮起來，人們也因為他喜歡滔滔不絕、舌燦蓮花的個性，給他起了個渾名叫「蓋仙傑克」(Gassy Jack)，而這也就是蓋士鎮地名的由來。為了紀念他「開發」有功，原本在楓樹廣場(Maple Tree Square)還為他立了一尊銅像，不過由於他種族主義者的背景，在平權人士抗議下，這尊銅像已於2022年被移除。

現在的蓋士鎮仍維持著百年前的街景，復古的路燈及一座座低矮的歷史建築、由圓扁石鋪設成的街道，彷彿維多利亞時代的商業大街縮影，由於其歷史價值，政府於1971年明定為歷史保護區。而超過150家酒吧、個性餐廳、古董店、藝術作坊在此林立，為此區帶來不少人文氣息，也讓蓋士鎮成為觀光客最愛逛街採購紀念品的地方。

MOOK Choice

**MAP ▶ P.55F3**

# 溫哥華展望台

MOOK
Choice

Vancouver Lookout

## 眺望溫哥華城市風景

🚇搭乘捷運加拿大線或博覽線至Waterfront站，步行約3分鐘 🏠555 W. Hastings St ☎(604) 689-0421 🕐每日10:00~19:00 (最後登樓時間為18:30) 💲成人$18.25，6~17歲$13.25 🌐vancouverlookout.com 📱可用手機下載免費語音導覽 ❗建議事先上官網購票

　　在加拿大廣場或蓋士鎮上，無論你想拍什麼樣的街景，都很難不把港灣中心(Harbour Centre)納入鏡頭。這棟167公尺高的建築物，在當今世界競相逐高的風氣下，雖然顯得矮人一截，但對溫哥華市來說，已是數一數二的高樓了。

　　溫哥華展望台位於港灣中心頂樓，是一座圓環形的瞭望台，高度約130公尺，由於溫哥華的建築物多半不高，因此視野堪稱遼闊。天氣晴朗時，整個溫哥華的市容以360度完整呈現，北方的港灣與山脈、南方的商業金融大廈、東方的特色街道、西方的高級住宅區，同時向你炫耀著世界最適人居城市的婀娜風采。到了向晚時分，璀璨的燈火在四周亮起，一直延伸到地平線盡頭，這時再上展望台欣賞，又是另一種風情。不過有時溫哥華展望台上會有企業包場活動，因此前往之前最好先上官網查詢，以免撲空。

# 蒸汽鐘

**MOOK Choice**

## Steam Clock

### 抱著看間歇泉的心情等待鐘鳴

位於Water St上，靠近與Cambie St的丁字路口

　　蓋士鎮最出名的地標其實不是蓋仙傑克的銅像，而是一座高約5公尺的「蒸氣鐘」。這座鐘是在1977年時，帶著一種實驗性的趣味而建造的，工程師Raymond Saunders利用中央暖氣公司的地下蒸氣，帶動齒輪與鍊條裝置，將一顆顆鋼球帶往鐘的頂部，而當鋼球進入軌道，受地心引力作用而下墜時，蒸汽鐘便會噴出濃濃的白色蒸氣。這樣的「表演」每15分鐘就有一次，整點時更會吹奏出西敏寺鐘的8度音階（Westminster chime，也就是學校上下課的鐘聲），在綠樹紅磚的襯托下，尤其富有韻味，因此經常可以看到觀光客圍繞著它駐足凝望，好奇地等待下一次蒸汽噴發。

# 比爾里德美術館

## Bill Reid Gallery of Northwest Coast Art

### 原住民國寶的大師級創作

搭乘捷運博覽線至Burrard站，步行約3分鐘　639 Hornby St　(604) 682-3455 #221　10:00~17:00（10~4月11:00起）　10~4月的週一、二　成人$13，65歲以上$10，13~17歲$6　www.billreidgallery.ca　每月第1個週五14:00後免費　館內禁止拍照

　　比爾里德是加拿大20世紀的國寶級藝術家，父親是歐洲後裔，母親是海達族人(Haida)，他受到外祖父影響，自幼即對海達文化充滿興趣，並特別鑽研海達族雕刻大師Charles Edenshaw的作品。其創作融合了傳統元素，重新詮釋複雜的圖騰意含，表達出原住民的神話與宇宙觀，但他又使用許多現代素材，包括金、銀、泥岩、青銅等，塑造出前所未見的原住民圖騰。

　　在他的作品中，各部族的圖騰展現了四海一家的精神，因此常被認為是原住民與其他種族之間的文化橋樑。在加拿大上一版20元鈔票的圖案中，那尊名為「海達群島精神」的作品，就是出自比爾的手筆，今日陳列在溫哥華國際機場的離境大廳，讓每位離開加拿大的旅客都能欣賞。目前博物館收藏了超過60件比爾里德的重要雕塑作品，從大型青銅雕塑到精緻的金銀飾品都有，相當精彩。

**MAP ▶ P.55E3**

# 溫哥華美術館
## Vancouver Art Gallery
### 連鬼魂都來愛藝術

🚇搭乘捷運加拿大線至Vancouver City Centre站，步行約3分鐘 🏠750 Hornby St ☎(604) 662-4700 #0 🕙10:00~17:00（週四、五至20:00）🚫週二 💲成人$29，18歲以下免費 🌐www.vanartgallery.bc.ca 💲每月第1個週五16:00後免費。週末有免費專人導覽，部分場次為中文解說，詳細場次可上官網查詢

　　溫哥華美術館的建築建於1910年，其前身是卑詩省政府的法庭大樓，這也是這棟建築之所以看起來肅穆莊嚴的原因。在提到藝術作品之前，這裡的鄉野傳聞更令溫哥華人著迷，傳說有一位名叫Charlie的鬼魂住在法庭地下的墓穴裡，也就是現在美術館的下方；而1914年時一位移民局官員在此遭人謀殺，他的鬼魂也從此遊蕩在這棟建築中。有時這些傳聞竟壓過藝術品本身，成為這座美術館的最大賣點。

　　撇開這些怪力亂神不談，溫哥華美術館可是加拿大西岸最大的美術館，在全加拿大排名第四，光是永久館藏的數量就超過9千件，並會定期輪換特展。展出內容包羅萬象，從加拿大本土到國際級藝術家，從古典大師傑作到當代前衛藝術，幾乎每個月都有不同主題。而在永久館藏中，最重要也是最值得一看的，則當屬加拿大國寶級畫家愛蜜莉嘉爾的作品。

**MAP ▶ P.55G5**

# 科學世界
## Science World
### 寓教於樂的科學遊戲

🚇搭乘捷運博覽線至Main Street-Science World站，出站即達 🏠1455 Quebec St ☎(604) 443-7440 🕙每日10:00~17:00 💲成人$33.2，13~18歲及65歲以上$26.75，3~12歲$22.5 🌐www.scienceworld.ca

　　科學世界位於溫哥華市郊的假溪畔，外觀既似一顆銀色渾圓地球儀，更像是巨大的金屬高爾夫球，奇特的造型，原本也是1986年萬國博覽會的館場之一，博覽會結束後，成為科學世界的永久場地。中心內的展示幾乎沒有死板的圖文模型，有的盡是引人躍躍欲試的科學遊戲，不論是小孩還是大人，都能在豐富有趣的遊戲或競賽中，重新認識運行在生活周遭的科學原理，例如聲波的傳送、熱氣球原理、人體的奧妙、光影的捕捉，以及自然界中的各種變化等，皆可親自操作體驗，就連複雜的牛頓定律公式，也在簡單的遊戲中讓人輕易了解。其中最不能錯過的，莫過於環形立體電影院(OMNIMAX Theatre)，能在世界最大的圓拱形銀幕上觀賞壯觀的科學影片，很受遊客喜愛。

# 中國城
## Chinatown
### 北美第二大的唐人街

🚇 搭乘捷運博覽線至Stadium-Chinatown站，步行約5分鐘
🏠 大略是由Hastings St、Abbott St、Keefer St、Gore Ave 包圍的區域，主要商店位於Pender St

沿著Pender St往東走，過了千禧門牌坊，看到四周都是熟悉的中文字，滿街都是黑頭髮黃皮膚的同胞，你就知道已經來到中國城了。1858年的淘金熱潮，吸引大批華工來到加拿大建造鐵路，工程完工後，許多華人便留在加拿大安頓下來，他們一開始是聚居在Pender St和Carrall St的交界一帶，後來慢慢向外發展到現在的範圍。今日的溫哥華中國城是北美第二大華埠，但由於居住在這裡的大都是19世紀早期移民的後裔，因此和列治文等新移民大本營比起來，又多了點中西合璧的情調。

和全世界中國城相同的是，社區內理所當然有許多中國南北雜貨店、藥材行、水果攤、中文書報社等。除了商店之外，這裡最多的恐怕就是中國餐廳了，像是港式飲茶、海鮮餐廳、快餐店等，想吃什麼都找得到。由於街區規劃得宜，道路整齊乾淨，因此除了華人會來用餐，當地居民也很喜歡到此逛街、吃飯。

# 中山公園
## Dr. Sun Yat-Sen Classical Chinese Garden
### 美洲第一座正統蘇州園林

🚇 搭乘捷運博覽線至Stadium-Chinatown站，步行約5分鐘
🏠 578 Carrall St ☎(604) 662-3207 ⏰09:30~16:00 (最後入園時間為15:30) 休週一、二 💲成人$16，65歲以上$13，6~17歲$12 🌐vancouverchinesegarden.com

中國城內最重要的景點，便是紀念國父孫中山先生的中山公園，這是中國境外第一座格局完整的蘇州式庭園，其建材完全來自中國，由52名中國巧匠依照傳統工法，耗時13個月打造而成。公園內有假山池塘、小橋流水、亭台樓閣等典型的中式花園造景，沿著雅致的簷廊旁，是一間間書房、畫房、茶房；若是細雨瀝瀝，葉落池塘漣漪起，更有文人雅士對酒當歌的詩韻。只是這裡的遊客以外國人居多，假日還常有穿著唐裝的老外在庭院裡練太極拳；而秋高氣爽時節，色彩層疊的加拿大紅楓搖曳在蘇州園林裡，在西方的鬧市中更顯其東方的靜謐。

MAP ▶ P.55E5

# 耶魯鎮
## Yaletown
### 倉庫城改建的雅痞區

🚇搭乘捷運加拿大線至Yaletown Roundhouse站即達 🏠主要街區為Mainland St、Hamilton St與Homer St，大約位於Smithe St與Drake St之間

位於市區南方的耶魯鎮，呈現的是另一種截然不同的情趣，從紅磚砌成的連棟平房建築，以及路旁如月台般高起的人行平台，不難看出這裡曾經是一處倉庫區。大概在80年代，這裡還充斥著工廠、倉庫與工作室，但在90年代改頭換面後，耶魯鎮已成了最受雅痞、藝術家和社交名人喜愛的時髦地帶，無論是街邊平台上的露天咖啡座、轉角亮著櫥窗的精品店、號稱全城最棒的高級餐廳，甚至連超市、郵局、診所都是這麼有味道，總令追求品味的時尚人士徘徊不去。

耶魯鎮走的是高消費路線，雅痞色彩十足，由於特殊的倉庫城街道景觀，素有溫哥華的「Funky Town」之稱。週末假日或是下班後的夜晚，是耶魯鎮最熱鬧的時刻，酒吧、咖啡座、餐廳一一開張，有的還有Live Band演出，讓人們盡情享受屬於都會新貴階級的夜生活。

MAP ▶ P.54D3

# 羅德博物館
## Roedde House Museum
### 拜訪19世紀的中產家庭

🚇搭乘捷運博覽線至Burrard站，轉乘5號公車至Robson / Broughton站，再步行約4分鐘 🏠1415 Barclay St ☎(604) 684-7040 🕐13:00~16:00 (6~8月11:00起) 🚫週一、二、六 💲成人＄10，6~18歲＄5 🌐www.roeddehouse.org

羅德博物館是一棟建於1893年的老屋，第一代屋主是來自德國的新移民Gustav Roedde，他當年開設了溫哥華第一家印刷裝訂廠後，立刻生意興隆，使他得以有餘裕在富商聚居的西端區購置房產，並把房子建成流行於富裕階級的安皇后復興樣式(Queen Anne revival style)。今日的博物館在重新整修之後，忠實還原了19世紀末中產移民家庭的真實生活面貌，遊客可以像房屋主人一樣自在地穿行於各個房間，像是臥房、餐廳、浴室、起居室、書房、兒童房等，每一個房間都記錄著往日生活的某個片斷。這裡也不似其他同類型博物館般以繩索、玻璃把遊客與展品隔開，於是遊客甚至可以親手觸摸部分器具，仔細觀察當時使用的餐具、廚具、玩具和服裝，對一百多年前的中產階級日常生活，有更身歷其境的體會。

# 英吉利灣

## English Bay

**佇立海灣的石頭巨人**

🚇搭乘捷運加拿大線至Yaletown Roundhouse站，出站後在Pacific Blvd與Davie St路口轉乘西向的23號公車，至Beach / Bidwell站下車，往港邊走即達

位於西端區的英吉利灣，是溫哥華人假日休閒野餐、黃昏觀賞夕照的地方，除了有蔚藍的海岸和大片綠色草皮外，最引人注目的是佇立於此的巨形石頭人像Inukshuk。Inukshuk是原住民因紐特人(Inuit)的文化，常見於加拿大西海岸地區；Inukshuk在原住民語中意指「像人一樣的東西」，由石頭堆疊而成，造形各異，尺寸有大有小，而在溫哥華英吉利灣的這座灰色花崗岩Inukshuk，規模算是相當龐大。這是1986年萬國博覽會時，西北領地為了放在展示館中，而委託因紐特藝術家Alvin Kanak所打造。博覽會結束後，西北領地將其送給溫哥華市，並於翌年搬移到英吉利灣的海邊。

Inukshuk的實際作用今已不得而知，一般推測可能具有指示路途，標示方位，甚至有指引獵人鹿群所在，或告知旅人遮蔽物方向的用途，因此今日多引申為「友好、互助」的象徵。2010年的溫哥華冬季奧運，就是以Inukshuk作為大會標誌，也讓Inukshuk的形象廣為世人所知。

MAP ▶ P.52C3

# 史丹利公園

**MOOK Choice**

## Stanley Park

**城市中的森林漫步**

🚌 在市中心的Pender St上，搭乘西向的19號公車，至底站Stanley Park Loop站，即達玫瑰花園附近。若開車前往，公園內有多處收費限時停車場 ⏱ 開放式公園 💲 免費 ❗ Stanley Park Dr為逆時針方向的單行道，若開車前往，請務必遵守行進方向

實在令人難以想像，這片405公頃的森林，就位於繁華的溫哥華市中心，面積足足有台北大安森林公園的15.6倍大。於是乎，在森林中漫步、在海岸旁騎車，都成了溫哥華市民理所當然的日常活動。

在歐洲人到來之前，這裡曾經是史瓜密許族(Squamish)聚居的村落，他們在這裡以漁獵和採集花果為生，公園東南角的死人島(Deadman Island)之所以名字如此嚇人，正因為那裡從前是原住民們埋葬先人的地方，現今則成了加拿大海軍的訓練基地。由於扼守著布勒內灣海口，戰略地位重要，英國皇家海軍於是在19世紀中葉將這裡劃為軍事保留地，因此當溫哥華市鎮開始繁榮發展時，這一帶仍舊得以保持原始的面貌。1886年溫哥華設市，新市府隨即申請承租軍事保留地，作為建設公園之用。兩年後公園落成，並以當時的加拿大總督Frederick A. Stanley命名，成為全加拿大最大的市區公園。

公園內不但有面積廣大的天然雨林，還能欣賞溫哥華市區天際線與布勒內灣的海景，遠方是賽普勒斯山與葛勞斯山的皚皚山頭，近看則有野生海獺在港灣裡悠哉游泳。在靠近公園入口的Denman St與Georgia St上，有多家單車行提供出租服務，不少遊客會租一台單車，騎乘在8.8公里長的海濱步道Seawall上，沿途欣賞公園景致。

## 圖騰柱 Totem Poles

📍P.70B2

大約在1920年代時，溫哥華市政府向溫哥華島上的海達族(Haida)收購了4根圖騰柱，1936年為了慶祝建城50週年，又從夏洛特皇后群島購買了好幾根，後來這些圖騰柱被安置在布羅克頓角(Brockton Point)，成為史丹利公園裡最廣為人知的景點。不過，老舊的圖騰柱不堪長期日曬雨淋，先後被移入各地的博物館內，為了填補空缺，市府又請來原民藝術家為這裡創作新的圖騰。

目前公園裡的圖騰共有9根，每根都由不同的動物雕刻組成，這些動物各自具有象徵意義，如老鷹代表天空的王者，鯨魚是海洋之王，狼是陸地上的首領，而青蛙則是陸地與海洋的聯繫。每根圖騰都代表一則真實故事或傳說，具有濃厚的西北海岸原住民色彩。來到這裡除了拍照留念，不妨對照一下每根圖騰前的解說牌，看看這些柱子上到底有哪些動物，細心觀察上面的彩繪和雕刻，相信會有另一番深刻感受。

## 史丹利公園馬車之旅 Stanley Park Horse-Drawn Tours

P.70B2 票亭位於公園遊客中心附近的路口旁，在那裡買票、搭車 735 Stanley Park Dr (604) 681-5115、1-888-681-5110 3~11月10:00~16:00 (週末至16:30)，每30~40分鐘出發，行程約1小時 12~2月 成人 $60，65歲以上 $56，3~12歲 $25 www.stanleypark.com

除了開車、騎單車和步行遊園之外，比較特別的玩法是搭乘復古馬車來趟難忘的公園馬車之旅。史丹利公園的馬車主要是大型的馬車巴士，由兩匹馬拉車，每輛可乘坐26人；穿著高帽西裝禮服的車夫，加上19世紀造型的馬車，時光宛如倒退回到維多利亞女王的時代。除了26人座的馬車外，馬車公司也有提供兩人座的貴族馬車，但需事先上網預約，費用當然也高得多。

馬車行走的路線是沿著公園東半部的主要道路繞行一圈，沿途經過布羅克頓角燈塔、泳衣少女、玫瑰花園等景點，並會在圖騰柱下車停留5分鐘。一路上透過馬車夫的詳細介紹，遊客可更深入了解公園內的各個景點，並眺望溫哥華的市區風景。

## 9點炮 Nine O'Clock Gun

P.70B2

9點鐘大炮是一門12磅的前膛火炮，鑄造於1816年的英格蘭，1894年被帶到加拿大並架設於史丹利公園內。最初這門大砲是在星期日的晚上6點鳴放，用以提醒漁夫們夜間休漁的時間，後來又改為晚上9點開炮，作用是提供港內船隻對時。儘管今日已不再有授時的必要，大炮仍於每晚9點鳴放，算是作為傳統的延續。

1969年時，大炮曾被一群卑詩大學工程系的學生所「綁架」，他們要求的贖金是要當局捐款給卑詩兒童醫院。在那之後，當局為防範大炮再次遭竊，於是在四周加建防護措施，才形成現在大炮「坐牢」的景象。

## 泳衣少女 Girl in A Wetsuit

P.70B1

泳衣少女是匈牙利籍藝術家Elek Imredy於1972年送給公園的禮物，穿著泳衣、頭戴蛙鏡的銅雕少女，獨自坐在離岸的一塊岩石上，若有所思地凝望著遠方的獅門大橋，無論姿態還是意境，都引人無限遐想，因而成為公園裡最有名的一尊雕塑。不過也有不少人懷疑Elek的作品是抄襲哥本哈根的小美人魚像，對此藝術家提出反駁，他表示泳衣少女的創作靈感是源自當時流行的水肺潛水，象徵著溫哥華對於海洋的依賴。

## 空心樹 Hollow Tree

P.70A1

公園西邊的空心樹原是棵樹齡約在700到800年之間的北美紅檜，由於檜木常見的蓮根腐菌感染，巨大的樹幹中間逐漸形成空洞。20世紀初，空心樹是史丹利公園的招牌地標景點，人們總愛來到樹洞感受她的巨大，他們在洞中擠進一大群人、把車開進樹洞裡、甚至牽來大象，只為了拍攝出一張張具有戲劇效果的誇張照片，如果一百多年前有網路的話，空心樹肯定是網美自拍的熱門場景。可惜2006年的一場暴雨讓空心樹嚴重傾倒，兩年後基於安全考量，當局將殘幹正式移走。然而為了保留溫哥華人的集體記憶，市民們發動募款請願，終於在2011年時將空心樹種回原處，並使用各種加固手段，決心要讓她繼續空心下去。

## 獅門大橋 Lions Gate Bridge

📍P.70A1

　大家都知道美國舊金山有座金門大橋，卻少有人知道溫哥華也有一條獅門大橋，雖然獅門大橋不像金門大橋那樣有名，溫哥華人對她可是感到很驕傲的呢！獅門大橋跨越布勒內灣，是省道1A與省道99號的一部分，因北岸山脈中有東獅與西獅兩座山峰而得名。這座大橋和金門大橋一樣是懸索吊橋，除了橋身漆成綠色而使他們之間有明顯區別外，光從造型來看，倒也有幾分相似。其橋身長達1,517.3公尺，加上引道則有1,823公尺長，通車時間在1938年，只比金門大橋晚幾個月而已。觀看獅門大橋最好的位置，一是在大橋東邊Seawall旁的淺灘，一是在大橋西側的前景角(Prospect Point)，許多以大橋為主角的明信片都是在那裡拍攝。

## 玫瑰花園 Rose Garden

📍P.70B2

　若你是搭乘公車來到園內，首先會看到的便是玫瑰花園。玫瑰花園是在1920年時由同濟會所建，園內種植了超過3,500株玫瑰花，並建有英式涼亭及藤架，供蔓性品種的玫瑰與鐵線蓮攀爬。這裡的花季從每年3月開始，首先登場的是鱗莖類的花卉；6月之後，一年生與多年生的品種次序綻放，將花園妝點得五顏六色，直到10月才陸續凋謝。

　玫瑰花園附近還有一座迷你火車的車站，將近2公里長的鐵道，載著遊客穿越森林，遊覽於各個花園之間。這輛小火車的原型，就是第一輛橫越加拿大大陸的太平洋鐵路374號列車，於1880年從東岸駛進溫哥華，為了紀念，市政府於是在公園內建了這條縮小版的鐵路。

MAP ▶ P.70B2

# 溫哥華水族館

**MOOK Choice**

## Vancouver Aquarium

**自在悠遊於五大洋之間**

🚗 在馬車之旅票亭前的岔路，依路標指示往公園內部走，就會看到 🏠 845 Avison Way ☎ (778) 655-9554 🕐 7~8月09:30~17:30，其他月份10:00~17:00 💲 票價每日浮動，成人約＄41上下，65歲以上約＄36上下，3~12歲約＄26上下 🌐 www.vanaqua.org

名列北美三大水族館之一的溫哥華水族館興建於1956年，是史丹利公園裡最引人入勝的景點。館內依生態氣候畫分出不同區域，例如加拿大北極館、太平洋加拿大館、熱帶區域、亞馬遜雨林等。在5萬多種令人驚奇的海洋生物中，人氣最高的當屬可愛的黑腳企鵝，雖然牠們在陸地上搖搖擺擺的笨拙模樣總是惹人憐愛，一旦牠們躍入水中，矯捷的泳姿立刻令人刮目相看。海獺也是這裡的明星動物，每當餵食時刻，看著牠們一邊仰泳一邊抱著餵食球進食的可愛樣子，就算是鐵石心腸的人也會為之融化。

雖然現在基於動保意識，已經沒有海豚、海獅等動物表演，但遊客仍可在觸摸池中接觸卑詩本地特有的巨大海參與綠色海葵，每週日10:00至16:00亦有開放寓教於樂的Wet Lab，在動物學家的專業帶領下，親手探究水母、海膽等海洋無脊椎生物的奧妙。

此外，水族館裡還有一個巨大的深海魚缸，許多難得一見的海底生物自在悠游其中，每到餵食時間，還能看到工作人員穿著潛水裝進行的餵食秀。而穿過亞馬遜叢林地帶時，鱷魚、蟒蛇、陸龜就在你的眼前爬行，動作慢得出奇的樹懶也是人們圍觀的焦點。最後，也別忘了水族館裡的重頭好戲——4D劇場，透過立體的視覺、觸覺與嗅覺，讓你更有「深入」海底的錯覺。

MAP ▶ P.54C5-D6

# 格蘭佛島

**MOOK Choice**

Granville Island

## 全年無休的藝術市集

🚌 在Hornby St路底的碼頭搭乘Aquabus，可達島上公眾市場東邊的碼頭；在Thurlow St路底、Beach Ave水岸邊的Vancouver Aquatic Centre搭乘False Creek Ferry，可達島上公眾市場北邊的碼頭。如要搭乘公車，可在捷運Waterfront站附近的Cordova / Seymour路口，轉乘往False Creek South的50號公車，至2 Ave / Anderson St站下車，步行過橋即達。若開車前往，島上多為單行道，假日時不太容易找到停車位 🌐www.granvilleisland.com

位於假溪南端的格蘭佛島，在第一次世界大戰前還只是個沙洲，聯邦政府為了連接沿岸的木材廠，於是挖鑿了假溪，而開挖後留下的砂土逐漸堆積，遂形成今日的格蘭佛島。島上在過去曾是工廠林立，後因實施環保政策，工廠先後外移，政府為促進當地產業發展，鼓勵居民在荒廢的工廠裡設立攤位，販賣自己親手做的物品，才又蓬勃發展起來。格蘭佛島從當初荒廢的小沙丘地，搖身成為現今囊括藝術、文化、休閒等多元風貌的觀光景點，可說是當地發展史上的一頁傳奇。

島上市集約可分為公眾市場、工藝市場、海洋市場(Maritime Market)和兒童市場，共有超過約260家商店和攤位，有餐廳、戲院、藝廊、咖啡廳，以及藝術工作室，集結各種吃喝玩樂與

藝術品味的元素，讓大人小孩都可以找到專屬樂趣。每到週末假日，街頭藝人們更是傾巢而出，佔據每一處空地和角落，為過往遊客獻出他們的拿手絕活。而格蘭佛島也是人文藝術工作者聚集的場所，因為溫哥華著名的愛蜜莉嘉爾美術設計大學(Emily Carr University of Art and Design)就在這裡，因此有不少美術用品商店及個人工作室。

## 公眾市場 Public Market

◬P.54D5 ⌂1689 Johnston St ◔每日09:00~18:00

格蘭佛島既然是溫哥華地區的藝術重鎮，島上的公眾市場也就無可避免地要沾染上些許藝術氣息。市場內有將近50個攤販，從魚肉蔬果到麵包甜點，從蜂蜜果醬到起士醇酒，不但都是本地自產自銷，而且都被當作藝術品看待。在這裡擺攤的農民，都以藝術家自居，他們耕種、收獲、製作的過程，甚至在市場裡的陳列，都透露出與藝術家創作時無異的認真與熱情，既包含一絲不苟的堅持，又有瀟灑奔放的創意，每一攤都是賞心悅目。要在這裡擺攤，可不是隨隨便便就能申請，必需經過市場委員會的嚴格評審，事實上，公眾市場的攤販中有不少是各項農產品競賽的獲獎贏家，無怪乎這裡總是有種一般菜市場所難以感受到的精緻品味。

## 兒童市場 Kids Market

◬P.54D6 ⌂1496 Cartwright St ☏(604) 689-8447 ◔每日10:00~18:00 ◉www.kidsmarket.ca

兒童市場位於格蘭佛島入口附近，其建築原本是一間充滿刺鼻氣味的油漆工廠，1984年搖身一變，成為孩子們朝思暮想的樂園王國。在兒童市場裡有超過25間店鋪，最多的當然就是玩具店，從古早味的傀儡玩偶、機器人，到最新一代的樂高、3D拼圖，在這裡都找得到。除了玩具之外，這裡還有販賣童裝、童書、學習用品等，而最讓小朋友們興奮的，則是4層樓高的遊樂場The Adventure Zone與電動遊戲間Circuit Circus，位於室外的Waterpark更是夏天時孩子們的最愛，有時甚至連父母也忍不住跟著一同穿梭在噴水池中，只為求得陣陣清涼。

## 工藝市場 Net Loft

◬P.54D5 ⌂1650 Johnston St ◔每日10:00~18:00

公眾市場正對面的Net Loft，裡面有20多家精緻小巧的精品店，販賣服飾配件、帽子包包、手工藝品、傢飾廚具、藝術創作等，每家店都深具特色。其商品絕大多數是本地藝術家及設計師的作品，外觀上有型富創意，並且兼具實用性，如果想買一些能表現個人風格，同時又獨一無二的用品，這裡真的有不少令人心動的選擇。不過由於手工商品的品質較高，而且產量不大，因此價格普遍也都不便宜。

**MOOK Choice**

# 英屬哥倫比亞大學人類學博物館
## UBC Museum of Anthropology (MOA)

### 擁有加拿大最重要的原住民藝術收藏

🚇搭乘捷運博覽線至Burrard站，出站後到BMO大樓前轉乘南向的44號公車，至UBC Exchange Bay 3下車，再到馬路對面的UBC Exchange Bay 1轉乘68號公車，至NW Marine Dr / West Mall站下車即達。若開車前往，停車費每小時＄3.5，一日＄14 🏠6393 NW Marine Dr, Vancouver, BC V6T 1Z2 ☎(604) 827-5932 🌐moa.ubc.ca ❗目前博物館整修中，預計2023年底重新開放

1870年左右，一些歐洲的收藏家著迷於北美原住民圖騰柱，由於當時保護原住民文化資產的意識尚未普及，因此這些收藏家得以用極低的代價大肆收購。直至1950年代，卑詩省立大學人類學博物館為防止惡意搜購併吞原住民的文化資產，於是推動圖騰文化保護運動，加拿大西北海岸一帶的圖騰柱才能被妥善的照顧保存。

人類學博物館是目前北美原住民文物收藏量最完整且豐富的地方，來到這裡參觀你便能了解到，其實美洲原住民與世界其他大陸一樣，有相當複雜的部族脈絡，各自擁有不同的文化、語言與宗教觀，所謂「印第安人」，只是白人殖民者粗暴地強加在他們身上的統稱，並不能將他們視為單一的文化體。在博物館中央的聯合大廳(Multiversity Galleries)裡，西北海岸各個部族的文化與傳統在此一字排開，像是海達族、因紐特族、夸夸嘉夸族、瑪斯昆族等，都有鉅細靡遺的陳列。

而大廳(Great Hall)是博物館裡最精彩的部分，大型的圖騰柱與雕刻都陳列於此。另一個不可錯過的重點，是一間小巧的比爾里德展廳(Bill Reid Rotunda)，主要的展覽品是一尊名為「烏鴉與人類誕生」的巨型木雕，這是比爾里德最廣為人知的作品之一。

除了北美原民藝術外，博物館也有關於世界各民族相當豐富的收藏，範圍囊括亞洲、非洲、歐洲、古希臘、墨西哥等地，就連台灣的霹靂布袋戲偶也在展示之列。

**MAP ▶ P.52D4**

**MOOK Choice**

# 伊莉莎白王后公園

## Queen Elizabeth Park

### 溫哥華城的天然觀景台

搭乘捷運加拿大線至King Edward站，出站後先走到Cambie St馬路對面，再沿Cambie St南行約650公尺，左轉W. 30th Ave進入公園。若開車前往，公園外圍的道路旁有限時免費停車格，若要停在靠近中央的停車場，4~9月每小時＄4，當日最高＄14.25，10~3月每小時＄3，當日最高＄8

開放式公園　免費

**布魯岱爾熱帶溫室 Bloedel Tropical Conservatory**

(604) 257-8584　11~2月10:00~16:00，3月及10月10:00~17:00，4~9月10:00~18:00　成人＄7.4，13~18歲及65歲以上＄5.2，5~12歲＄3.7

位於溫哥華市心臟地帶的這一大片綠地，過去曾是座採石場，採石場荒廢後由溫哥華市政府出資買下，化腐朽為神奇地改造成綠意盎然的城市公園，並以喬治六世的王后伊莉莎白命名，每年造訪的遊客超過6百萬人，僅次於市中心的史丹利公園。公園面積廣達52公頃，是一座花崗岩地

層的小山丘，雖然只有海拔152公尺的高度，卻已是溫哥華市的制高點了。觀賞溫哥華市中心最理想的角度，就在Seasons餐廳旁的觀景台上，許多有名的溫哥華風景照，就是從這裡拍攝。

公園中央的布魯岱爾熱帶溫室是這裡最重要的景點，在碩大的有機玻璃圓頂下，盤踞著來自地球另一端的叢林景象。超過500種熱帶植物，不受外在環境的影響而茂盛生長，鸚鵡、雀鳥等200多種亞、非洲鳥類，自在地從遊客身旁飛翔而過，漫步其中，很有種熱帶雨林探險的感覺。

溫室前廣場上的噴水池旁，有一尊名為Knife Edge Two Piece的現代藝術銅雕，那是英國雕刻大師亨利摩爾(Henry Moore)的傑作，是公園內最有名的公共藝術。其他景點還包括溫室附近的採石場花園(Quarry Gardens)、公園西北邊的樹林園(Arboretum)、公園西南邊的玫瑰花園(Rose Garden)等，適合在陽光和煦的天氣裡，來此散步、野餐。

**MAP ▶ P.54C4**

# 溫哥華博物館

## Museum of Vancouver (MOV)

### 溫哥華城市發展巡禮

🚋搭乘False Creek Ferry至溫哥華海事博物館碼頭，步行約5分鐘。若開車前往，停車場每小時＄3.6，18:00前最高＄11.35，18:00後最高＄7.75 🏠1100 Chestnut St, Vancouver, BC V6J 3J9 ☎(604) 736-4431 🕐10:00~17:00 (週四~週六至20:00)，售票至閉館前45分鐘 💲成人＄20，6~17歲及65歲以上＄15 🌐museumofvancouver.ca 🌸每月第1個週日，門票為自由捐獻

溫哥華向來被公認為全球最適宜人居的城市之一，到底是什麼樣的文化背景和歷史條件，將溫哥華形塑成今日的樣貌，這就是溫哥華博物館要告訴人們的故事。博物館內展示了溫哥華自建城以來，一直到1980年代的所有城市元素，包括早期城市居民的日常生活、休閒活動與流行文化，食衣住行育樂等各個面向，都有相當精彩的展示。依照館方安排的動線，跟隨先民的腳步，一同經歷移民開荒時期、兩次大戰的徵召、經濟的繁榮起飛、60年代的嬉皮搖滾，以及各種社會議題的抗爭等，透過這些歷史片段，人們更能準確地觀察溫哥華的現在，並預想其未來，這也正是博物館成立的宗旨。

此外，由於原住民相信螃蟹是港口的守護者，因此博物館正門口放置了一尊巨大的不鏽鋼螃蟹，這隻螃蟹站立在噴水池上，當水柱噴出時，水花便會打在螃蟹身上四處飛濺，蔚為景觀。

MAP ▶ P.54C4

# 溫哥華海事博物館
## Vancouver Maritime Museum
### 登上貨真價實的雙桅帆船

🚊搭乘False Creek Ferry至溫哥華海事博物館即達。若開車前往，有收費停車場 🏠1905 Ogden Ave, Vancouver, BC V6J 1A3 ☎(604) 257-8300 🕐10:00~17:00 💤週一 💲成人$15，6~18歲$12.5，65歲以上$11 🌐vanmaritime.com ❗售票處不收現金

　　海事博物館分為相連的前後兩棟，前棟內只有一件展覽品，卻是整間博物館的精華所在，那便是曾經真正航行在大海上的雙桅帆船——聖羅許

號(St. Roch)。這艘船艦於1928至1954年間服役於加拿大皇家騎警隊，為其隸屬的運輸船，經常航行於北冰洋中，由於航行任務及地點所需，其船身十分堅固，船首還特別鑲上一層金屬厚板，以便破冰之用，船底也呈圓弧形，使冰塊不致撞擊。1954年聖羅許號退役後，由溫哥華市政府購得，停放在現址，後來依船身外緣大小加蓋遮蔽的建築物，艙房也整修回當時的舊貌，讓民眾得以體驗從前乘風破浪的船上生活。

　　而後棟主要展示西北海岸的航海歷史，包括各種船舶模型、船上使用的儀器與五花八門的港務設備等，可以讓遊客學習到豐富的航海知識。

---

MAP ▶ P.53E6

# 鹿島酒莊
## Lulu Island Winery
### 結合中國釀酒學的葡萄酒滋味

🚊從溫哥華市中心開車約21公里，停車免費 🏠16880 Westminster Hwy, Richmond, BC V6V 1A8 ☎(604) 232-9839 🕐每日10:00~18:30 🌐luluislandwinery.com

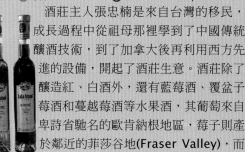

　　酒莊主人張忠楠是來自台灣的移民，成長過程中從祖母那裡學到了中國傳統釀酒技術，到了加拿大後再利用西方先進的設備，開起了酒莊生意。酒莊除了釀造紅、白酒外，還有藍莓酒、覆盆子莓酒和蔓越莓酒等水果酒，其葡萄來自卑詩省馳名的歐肯納根地區，莓子則產於鄰近的菲莎谷地(Fraser Valley)，而

列治文正是世界重要的莓子產地之一。

　　其中最難能可貴的是加拿大冰酒，由於釀造冰酒的葡萄必須是在藤蔓上結凍，而全球的葡萄產地中，只有加拿大每年都具備這樣的氣候條件，因此加拿大冰酒遠近馳名。雖然列治文的氣候太過溫暖，但距離產地畢竟不遠，在老闆重金投資下，在產地收成後立刻返回列治文釀造，其成果一點也不輸給產地冰酒，每一瓶都能貼上「VQA」貼紙，表示符合加拿大葡萄酒商品質保障聯盟的標準。

MAP ▶ P.53B6

# 喬治亞灣罐頭工廠

## Gulf of Georgia Cannery National Historic Site

### 原來魚罐頭是這樣製造的

🚗 從溫哥華市中心開車約20公里,收費停車場位於4th Ave 與Chatham St路口 🏠 12138 4th Ave, Richmond, BC V7E 3J1 📞 (604) 664-9009 🕐 每日10:00~17:00 🚫 10~1月的 假日 💲 成人$12.5,65歲以上$10.75,17歲以下免費 ♿ gulfofgeorgiacannery.org

喬治亞灣罐頭工廠所要述說的故事,是一部關於加拿大西北海岸的百年漁業史。工廠建立於1894年,直到它1979年停業,經營了有85年時間,由於喬治亞灣罐頭工廠是當時卑詩規模最大,同時又是目前少數保留完整的鮭魚罐頭工廠,因此被政府列為國家歷史遺跡,開放為博物館供民眾參觀。

工廠內大致分為兩個部分,一是鮭魚罐頭的生產線,當年滿載而歸的漁船就停泊在工廠外,將堆積如山的漁獲直接傾倒在生產線前頭的甲板上,然後經過清洗、切片、篩選、裝罐、密封,最後送進機器中蒸煮後,加貼標籤出貨,一條龍的作業流程,讓人對罐頭的生產一目瞭然。另一個部分是1940年代才開始的生意,利用新引進的技術及設備,將鯡魚加工製作成魚粉和魚油出售。另外,關於西北海岸的漁業發展、當代漁業所面臨的困境等,在這裡都有相當多樣化的展示。

卑詩省…

## 溫
哥華 Vancouver

**MAP ▶ P.52D1**

# 葛勞斯山

MOOK Choice

## Grouse Mountain
### 夏天健行、冬天滑雪的戶外天堂

🚌 夏季時，從加拿大廣場可搭乘免費接駁車前往，每日09:00~18:10發車，約30~45分鐘一班。其他季節可從蘭斯黛碼頭搭乘236號公車至底站即達。若開車前往，距溫哥華市中心約12公里，停車費3小時＄8，一日＄10 🏠6400 Nancy Greene Way, North Vancouver, BC V7R 4K9 ☎(604) 980-9311 #2 🚡上山纜車(Skyride)：每日09:00~21:00，每15分鐘一班。山頂纜椅(Peak Chairlift)：10~4月每日11:00~19:00 💲一日票(Mountain Admission Ticket)：成人＄75，65歲以上＄65，13~18歲＄55，5~12歲＄39 🌐www.grousemountain.com ❗4歲以下幼兒免費，但仍需持票。風之眼目前暫時關閉中
**伐木秀 Lumberjack Show**
🕐5~9月每日11:15、14:00、16:30，每場45分鐘
**高空滑索 Mountain Ziplines**
🕐每日10:00~18:00，行程約2小時 💲每人＄119 (官網預購享＄5折扣)

　溫哥華雖然是終年不積雪的城市，但只要開15分鐘的車，就能到達滑雪場地葛勞斯山，享受滑雪的樂趣。夏天的葛勞斯山則是健行者天堂，走在山林步道間，最叫人興奮的就是與可愛的小動物們不期而遇。這裡也有專為瀕危動物設立、範圍廣達5英畝的保護區，裡頭住著灰狼與兩隻棕熊，與遊客行走的小路之間隔著鐵網，以確保雙方都不會受到侵犯。

　葛勞斯山也以鋸木業聞名，在登山步道旁經常可見高達十數呎的巨形木雕作品，都是由整株天然林木雕刻而成。而夏季時也有伐木工人秀，可觀賞到精彩的鋸木競技表演。此外，山上還有許多刺激的戶外活動，包括高空滑索與高崖跳傘。而視野最好的地方則是在風之眼(The eye of the wind)，那是一座建在山頂發電風車上的360度玻璃觀景台，可將整個大溫哥華地區陸地、海洋和市區美景一覽無遺。

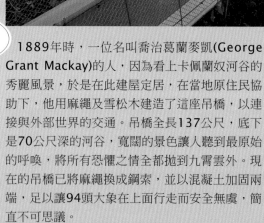

MAP ▶ P.52C2

**MOOK Choice**

# 卡佩蘭奴吊橋公園

## Capilano Suspension Bridge

### 加拿大最有名的吊橋

🚌 從加拿大廣場可搭乘免費接駁車前往，每日08:30~16:20發車，約15~20分鐘一班。若使用大眾交通工具，可先搭乘海上巴士至蘭斯黛碼頭(Lonsdale Quay)，再轉乘北向的236號公車，至Capilano Rd at 3600 Block站下車即達。若開車前往，距溫哥華市中心約9公里，停車每次＄8，最多可停3小時 🏠3735 Capilano Rd, North Vancouver, BC V7R 4J1 ☎(604) 985-7474 ⏰開放時間隨季節更替，大致說來，春、秋兩季約09:00~18:00，夏季約08:30~19:00，冬季約11:00~17:00，詳細時間請上官網查詢

**價錢：**

| 票種 | 現場購票 | 官網預購 | 17:00以後 |
|---|---|---|---|
| 成人 | ＄69.95 | ＄66.95 | ＄52.95 |
| 65歲以上 | ＄64.95 | ＄61.95 | ＄48.95 |
| 13~17歲 | ＄39.95 | ＄36.95 | ＄29.95 |
| 6~12歲 | ＄29.95 | ＄26.95 | ＄22.95 |

🚩www.capbridge.com

　　1889年時，一位名叫喬治葛蘭麥凱(George Grant Mackay)的人，因為看上卡佩蘭奴河谷的秀麗風景，於是在此建屋定居，在當地原住民協助下，他用麻繩及雪松木建造了這座吊橋，以連接與外部世界的交通。吊橋全長137公尺，底下是70公尺深的河谷，寬闊的景色讓人聽到最原始的呼喚，將所有恐懼之情全都拋到九霄雲外。現在的吊橋已將麻繩換成鋼索，並以混凝土加固兩端，足以讓94頭大象在上面行走而安全無虞，簡直不可思議。

　　觀賞吊橋的最佳角度，是在禮品店後方的峽谷觀景台(Canyon Lookout)上，從那裡可以看到細細長長的吊橋連結著深邃峽谷的兩端，行走在上面的人們就彷彿在空中漫步一般。峽谷觀景台前是懸崖步道(Cliffwalk)的入口，這條架設在懸崖旁的懸空棧道，讓遊客得以像飛鳥一樣深入峽谷，一

方面享受深谷的壯麗與幽瀑的秀美，一方面也能就近觀察石壁的岩層節理及地質特性。

至於吊橋的彼岸，則是一大片花旗松森林，園方在密林中架起了「樹梢探險」(Treetops Adventure)，以7座樹橋連結在蓊鬱的林木之間。行走在距離地面三層樓的高度上，原本高不可攀的參天巨木如今都變得平易近人起來，平常不容易觀賞到的植物生態與林間棲居的鳥類，現在都在相同高度的眼前婆娑飛舞，這種感覺的確有股超乎現實的奇妙。

MAP ▶ P.52B1

# 海連天纜車

**MOOK Choice**

## Sea to Sky Gondola

### 欣賞豪灣山水的壯麗景色

🚗 從溫哥華市中心的Cordova／Seymour路口(近Waterfront站)，每日07:55、09:50、13:45有接駁專車前往，車資成人＄40，3~12歲＄30，需事先在官網預訂。若開車前往，距溫哥華市中心車程約61公里，雖然有免費停車位，但最多只能停3小時 🏠36800 Highway 99, Squamish, BC V8B 0B6 (604) 892-2550、1-855-732-8675 🕐09:00~18:00 (週五~週日至20:00) 💲成人＄69.95，65歲以上＄59.95，13~18歲＄39.95，6~12歲＄26.95 (官網預購享有折扣) 🌐www.seatoskygondola.com 🎫週末16:00後，可享6折優惠

　　坐纜車就是為了看風景，2014年開幕的海連天纜車，正位於著名景觀道路海連天公路上風景最美的地方。纜車系統是由奧地利的Doppelmayr公司製造，車廂則是向瑞士的CWA公司特別定製，每個車廂可乘坐8人，裡頭有舒適的軟墊座椅與大面積觀景玻璃窗。在10分鐘的旅程裡，纜車爬升了885公尺，曲折靜謐的豪灣(Howe Sound)與層疊起伏的海岸山脈次第展開，秀麗的香儂瀑布(Shannon Falls)和陡峭的酋長岩(Stawamus Chief)也在兩旁清楚可見。

　　纜車登頂後，便來到峰頂的主要設施Summit Lodge，當中除了有餐廳與咖啡館，前方的觀景平台更是可以飽覽無垠的山水景致。觀景台旁連接著一條長達100公尺的Sky Pilot吊橋，雖然吊橋下方是深不可測的溪谷，但人們卻絲毫不感到恐懼，因為心魂早已被眼前的壯闊滿滿佔據。山上有多條健行步道，其中最受歡迎的是長約1.6公里的Panorama Trail，途中會經過突出於峭壁之上的酋長觀景台(Chief Overlook)，也是當地數一數二的勝景。

## Where to Eat in Vancouver
## 吃在溫哥華

### 蓋士鎮 Gastown

**MAP ▶ P.62A2** **Meat & Bread**

🚇搭乘捷運加拿大線或博覽線至Waterfront站，步行約5分鐘 🏠370 Cambie St ⏰每日11:00~15:00 💲$ 🌐www.meatandbread.com

2010年創立於蓋士鎮的Meat & Bread，如今已在溫哥華開有3家分店，版圖甚至擴展到卡加利與西雅圖。這裡的三明治只有肉和麵包，雖然看似簡單，但從食物材料、烹飪技巧、料理創意，都無法只用簡單兩個字來形容。其三明治只使用Swiss Bakery專門客製的義大利拖鞋麵包，多種醬料也是店家精心調製，像是店內的招牌餐點Porchetta三明治，香味撲鼻的脆皮烤豬，搭配口味清爽的義大利青醬，那種滋潤多汁、甜甜鹹鹹的好滋味，吃完實在令人回味無窮。

### 蓋士鎮 Gastown

**MAP ▶ P.62B1** **Twisted Fork**

🚇搭乘捷運加拿大線或博覽線至Waterfront站，步行約8分鐘 🏠213 Carrall St ☎(604) 568-0749 ⏰09:00~15:00（週四~週六至22:00） 💲$$ 🌐forkandfriends.ca

Twisted Fork的老闆原本在度假小鎮Fernie經營一家非常有名的法國餐廳，結束營業後，帶著廚房團隊來到五光十色的溫哥華，延續其料理傳奇。餐廳不改小鎮步調，以簡單舒適為訴求，木製的桌椅、暖色系的燈光、沙發上的枕頭，配上慵懶的音樂，就是要讓顧客卸下緊張忙碌的情緒，開懷地享用由餐廳精心烹調的料理。Twisted Fork以每份23.5元的超大份量早午餐為賣點，食材新鮮、味道恰到好處，年年都是溫哥華早午餐排行榜上的常勝軍。

### 蓋士鎮 Gastown

**MAP ▶ P.62A1** **La Taqueria**

🚇搭乘捷運加拿大線或博覽線至Waterfront站，步行約5分鐘 🏠322 W. Hastings St ☎(778) 770-9055 ⏰11:00~21:30（週末12:00起） 💲$ 🌐www.lataqueria.com 🕐Happy Hour為每日14:00~17:00

當提起墨西哥塔可餅而人們想到的都是Taco Bell時，La Taqueria挺身而出大聲疾呼：「真正的塔可餅不是那個樣的！」這家開業於2009年的塔可店，從店面的外觀意象到塔可餅的內在精神，都意在重現墨西哥最道地的街邊小吃店情懷；繽紛的色彩不只表現在裝潢上，也在塔可餅上嫣然躍動著，使人看了心花怒放。巴掌大小的軟皮玉米餅，上面鋪著牛、豬、魚、羊、雞等肉類，再淋上香辣的墨西哥特調醬汁，實在過癮得很。除了塔可餅外，相同的口味也可以做成墨西哥餡餅Quesadilla。這種正宗的塔可餅，果然不是Taco Bell等速食塔可所能望其項背。

## 蓋士鎮 Gastown

**MAP ▶ P.62A1** **Nuba Gastown**

🚇搭乘捷運加拿大線或博覽線至Waterfront站,步行約5分鐘 🏠207 W. Hastings St ☎(604) 688-1655 🕐平日11:30~21:00（週五至22:00）,週六09:30~22:00,週日09:30~21:00 💲午餐$ $,晚餐$ $ $ $ 🌐www.nuba.ca

黎巴嫩料理由於結合了東方的香料傳統與歐洲的精緻文化,向來是中東地區的著名菜系,而這家Nuba就是溫哥華近來相當知名的黎巴嫩餐廳。主廚Victor為了延續祖母的好手藝,在2003年開了這家餐館,每天早上天還沒亮,他就起床準備到鄰近的農夫市場採購。他所精心挑選的都是最新鮮且有機的食材,肉類也都選用未施打過藥物與荷爾蒙,且經過伊斯蘭教義屠宰的Halal。在料理上,他秉持著已流傳了數個世代的食譜精髓,再融合當代的烹飪技法,創造出既合乎現代人口味又不失傳統精神的中東料理,不但為他贏得了好口碑,也讓黎巴嫩菜在溫哥華發揚光大。

## 蓋士鎮 Gastown

**MAP ▶ P.62A1** **Pourhouse Restaurant**

🚇搭乘捷運加拿大線或博覽線至Waterfront站,步行約5分鐘 🏠162 Water St ☎(604) 568-7022 🕐11:30~15:00、17:00~24:00 💲$ $ $ $ 🌐www.pourhousevancouver.com 🎵Happy Hour為每日15:00~18:00

餐廳主體是棟百年老建築,店家回收擁有120年歷史的木板,以手工製成吧台,每個角落都充滿故事。這裡首屈一指的是各種獨特口味的雞尾酒,專業、友善的調酒師為顧客服務,平易近人的定價則使顧客更樂於分享、發掘更多不同酒類。店家也運用在地食材創造出獨樹一幟的料理,其中當屬蘇格蘭雞蛋最不容錯過。每週四及週日晚間更有現場音樂演奏,帶領顧客感受時代風華。

## 蓋士鎮 Gastown

**MAP ▶ P.62A1** **Finch's Tea House**

🚇搭乘捷運博覽線至Granville站,步行約5分鐘 🏠353 W. Pender St ☎(604) 899-4040 🕐09:00~16:00（週六11:00起）🌙週日 💲$ 🌐www.finchteahouse.com

這是間位於轉角的懷舊咖啡館,溫馨的木質桌椅、黑板上的手寫菜單,以及掛在牆壁上的綠色植物,帶領顧客回到60年代。這裡的咖啡品質專業,創意三明治也吸引著饕客,三明治的麵包總是新鮮香脆,並將生菜、肉片等食材排列盛裝得澎派豐盛,光是看著就令人食指大動。其中酪梨三明治和烤藍布利起士三明治都搭配烤核桃,是頗受青睞的兩款三明治。

溫哥華市中心 Downtown Vancouver

**MAP ▶ P.55E3**   **Joe Fortes Seafood & Chop House**

🚇搭乘捷運博覽線至Burrard站，步行約5分鐘 🏠777 Thurlow St 📞(604) 669-1940 🕐每日11:00~23:00 💲午餐$ $ $，晚餐$ $ $ $ 🌐www.joefortes.ca 🌸Happy Hours：每日15:00~17:00

　　Joe Fortes算得上城裡首屈一指的海鮮餐廳，行政主廚Wayne Sych在本地料理界相當具有名氣。對他來説，烹調海鮮只有兩大原則，一是食材不是最新鮮的不用，二是盡可能保持最初的單純，因此餐廳使用的海鮮絕大多數都是本地新鮮漁獲。這裡的招牌是海鮮塔(Seafood Tower)，每一層都擺滿了龍蝦、大蟹、干貝、淡菜、鮭魚等海產，不過價格並不便宜。如果想省點錢，建議在下午的Happy Hours光顧，屆時吧台的菜單通通半價，還有可能嚐到每個只要2.15元的生蠔！

溫哥華市中心 Downtown Vancouver

**MAP ▶ P.55E4**   **Japadog**

🚇搭乘捷運加拿大線至Vancouver City Centre站，步行約4分鐘 🏠530 Robson St 📞(604) 569-1158 🕐10:00~03:00 (週五、六至04:00) 💲$ 🌐japadog.com

　　既然日本壽司到了美國可以變成加州捲，那熱狗為什麼不能變成和風口味的呢？Japadog就是這樣一個當東方遇見西方的產物。Japadog在全溫哥華共有5處餐車和4家餐廳，每一家都有自己的招牌熱狗，其中Burrard與Smithe路口的餐車是創始店，而羅伯森街上的店面生意最好。特殊口味的熱狗多達20餘種，在碩大的美式熱狗包加上各種配料，照燒醬、味噌、海苔、蘿蔔絲、章魚燒等全部出動，甚至直接把麵包中的熱狗換成炸海老天婦羅。就連許多大牌明星如史蒂芬席格、凡妮莎、冰塊酷巴等，也都慕名而來。

溫哥華市中心 Downtown Vancouver

**MAP ▶ P.55E4**   **The Templeton**

🚇搭乘捷運加拿大線至Vancouver City Centre站，步行約8分鐘 🏠1087 Granville St 📞(604) 685-4612 🕐08:30~15:00 (週四、日至21:00，週五、六至22:00) 💲$ $ 🌐thetempleton.ca ❗不接受訂位

　　來到The Templeton，彷彿穿越時空，進入7、80年代的餐館。室內空間以經典的紅色為主調，搭配地面黑白相間的磁磚；牆上掛著霓虹燈招牌，桌面上還鋪滿了老樂團、老電影等舊時海報，復古氛圍濃厚。這裡的餐點不只美味，更符合健康養生概念，採用自然放養的雞蛋，不含防腐劑的煙燻培根，以及有機蔬菜製作餐點。農民早餐、奶昔和炸薯條都是推薦的美味。

### 溫哥華市中心 Downtown Vancouver

MAP ▶ P.55F4　**Café Medina**

🚇搭乘捷運加拿大線至Vancouver City Centre站，步行約4分鐘
🏠780 Richards St 📞(604) 879-3114 ⏰08:00~15:00 (週末09:00起) 💲$ $ 🌐www.medinacafe.com ❀Happy Hour 為每日09:00~11:00

　　Medina供應早餐、午餐和早午餐，其中廣受好評的比利時鬆餅有多種口味，如牛奶巧克力薰衣草、玫瑰香白巧克力開心果(White chocolate pistachio rosewater)等都別具特色，搭配一杯薰衣草拿鐵，吸引許多饕客慕名而至。另外，加入蕃茄、煎蛋、酪梨和香料，用料豐富的西班牙大鍋飯，也是不錯的早午餐選擇。

### 溫哥華市中心 Downtown Vancouver

MAP ▶ P.55E4　**Fritz European Fry House**

🚇搭乘捷運加拿大線至Yaletown-Roundhouse站，步行約6分鐘 🏠718 Davie St 📞(604) 684-0811 ⏰每日11:00起，週二、三至21:00，週二、三至01:00，週四、日至02:00，週五、六至04:00 💲$

　　Fritz是溫哥華人對薯條的暱稱，而這家名為Fritz的小店，賣的當然就是炸薯條。除了陽春的Fritz之外，「Poutine」是加拿大人最自豪的吃薯條方式，這種吃法發源自加拿大東部的魁北克，其基本款是將炸薯條淋上香濃的肉汁，並加上半融化的瑞士起士。如果還嫌單調，可以加價再添上培根屑、燻肉、豬肉絲、墨西哥青辣椒、雞丁等配料，或是加入蒜泥、檸檬、BBQ醬、青醬、美乃滋等重口味調味，就看你的個人喜好來自由發揮。

### 溫哥華市中心 Downtown Vancouver

MAP ▶ P.54D3　**Bella Gelateria**

🚇搭乘捷運博覽線至Burrard站，步行約12分鐘
🏠1301 Robson St 📞(604) 569-1010 ⏰每日11:00~22:00 💲$ 🌐www.bellagelateria.com

　　來自溫哥華的James在2012年的佛羅倫斯雪糕大賽中，以加拿大楓糖贏得評審青睞，成為史上第一位抱走冠軍的外國人，而他開設的雪糕店，可想而知在加拿大有多炙手可熱。James曾在義大利雪糕學院攻讀碩士學位，擁有深厚的底子，他堅持使用當季的新鮮材料，現榨現磨，而且絕不添加奶油，使得這裡的雪糕既健康又美味。由於採用傳統工法製作，無法大量生產，因此每種口味都是限量供應，而且價錢不低，然而得以一嚐雪糕冠軍的丰采，怎麼樣都是值得的。

耶魯鎮 Yaletown

**MAP ▶ P.55E5** **Blue Water Café**

🚇搭乘捷運加拿大線至Yaletown-Roundhouse站,步行約3分鐘 🏠1095 Hamilton St ☎(604) 688-8078 ⏱每日17:00~22:00 (酒吧16:30起) 💲$ $ $ $ 🌐www.bluewatercafe.net

Blue Water Café是耶魯鎮上另一家赫赫有名的高級餐廳,在溫哥華的餐飲評鑑中,直至目前為止已連續9年獲得了「最佳海鮮」金牌大獎。行政主廚Frank Pabst是加拿大擅長海鮮料理的名廚之一,而刀工一絕的Masa則是負責店裡聞名的生魚片吧,此外,Blue Water Café豐富的得獎藏酒更是耶魯鎮之最。其戶外平台上的用餐區終年開放,夏天時日光充沛,冬季室外也提供暖暖的暖氣爐,不用擔心凜冽的冷風吹襲,好萊塢知名女星鄔瑪舒嫚就很鍾情這裡的露天用餐區。

耶魯鎮 Yaletown

**MAP ▶ P.55E5** **Rodney's Oyster House**

🚇搭乘捷運加拿大線至Yaletown-Roundhouse站,步行約2分鐘 🏠1228 Hamilton St ☎(604) 609-0080 ⏱週一至週四16:00~22:00,週五、六12:00~23:00,週日12:00~22:00 💲$ $ $ 🌐rohvan.com

Rodney's Oyster House在歷史悠久的耶魯鎮和蓋士鎮,分別征服了無數熱愛海鮮的饕客。店家營造出水手的船艙氛圍,淡藍色的圓形logo是最引人注目的標誌。

這裡生意很好,隨時能吃到新鮮的生蠔,感受來自海洋的鮮甜滋味。此外,店家還精心調配了9種特別醬料,讓顧客盡情搭配生蠔品嚐。特別的是,Rodney's Oyster House訂定了「退潮時間」(Low Tide),只要在週一至週六下午3點至6點之間光顧,就能以非常划算的價格,吃到招牌的生蠔吧、淡菜和大蒜蝦等8道料理。

耶魯鎮 Yaletown

**MAP ▶ P.55E5** **The Flying Pig**

🚇搭乘捷運加拿大線至Yaletown-Roundhouse站,步行約2分鐘 🏠1168 Hamilton St ☎(604) 568-1344 ⏱平日11:30~23:00 (週五至24:00),週六11:00~24:00,週日11:00~22:00 💲$ $ $ 🌐www.theflyingpigvan.com ✽Happy Hour為每日15:00~18:00

這家號稱是全耶魯鎮最好的餐廳,每到用餐時刻一定高朋滿座。很多人以為The Flying Pig的店名是因為其出色的豬排料理,但根據主廚解釋,要讓豬排上天是難以想像的畫面,而他們就是想做出超乎人們想像的料理。餐廳自詡為「新加拿大料理」,菜色雖然簡單,但讓人一吃難忘,因為廚房採用的是當季的溫哥華在地食材,新鮮的味道就是佳餚最重要的保證;而精心調製的醬汁,不但不會搶走鋒頭,反而更加襯托出食物的原味。每天下午的Happy Hour時段,則會推出平價的小份佐酒餐點,總是吸引另一波用餐人潮。

## 中國城 Chinatown

MAP ▶ P.55G4 **金邊小館 Phnom Penh**

🚇搭乘捷運博覽線至Main Street-Science World站，步行約10分鐘 🏠244 E. Georgia St ☎(604) 734-8898 🕐11:00~20:00 (週五~週日至21:00) 🚫週二 💲$ 🌐phnompenhrestaurant.ca

藏身在中國城小巷中的金邊小館，雖然門面毫不起眼，生意卻是強強滾。對於溫哥華的亞裔族群來說，金邊小館的意義絕不只是飽食一餐而已，它曾伴隨許多移民一同成長，並在無數個思鄉的夜裡一解留學生們的鄉愁。名聲漸大後，金邊小館仍不改其樸實本色，繼續供應味美實在的東南亞料理，所不同者，是餐廳裡多了不少慕名而來的觀光客，準備一嚐他們聽人說是「這輩子吃過最好吃」的炸雞翅。金邊小館的主食以粉麵類為主，價錢以溫哥華的物價來說超級便宜，而口味也保證不會輸給台北的名店，至於份量，更是外國人的等級，絕對沒有粉麵吃不飽的疑慮。

## 懷麗園 Riley Park

MAP ▶ P.52D4 **Seasons in the Park**

🚇進入伊莉莎白王后公園中，順指標至山丘上 ☎(604) 874-8008 🕐平日11:30~20:30 (週五至21:00)，週六11:00~21:00，週日10:30~20:30 💲$$$$ 🌐www.vancouverdine.com/seasons

伊莉莎白王后公園是為了紀念王后到訪而命名的，公園內栽種了許多爭奇鬥豔的植物，隨著季節變換，開滿各種繽紛奪目的花卉。而名聞遐邇的季節餐廳便位於公園中，親切的服務、精緻的裝潢、精心烹調的佳餚和優雅的用餐環境，數度獲得美食餐廳大獎肯定，連美國前總統柯林頓都曾在此留下足跡。由於位於山坡上，擁有一級棒的視野景觀可以欣賞溫哥華市景。推薦菜餚包括搭配楓糖奶油醬的煎烤虹鱒(Pan Seared Steelhead Salmon )、卑詩鮭魚漢堡(BC Salmon Burger)和招牌紐約客牛排(New York Striploin)等菜色，相當值得一試。

## 快樂山 Mount Pleasant

MAP ▶ P.52D4 **Vij's**

🚇搭乘捷運加拿大線至Broadway-City Hall站，步行約9分鐘 🏠3106 Cambie St ☎(604) 736-6664 🕐17:30~21:30 (週五、六至22:00) 💲$$$$ 🌐vijs.ca/vijs-restaurant

Vij's於1994年開業時，只是間14個座位的小店，然而店主Vikram憑著精湛的廚藝，第二年就讓《溫哥華雜誌》評選為年度最佳亞洲餐廳，儘管現在已遷到較大的店面，餐廳外仍坐滿了等候帶位的食客。Vikram是位土生土長的印度人，他在奧地利求學時曾在多家餐廳中工作，開啟了他對料理的視野。鑒於這個世界上已有太多道地的印度餐廳，並不缺他這一家，於是Vikram決定除了保留印度菜的辣度和烹飪上的技巧外，從食材到菜色，他都要運用自己的創意自由發揮，結果這種新潮的印度菜大獲好評，造就出餐廳每晚門庭若市的盛況。

## Where to Shop in Vancouver
## 買在溫哥華

### 溫哥華市中心 Downtown Vancouver
**MAP ▶ P.55E3　羅伯森街 Robson Street**

🚇搭乘捷運博覽線至Burrard站，步行約5分鐘

　　每個國家的大城市都會有一條主要的購物大街，而溫哥華市區的代表街道則非羅伯森街莫屬，這條街上個性商店林立，名牌服飾、化妝品、皮件、鞋店，應有盡有，想買什麼都不成問題；逛累了，找個露天咖啡座喝杯咖啡休息一下，真是再愜意不過了。羅伯森街的精華地段位於Burrard St與Jervis St之間，各式商店櫛比鱗次，除了名品店外，一些著名的加拿大品牌，以及穿插在商店間的餐廳、咖啡館，也多集中於此。加上位於和Granville St交叉路口、佔地廣達3條街的太平洋中心地下購物商場，讓喜歡逛街的人逛個3天也逛不完。

羅伯森街 Robson Street

**MAP ▶ P.55E3　ROOTS**

🚇搭乘捷運博覽線至Burrard站，步行約5分鐘　🏠1001 Robson St　📞(604) 683-4305　🕐每日09:30~21:00　🚇 canada.roots.com

　　給你10秒鐘，想出一個加拿大品牌，多數人想到的都是Roots。由兩位戶外休閒同好一起創辦的Roots，以崇尚大自然、追求健康的生活品質為訴求，在世界各地激起廣大迴響。羅伯森街上的這家分店面積相當寬闊，當季的式樣及型號非常齊全，雖然價格只比台灣便宜一點，但卻能找到許多台灣沒有的款式，例如以世界各國為主題的夾克，和繡上VANCOUVER字樣的套頭衫等，而且也時常會有超低價的過季商品出售。

羅伯森街 Robson Street

**MAP ▶ P.55E3　Club Monaco**

🚇搭乘捷運博覽線至Burrard站，步行約5分鐘　🏠1042 Robson St　📞(236) 300-9304　🕐每日11:00~19:00　🚇 www.clubmonaco.ca

　　1985年創立於多倫多的Club Monaco，是加拿大著名的本土品牌，在台灣的跑單幫網拍界算是小有名氣，2007年進駐台北微風廣場時也曾掀起話題。Club Monaco的衣服走的是都市簡約風，男女裝都有，剪裁線條明快大方，又不失細緻優雅，而且在顏色上容易搭配，十分受到年輕人喜愛。最重要的是，其價格也在一般上班族可以負擔的範圍內。羅伯森街的這家Club Monaco店面不小，當中有一區為特價區，全年都有許多令人意想不到的驚爆優惠，即使沒有特價，也會比台灣稍微便宜。

## 羅伯森街 Robson Street

**MAP ▶ P.55E3** | **Rocky Mountain Chocolate Factory**

🚇搭乘捷運博覽線至Burrard站,步行約5分鐘 🏠1017 Robson St 📞(604) 688-4100 🕐10:00~20:00 (週五、六至21:00) 🌐rockychoc.com

創立於1981年、以眾多種類和口味聞名的洛磯山巧克力工廠專賣店,店內除了有200多種讓人眼花撩亂的巧克力之外,最讓遊客禁不住誘惑而人手一支的,就是巨大的蘋果巧克力(Monster Apples)。它是以青蘋果為底,包裹著一層厚厚濃濃的巧克力,再加上花生、焦糖、太妃糖或是糖霜等各式各樣新奇古怪的原料,由於色彩鮮豔亮麗,經過的民眾總是無法抗拒那濃郁的香味。

CARAMEL APPLES

## 羅伯森街 Robson Street

**MAP ▶ P.55E3** | **始祖鳥 Arc'teryx**

🚇搭乘捷運博覽線至Burrard站,步行約5分鐘 🏠813 Burrard St 📞(604) 416-1588 🕐10:00~19:00 (週日11:00起) 🌐arcteryx.com

始祖鳥是戶外服飾用品的超級名牌,1991年就是從溫哥華發跡的。始祖鳥最初做的是攀岩裝備,後來也開始生產背包、運動服裝、大衣等產品,其所使用的都是最頂級的材質,車工也非常精密仔細,最難能可貴的地方在於,由於始祖鳥是以攀岩起家,其衣服不但保暖、排汗,而且剪裁超乎異常地貼身,不會因為穿上一件禦寒衣物而影響到絲毫行動力,獲得許多專業級玩家青睞。

## 羅伯森街 Robson Street

**MAP ▶ P.55E3** | **M.A.C Pro**

🚇搭乘捷運加拿大線至Vancouver City Centre站,步行約5分鐘 🏠908 Robson St 📞(604) 682-6588 🕐11:00~19:00 (週日至18:00) 🌐www.maccosmetics.com

愛化妝的女生們一定聽過或用過M.A.C這個化妝品牌,而M.A.C也是從加拿大發跡的牌子。其創始人Frank Toskan是一位專業的彩妝師與攝影師,經常接觸舞台及影劇幕後的化妝工作,由於感到市面上的化妝品都達不到他的理想境界,索性自創新的品牌。品牌推出後在市場上立刻大受歡迎,並引來雅詩蘭黛的注意,收購為旗下成員,在世界各地開櫃銷售,算得上是揚名國際的加拿大品牌。

### 羅伯森街 Robson Street

**MAP ▶ P.55E3** **露露檸檬 Lululemon Athletica**

搭乘捷運博覽線至Burrard站，步行約5分鐘 970 Robson St (604) 330-8678 10:00~21:00（週日至20:00）shop.lululemon.com

近幾年迅速竄紅的露露檸檬，是在1998年時由Chip Wilson創立於溫哥華，當時他正著迷於瑜伽這項運動，卻發現專業的瑜伽產品在市面上並不多見，於是便自創品牌，開發高品質的相關服飾。除了瑜伽衣褲和瑜伽墊外，露露檸檬也有汗衫、運動服、兜帽衫、內衣褲、頭帶、包包、水瓶等產品，其衣物不但透氣排汗，而且造型也很時尚，對於男性而言，其褲子也不像一般緊身運動褲那樣容易壓迫到重要部位。當初Chip就是希望透過舒適的衣物，幫助消費者有更完美的運動體驗，進而持續下去。同時，露露檸檬購物袋上滿滿的勵志標語，也很受消費者喜愛。不過由於價格並不便宜，常被視為運動服飾中的奢侈品。

### 蓋士鎮 Gastown

**MAP ▶ P.62B1** **Filson**

搭乘捷運加拿大線或博覽線至Waterfront站，步行約7分鐘 47 Water St (604) 689-1836 10:00~17:00（週末11:00起）www.filson.com

Filson是發跡於西雅圖的戶外服飾名牌，創立於1897年，當時淘金熱正在瘋狂，人們前仆後繼前往育空，在嚴寒的冰雪中尋找機會，Filson就是在這個背景下，製作了超經典的羊毛工作大衣Cruiser，不但保暖、耐穿，而且相當舒適，從此奠定了Filson的地位。時至今日，雖然淘金熱潮早已成為歷史，但戶外愛好者們仍將Filson視為心目中的無上品牌，而Filson亦不改百年前的堅持，無視於市場上的競爭，始終使用最好的原料、最好的作工，且全程在美國本土製造。雖然售價相當可觀，但每件商品都可用上數十年，算一算還是很值得的。

### 蓋士鎮 Gastown

**MAP ▶ P.62A1** **Hudson House Trading Company**

搭乘捷運加拿大線或博覽線至Waterfront站，步行約3分鐘 321 Water St. #101 (604) 687-4781 每日09:00~21:00

來到溫哥華遊玩，不知還有什麼該買的紀念品沒買時，那就到蓋士鎮上的Hudson House走一遭吧！這間店內幾乎搜羅了全系列的加拿大特產品，舉凡你想得到的紀念品，從酒杯、楓糖漿、楓糖餅乾、家庭擺飾品、桌巾、明信片或鮭魚乾等，包括吃、穿、用、玩等各種項目應有盡有，全都帶有加拿大色彩或傳統風味，絕對值得觀光客前來採購，然後帶回家送給親朋好友當作饋贈禮品，或是自己收藏的珍貴紀念品。

### 溫哥華市中心 Downtown Vancouver

**MAP ▶ P.55E3** **太平洋中心 CF Pacific Center**

搭乘捷運加拿大線至Vancouver City Centre站即達 701 W. Georgia St (604) 688-7235 週一至週三10:00~19:00，週四、五10:00~21:00，週六10:00~20:00，週日11:00~19:00 shops.cadillacfairview.com

太平洋中心外型像一座大型的水晶宮殿，是溫哥華市中心最大的購物商場，擁有優越的地理位置，不僅位於交通便利的捷運站出口，更鄰近著名的羅伯森街和溫哥華美術館，與熱門的時尚購物區相連，堪稱是購物天堂。太平洋中心擁有超過90間商店，包括Apple直營店、H&M旗艦店、Hollister、Fossil和Coach等店家進駐，類型廣泛，從平價至精品都有，滿足各年齡層的購物需求。

**MAP** ▶ **P.53C5**

## 麥克阿瑟格蘭暢貨中心 McArthurGlen Designer Outlet

🚊 搭乘捷運加拿大線至Templeton站，步行約6分鐘。若開車前往，從溫哥華市中心約12公里，停車免費 🏠 1000-7899 Templeton Station Rd, Richmond, BC V7B 0B7 ☎(604) 231-5525 🕐 每日10:00~21:00 🌐www.mcarthurglen.com

　　這間高人氣的暢貨中心開幕於2016年，由於就位於國際機場旁邊，許多人在上飛機前都會先來這裡採購一番。麥克阿瑟格蘭的事業版圖以歐洲為主，這裡是其在美洲的唯一據點，小鎮格局的露天商場裡總共有80家品牌專賣店，大多是美加暢貨中心裡常見的牌子，像是Coach、GAP、Tommy Hilfiger、Levi's、Kate Spade等。雖然暢貨中心的價格已經比外頭便宜許多，但還是提醒你帶著護照先到服務中心去看看，因為說不定還能拿到外國遊客專屬的優惠折扣方案。

**MAP** ▶ **P.52C4**　　**渥烈治中心 Oakridge Centre**

🚊 搭乘捷運加拿大線至Oakridge 41st Avenue站即達 🏠 650 W. 41st Ave ☎(604) 261-2511 🕐 週一至週六11:00~19:00，週日12:00~17:00 🌐oakridgepark.com

　　渥烈治中心是溫哥華市內除了太平洋中心外第二大的購物中心，商場總面積超過5萬3千平方公尺，擁有150多個商家店鋪。自2020年起，渥烈治中心開始進行重建工程，不過仍有部分商店與餐廳會在施工期間持續營業。這項工程是溫哥華近年最大的開發計畫之一，預計將在2024年完成，屆時這裡將豎立起10棟造型新穎的現代化高樓，除了原有的大型商場回歸之外，還結合了商辦與住宅空間，大樓群所包圍的區域，則會是片面積廣達9英畝的公園，勢將成為溫哥華最具話題的購物勝地。

**MAP** ▶ **P.55E5**　**Urban Fare**

🚊 搭乘捷運加拿大線至Yaletown-Roundhouse站，步行約2分鐘 🏠 177 Davie St ☎(604) 975-7550 🕐 每日06:00~22:00 🌐www.urbanfare.com

　　到每個國家旅行，逛逛當地的超市總是會有許多令人驚喜的意外發現，而位於雅痞區耶魯鎮的Urban Fare，更是超市中的時尚品牌。Urban Fare屬於高價位的超級市場，超市的採購人員經常出外旅行，並利用網路搜羅新產品，因此這裡的商品不論是蔬菜水果、調味佐料、五穀雜糧、美酒飲料，都是來自世界各地的上等貨，而且以天然有機為其訴求。其陳列方式也不同於一般市場，帶有一種俐落的個性。曾幾何時，連逛個超級市場也都變成一項具有「品味」的活動。

**本那比 Burnaby**

**MAP ▶ P.52E4**

### 鐵道鎮購物中心
### Metropolis at Metrotown

🚇搭乘捷運博覽線至Metrotown站即達。若從溫哥華市中心開車，路程約12公里，停車場免費 🏠4700 Kingsway, Burnaby, BC V5H 4N2 📞(604) 438-4715 ⏰週一至週六10:00~21:00，週日11:00~19:00 🌐metropolisatmetrotown.com

　　鐵道鎮購物中心不但是卑詩省最大的購物中心，同時也是全加拿大的第三大，3層樓的購物空間裡，進駐超過3百家店面，商場足足超過16萬5千平方公尺。大面積的商家包括Hudson's Bay百貨公司、Walmart大賣場、Real Canadian Superstore超級市場、大統華T&T華人超市、Sport Chek體育用品店、Indigo書店、Winners HomeSense居家百貨、玩具反斗城，以及流行服飾Uniqlo、H&M、Forever 21、Old Navy等，想要好好逛個透徹，恐怕一整天時間都不夠用。

**北溫哥華 North Vancouver**

**MAP ▶ P.52E3**

### 始祖鳥工廠店
### Arc'teryx Factory Store

🚗從溫哥華市中心開車，路程約10公里，停車場免費 🏠2155 Dollarton Hwy. #100, North Vancouver, BC V7H 3B2 📞(604) 960-3119 ⏰每日10:00~18:00 🌐stores.arcteryx.com/NorthVancouver

　　集貼身舒適、透氣保暖、強韌耐穿等種種優點於一身的戶外服飾品牌始祖鳥，是不少戶外運動玩家心目中的No.1，不過始祖鳥唯一的缺點就是價格太不親民，一件始祖鳥的衣服動輒上萬，不是一般人所能負擔得起，畢竟一分錢一分貨，以始祖鳥的品質來看，這樣的價錢也不是沒有道理。所以來到始祖鳥的大本營溫哥華一定要把握機會，到位於北溫哥華的這家工廠店採購，雖然因為是工廠暢貨店的關係，品項不算齊全，但售價比在台灣買要便宜許多，有時甚至還能找到一半的價差。

**高貴林 Coquitlam**

**MAP ▶ P.52F4** | **Roots Last Chance**

🚗從溫哥華市中心開車，路程約23公里，停車場免費 🏠1101 United Blvd, Coquitlam, BC V3K 6V3 📞(604) 395-1491 ⏰週一至週六10:00~18:00，週日11:00~17:00 🌐canada.roots.com

　　Roots在台灣也有不少死忠愛用者，不過加拿大人可能會告訴你，Roots在市中心的品牌專賣店是給觀光客逛的，他們自己都是去市郊的Roots Last Chance。Roots Last Chance是Roots的outlet，販賣過季或尺碼不全的商品，除了標價已經比專賣店便宜外，衣架上大大的折扣標示更是大快人心。這裡的折扣至少都有7折，運氣好的話，還可以撿到2~3折的存貨出清，等於是用夜市的價格買到一件Roots正牌貨，如何不讓人心動？唯一的缺點是，由於尺碼不全，不見得每件看中意的款式都能找到自己的size就是了。

# 鹽泉島
## Salt Spring Island

鹽泉島位於喬治亞海峽(Strait of Georgia)中，是海灣群島(Gulf Islands)裡最大的島嶼，因為島上有多處鹽泉池，19世紀中時，哈德遜海灣公司曾派船上島取鹽，於是便以鹽泉來為島嶼命名。1859年前後，英國太平洋艦隊航行至此，為了拍艦隊司令馬屁，這裡曾被改名為「海軍司令島」(Admiralty Island)，不過到了20世紀初又被改回原名。大約也就在那一年，歐洲人開始登島殖民，並以太平洋艦隊的旗艦「恆河號」(HMS Ganges)為名，建了島上第一座也是唯一一座市鎮：「更居鎮」(Ganges)。

由於島上處處是牧歌情懷的田園風景，加上當地政府有意經營，因此吸引不少從事個人創作的藝術家來到島上定居，並將工作坊開設在這裡。在鹽泉島上，最標準的玩法就是先去遊客中心拿張「藝術家工作坊之旅地圖」，搜尋自己感興趣同時也有向公眾開放的工作室，然後自行開車前往造訪。道路兩旁清新純樸的風光、居民們無論魏晉的閑適步調，令人忘卻世間匆忙為何物，一時之間彷彿自己也靈感湧現，便不難理解藝術家們為何對此地依依眷戀。

卑詩省…鹽泉島 Salt Spring Island

# INFO

## 基本資訊

**人口**：約1.1萬
**面積**：約182.7平方公里
**區域號碼**：250

## 如何前往

### ◎卑詩渡輪 BC Ferries

從溫哥華的查瓦森渡輪航站(Tsawwassen)出發的渡輪，停靠於鹽泉島東岸的長港(Long Harbour)，航程視中途停靠點多寡而定，約1.5~3小時。而從溫哥華島斯瓦茲灣渡輪航站(Swartz Bay)出發的渡輪，則停靠於鹽泉島南岸的福爾福特港(Fulford Harbour)，航程35分鐘。不過由於從查瓦森直航鹽泉島的變動因素較大，常臨時取消船班，因此在斯瓦灣轉乘的機會頗高。關於卑詩渡輪的搭乘方式，詳見P.32~34。

**卑詩渡輪**
☎1-888-223-3779
🕐航班時間時有變動，建議出發前上官網查詢
**價錢：**

| | 成人 | 5~11歲 | 20呎以內車輛 | |
| --- | --- | --- | --- | --- |
| | | | 尖峰時刻 | 離峰時刻 |
| 從溫哥華去鹽泉島 | $19.05 | $9.5 | $72.25 | $64.1 |
| 從鹽泉島回溫哥華 | $8.4 | $4.2 | $31.5 | $17.7 |
| 維多利亞來回鹽泉島 | $11.5 | $5.75 | $33.75 | |

🌐www.bcferries.com

## 島上交通

### ◎租車

大多數人上鹽泉島，都是直接把車開上卑詩渡輪，如

果想省下車子的船票，也可以上島後再租車，只是沒那麼方便就是了。

**Salt Spring Car Rentals**
⌂126 Upper Ganges Rd. #7 (可預約碼頭接駁)
☎(250) 537-3122
💲小客車24小時$89.95起
🌐saltspringcarrental.com
🌸5~9月亦可租用摩托車，不過價格並不比租車划算

### ◎計程車

**Silver Shadow Taxi**
☎(250) 537-3030
💲起錶$3.25，每公里跳錶$1.88

## 旅遊諮詢

### ◎鹽泉島遊客中心

📍P.97B2
⌂121 Lower Ganges Rd, Salt Spring Island, BC, V8K 2T1
☎(250) 537-5252、1-866-216-2936
🕐每日11:00~15:00
🌐www.saltspringtourism.com

MOOK
Choice

# 藝術家工作坊之旅
## Salt Spring Studio Tour
### 拜訪島上的藝術家

ⓦwww.saltspringstudiotour.com

在遊客中心可索取旅遊指南及藝術家工作坊地圖，讓你藉由自行駕車的方式邊開邊逛，在平常日子裡親自拜訪藝術工作者們。而這些隱身在路旁樹林間的小型木屋，大多是藝術家的工作坊或展示場，各具特色。以下就為各位介紹一些最具有人氣的藝術作坊。

### Monica Ritenour Pottery Studio

ⒶP.98A1 Ⓗ281 Vesuvius Bay Rd Ⓣ(250)
931-1136 Ⓢ12:00~16:00 Ⓗ大多數週二
ⓦwww.monicaritenourpottery.com ❶藝術家
可能臨時外出，可事先打電話預約

這裡不但是間工作室，同時也是陶瓷藝術家Monica的家，她和家人就住在這裡。展示架上琳琅滿目的陶瓷器皿，包括馬克杯、碟盤、茶壺、紗線碗、匙筷架等，甚至還有鳥屋、鈕扣、及其他單純裝飾性質的陶瓷藝品。Monica的陶器釉色清新、線條多變，頗有和式窯燒的味道，而花紋多為蟲魚花草，優雅中有可愛，自然而不做作，總令平時以擺盤為樂的主婦們愛不釋手。不過這幾年Monica似乎也迷上墨西哥亡靈節的神祕華麗，創作出許多樣飾精巧繁複的骷髏頭器皿，呈現出另一種風格。

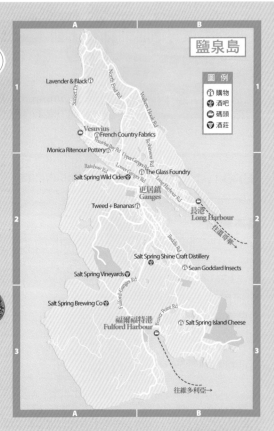

### Salt Spring Island Cheese

ⒶP.98B3 Ⓗ285 Reynolds Rd Ⓣ(250) 653-2300 Ⓢ
10:00~17:00 (11~4月至16:00) ⓦsaltspringcheese.ca

為什麼製作乳酪也能稱得上藝術？來這裡走一趟便知分曉。其乳酪成份100%天然原料，以純羊奶、海鹽及凝乳酶手工製作，新鮮羊奶皆來自自家農場畜養，以柔軟綿密的山羊奶乳酪chèvre最為著名。鹽泉島乳酪最大的特色，就是在這些chèvre上頭搭配各種食材，像是黑松露、辣椒醬、大蒜、整片檸檬、蘿勒葉、普羅旺斯油橄欖醬、黑胡椒粒、花瓣等，各種顏色與圖案，美得就像畫廊裡的藝術品，而且與乳酪搭配，味道更是不同凡響，因此常是週六市集的人潮焦點。

## French Country Fabrics

📍P.98A1 🏠109 Broadwell Rd ☎(250) 537-9865 ✦每日 10:00~16:00

這間工作室從花園到屋子，都流露出南法鄉間的情調。主人是一對老夫妻，因為嚮往法國的生活品味，於是在鹽泉島買下這片地，再依據一張凡爾賽宮花園的照片，照著當中的小屋子設計出自己的新家。老太太對法國的布料尤其著迷，定期會親赴法國添購新貨，然後再用這些法國布料裁縫成桌巾、窗簾、枕頭、圍裙、提包、手帕等物品，擺放在工作室裡出售。主人所選的布料大都色彩明亮、材質厚實，除了加工成品之外，也有單獨販賣布料。

## Salt Spring Brewing Co.

📍P.98A3 🏠270 Furness Rd ☎(778) 354-1121 ✦11:30~18:00（週五、六至19:30）休週一、二 🌐www. saltspringbrewing.com

別忘了，釀酒也可以算得上是種藝術，要釀出一杯好喝的佳釀，除了要具備專業知識，還要有豐富的創意和膽識。這間啤酒廠位於鹽泉島南部山丘上，以本地山泉水、啤酒花與有機耕種的雙棱或六棱大麥手工精釀，在釀酒人的巧思之下，這裡的多款啤酒都散發出獨特的氣味，有的令人聯想起濃縮咖啡與巧克力，有的洋溢伯爵茶般的柑橘清新，有的甚至還有太妃糖或焦糖的味道。想多嚐試幾種，可以在品酒室點一組Flights，一次品嚐五種啤酒。

## Salt Spring Shine Craft Distillery

📍P.98B2 🏠194 Kitchen Rd ☎(250) 221-0728 ✦11:00~17:00 休週一 🌐www.saltspringshine.com ❗週二、六及冬季造訪，需事先預約

這間作風低調的蒸餾酒廠開業於2016年，彷彿就是要讓世人回味過往禁酒令時代的私釀風華，就連招牌威士忌都以「月光酒」(Moonshine)為名。不過不用擔心，這間酒廠完全合法，而且在本地小有名氣呢！釀酒人Michael與Rie原是餐廳大廚，他們對蒸餾這門工藝有爐火純青的技巧，幾乎任何烈酒都難不倒他們，像是伏特加、蜂蜜酒、琴酒等，都令人驚豔無比。其最有名的是Apple Pie Moonshine，這款威士忌加入卑詩的新鮮蜂蜜與蘋果，蒸餾後去除頭尾，只保留精華裝瓶，喝起來既順口又帶勁，滋味讓人久久難忘。

## The Glass Foundry

📍P.98B2 🏠401 Upper Ganges Rd ☎(250) 537-9200 ✦10:00~17:00（冬季11:00~16:00）🌐theglassfoundry.com

The Glass Foundry創立於1996年，是島上明星級的藝術工坊，玻璃藝術家Mark生性木訥，就連週六市集也不常參加，不過他燒製玻璃的技藝卻是有口皆碑，而他所設計的高效能玻璃燒爐設備甚至還外銷到全世界，被各國的玻璃工作者所採用。Mark每年回收超過1萬2千磅的廢玻璃，重製出花紋精巧的炫彩杯盤與造型可愛的項鍊首飾，除了擅於運用玻璃熔解時的流動線條與形體外，Mark也從義大利進口彩色玻璃棒，用來製作馬賽克鑲嵌，造就出作品的變化多端及賞心悅目。

## Lavender & Black

P.98A1 🏠 256 Pringle Farm Rd ☎ (778) 875-1877 ⏰ 11:00~16:00 (冬季週五至週日12:00~15:00) 休週二、三 🌐 www.lavenderandblack.ca

這處位於鹽泉島西北海角的薰衣草農場內，種植了10個不同品種的薰衣草，以及蠟菊等其他芳香植物，總數多達4千餘株，主要用作提煉精油，也有製作其他附屬產品。遊客若在花季時來到這裡，不但可以漫步在薰衣草花海中，享受自然美景，還有機會親手摘採薰衣草，並參觀精油的蒸餾過程。農場產品除了各式香花精油外，還有五花八門的居家及個人清潔用品，包括香皂、浴鹽、潤膚乳液、芳香劑、蜂蜜等。而品牌名稱中的Black，既指其包裝的黑色基調，也代表這裡的另一項產品：以火山岩做成的串珠飾品。

## Salt Spring Wild Cider

P.98A2 🏠 151 Sharp Rd ☎ (250) 931-5554 #2 ⏰ 每日11:00~21:00 💲試飲5種$11 🌐 saltspringwildcider.com

這家酒廠專門釀造蘋果酒等水果酒，使用的水果皆來自卑詩的有機果園，光是蘋果就用了10多個品種。釀造時以單一品種慢速發酵，直到完全自然熟釀，接著再一絲不苟地混合不同品種的蘋果酒，以增加口感層次與風味。整個釀造過程不摻一滴水，大多釀成殘糖量少的乾型或半乾型，雖然不甜，但味道更加細膩。除了蘋果酒外，這裡也有梨子、李子、杏子、野莓、苦橙等水果酒，以及限量的水果冰酒。品酒室位於鹽泉島的雕塑公園內，山坡地上風景極佳，正與美酒相得益彰。

## Tweed + Bananas

P.98B2 🏠 225 Charlesworth Rd ☎ (250) 538-8194 ⏰ 週二至週五11:00~16:00 (9~10月至14:00) 🌐 www.tweedandbananas.com ❗11~3月採預約參觀

Cheyenne是一位來自新加坡的設計師，她移民加拿大後因為遍尋不著心目中的理想包包，索性便自己設計。她的創作很有意思，材料來自西裝大衣或洋裝外套，在一番巧手剪裁下，成了各種大小的側肩包和手提包。原本的腰帶被做成肩背帶，原本的袖帶也成了提把，大衣的口袋與暗袋變成現成的夾層，袖口則被縫作可以放置水壺或雨傘的側袋，而袖扣則是最具風格的裝飾。如果材料來自名牌大衣，Cheyenne也會把品牌標籤留著，這樣也算是名正言順地背著Burberry或Gucci包包了。

## Saltspring Soapworks

P.97B2 🏠 #102, 149 Fulford-Ganges Rd ☎ (250) 537-2701 ⏰ 週一至週六10:00~17:00，週日11:00~16:00 🌐 www.saltspringsoapworks.com

Saltspring Soapworks創立於1979年，環保意識濃厚的創始人Linda，因為看不慣市售的身體清潔用品，於是決定自己生產。她從社區收購天然花草，在自家廚房反覆實驗，並不斷改進配方。隨著事業愈做愈大，生產空間也由廚房升級到穀倉，再升級到現在的小型工廠，產品線也從肥皂增加到沐浴乳、洗髮精、氣泡浴球、潤膚乳液等，而草本的種類更是愈來愈多元。如今除了鹽泉島上，Soapworks還在維多利亞、鄧肯等城鎮開有分店。而每到週六市集，你也會發現賣肥皂的商家特別多，他們有很多就是當年受到這股肥皂旋風所影響的。

**MAP ▶ P.97B2**

# 週六市集

**MOOK Choice**

## The Famous Saturday Market

### 島上藝術家在這天都會齊聚一堂

⌂更居鎮海邊的Centennial Park ◷4~10月，每週六約09:00~15:00 ⓣwww.saltspringmarket.com ✿6~10月每週二13:30~17:30，同一地點也會有農夫市集

　　如果實在沒有時間一一走訪鹽泉島上的藝術工作室，那就一定要留個週六在這裡，因為幾乎島上所有藝術家都會在這天帶著得意作品，來到更居鎮上的百年紀念公園(Centennial Park)參加每週一次的藝術市集。這個市集從每年4月的第一個週六開始(或是復活節週末，看哪一天比較先

到)，一直舉辦到10月的最後一個週六，平日步調緩慢悠閒的鹽泉島，到了星期六便熱鬧滾滾起來，許多住在溫哥華或溫哥華島上的居民，都會在前一天搭乘渡輪前來，再加上慕名而來的觀光客，讓島上人口頓時暴增。

　　市集中的攤位超過140個，每個攤販都各具特色，除了各有專精的藝術工作者外，也有不少是本地農特產品的商家。地方上的餐廳當然也不放過機會，紛紛擺起外燴餐車，甚至還舉辦別開生面的野莓派大胃王競賽。而在採購人潮當中，不時也會聽到街頭樂團彈奏輕快的樂曲，歡樂的氣氛，就如同一場絢麗有趣的園遊會。

●維多利亞

# 維多利亞
# Victoria

　一個世紀前，維多利亞女王一手將大英帝國打造成輝煌的「日不落國」，世界各地以維多利亞為名的城市如雨後春筍般出現，而維多利亞時代的優雅與高貴，也幾乎成了一種氛圍的代名詞。100多年來的物換星移，大多數前英國殖民地的維多利亞氣息早已被高樓華廈與繁忙的都市節奏驅除殆盡，所幸，在加拿大溫哥華島上的維多利亞絲毫不受現代化的影響，依然保留住那份典雅的英式風味，令人大呼這裡果然一如其名，真是比英國還要英國！

　維多利亞位於溫哥華島東岸，是島上的第一大城，也是卑詩省省會，1843年時，詹姆士道格拉斯(James Douglas)選定維多利亞為歐洲貨物進、出口集散地，建立了加拿大西岸的第一座城市，從此開啟溫哥華島的繁榮發展。時至今日，隨著溫哥華市的開埠，維多利亞雖然早已不再是經貿重心，但由於氣候溫和與傳統的英國風情，因此吸引不少遊客，成為一處享受悠閒生活的度假天堂，而要前往島上的其他小鎮，維多利亞也是最佳起點。

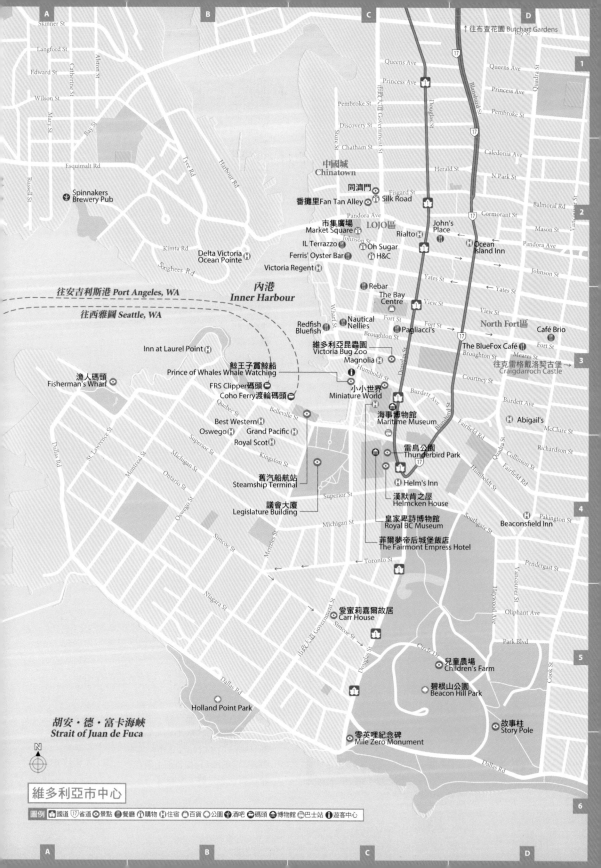

# INFO

## 基本資訊

**人口**：約9.2萬(市區)
**面積**：約19.5平方公里(市區)
**區域號碼**：236、250、778

## 如何前往

### 飛機

　　維多利亞國際機場(機場代碼YYJ)位於莎尼治半島(Saanich Peninsula)北端的雪梨鎮(Sidney)附近，距離維多利亞市區約26公里。機場只有1個航站，提供飛往溫哥華、卡加利、多倫多、西雅圖等多條美加航線。目前從台灣並無直飛維多利亞的航班，旅客可經

由溫哥華轉機，飛行時間約30分鐘。
**維多利亞國際機場 Victoria International Airport**
🔺P.104B1
🏠201-1640 Electra Blvd, Sidney, BC V8L 5V4
🌐www.victoriaairport.com

### 開車＋卑詩渡輪 B.C. Ferries

　　從溫哥華開車到維多利亞，中途必須把車開上卑詩渡輪。溫哥華的渡輪站位於茲瓦森(Tsawwassen)，維多利亞的渡輪站位於斯瓦茲灣(Swartz Bay)，渡輪航程約1小時35分鐘。
　　關於卑詩渡輪的介紹，請參見P.32~34。
**卑詩渡輪**
📞1-888-223-3779
⏱航班時間時有變動，建議出發前上官網查詢
💲成人＄18.5，5~11歲＄9.25，20呎以內車輛＄63.85
🌐www.bcferries.com

### 長途客運

　　從溫哥華太平洋中央車站內的客運總站，可搭乘「卑詩渡輪連結者」巴士前往維多利亞，這輛巴士將會開上卑詩渡輪橫渡喬治亞海峽，最後停靠在維多利亞客運總站。
⏱5~9月09:30~15:30，每2小時一班；10~4月每日09:30及15:30發車。車程約4小時
💲成人＄61.7，65歲以上＄55.53，12~18歲＄43.19，5~11歲＄30.85，4歲以下(佔位)＄15.43
**維多利亞客運總站 Capital City Station**
🔺P.103C3
🏠721 Douglas St
**卑詩渡輪連結者 BC Ferries Connector**
🌐www.bcfconnector.com

### FRS快船 FRS Clipper

　　美國華盛頓州的西雅圖與維多利亞只有一海之隔，許多遊客會搭乘FRS快船往來於這兩個城市之間。由於現在持台灣護照進入美國只需線上申請ESTA，因此不妨利用這條航線進出美加兩國。FRS快船全年航行，每日上午08:00從西雅圖的69號碼頭出發，下午17:00 (週四13:30)從維多利亞內港回程，夏季週五及週日會加開班次，航程約2小時45分鐘。
💲票價依淡旺季而浮動，成人單程約USD＄99~119，來回約USD＄155~199，1~11歲兒童半價
🌐www.clippervacations.com
⚙提早2日或7日在官網上購買來回票，享有超值優惠
❗這艘快船只載人不載車

## 機場至市區交通

### 租車

在機場入境區的資訊站對面，可以找到Hertz、National、Avis、Budget、Thrifty等5家租車公司櫃檯。取車後，依指標開上省道17號南(往Victoria方向)，一路南行即可抵達市中心。

### 公車

從機場搭乘往Sidney的88號公車至McTavish Exchange站，轉乘往Downtown的70、71、72號公車，底站即為議會大廈後方的Government St與Superior St路口，總車資為$5。

### 計程車

計程車上車處位於機場1樓大廳外，搭乘計程車前往維多利亞市區約需30分鐘，車資約$54。

## 市區交通

維多利亞市中心範圍不大，用步行的方式即可走遍全城，但若要到維多利亞的周邊景點，除了自行開車之外，市區公車也是方便的交通工具。

### 市區公車

卑詩省的公營公車由BC Transit營運，從蘇克(Sooke)到雪梨(Sidney)，整個維多利亞地區都是單一區段，票價不分遠近，單程一律為$2.5，一日票為$5，12歲以下免費搭乘。

**卑詩省交通局 BC Transit**
🌐 www.bctransit.com/Victoria

### 計程車

在維多利亞，建議事先以電話叫車。費率各家車行不一，起錶約為$3.4，每公里跳錶約$2，等停時間每分鐘約$0.7。

◎**Blue Bird Cabs Ltd.**
☎(250) 382-2222、1-800-665-7055
🌐www.taxicab.com

◎**Yellow Cab of Victoria**
☎(250) 381-2222、1-800-808-6881
🌐www.yellowcabvictoria.com

◎**Victoria Taxi**
☎(250) 383-7111
🌐www.victoriataxi.com

### 水上計程車 Water Taxi

造型可愛的12人座小船，航行於維多利亞市區水域，停靠包括帝后酒店、漁人碼頭、中國城等在內的12個碼頭。

🕙每日10:00~21:00
💲成人單程$14，6~12歲單程$7
🌐victoriaharbourferry.com

# 觀光行程

## 隨上隨下觀光巴士 Hop-On, Hop-Off

　　由Gray Line公司經營的隨上隨下雙層露天觀光巴士，上車地點包括帝后酒店、中國城、漁人碼頭、議會大廈、克雷格戴洛契城堡等15個站點。車票效期為24小時，可在上車時直接向司機購票，也可事先以網路預訂。

🚏發車地點在帝后酒店前
☎(250) 385-6553、1-855-385-6553
🕐4~9月09:30~17:30，每小時一班；其他季節10:00~16:00，每2小時一班
💲成人$58，13~17歲$38，5~12歲$15
🌐sightseeingvictoria.com

## 觀光馬車

　　要徹底體驗維多利亞的英式風情，乘坐馬車遊城當然是最有fu的。在議會大廈旁(Belleville St和Menzies St路口)有兩家馬車公司提供各種行程，每輛馬車最多可乘坐6人，價錢依時間長短計算，最短的行程15分鐘75元，最長的行程90分鐘345元，均需事先預約。

◎**Victoria Carriage Tour**（綠傘）
☎(250) 383-2207、1-877-663-2207
🕐每日12:00~20:00
🌐www.victoriacarriage.com
◎**Tally Ho Carriage Tours**（紅傘）
☎(250) 514-9257、1-866-383-5067
🕐3~4月11:00~19:00，5~10月10:00~21:00 (7、8月09:00起)，12月13:00~20:30，1~2月僅週末
🚫11月
🌐www.tallyhotours.com

## 遊港小船 Victoria Harbour Ferry

　　由維多利亞港渡船公司運作的遊港之旅，在45分鐘的行程內，帶領遊客飽覽維多利亞港灣景致，不但能在港口遠望雄偉的奧林匹克山(Olympic Mountains)，還有機會看到海豹、海獺等野生海洋動物。行程從帝后酒店出發，終點在漁人碼頭，你可以選擇在漁人碼頭下船，或是隨船返回帝后酒店。

🚏售票及登船地點在帝后酒店前的Empress Dock
☎(250) 708-0201
🕐5~9月每日10:00~20:00，每半小時一班
💲成人$40，6~12歲$15
🌐www.victoriaharbourferry.com

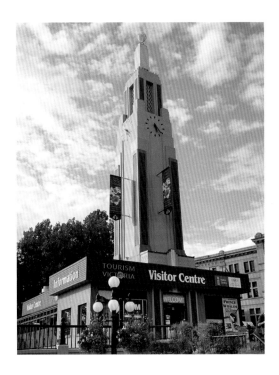

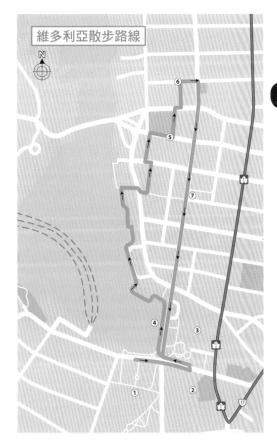

維多利亞散步路線

## 旅遊諮詢

### 維多利亞遊客中心

- P.103C3
- 812 Wharf St
- (250) 953-2033
- 09:00~17:00 (週五、六至20:30)
- www.tourismvictoria.com

## 維多利亞散步路線
## Walking Route in Victoria

維多利亞的散步行程，就讓我們從維多利亞的城市象徵①議會大廈開始吧，這裡的草坪是當地人最愛散步和野餐的地方，也是觀光客一定會拍照留念的場景。每天晚上，議會大廈的牆上還會亮起成串燈泡，譜成美麗的輪廓，因此天還沒有變暗，這裡便已聚集許多攝影愛好者架起腳架等待。議會大廈隔壁是②皇家卑詩博物館，裡頭收藏為數可觀的原住民藝術品，還搭建起一座19世紀的維多利亞街景，而博物館旁的雷鳥公園與漢默肯之屋，也頗有一遊的價值。

與議會大廈和皇家卑詩博物館相望，華麗非凡的③菲爾夢帝后城堡酒店就近在眼前，這間歷史悠久的飯店有著說不完的故事，就算沒有要在那裡入住，也一定要去參觀一番。從帝后酒店出來過到馬路對面，走下通往④維多利亞內港港邊的台階，等在那裡的是遊船碼頭、街頭藝人，與許多港景第一排的海鮮餐廳，知名的Redfish Bluefish小餐吧，就位於碼頭邊上。從停車場走上台階回到大街，這裡距離色彩繽紛的購物勝地⑤LOJO區已經不遠，在這歷史建築與流行前線完美結合的街區，有許多意想不到的優質小店。而北邊的⑥中國城同樣不遑多讓，除了中國味十足的店家，也有不少設計師品牌進駐。若是還沒逛夠，回到⑦市政大道上總該能滿足了，在紀念品店把該買的伴手禮補齊，或是找間餐館補充體力，作為這趟散步之旅的完美禮成。

**距離：**約2.7公里
**所需時間：**約50分鐘

**MAP ▶ P.103C4**

# 議會大廈

**MOOK Choice**

Legislature Building

**點亮夜裡的迷人輪廓**

⌂501 Belleville St ☎(250) 387-3046 ◷平日
08:30~16:30開放大眾入內參觀(週末須參加導覽行程) 休
9月初~5月中的週末 ⑤免費 ⓦwww.leg.bc.ca ✿每日
09:00~16:30有數梯免費導覽團,行程約40分鐘,集合地點在
正門內

　　來到維多利亞市的遊客,通常都會將卑詩省的
議會大廈當作遊歷城區的起點,就像身分證上
的大頭照一樣,這座建於1897年的新巴洛克式
建築,幾乎代表著維多利亞在人們心目中的形
象。議會大廈出於年輕建築師Francis Mawson
Rattenbury之手,外觀莊嚴雄偉,襯托著停泊在
維多利亞內港裡的萬千風帆,更是別有韻致,成
為攝影師們最鍾愛的取景地點。而議會大廈前的
如茵碧草佔地遼闊,每當遇有重要的節慶典禮,
這裡總是最好的活動場地,也因此,這塊草地上
的每一處景色,都儲存著市民們的歡樂記憶。天
黑之後的議會大廈更是壯觀,超過3000盞燈泡
沿著建築外觀逐一亮起,將港口的夜空點綴得更
加繽紛浪漫,也為維多利亞的夜晚描繪出一道燦
爛的輪廓。

MAP ▶ P.103C3

# 維多利亞內港
## Inner Harbour
### 維多利亞的假日風情

　　遊人如織的內港，是維多利亞作為觀光城市最體面的門面，港畔以花圃排列成的「Welcome to Victoria」，就是維多利亞向觀光客們的大聲問好。內港南岸是議會大廈和皇家卑詩博物館，東岸是帝后酒店，遊船和渡輪從這裡的碼頭出發，水上飛機在這裡起降，又擁有浪漫的港灣景致，可想而知這裡有多熱鬧。而每逢夏季週末與節慶假日，各類攤販與街頭藝人更是讓這裡熱絡得有如嘉年華會，無怪乎觀光局要把遊客中心就設在內港邊上。

　　5~9月的每週日與7、8月的每週六，上午10:45在維多利亞內港裡還會有場難得一見的表演，12艘維多利亞港渡輪公司旗下的小渡船，先是在港灣裡排列成行，然後竟開始隨著藍色多瑙河的圓舞曲樂聲迴旋起舞起來，這就是已延續了30多年歷史的「渡船芭蕾」(Water Ballet)。最好的觀賞地點是在舊汽船航站(Steamship Terminal)前，每每吸引大批人潮佇足圍觀，是本地的一項特色。

MAP ▶ P.103A3

# 漁人碼頭
## Fisherman's Wharf
### 熙來攘往的漁船碼頭

🚗 可搭乘水上計程車前往。若開車前往，停車場2小時＄3
🌐 gvha.ca/marinas-facilities/fishermans-wharf

　　距離內港只有短短1公里，漁人碼頭所呈現的卻是一種截然不同的風情，這裡沒有美輪美奐的雄偉建築當作背景，有的只是小家碧玉的水上人家。搭建在水面上的浮屋(Floathome)構成漁人碼頭的基本風景，雖然外觀看起來和陸地上的一般房子沒啥兩樣，但這些屋子的地板底下，可就是魚群游來游去的太平洋！90年代以前是此地漁業的全盛時期，而今日停泊在港灣裡的，已多半是休閒性質的海釣船。遊客來到這裡可以報名參加出海賞鯨的行程，或是租一艘獨木舟，划行在維多利亞優雅的海岸旁。而大多數人會做的，則是聚集在碼頭的木棧甲板上大吃大喝，這裡有許多販賣食物的小店，像是熱狗、冰淇淋、螃蟹海鮮、BBQ燒烤等，其中最有名的是一家叫做「Barb's」的炸魚片店，門口總是不乏排隊的人龍。

MAP ▶ P.103C4

# 皇家卑詩博物館

**MOOK Choice**

## Royal BC Museum

### 重現卑詩省的古往今來

🏠675 Belleville St  ☎(250) 356-7226  🕐10:00~17:00 (6~8月的週五、六至22:00)  💲一日票：成人＄29.95，65歲以上＄19.95，6~18歲＄16.95。IMAX劇院：成人＄11.95，6~18歲及65歲以上＄10.25，3~5歲＄5.4  🌐www.royalbcmuseum.bc.ca

皇家卑詩博物館無疑是全加拿大最重要的博物館之一，館內收藏的歷史可不是只有從喬治溫哥華到達北美西岸開始，其超過700萬件的展品，就像一部紀錄長片般，回顧著卑詩省自冰河時代以來所有的精彩片斷。當中最有名的，便是北美原住民的圖騰藝術作品，這些圖騰原本是原住民家中的樑柱，或是豎立在家門前、代表家族源流的信物，每一個精美的圖案與符號都有其象徵意涵，可惜今日多已無法解讀，但也因此更添其神祕。除了自然歷史與原住民藝術外，3樓還有一區以真實比例重建了19世紀初期的維多利亞古鎮，就好像電影回到未來一樣，見證了早年歲月的生活面貌。此外，不定期更換的主題特展也是博物館的重頭好戲，來自全世界不同文明、不同時代的古物藝術齊集於此，包羅萬象的展出總是令人大呼過癮。

## 雷鳥公園 Thunderbird Park

雷鳥公園是一處大型的戶外原住民文化展示區，公園內矗立著許多原住民圖騰柱，以及一排長型的木製矮屋，這是原住民傳統的建築，稱為「長屋」。在1940年代，雷鳥公園內的原住民圖騰柱全是博物館中的館藏，為了營造原住民族生活的情境，而被展示在館外的空地上。如此過了10年左右，為恐這些珍貴的藝術品長期遭受風吹雨淋，當局決定將真品擺入博物館中，另外重新雕刻一模一樣的圖騰及擺設，放置在公園內供人參觀。當時館方請了一位知名的原民雕刻家蒙哥馬丁(Mungo Martin)承攬所有的雕刻工程，蒙哥除了雕刻圖騰柱外，也搭建了原住民長屋，而現今我們參觀的雷鳥公園，便是經過蒙哥馬丁巧手佈置過的成果。

## 漢默肯之屋 Helmcken House

休冬季關閉

和雷鳥公園僅隔幾步之遙的漢默肯之屋，是維多利亞現存最古老的一棟房子，如今則是皇家卑詩博物館的一部分。這棟房子建於1852年，是約翰漢默肯(John Helmcken)醫師當年為了心愛的妻子而建，而他的老丈人正是維多利亞發展史上赫赫有名的詹姆士道格拉斯(James Douglas)，也就是哈德遜海灣公司(Hudsons Bay Company)的老闆，詹姆士後來因為出任卑詩殖民領地的首任首長，故常被稱為「卑詩之父」。雖然漢默肯之屋的屋齡已經超過170年，但屋內擺設仍然維持原樣，當年漢默肯醫師使用過的醫藥箱，更是展示的一大重點。一走進屋內，只見昏黃燈光，加上古老木造房子所散發出的特殊味道，讓人彷彿步入時光隧道，重回到19世紀之初。

MAP ▶ P.103C5-D6

# 碧根山公園

**Beacon Hill Park**

**城市居民近在咫尺的郊外**

🔄 開放式公園 💲 免費
**兒童農場 Children's Farm**
🔄 每日10:00~17:00 💲 建議捐獻：成人＄6，兒童＄5 ⓤ
beaconhillchildrensfarm.ca

　　碧根山公園佔地75公頃，是維多利亞市民最喜愛的休閒場所，因為從市中心只要徒步的距離，就能享受到郊外的寧靜。這裡有大片樹林、花園，以及春天時野花盛開的草地，也有運動場和露天舞台，甚至還有一座豢養著孔雀、犢牛、小羊、驢子和羊駝的兒童農場。在山丘頂上的旗杆旁，是市民們看海、觀夕照的勝地，再東邊一點則立了根幾乎看不到頂端的圖騰柱，這根名為故事柱(Story Pole)的圖騰，是於1956年時由夸夸嘉夸族酋長蒙哥馬丁率領其手下工匠所雕刻的，柱高39公尺，是目前全世界最高的圖騰柱。而在公園西南角的Douglas St路底，有一座標示著「Mile '0'」的里程碑，這便是全長8千公里的加拿大橫貫公路(國道1號)的起點，是不少遊客專程前來拍照的地標。

MAP ▶ P.103C5

# 愛蜜莉嘉爾故居

**Carr House**

**加拿大國寶畫家的出生地**

🏠 207 Government St ☎ (250) 383-5843 ◆ 週五有1小時導覽行程，於10:00、13:00、15:00出發；週六10:00~15:00為自由參觀 休 週日至週四 💲 自由捐獻 ⓤ carrhouse.ca ❗ 週五導覽行程人數有限，建議事先預約

　　愛蜜莉嘉爾是加拿大的國寶級畫家，1871年出生於維多利亞。中學期間，嘉爾便展現出對繪畫的熱情，她早年在舊金山加州設計學校求學，並曾前往英國深造，之後又回到卑詩省。嘉爾的畫以油畫和水彩為主，初期畫作多為靜物、風景等；1912年左右，嘉爾到溫哥華島北岸旅行，開始以原住民圖騰柱、部落、人物為畫作主題，從此贏得了推崇和名聲。從嘉爾的一系列原住民山水畫中，可以看出畫家對這一塊土地、人民的深愛，這些畫線條奔放、粗獷，用色大膽，但畫中的高山、林木、臉孔，似乎都訴說著不同的故事，讓參觀者在看到大自然的壯麗景觀外，彷彿也感受到一份深沉的神祕感。

　　愛蜜莉嘉爾的故居就位於雷鳥公園後方的市政大道上，嘉爾在此渡過童年及求學時期，屋內展示1870年代嘉爾一家人的生活起居空間，2樓則有一些嘉爾早期的素描及畫像。

**MOOK Choice**

MAP ▶ P.103C3

# 菲爾夢帝后城堡酒店

## The Fairmont Empress Hotel

**維多利亞港灣的女王風範**

🏠721 Government St ☎(250) 384-8111、1-866-540-4429 💲$ $ $ $ $ $ 🌐www.fairmont.com/empress-victoria

以叢林小說聞名的吉卜林曾發出這樣的讚美：「清晨港口從霧中甦醒，一邊是議會大廈，另一邊是帝后酒店，這樣的美景將遠行的疲憊一掃而空。」

於1908年1月開幕的帝后酒店，由年輕建築師法蘭西斯羅頓貝利(Francis Rattenbury)所設計建造，維多利亞議會大廈同樣也出自他的手筆，這兩棟建築共同矗立在內港邊，無疑是最令人注目的焦點。典雅的紅色建築牆面爬滿了長春藤，呼應了維多利亞濃厚的英倫風情，1983年維多利亞當地報紙《Colonist》曾經寫道：「正如倫敦的大笨鐘、巴黎的艾菲爾鐵塔，帝后酒店足以作為維多利亞的地標及象徵。」這樣的讚美對帝后酒店來說絕非溢美之詞。而以英式風格為其特色，飯店裝潢也更加富麗堂皇，使它和其他城堡酒店有所區隔，更有屬於自己的韻味。

作為充滿歷史的一流旅館，這裡當然也接待過不少名人，其中有不少是王室貴族，包括1939年喬治六世和伊莉莎白王后在此舉行的晚宴，一共宴請了200多位賓客，而1958年瑪格麗特公主也曾下榻在飯店中，就連日本皇室也都曾是飯店貴賓；有這麼多世界各國王公貴族來訪，見證了帝后酒店在維多利亞的光輝歷史。

此外，曾獲選為最佳下午茶地點的帝后酒店，它的下午茶可謂遠近馳名，每年有10萬人次的旅客遠道而來，就是為了享用這美味的下午茶。這裡的特製茶由高級的中國、錫蘭和大吉嶺紅茶調製而成，點心則有燻鮭魚和起士三明治、蔬菜沙拉、自製草莓果醬英式鬆餅等，茶具和點心盤則是特別訂製的瓷器；享用下午茶時還有現場音樂伴奏，一切都十分完美。

# 小小世界
## Miniature World
### 格列佛走進小人國

🏠649 Humboldt St(帝后酒店後側)　☎(250) 385-9731　⌄
每日10:00~20:00 (售票至19:15)　💲成人＄19，13~17歲
＄11，5~12歲＄9　🌐miniatureworld.com

　在維多利亞想當大人物有兩種方法，一是住進帝后酒店，接受王室成員般的招待，另一種就是走入小小世界，在這裡就連誤闖小人國而被五花大綁的格列佛，都要來得比你小一號。除了著名的童話故事，小小世界還還原了許多重要戰役的歷史場景，而大加拿大鐵路的完整模型，一定也會讓鐵道迷們手舞足蹈。在世界最小的鋸木廠裡，小巧的機具仍在運作；在世界最大的娃娃屋中，你可以一窺昔日人們的日常作息；展廳一角的平原上架起了帳篷，熱鬧滾滾的馬戲表演即將開場；而在倫敦白金漢宮前，身材迷你的衛兵們正在進行交接呢！

　每一個模型場景都精巧細緻得不可思議，甚至人物臉上的表情也都各不相同，再搭配燈光、音效和動畫，雖然是以「小」為宗旨，卻讓人有如走進大觀園之中。

# North Fort區
### 老骨董在這裡期待新生命

　Fort St從Blanshard St開始，往東的街區通常以「North Fort」稱呼，而這一帶就是維多利亞有名的骨董街。這裡的骨董行可說是三步一家，五步一店，販賣的骨董五花八門，有專賣典雅英倫風的，也有走神祕東方路線的，無論你想找的是餐具、擺飾、懷舊玩具、還是南北雜貨，這裡的選擇都非常多樣。而North Fort除了骨董店之外，也有不少新興設計師的服裝飾品店，為這一區注入了新的元素。

MAP ▶ P.103C2

# LOJO區

## 五彩繽紛的購物街道

維多利亞最有特色的逛街區域，當推Johnson St，這條街自Government St以西，直到港灣的一段，以「LOJO區」著稱(即Lower Johnson之意)，其最大的特色就是五顏六色的連棟古老建築。雖然房舍充滿古色古香的往日情懷，但這一帶卻是維多利亞最新潮的購物大街，有個流行術語「HeritEdge」常被用來指涉這個地區，指的就是歷史遺跡與流行前線的完美結合。LOJO區的一樓店家多的是本地設計師的自營小店，大約40來家，皆是僅此一店別無分號。獨一無二的手工針織服飾、天然原料的香皂保養品，伴隨著街角小館裡傳來的陣陣咖啡香，混合了三個世紀的視覺、嗅覺與觸覺，交織成令人難以忘懷的逛街體驗。

MAP ▶ P.103C2

# 中國城

## Chinatown

### 加拿大最有歷史的唐人街

加拿大也有「摸乳巷」？在維多利亞中國城中的番攤里(Fan Tan Alley)，是全加拿大最狹窄的巷道，僅容兩人側身而過的磚砌長巷，只看到來自巷口的一線天光，實在像極了鹿港小鎮的風景。維多利亞的中國城範圍不大，說穿了，只有從Government St到Store St之間的一小段Fisgard St及其周邊巷弄而已，但這可是加拿大歷史最悠久的中國城。早期這裡充斥了鴉片窟與小賭館，遠渡重洋來到新大陸出賣勞力的苦工們，辛苦掙扎地過生活，他們之中經不起墮落誘惑的，多半身無分文地客死異鄉，而能克守本分活下來的，則大多在此落地生根。今日的中國城結合了傳統與現代，既有古老的中國市場、口味道地的中國餐館、古意盎然的中國骨董藝廊，也不乏許多當代的潮流名店，而城內幾家最有名的傢俱家飾行，也都位於中國城裡。

# 布查花園
## The Butchant Gardens

**MOOK Choice**

### 化腐朽為神奇的最佳範例

🚌在市中心的Douglas St上，搭乘北行的75號公車，至Butchart Gardens站即達(下午時，不是每班75號公車都有到達布查花園，上車前請確認標示)。若從市區開車前往，總里程數約22公里，停車場免費 🏠800 Benvenuto Ave, Brentwood Bay, BC V8M 1J8 ☎(250) 652-4422、1-866-652-4422 🕐1~2月09:00~15:30，3月09:00~16:00，4~5月09:00~17:00，6月~9月中09:00~22:00 (週一、二至17:00)，9月下半09:00~17:00，10月09:00~16:00，11月09:00~15:30，12月15:00~21:00

價錢：

| 季節 | 1月初 | 1月中~3月 | 4月~6月中 | 6月中~9月 | 10月 | 11月 | 12月~1月初 |
|---|---|---|---|---|---|---|---|
| 成人 | $21.75 | $29.1 | $36.5 | $39.5 | $32.8 | $25.5 | $35 |
| 13~17歲 | $10.4 | $14.5 | $18.25 | $19.75 | $16.4 | $12.75 | $17.5 |
| 5~12歲 | $2 | $2 | $2 | $3 | $2 | $2 | $3 |

🌐www.butchartgardens.com 🚐沒有交通工具的人，可參加Gray Line Sightseeing的布查花園觀光巴士行程，成人$88，13~17歲$60，5~12歲$30。網址：sightseeingvictoria.com/tour

　如果說米其林的星星是對餐廳大廚的最高肯定，那麼布查花園毫無疑問就是園藝界中的三顆星花園，加拿大最頂尖的園藝家們在這座花園裡

肆意揮灑才華，在他們的細心照料下，布查花園的花期竟長達8個月之久，從每年3月一直到11月，遊客們都可以在這處由花卉構成的調色盤裡心醉神馳；即使時序漸入秋冬，滿園的黃葉紅楓依然將花園妝點得姿韻迷人。

在佔地55英畝的範圍內，義大利花園、玫瑰園、日本庭園，當然還有最常登上明信片的窪地花園(Sunken Garden)，各自以不同的旨趣吸引遊人目光流連，其間還點綴著羅斯噴泉、鱘魚噴泉等美麗的造景；夏日白天裡不時有音樂會演出，到了夜晚更是煙花絢爛。

但是你能相信嗎？100多年前的布查花園竟是一處煙塵彌漫的石灰石採集場！就在布查先生的水泥生意於1904年走到盡頭時，他的妻子珍妮布查在他的灰石場裡種下第一顆豌豆花種子，從此這片土地的命運有了新的契機。當年布查太太開始建造花園時，曾有人譏笑說在這塊地上不可能種出任何東西，然而經過布查家族四代的努力耕耘，現在人們可以在花園裡觀賞到超過百萬株、700多個品種的美麗花朵，不可不謂一項奇蹟，而花園也在2005年時，成為加拿大的國家歷史名勝。

MAP ▶ P.104B2

MOOK Choice

# 維多利亞蝴蝶花園
## Victoria Butterfly Gardens
### 繽紛彩蝶如散花飛舞

🚌 在市中心的Douglas St上,搭乘北行的75號公車,至Keating Cross Rd / West Saanich站即達。若從市區開車前往,總里程數約20公里,停車場免費 🏠1461 Benvenuto Ave, Brentwood Bay, BC, V8M 1J5 📞(250) 652-3822、1-877-722-0272 🕐10:00~16:00 (5月中~9月初的週四~週日至18:00) 💲成人$18.5,13~17歲及65歲以上$14.5,5~12歲$7.5 🌐butterflygardens.com

維多利亞蝴蝶花園是最受孩子喜愛的景點之一,園區裡打造成熱帶叢林的環境,飼養了超過75種、6千多隻來自不同地區的蝴蝶。每一種蝶都像是活生生的藝術品,斑斕的色彩、對稱的圖形、細緻的紋路,簡直就是出自藝術家的手筆。有的蝴蝶停翅在枝葉上時並不起眼,一旦展翅飛舞,露出華麗的背翅,你才驚覺到它的不可貌相。若是你發現樹葉上被做了記號,表示那裡可能藏有驚喜,或許在葉子的背面,就躲著一隻皇蛾(Giant Atlas Moth)的幼蟲,這種比人臉還大的飛蛾,幼蟲也巨大得不可思議,若是你敢的話,工作人員會請你摸一摸它們的身軀,難以想像,居然硬邦邦的。

除了蝴蝶與飛蛾之外,這裡也有許多其他動物,包括火鶴、巨陸龜、大壁虎、箭毒蛙、小鵪鶉、鸚鵡和鯉魚等,儼然就是一間小型的動物園。

MAP ▶ P.104B2

# 政教酒莊
## Church & State Wines
### 視得獎如家常便飯

🚌 就在維多利亞蝴蝶花園隔壁 🏠1445 Benvenuto Ave, Victoria, BC V8M 1J5 📞(250) 652-2671 🕐11:30~16:30 休週一、二 💲品酒約$10~20 🌐www.churchandstatewines.com

2003年5月開幕的政教酒莊,是加拿大釀酒師Eric夢想的實現,憑著多年來累積的專業釀酒經驗技術,這間酒莊很快便在維多利亞地區闖出知名度,短短數個月內,酒莊特釀的5款新酒陸續得到國際大獎,酒莊出品的各類葡萄酒更賣到缺貨。此後的每一年,得獎對政教酒莊而言,幾乎成了例行性公事。政教酒莊為兩層樓高的木屋,以加拿大特產的冷杉木打造,洋溢濃郁的典雅氣質,從木屋即可遠眺寬闊草原。另外,酒莊附設的景觀餐廳,還針對酒莊出品的葡萄酒,設計出一系列菜單,讓你在品嚐得獎美酒之餘,也能享受道地的加西美食料理。

**MAP ▶ P.104B2**

**MOOK Choice**

# 克雷格戴洛契城堡
## Craigdarroch Castle

**雕樑畫棟不足貴，但願家和萬事興**

🚌在Douglas St／Fort St路口搭乘東行的11、14、15號公車，至Fort St／Fernwood Rd路口下車，再步行約5分鐘。若開車前往，停車位免費 🏠1050 Joan Crescent, Victoria, BC V8S 3L5 📞(250) 592-5323 🕐10:00~16:00 💤週一、二 💲成人＄20.6，65歲以上＄19.6，13~17歲＄14.8，6~12歲＄10 🌐thecastle.ca ❗因建築古老，故沒有無障礙空間，不適合使用輪椅者參觀

1887年，煤礦大亨羅伯鄧斯穆爾(Robert Dunsmuir)的事業正如日中天，於是他揮灑看似無盡的財富，著手興建了這座宛如中世紀童話般的豪華城堡，為了搭建內部裝潢，當年甚至還動用5節火車車廂，遠從芝加哥運來2,128片橡木嵌板。然而事事難料，羅伯等不及城堡建成的1890年便撒手人寰，其家族也隨著他的去世而開始分崩離析，在往後的18年裡，鄧斯穆爾的家族鬥爭足可拍成一部19世紀版的豪門恩怨，而故事最重要的舞台，就在這座城堡內。

城堡外觀為蘇格蘭華麗式樣，內部富麗堂皇，不過1908年後城堡幾經易手，曾先後作為軍醫院與維多利亞學院的教室使用，許多寶貴的家具和畫作早已遺失，如今經過積極復原，成為一間私人博物館，開放供民眾參觀。

城堡內共有29個房間，每一間的佈置、裝潢、甚至當時主人穿過的衣物，幾乎都按照原本的樣子擺設。除了讚嘆傢俱的精雕細琢、空間的富麗堂皇外，這裡也是觀察1百多年前豪門人家日常生活的大好機會，像是中央暖氣設備、沖水馬桶、防盜警報系統等，都是當時最先進的科技。

當你爬到城堡最上層時，別忘記站在屋主精心設計的觀景台上，盡情瀏覽維多利亞美麗的全景。而登上塔頂後，小小的空間竟有股閒適氣氛，過去這裡是名門閨秀早上喝茶看報、享用早餐的地方。

**MAP ▶ P.103D3** **The Blue Fox Café**

🏠919 Fort St, #101  📞(250) 380-1638  ⏰08:00~14:00 (週末至15:00)  🚫週三  💲$ $  
thebluefoxcafe.com  ⛔不接受訂位

當地人也許不希望向外地人推薦這家餐館，因為那將使他們的早晨多花幾十分鐘在排隊上。每個週末早上，都有一條人龍從Blue Fox的門口延伸到街上，他們甘願等待，因為知道Blue Fox的早午餐絕不會辜負他們的想望。

從菜單上看，Blue Fox賣的是典型美式早餐：三明治、歐姆蛋、法式土司等等，但等到餐點上桌，你很難不發出讚嘆，其用料之實在、料理之精緻、份量之大方，都超越一般早餐店等級，肉類的質地不凡，蔬果類也很新鮮，果醬吃得出來是自家手工製作，這些都是通常只出現在高級酒店餐廳的名物，於是趕緊再看一下菜單，還好，價錢還是平民化的，終於明白外頭排隊的那些人為何如此心甘情願。

**MAP ▶ P.103C2** **IL Terrazzo**

🏠537 Johnson St(門口在Waddington Alley裡)  📞(250) 361-0028  ⏰每日16:00~21:15 (最後入座時間)  💲$ $ $ $  ⛔www.ilterrazzo.com

利用LOJO老城區古色古香的院落，IL Terrazzo打造出一處洋溢托斯卡尼風情的浪漫餐廳。不過要成為維多利亞市民票選出的「全城最好的義大利餐廳」，光是吃氣氛可是不夠的，IL Terrazzo的大廚們將北義料理的精髓發揮得淋漓盡致，披薩和肉類用的是柴燒古法，義大利麵的麵條是自家手工打製，海鮮用的是本地新鮮漁獲，牛排則是來自亞伯達的頂級肉牛，這些完美的原料經過主廚的精湛手藝，化做一道道令人回味無窮的料理，不少人就是因為不忍抗拒這種美食在回憶裡的召喚而一再舊地重遊。

**MAP ▶ P.103C3** **Redfish Bluefish**

🏠1006 Wharf St(位於碼頭上)  📞(250) 298-6877  ⏰每日11:00~21:00  💲$ $  ⛔www.redfish-bluefish.com

想吃Redfish Bluefish的朋友，千萬別被幾乎排到海裡去的人龍給嚇到了，這家位於內港碼頭邊上的露天炸魚片店，是維多利亞著名的排隊小吃，份量十足，幾乎可抵上一份正餐。這裡的海鮮都有通過溫哥華Ocean Wise協會認證，炸魚片有鱈魚、鮭魚和大比目魚三種，外皮的裹粉炸得金黃酥脆，又沒有影響到肉質的多汁鮮嫩，光是這點就夠資格打上滿分。再配上自製的特調醬料、薯條與新鮮的碎菜沙拉，更是加分破表。海鮮三明治也是招牌，紮實的烤麵包夾上烤鮭魚、烤牡蠣、煙燻鮪魚等新鮮海產，實在令人心滿意足。也別忘了來碗海鮮巧達濃湯，湯裡魚肉的份量，絕對叫人感動。

## MAP ▶ P.103C2 John's Place Restaurant

🏠723 Pandora Ave ☎(250) 389-0711 ⏰每日 08:00~15:00 💲 $ $ 🌐www.johnsplace.ca

走進John's Place餐廳，很難不注意到牆上滿滿的相片與海報，完全沒有留下一處空白角落。相片的內容包括音樂、體育、電影和一些私人的生活照，說明了老闆兼主廚John Cantin的廣泛興趣與對生活的濃烈熱情。當然，這份熱情也體現在他的料理上。John是1976年法蘭克福料理奧運(Culinary Olympics)的加拿大代表隊成員，那次的經驗讓他大開眼界，也將學來的烹飪知識應用在往後數十年的料理生涯上。這裡供應的是家常美式餐點，班尼迪克蛋、漢堡、三明治、鬆餅等，都讓許多人想念起媽媽的味道。

## MAP ▶ P.103C3 Pagliacci's

🏠1011 Broad St ☎(250) 386-1662 ⏰11:30~22:00 (週五、六至23:00，週日 10:00起) 💲午餐 $ $，晚餐 $ $ $ 🌐www.pagliaccis. ca 🌸Happy Hour為每日 15:00~17:00。週日至週四 20:00~22:00有現場音樂表演 ❶不接受訂位

位在小巷弄的Pagliacci's有著顯眼的橘色外牆，內部淺橘紅牆壁和木頭原色桌椅，營造滿滿的小酒吧風情，氣氛令人放鬆。餐廳提供許多不同風格的料理，從濃郁的美式起士蛋糕，到義大利風味的佛卡夏麵包，滿足不同的口味。除了料理多元、餐點美味，主食的份量更是號稱多到可以讓你打包回家，因而深受顧客喜愛。

## MAP ▶ P.103D3 Café Brio

🏠944 Fort St ☎(250) 383-0009、1-866-270-5461 ⏰17:00~21:00 (最後入座時間) 🚫週日至週二 💲主餐小份 $ $，大份 $ $ $ $ 🌐cafebrio.com

Café Brio的裝潢就像是舒適的咖啡廳，以大地色系為主，牆面掛上的幾幅畫更增添了愜意的氣氛。餐廳選用當地食材，不僅有當地農場出產的蔬果，因為鄰近海洋，端上桌的海鮮更是新鮮到只離開海水幾小時而已。除了海鮮之外，餐廳使用的牛肉產自加拿大亞伯達省，選用的至少都是3A等級。主廚刻意搭配簡單、清淡的醬汁，讓顧客能吃到新鮮食物最迷人的滋味。

## MAP ▶ P.103A2 Spinnakers Brewery Pub

🏠308 Catherine St, Victoria, BC V9A 3S8 ☎(250) 386-2739、1-877-838-2739 ⏰每日09:00~23:00 💲 $ $ 🌐www.spinnakers.com

Spinnakers是維多利亞本地的釀酒廠，其釀造的啤酒是溫哥華島酒吧中的搶手貨，位於Catherine St上的這家餐廳是全加拿大第一家現代化的微釀酒吧，因此在這裡喝到的Spinnakers啤酒，絕對是最新鮮的！這裡的啤酒多達數十種，最熱門的Irish Stout結合加拿大麥芽與愛爾蘭傳統工序，釀造出鮮甜滑順的口感；Jolly Hopper Imperial IPA的酒精濃度約有8%，誓言要像海盜跳上甲板一樣，征服每個舌尖上的味蕾；而喝起來有蜂蜜味和巧克力味的Queen Bee Honey Kolsch與Chocoholic Stout，則是女性顧客的最愛。餐廳裡的餐點像是漢堡、海鮮三明治等，都跟啤酒相得益彰，適合在一天的遊覽過後，來這裡小酌兩杯。

MAP ▶ P.103C2 **市集廣場 Market Square**

🏠560 Johnson St 📞(250) 386-2441 🕙10:00~17:00
(週日11:00起) 🌐www.marketsquare.ca

　　紅磚外牆、立面典雅的市集廣場，建於19世紀末，當時正是維多利亞最興盛繁榮的時期，靠著出口毛皮、木材、煤礦，維多利亞的商業貿易曾經喧騰一時，市集廣場也風光了好一陣子。100多年過去，水手們離開了，礦工們也走了，企業財團都搬到溫哥華去了，市集廣場獲得了寧靜，但並非沉寂，因為觀光客的來到，市集廣場依舊開起門做著生意。今日進駐在市集廣場中的有40多個店家，大多為藝廊、工作坊、骨董店、沙龍和餐廳。在這兩層樓的四合院落裡逛逛，不僅可以體會維多利亞的往日風華，也有一股悠閒自得的情調。

MAP ▶ P.103C2-C3 **市政大道 Government Street**

　　市政大道(中國城稱之為加富門街)是維多利亞市中心最熱鬧也是最重要的街道，服飾店、紀念品店、工藝品店、餐廳和咖啡館等各式商店在此林立，即使逛個一整天也不成問題。加拿大首屈一指的連鎖百貨公司The Bay Centre就開在這條路上，裡頭的商品應有盡有，也經常舉辦折扣活動，是當地人最常逛的購物中心。

MAP ▶ P.103C2 **Hemp & Company (H&C)**

🏠1312 Government St 📞(250) 383-4367 🔽
週一至週六10:00~17:30，週日11:00~17:00
hempandcompany.com

　　這家店賣的不是大麻，而是賣用大麻做成的服飾。穿上大麻材質的衣服雖然不會變得很high，但卻很環保。傳統的衣物原料，即使天然的棉花都會對地球造成一定的傷害，因為在生產過程中，必須噴灑大量殺蟲劑，這些化學藥劑滲入土地或河水，就會改變整個環境的結構。而栽種大麻不但不需要使用殺蟲劑，還能增加土壤中的養份，同時大麻也是天然纖維中最強韌者，而且生長非常快速。用大麻做成的衣物不會產生靜電，還能折射陽光中的UV紫外線。除了大麻外，這裡的衣物也使用了竹纖維、豆子、有機棉等材質，具有抗菌、防黴、快乾的特性，最重要的是，它們都能被生物分解。如此環保，怎麼能不多買幾件呢？

**MAP ▶P.103C3** **海灣中心 The Bay Centre**

⌂1150 Douglas St ☎(250) 952-5690 ◐週一至週六10:00~18:00(週四、五至19:00)，週日11:00~17:00 ⊕www.thebaycentre.ca

作為當地數一數二的購物中心，The Bay Centre幾乎佔據了市區精華地段的一整個街區。購物中心裡總共有大大小小超過90家店鋪，除了佔地5層樓的哈德遜海灣百貨公司(Hudson's Bay)外，也有不少著名品牌進駐，像是加拿大彩妝品牌M.A.C以及Coach等知名店家。商場內也可以找到許多獨特卻有水準的小店，這些店家或許不像大廠牌一樣有名氣、佔據賣場裡的絕佳位置，但都有各自的迷人特色，非常適合在此慢慢尋寶，或許可以找到心儀的買物。

**MAP ▶P.103C2** **Silk Road**

⌂1624 Government St ☎(250) 382-0006 ◐週三至週六10:30~17:30，週日11:00~16:30 ⊗週一、二 silkroadteastore.com

Silk Road是加拿大有名的茶行，老闆是被媒體譽為「加拿大茶葉大師」的Daniela Cubelic，她曾向台灣及中國的茶道師與草藥師們學藝，再融會貫通成一套新的茶藝哲學。店裡除了有從台灣及世界各地進口的綠茶、紅茶、白茶、烏龍茶外，最令人躍躍欲試的就是各種有趣的花草茶。譬如一款「Philosopher's Brew」，在茶葉中混合了香茅、陳皮、野玫瑰果、薰衣草等，喝起來清香醒腦，頓時思緒流暢。這裡買茶的方式也很有意思，客人可以任意打開每一個茶罐，聞一聞是否中意茶葉的香氣，然後挑選適合大小的罐子，自行裝填、密封、貼標籤。建議可以多買幾個小號的罐子，分裝數種不同茶葉，這樣便能多品嚐特別的味道。

**MAP ▶P.104B2** **Viberg Boot Manufacturing**

⌂601 Boleskine Rd. #9, Victoria, BC V8Z 1C5 ☎(250) 384-1231 ◐平日10:00~17:00，週六09:00~16:00 ⊗週日 ⊕www.workboot.com

若說有什麼著名的品牌是從維多利亞起家，除了Viberg，還真想不出其他的來。Viberg是世界頂級的5大皮靴廠之一，創立於1931年，至今已有90多年歷史。其皮靴都是以純手工打造，包括皮料、鞋底、鞋釘，都是從全世界找來最好的原料，再由師傅細心縫製。光是看Viberg的縫線，就像在欣賞一件藝術珍品，整齊、強韌、一絲不苟，這樣的鞋就算穿個數十年也不會壞。Viberg的工廠距離市中心不遠，以接客製化的訂單為主，附設的小店裡也有賣一些零售的工作靴，價錢比在外面買要便宜。

Malahat SkyWalk

●溫哥華島

# 溫哥華島
# Vancouver Island

溫哥華島是加拿大西岸最大的島嶼,其面積只有比台灣略小一點,人口卻不到台灣的三十分之一。溫哥華島中央有山脈貫穿,因此高山運動如滑雪、健行、登山等,成為溫哥華島主要的戶外活動項目。整體而言,溫哥華島東岸的開發程度遠大於西岸,主要是東岸地形以沙岸居多,且靠近加拿大本土。今日島上有97%的人口居住在東南岸,其中維多利亞就佔了一半。從維多利亞到那乃摩兩個大城之間,卡沁灣、鄧肯、席美娜斯幾個各具特色的純樸小鎮沿著海岸線排列,現代文明的節奏在這裡彷彿從不存在。而西岸多為陡峭的岩岸和峽灣地形,因此多半維持自然原貌,尚未完全開發,夏季時便成為釣客、潛水者,及其他水上活動愛好者的天堂。

## INFO

### 如何前往
#### ◎飛機
在溫哥華島上,除了維多利亞國際機場外,還有那乃摩機場(機場代碼YCD),主要提供與溫哥華、卡加利之間的飛航服務。機場內有National、Budget、Arbutus RV等3家租車公司櫃檯,取車後沿國道1號往北開,約18公里後即是那乃摩市區;若是往南開,則可達席美娜斯、鄧肯、卡沁灣與維多利亞。
**那乃摩機場 Nanaimo Airport**
🔼P.125C2
🌐ycd.ca
#### ◎卑詩渡輪 BC Ferries
開車旅行,往來加拿大本土與溫哥華島之間最方便的方式,就是搭乘卑詩渡輪了,不但省了在機場還車後再

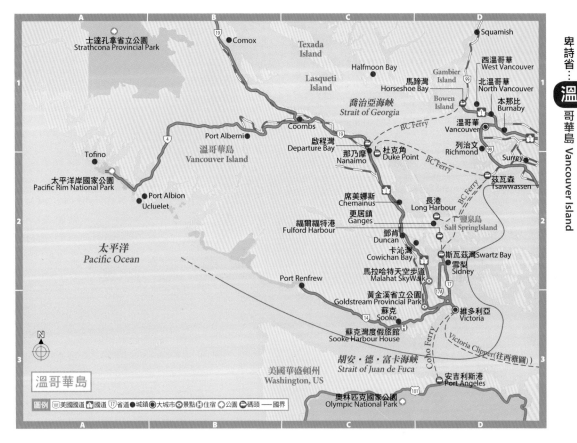

租車的麻煩，票價也比機票來得划算。

　　往來喬治亞海峽兩岸，主要的航線共有3條，分別為：

◎ 溫哥華的茲瓦森 Tsawwassen ⟷ 維多利亞的斯瓦茲灣 Swartz Bay (航程1小時35分鐘)

◎ 溫哥華的茲瓦森 Tsawwassen ⟷ 那乃摩的杜克角 Duke Point (航程2小時)

◎ 西溫哥華的馬蹄灣 Horseshoe Bay ⟷ 那乃摩的啟程灣 Departure Bay (航程1小時40分鐘)

　　關於卑詩渡輪的搭乘方式，詳見P.32~34。

**卑詩渡輪 BC Ferries**

📞1-888-223-3779

🌐www.bcferries.com

## 旅遊諮詢

### ◎那乃摩遊客中心

🏠2450 Northfield Rd, Nanaimo, BC, V9S 0B2 (省道19號旁)

📞(250) 751-1556、1-800-663-7337

🕘09:30~17:00

🚫週日、一

🌐tourismnanaimo.com

### ◎卡沁地區遊客中心(鄧肯)

🏠2896 Drinkwater Rd, Duncan, BC, V9L 6C2

📞(250) 746-4636、1-888-303-3337

🕘平日09:00~17:00，週末10:00~16:00

🌐www.duncancc.bc.ca

### ◎席美娜斯遊客中心

🏠9799 Waterwheel Crescent #102, Chemainus, BC V0R 1K0

📞(250) 737-3370

🕘平日10:00~16:00

🚫週末

🌐www.chemainus.bc.ca

MOOK Choice

**MAP ▶ P.125D2**

# 馬拉哈特天空步道

## Malahat SkyWalk

### 上樓看美景，下樓玩刺激

🚗 從維多利亞開車，走國道1號往北，約30公里左右，注意路旁往Malahat SkyWalk的指標，右轉進小路即達，停車場免費。也可搭乘接駁專車前往，每日09:00從維多利亞客運總站出發，6月底至9月初加開11:00出發的班次，車程45分鐘，車票(含天空步道門票)成人為$80，65歲以上$77，6~17歲$60 🏠901 Trans-Canada Highway, Malahat, BC V0R 2L0 ☎1-833-625-2428 ⏰每日09:00開門，夏季至20:00，冬季至15:30，春、秋兩季至18:00 💲成人$36.95，65歲以上$32.95，6~17歲$22.95 🌐malahatskywalk.com ✦官網購票享$2折扣

　　溫哥華島擁有崎嶇的海岸與深邃的海灣，沿岸山林多數保留了自然原始，無盡的蓊鬱與神祕。不過也由於未經開發，過去這樣的景色只有老練的登山者才得以欣賞，為了讓更多人也能一飽眼福，當地的原住民馬拉哈特族與旅遊公司合作，

　　在2021年7月開放了這處眾所矚目的觀光景點，從此就算是坐在輪椅上的身障人士或是推著嬰兒車的母親，也能輕鬆飽覽這片美景。

　　步道由一條600公尺長的木棧道開始，沿路穿越一片野莓樹與花旗松林，棧道盡頭是座10層樓高的觀景塔，順著螺旋坡道層層向上，最後來到海拔250公尺高的塔頂，可以360度的開闊視野，遠眺芬利森灣(Finlayson Arm)、薩尼奇半島(Saanich Peninsula)與海灣群島(Gulf Islands)的絕美景色，舉目所及，就連美國的聖胡安群島(San Juan Islands)和貝克山(Mt. Baker)都在視線範圍內。塔頂還有面廣達84平方公尺的冒險網(Adventure Net)，躺在上頭既可仰望天空，亦能俯視下方步道的螺旋結構。下塔的方式更是有趣，如果不想沿著原路慢慢走，最快的方式就是坐上滑行墊，順著20公尺高的螺旋滑梯飛速溜下，回到地面，而且不限次數，只要玩興不減，要滑多少次都不成問題。

**MAP ▶ P.125D2**

# 卡沁灣

**MOOK Choice**

## Cowichan Bay

**在慢城步調下品味生活**

🚗 從維多利亞開車，走國道1號往北，約50公里左右，注意路旁往Cowichan Bay的指標，右轉Cowichan Bay Rd，沿著這條路再開大約5公里，即達小鎮中心 🌐 www.cowichanbay.com

就在2009年9月，北美洲的第一座慢城(Cittaslow)在溫哥華島上誕生了，那便是美麗的海港小鎮卡沁灣。所謂慢城的概念，源自1999年義大利的慢食運動，目前全世界已有34個國家的287座城鎮成為慢城成員。要成為慢城必須經過一套嚴格的規範鑑定，首先是城鎮裡不能有速食連鎖店或大賣場，也沒有高速移動的交通工具，而居民的日常生活自給自足，盡可能使用本地的資源；其次是要維護傳統的地方特色，不讓過快的生活步調擊毀原有的文化價值。而這一切看似違反現代趨勢的生活哲學，卻讓居民們獲得更高的生活品質，正如米蘭昆德拉在《緩慢》中所說的：「緩慢的程度與記憶的濃淡成正比，速度的高低則與遺忘的快慢成正比。」

卡沁灣迷人的景色是在港灣邊，早在成為慢城之前，這裡便是海釣和小艇愛好者的天堂；停泊在碼頭旁的帆船與浮屋人家，構成了小鎮最美的風景，時間在這裡彷彿靜止，每一天都像假日般閑適，讓來自都市的遊人衷心羨慕。

**True Grain Bread Mill**

🏠 1735 Cowichan Bay Rd, Cowichan Bay, BC, V0R 1N0 ☎ (250)746-7664 🕐 08:00~17:00 休 週一、二 🌐 www.truegrain.ca

一走進店內，一股麵包香立刻撲鼻而來，原本不餓的人也不由得飢腸轆轆起來。這裡所使用的原料都是在當地種植的麥子，且以天然有機及傳統工序為基本訴求，而用來磨製麥粉的磨坊甚至就在麵包店內，因此製作出來的麵包皆是香氣誘人，口感絕佳，吸引不少人專程前來一飽口福。但是也提醒您，別忘了要「慢慢」品嚐，細細咀嚼舌尖的味道，才不會辜負慢城的美意！

# 鄧肯
## Duncan

**MOOK Choice**

**滿城盡是圖騰柱**

鄧肯

從維多利亞開車，走國道1號往北，約60公里左右進入鄧肯市區，注意往City Centre的指標，於Trunk Rd左轉，過鐵軌後右轉Canada Ave，至Queens Rd再右轉，兩旁即是市中心主要收費停車場入口

話說1985年，鄧肯市長Douglas Barker推動一項「圖騰柱專案」，與當地原住民卡沁族(Cowichan)的圖騰雕刻師合作，在市內各處豎立圖騰柱，以慶祝原住民古老藝術在美洲西北岸的復興。圖騰柱專案所豎立的第一批圖騰柱於1986年雕刻完成，那便是展示於國道1號和Trunk Rd交叉路口上的單根圖騰柱，以及位於Kenneth St和Craig St交叉口市政廳廣場上的兩根圖騰柱。而圖騰柱較為集中的地點則是位於Canada Ave旁的鄧肯火車站兩邊草皮上的8根圖騰柱，這些圖騰柱於1987年完工設置，也是大部分觀光客造訪鄧肯時最先看到的圖騰柱群。

至今鄧肯市內已有40多根圖騰柱，每一根都是藝術家親手雕刻的真品。這些圖騰柱的雕刻，除了展現出西北海岸地區原住民的傳統文化外，並深受現代藝術影響，在造型及色彩上較古老的圖騰柱更為活潑，也讓鄧肯獲得了「圖騰之城」的美譽。

MAP ▶ P.125C2

# 席美娜斯

**MOOK Choice**

Chemainus

**整個城市，都是藝術家的畫布**

🚗 從維多利亞開車，走國道1號往北，約75公里左右，路旁會看到Chemainus的歡迎看板，此時右轉Henry Rd，遇圓環時，順著圓環左轉Chemainus Rd，至Cypress St右轉，過了Willow St，右手邊即是鎮上主要的停車場 ⓜmuraltown.com

席美娜斯原本只以伐木業維生，觀光並不發達，但這一切在1982年時發生了改變。當城裡唯一的工廠關門大吉後，居民們擔心失去生計，便舉辦了一場別開生面的「壁畫節」，邀請許多國際知名的藝術家來到席美娜斯，誓要將此地變成全世界最大的畫布。於是在小鎮中心的街邊，只要是平整的牆面，都被繪上一幅幅生動的畫作。這些壁畫有的描繪寫實，有的筆觸抽象，有的線條優美，有的色彩豐富，內容大都是關於席美娜斯的過去與憧憬，每一幅都具有極高的鑑賞價值。截至2023年為止，席美娜斯鎮上已有61幅壁畫，且數量還在不斷增加當中，從此席美娜斯的鎮民們可以抬頭挺胸地向世人說：我們的城鎮或許很小，但卻是世界最大的露天美術館。

從遊客中心出發，沿著黃色油漆腳印，就能逐一欣賞這些大型壁畫。而每幅壁畫都有編號，其中最有名的是編號12的「原住民遺產」，畫著3個巨型頭像，代表本地過去與現在的3個部族，由名畫家Paul Ygartua繪於1983年；編號6的「馴鹿號抵達馬蹄灣」，畫中的原住民公主站在海邊的山丘上，默默凝望著雄偉的三桅帆船緩緩駛近，構圖和意境都非常美；編號8的「1891年的席美娜斯」，描繪的是一百多年前的小鎮景色，取景的角度正好就在壁畫後方，讓人可以對照小鎮的今昔變遷；編號33的「一個中國男孩的回憶」，則是華人藝術家程樹人於1996年的作品，記錄著早期華人在加拿大建立社區的生活情景，而壁畫創作的地點，就位於一家華人雜貨店的後牆上。

除了與小鎮歷史、生活有關的主題外，某些壁畫內容也說明了這些建築物的用途，例如郵局、醫院、單車行、電信局、鐵路局等，從壁畫中就可看得出來。

# 那乃摩
## Nanaimo
### 迷人的海邊城鎮

🚗 從維多利亞開車，走國道1號往北，約110公里即進入那乃摩市中心，車程約2小時

那乃摩是溫哥華島上的第二大城，也是溫哥華島東南精華地區的交通樞紐，既有卑詩渡輪碼頭和區域性飛機場，也是國道1號在溫哥華島上的陸路終點。由於那乃摩周邊海域有許多天然的深水良港，因此「海港之城」便成了其官方綽號。在歐洲人到來之前，此地豐富的漁獲供養了當地原住民的主要生計，後來哈德遜灣公司在這裡發現了煤礦，於是設立起據點，這就是那乃摩城市發展的開始。位於Front St與Bastion St路口旁的碉堡，便是當時留下的遺跡，大部分結構都還保留著19世紀中葉的原物。今日這座碉堡已闢為一間小型博物館讓民眾入內參觀，展示當年哈德遜灣公司的開發歷史與珍貴文物，門票採自由捐獻，每天中午11:45還會鳴放火炮，向過去的歷史致敬。

一般遊客來到那乃摩，都喜歡沿著港邊散步，這裡不但有許多熱鬧的海鮮餐廳和紀念品店，也是看海看晚霞的好地方，運氣好的話，還可以看到野生的海豹在港裡游泳覓食呢！港邊步道往北走到底，就來到了瑪菲歐索頓公園(Maffeo Sutton Park)，這裡是整座城裡最悠閒的地方，也可在此搭乘渡輪前往對面的新城堡島省立公園，從那裡的原始樹林中，回頭欣賞那乃摩海灣的景色。

# 黃金溪省立公園
## Goldstream Provincial Park
### 讓逆流而上的鮭魚感動你

🚗 從維多利亞開車，走國道1號往北，約20公里即達，步道入口在公路右手邊 🏠2930 Trans Canada Hwy, Victoria, BC V9B 5T9 (遊客中心) ☎(250) 478-9414 ⏰每日09:00~16:30 (遊客中心) 💲免費 🕸www.goldstreampark.com

我們都曾聽過有人年少時因為看到鮭魚力爭上游，因而深受啟發，日後終於成為大人物的故事，究竟鮭魚精神有多感人，來到溫哥華島，你便有機會親眼瞧一瞧。位於維多利亞西北方20公里處的黃金溪省立公園，每年10月下旬到12月，都會有成千上萬的鮭魚在此迴游產卵，這裡的鮭魚以狗鮭最多，其次是銀鮭和國王鮭，為了保育當地的鮭魚生態，園方還特別成立了鮭魚保護區。

若你是在鮭魚產卵季節造訪此地，一定會為眼前的奇景大為吃驚，因為你根本無需費心在溪流裡尋找鮭魚的身影，一隻隻體形碩大的鮭魚便爭先恐後地搏打著水面向你招喊。看它們奮力穿越急流岩縫，被沖回原點也毫不放棄，只為了回到源流產卵，完成上天所交付的任務後死去。看了這一幕，就算仍難以對國家民族有何作為，但至少也從此對鮭魚感到肅然起敬。

●惠斯勒

# 惠斯勒
# Whistler

擁有濃厚歐洲氣息的惠斯勒度假村，原本就是加拿大知名的滑雪勝地，在英國查爾斯王子父子三人於1998年造訪後，名聲更加響亮。打從1966年起，惠斯勒就為了成為冬季奧運的舉辦場地而努力，時隔45年，惠斯勒終於如願以償，在2010年溫哥華冬季奧運會中，擔起高山滑雪、越野滑雪、北歐式滑雪、飛躍滑雪、雪車、雪橇等熱門項目的重責大任。

惠斯勒位於惠斯勒山(Mt. Whistler)與黑梳山(Mt. Blackcomb)兩座雙子峰之間，其地名源自土撥鼠的口哨聲，開發早期原是採礦者和獵人的聚居地，由於氣候溫和，加上積雪厚度、垂直高度和降雪面積都非常適宜雪地活動，因此在60年代便被開發為滑雪度假村。隨著兩座山峰的高速纜車啟用、惠斯勒度假村的落成，加上設施一流的滑雪場地，使得惠斯勒逐漸成為滑雪愛好者間口耳相傳的朝聖地，專業滑雪雜誌《US-based Skiing Magazine》更是將惠斯勒評定為「北美洲最棒的滑雪度假勝地」。

而在夏天時，惠斯勒也沒有休息著，各式各樣的戶外運動，包括健行、越野單車、高爾夫、泛舟、獨木舟等，讓這裡的熱鬧不減反增；而黑梳山著名的驚險滑雪彎道，夏天更是成了滑板、單車的競技場。豐富的休閒活動與天堂般的景色風光，吸引大自然的愛好者們從世界各地前來享受人生。

© Fairmont Chateau Whistler

# INFO

## 基本資訊

**人口**：約1.4萬
**面積**：約240平方公里
**區域號碼**：604

## 如何前往

### ◎開車

　　從溫哥華市中心開車，走省道1A／省道99號往北，穿過史丹利公園和獅門大橋後，靠內側車道接上省道99號北。注意往Whistler的路標指示，右轉繼續走省道1A／省道99號北。穿過國道1號下方的涵洞後立刻左轉，開上國道1號西／省道99號北(往Horseshoe Bay／Squamish／Whistler)。到了出口3時，保持左側車道，繼續走高架的省道99號北，從這裡開始就是著名的海連天公路(Sea to Sky Highway)，大約100公里後就會到達惠斯勒鎮中心。從溫哥華市中心到惠斯勒，全程大約120公里，車程約2小時。

### ◎客運

#### 溫哥華機場天貓巴士 YVR Skylynx

　　天貓巴士往返於溫哥華機場、溫哥華市中心與惠斯勒之間，全年都有營運，是前往惠斯勒最便利的方式。溫哥華市中心的上車地點在捷運Burrard站附近的Hyatt Regency Hotel外(Melville St上)，溫哥華機場的服務櫃台在國際航廈入境區的電扶梯旁，惠斯勒的上車地點在遊客中心附近的Gateway Loop。

📞(604) 326-1616

🕐每日06:30~19:30，約有7個車次(冬季班次更多)，車程3小時。其中09:30、13:30為從溫哥華機場直達惠斯勒的班次，車程2小時15分鐘

💲從市中心出發，單程＄32，來回＄42；從溫哥華機場出發，單程＄55，來回＄75；從溫哥華機場直達，單程＄65，來回＄105。6~12歲兒童半價

🌐yvrskylynx.com

✴️從溫哥華機場直達的Skylynx Express，抵達惠斯勒後可免費轉乘旅館接駁小巴

❗建議事先訂位

#### 惠斯勒接駁巴士 Whistler Shuttle

　　惠斯勒接駁巴士用的是迷你巴士或廂型車，溫哥華市中心的上車地點在捷運Burrard站附近的Hyatt Regency Hotel，也可預約從市區各主要旅館上車。

📞(604) 966-2041、1-866-923-0516

🕐每日13:00從溫哥華市中心出發(冬季加開10:00的車次)，車程2小時。從溫哥華機場出發的車次則視航班而定

💲成人單程：夏季＄79，冬季＄110。6~12歲兒童單程：全年＄35

🌐www.whistlershuttle.com

❗建議事先訂位

圖例 ◎景點 ❶飯店 ⊕娛樂 ⊕纜車站 ⊕博物館 ⊕餐廳 ❶遊客中心 ⊕巴士站 ━纜車

惠斯勒

N

↑往◎潘伯頓山谷 Pemberton Valley

◎Lost Lake Park

Lorimer Rd.

Blackcomb Creek

◎Whistler Medals Plaza

Market Square
北村 North Village

四季度假酒店 Four Season Resort Whistler ❶

史瓜密許・萊瓦特原住民文化中心⊕ Squamish Lil'wat Cultural Centre

⊕奧丹藝術博物館 Audain Art Museum
◎Brewhouse

菲爾夢惠斯勒城堡酒店 Fairmont Chateau Whistler ❶

Fitzsimmons Creek

上村 Upper Village

Village Gate Blvd.
惠斯勒村 Whistler Village
❶⊕Earls
Village Square

Magic Chair
Wizard Express

Blackcomb Way

The Village Stroll

Crystal Lodge ❶
Mountain Square
四輪摩托車報名處 Ziptrek報名處

Glacier Dr.
往黑梳山滑雪場 Blackcomb Mountain

Excalibur Gondola Blackcomb

Hilton Whistler Resort ❶
Fitzsimmons Express
The Westin Resort & Spa ❶
Whistler Village Gondola

↙往◎香儂瀑布 Shannon Falls
🚲 Whistler Backroads

↓往惠斯勒山滑雪場 Whistler Mountain

# 市區交通
## ◎登山纜車及纜椅
惠斯勒村範圍不大，且絕大部分為行人徒步區，用雙腳便能逛遍全村，若要上山從事戶外運動，則需搭乘纜車及纜椅。從惠斯勒村乘坐Whistler Gondola，可通往惠斯勒山滑雪場上的雙峰纜車站；從上村乘坐Wizard Express，可通往黑梳山滑雪場上的雙峰纜車站；而雙峰纜車則是將兩處滑雪場串連起來。而在惠斯勒山與黑梳山上，另有10數條不同的纜車或纜椅路線，各別通往不同的山頭及戶外活動場地，所以搭乘前一定要先確認該纜車是否通往自己要去的目的地。
☎(604) 967-8950、1-800-766-0449
🕐每日約10:00~17:00，週末可能延長，各設施詳細時間請上官網查詢

💲夏季賞景票：成人＄90，13~18歲及65歲以上＄80，7~12歲＄45。秋季賞景票：成人＄70（週末＄85），長者與青少年＄60（週末＄75），兒童＄36（週末＄43）。冬季滑雪場一日票：成人＄113，兒童＄56。滑雪場二日票：成人＄217，兒童＄109
🌐www.whistlerblackcomb.com

# 旅遊諮詢
## ◎惠斯勒村遊客中心 Whistler Visitor Centre
📍P.133B2
🏠4230 Gateway Dr, Whistler, BC V0N 1B4
☎(604) 935-3357、1-877-991-9988
🕐每日09:00~17:00
🌐www.whistler.com

MAP ▶ P.133

# 惠斯勒度假村

MOOK
Choice

Whistler Village

**冬天的觀光氣氛更勝夏季**

今日的惠斯勒度假村分為惠斯勒村(Whistler Village)、上村(Upper Village)和北村(North Village)三個部分，費茲西蒙斯溪(Fitzsimmons Creek)隔開惠斯勒村與上村，溪流兩旁是一片樹林及停車場，從惠斯勒村要前往上村必須在Blackcomb Way的路旁走下林間小徑，穿過一座小橋及涵洞後，便見到惠斯勒城堡酒店的雄偉身影。

村內道路絕大部分是以磚石砌成的行人徒步區，主要的街道如The Village Stroll上，兩側全是一家接一家的紀念品商店、服飾店、戶外用品店、餐廳、咖啡館和旅館，路邊經常還可看見街頭藝人的即興表演，以及從露天酒吧傳來的音樂節奏，渡假氣息十分濃厚，讓人將繁忙的日常生活完全拋諸腦後。

© Tourism British Columbia

### 雙峰纜車
### Peak 2 Peak

在惠斯勒有2個主要的滑雪場地，一是惠斯勒山，一是黑梳山，兩座山分別位於惠斯勒度假村的東西側，各自擁有獨立的纜車及纜椅系統上山。過去到惠斯勒滑雪的遊客們，一天只能選擇其中一處滑雪場，但奇蹟在2008年發生了！在惠斯勒山Roundhouse纜車站與黑梳山Rendezvous纜車站之間，建起了全長4.4公里的雙峰纜車，這項工程在纜車界中幾乎是不可能的任務，因為它一共打破了3項紀錄：其軌道最低處距離惠斯勒村地面仍有436公尺，是同類型纜車中最高者；纜車全線只用了4座基塔，而主要的兩座基塔相隔3.024公里遠，是全世界最長的無支架纜車；而藉由雙峰纜車兩端的纜車轉乘站，與通往上村的Wizard Express及通往惠斯勒村的Whistler Gondola相連，結合成全世界最長的纜車系統。雖然工程艱鉅，加拿大對施工品質可一點也不馬虎，纜車採用的是先進的3S空中索道系統(3-Seil-Bahnen)，並通過嚴格檢驗，因此絕對安全無虞。

11分鐘的車程，透過360度的窗景，宛如天堂一般的景色讓人畢生難忘。而在28個車廂中，還有2個是玻璃廂底，看著底下的費茲西蒙斯溪如髮絲般穿過村落，所謂騰雲駕霧大概就是這種感覺。

MAP ▶ P.133A1-A3

# 海連天公路
## Sea to Sky Highway

### 奔馳在汽車廣告的場景中

從溫哥華通往惠斯勒的省道99號公路，或許算不上是一個景點，但有不少公路迷們來到溫哥華，都會專程在這條路開上一回。對這樣一條路來說，99號公路的名字實在太過普通，於是它更常被稱呼為「海連天公路」(Sea to Sky Highway)。當公路出溫哥華市區後，喬治亞海峽的壯闊景色豁然展開，海中的群島在遠處若隱若現，猶如蓬萊仙山般神祕；被太陽激起的爍光飛舞在航行海中的風帆上，雖然時速高達7、80公里，但沿途風景卻好像慢動作般，正是汽車廣告中經常出現的場景。過了史瓜密許(Squamish)之後，公路離開海邊往山裡前進，不到56公里便可見到惠斯勒山超過2千公尺的皚皚山頭，說是「大海連天」，可一點也不為過。

# 奧丹藝術博物館
## Audain Art Museum
### 藏在綠意中的重量級博物館

🏠4350 Blackcomb Way 📞(604) 962-0413 ⏱
11:00~18:00 休週二、三 💲成人＄20，65歲以上＄18，
19~25歲＄10，18歲以下免費 🌐audainartmuseum.com

奧丹藝術博物館開幕於2016年，是惠斯勒的新景點，這座私人博物館中的藝術品，大多來自溫哥華建築師與慈善家麥可奧丹(Michael Audain)的家族收藏。鎮館之寶是海達族(Haida Guaii)藝術家James Hart的大型雪松木雕刻The Dance Screen，以豐富的圖騰及生動的敘事手法，表現出原住民文化旺盛的生命力，是當代同類型作品中最具代表性的一座。而像是常以原民山水為主題的Emily Carr，與擅長描繪溫哥華自然風光的E.J. Hughes，這些加拿大國寶級的畫家也有不少作品在這裡展出。其他重要館藏還包括19~20世紀的原住民族面具、結合原民圖騰與自然畫風的Shawn Hunt的畫作等，而Brian Jungen以籃球鞋、高爾夫球袋為素材製作的圖騰，也非常吸引遊人目光。

---

# 史瓜密許萊瓦特
# 原住民文化中心
## Squamish Lilwat Cultural Centre
### 學習原住民與土地共生共存

🏠4584 Blackcomb Way 📞1-866-441-7522 ⏱
10:00~17:00 休週一 💲成人＄20，6~18歲＄7 🌐slcc.ca

2010年的溫哥華冬奧，是奧運史上首度由原住民族出力協辦，而惠斯勒就是這次主辦夥伴的4大原住民中，史瓜密許族(Squamish)與萊瓦特族(Lil'wat)的居住地。為了提醒世人關注他們的傳統文化，惠斯勒特別在上村興建了史瓜密許萊瓦特原住民文化中心，這也是加拿大首次由原住民自己規劃及經營的博物館。文化中心的外觀結合了史瓜密許長屋(Longhouse)與萊瓦特坑屋(Istken)的外觀特徵，而在博物館後方，依傳統工法建造的長屋與坑屋，正能讓遊客一探原住民們的居家空間。

大門外的兩根雪松木圖騰柱，舉起雙手的是史瓜密許圖騰，表示對來訪遊客的歡迎，而另一根萊瓦特圖騰，則象徵對大地與森林的尊重。這兩個部族皆以編織見長，史瓜密許擅長運用山毛羊編織，而萊瓦特的樹皮編織更具特色，這些編織作品在館中皆有不少陳列。透過這一趟原住民知性之旅，不但能對他們有更深入的認識，也可以向他們學習與大自然和諧共存的生活哲學。

**MAP ▶ P.133B3**

# 高空滑索

**MOOK Choice**

Ziptrek

**瞬間升級為輕功高手**

🚗 在服務櫃台報名後，即有專車接送上山　🏠 服務櫃台在Whistler Village Gondolas正對面的Carleton Lodge內　☎(604) 935-0001、1-866-935-0001　🕐 服務櫃台08:00~18:00

**價錢：**

| 行程 | 成人 | 12歲以下 | 行程長度 | 內容 |
|---|---|---|---|---|
| Bear Tour | $ 149.99 | $ 119.99 | 2.5小時 | 4段滑索+4段樹橋 |
| Eagle Tour | $ 169.99 | $ 139.99 | 2.5~3小時 | 5段滑索+4段樹橋 |
| The Sasquatch | $ 139.99 | $ 119.99 | 1.5小時 | 1段怪物級滑索 |
| Treetrek Tour | $ 69.99 | $ 39.99 | 1.5~2小時 | 9段樹橋 |

🌐 whistler.ziptrek.com　❶ Ziptrek須年滿6歲(The Sasquatch須年滿10歲)，體重在34~125公斤之間。Treetrek則無年齡限制，5歲以下免費。建議事先上官網預約

　站在架設於大樹頂端的高聳平台上，底下60公尺是由高山雪水融化而成的淙淙激流，接下來的短短15秒之內，你即將飛越峽谷上空，到達數百公尺遠的河谷彼岸，而且僅僅只靠一條鋼索！

　Ziptrek的標準行程是3小時長的Eagle Tour，包括5段高空滑索及4處樹頂吊橋，最長一段超過600公尺，時速高達80公里！在凌空飛翔的同時，你大可以張開雙臂，像老鷹一樣展翅高飛，甚至還可以頭下腳上來個倒掛金鉤！每段滑索之間以樹橋相連，可就近觀察樹冠層上的生態，教練人員也會沿途講解這一帶的雨林環境，十足不忘寓教於樂的道理。

　心臟不夠大顆的人，可以嘗試Bear Tour，其滑索距離較短，速度較慢，適合初次體驗者。而每年6到9月時，這裡還有名為The Sasquatch的行程，雖然全程只有1條索道，但這條索道的長度足足超過2公里遠，腳下是183公尺的深谷，在重力加速度作用下，時速甚至可達100公里以上！至於Treetrek Tour則是全程只有樹橋，沒有任何滑索，適合只想好整以暇地享受大自然的遊客。

137

# 基洛納
# Kelowna

加拿大兩個最有名的酒鄉，一是在安大略的濱湖尼加拉，另一個就是卑詩內陸的歐肯納根谷地(Okanagan Valley)。歐肯納根谷地南北狹長，最著名的景色是縱貫谷中的歐肯納根湖，谷地南邊處於喀斯開山脈(Cascade Range)背風的雨影區內，氣候乾燥，北部卻是多雨的溫帶雨林，而基洛納就剛好位在中間地帶，氣候溫和、陽光充足、雨量適中，因此是加拿大最重要的水果產地。

基洛納在原住民語中意指「灰熊」，優美的風景與和煦的氣候，吸引不少退休族群搬來這裡頤享天年，然而這座加拿大第22大的城市，其總人口數即使與湖對岸的西基洛納相加起來，也才只有20萬。住在基洛納，時間彷彿變慢了起來，人們總喜歡沿著2.2公里長的水濱步道散步，市區裡許多道路的盡頭也都通往湖畔

的沙灘，划船、釣魚是這裡主要的休閒活動，而外地遊客來到這裡則多半會挑選幾座觀光果園參觀，蘋果、蜜桃、梨子都是這裡的招牌作物，當然也包括釀酒用的葡萄在內。在基洛納總共有40多間酒莊與葡萄園，而其周圍地帶還有另外135間。這裡的葡萄酒甜度和果味都很明顯，在較為寒冷的年份也能釀出加拿大舉世聞名的冰酒，成為吸引外地遊客的重要原因。

## INFO

### 基本資訊
**人口**：約14.5萬(市區)
**面積**：約211.8平方公里(市區)
**區域號碼**：236、250、778

### 如何前往
◎飛機
　基洛納國際機場(機場代碼YLW)位於市區東北約11公里處，從台灣並無直飛航班，必須在溫哥華或多倫多轉機。飛行時間從溫哥華約1小時，從多倫多約5小時。航站內可找到Hertz、Enterprise、Avis、Budget等4家租車公司櫃檯。或是搭乘23號公車至UBCO，再轉乘97號公車進城。

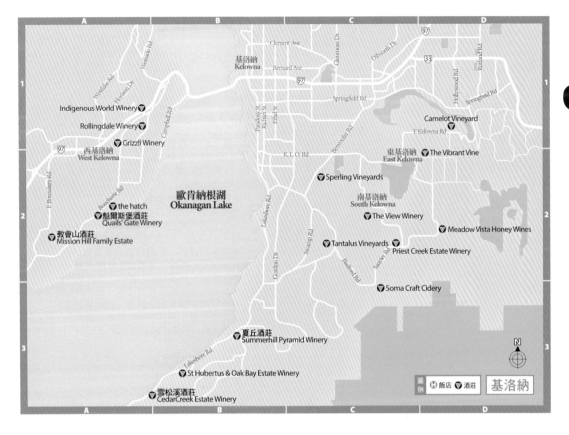

基洛納
Kelowna

Clement Ave
Bernard Ave
97
Springfield Rd
33
Indigenous World Winery
Rollingdale Winery
Grizzli Winery
西基洛納
West Kelowna
K.L.O. Rd
Camelot Vineyard
E. Kelowna Rd
東基洛納
East Kelowna The Vibrant Vine
Sperling Vineyards
歐肯納根湖
Okanagan Lake
南基洛納
South Kelowna
the hatch
魁爾斯堡酒莊
Quails' Gate Winery
教會山酒莊
Mission Hill Family Estate
The View Winery
Meadow Vista Honey Wines
Tantalus Vineyards
Priest Creek Estate Winery
Soma Craft Cidery
夏丘酒莊
Summerhill Pyramid Winery
N
St Hubertus & Oak Bay Estate Winery
雪松溪酒莊
CedarCreek Estate Winery
圖例 H飯店 酒莊 基洛納

---

## 基洛納國際機場 Kelowna International Airport

5533 Airport Way, Kelowna, BC V1V 1S1

ylw.kelowna.ca

### ◎開車

　基洛納主要聯外道路為省道97號，往北接省道97A，往西接省道97C及省道5號，最後都能接上國道1號。從溫哥華到基洛納約390公里，車程4小時；從卡加利約600公里，車程6.5小時。

## 市區交通

　基洛納市中心範圍不大，步行即可走遍，但若要走訪各酒莊及果園，開車還是最簡單的方式。

## 旅遊諮詢

### ◎基洛納遊客中心

P.139下A2

238 Queensway Ave.

(250) 861-1515、1-800-663-4345

每日08:30~20:30

www.tourismkelowna.com

圖例
餐廳
娛樂
酒吧
博物館
公園
碼頭
遊客服務中心

Bouchons Bistro
Sunset Dr
湖濱公園
Waterfront Park
BNA Brewing
Clement Ave
Coronation Ave
Playtime Casino
Cawston Ave
Delta Hotels
歐肯納根葡萄酒博物館
Okanagan Wine and Orchard Museum
歐肯納根湖
Okanagan Lake
Cactus Club Cafe
Doyle Ave
歐肯納根軍事博物館
Okanagan Military Museum
歐肯納根文化博物館
Okanagan Heritage Museum
基洛納遊湖船
Kelowna Cruises
Queensway
Bernard Ave
The Royal Anne
Antico Pizza Napoletana
Raudz Regional Table
Lawrence Ave
Hotel
Zed Kelowna
Little Hobo
Soup & Sandwich
Leon Ave
基洛納市立公園
Kelowna City Park
Harvey Ave
97
Samesun Backpackers Hostel

**基洛納市中心**

139

MAP ▶ P.139下A1

# 湖濱公園
## Waterfront Park
**飽覽湖光山色**

📍1200 Water St

　　歐肯納根湖是座面積廣達351平方公里的遼闊水域，其南北長約135公里遠，東西卻只有4到5公里寬。這座湖泊是經歷多次冰河作用的刨蝕所形成，這也是其形狀會如此狹長的原因。表面上看來波平如鏡的湖水，其實和尼斯湖一樣潛藏著水怪傳說，當地原住民相信湖底住著一隻名叫Ogopogo的水中惡魔，近年更有人繪聲繪影地目擊到Ogopogo是一種如同巨蛇般的生物，在基洛納市立公園北側的碼頭岸邊，有座有點可愛的龍形雕塑，就是人們對Ogopogo的具體想像。

　　沿著基洛納市區的湖岸，有多處開放式的水濱公園，除了南邊的市立公園外，設施最齊全、景觀最優美的就是北邊的湖濱公園了。這座公園鄰近賭場與星級酒店，是市內炙手可熱的高級住宅區，公園裡有規劃完善的湖濱步道與販賣部，找個地方坐下，靜靜欣賞蔚藍湖水與對岸西基洛納的風景，就算待上一個下午也不覺得時間漫長。

### 歐肯納根酒節
### Okanagan Wine Festival

🕐春季酒節約在5月第1週；夏季酒節約在8月第2週；秋季酒節約在10月第1週；冰酒節約在1月第3週 ⊕www.thewinefestivals.com

© Tourism British Columbia

　　擁有世界級品質的歐肯納根美酒，使這塊位於卑詩省南方的谷地成為著名的酒鄉，在這裡，每個季節都針對當季的產酒舉辦酒節，曾被評為北美地區前100名的精彩活動。一場接一場的公開試飲大會、洋溢著酒香的美饌、好酒選拔大賽等，真是想不醉倒也難。其中秋季的時候葡萄正熟，葡萄園裡結滿葡萄的美景和源源不絕的好酒，讓秋季酒節格外炙手可熱；而以享譽國際的加拿大冰酒為號召的冰酒節也是備受矚目。

**MAP ▶ P.139上B3**

# 夏丘酒莊
## Summerhill Pyramid Winery
### 充滿天地能量的葡萄酒

⌂4870 Chute Lake Rd, Kelowna, BC, V1W 4M3 ☎(250) 764-8000、1-800-667-3538 ⏰每日10:00~19:00 ⓢ品酒免費 ⓜwww.summerhill.bc.ca
**金字塔導覽行程**
⏰每日14:00、16:00出發 ⓢ$20

創立於1992年秋天的夏丘酒莊，因為2001年建造的金字塔酒窖，不但在當年引爆討論話題，更賦予酒莊全新的生命力。迄今，這座金字塔酒窖的神祕魔力，仍是歐肯納根酒鄉最受曯目的傳奇之一。

獨創的金字塔酒窖堪稱加拿大獨一無二的設計，從規劃到建造過程，完全採用古埃及金字塔神聖幾何學的概念，以水泥和木材為主要建料，完全不用一釘一鐵，也不用任何電器裝備，僅僅依賴燭光照明，坐落方位並選擇在磁場最強的正南方。這些堅持與概念都是為了確保金字塔內的氣場穩定，所聚集的能量不會受到干擾或破壞。酒莊之旅的解說人員更透露，每次酒莊新酒一釀成，就會立刻移至金字塔酒窖存放數月至半年之久，讓葡萄酒更香純濃郁。而這裡的酒瓶上也都印有金字塔圖案，是酒莊的正字標記。

夏丘酒莊以白冰酒和紅冰酒最受歡迎，白冰酒以茵倫芬瑟(Ehrenfelser)釀造，味道較為清冽，有淡淡香味；紅冰酒則使用栽種不易的梅洛(Merlot)與茨威格(Zweigelt)，味道較為香濃順口。除了品酒和採買行程外，這家酒莊自營的有機餐廳也被遴選為歐肯納根地區最佳的酒莊餐廳，由名廚配合季節設計餐點，無論是簡單的義大利麵，還是鮭魚海鮮料理，都散發著精緻高級的品味。

# 雪松溪酒莊

**MOOK Choice**

## Cedar Creek Estate Winery

### 卑詩最古老的葡萄園之一

🏠5445 Lakeshore Rd, Kelowna, BC V1W 4S5 ☎(778) 738-1020 ⏰每日11:00~18:00 💲酒莊行程每人＄27起 🌐www.cedarcreek.bc.ca

　　走進雪松溪嶄新的品酒室內，看不出來這座酒莊竟是卑詩省最早的8間酒莊之一。雪松溪成立於1986年，而其葡萄園的歷史還可以上溯到1930年代。這處面朝北方的坡地，前面就是歐肯納根湖，土壤中富含黏土、壤土等肥沃成份，特別適合種植黑皮諾(Pinot Noir)、麗絲玲(Riesling)、霞多內(Chardonnay)等葡萄品種。其黑皮諾初嚐時果香濃郁，彷彿有櫻桃般的滋味，而尾韻則有纖細的單寧口感，並帶點淡淡的酸味。另外像是主要以梅貝克(Malbec)混釀的Meritage，以及瓊瑤漿(Gewürztraminer)、茵倫芬瑟等白酒，都曾代表雪松溪酒莊拿過獎牌。至於這裡的冰酒則是以麗絲玲釀造，柔順的甜蜜中點綴著清新的果酸，層次豐富，也相當推薦。

# 魁爾斯堡酒莊

## Quails'Gate Estate Winery

### 從品酒、用餐到住宿的完全體驗

🏠3303 Boucherie Rd, West Kelowna, BC V1Z 2H3 ☎(250) 769-4451 ⏰每日10:00~19:00 💲品酒行程每人＄15~25，45分鐘酒莊行程每人＄45 🌐www.quailsgate.com 🌐品酒建議事先上網預約

　　魁爾斯堡也是間家族經營的酒莊，雖然創立於1989年，但史都華家族(Stewart)早在1908年就在這片土地上開闢果園，如今已傳承到了第三代。打從1961年史都華家族種下第一株葡萄藤起，魁爾斯堡就註定要成為歐肯納根釀酒業的先驅之一，這裡種植的葡萄包括霞多內、梅洛、白詩楠(Chenin Blanc)、莎斯拉(Chasselas)、卡本內蘇維儂等，而其冰酒則是以麗絲玲釀造。

　　酒莊內的Old Vines Restaurant是本地炙手可熱的約會餐廳，除了午、晚餐時段外，週末也有供應早午餐與下午茶。主廚Roger Sleiman運用產自歐肯納根谷地的當季食材，變化出美味且富於創意的精緻料理，讓這裡名列加拿大百大餐廳之一。另外，葡萄園下方靠近水邊的地方，還有兩棟湖景別墅，提供包棟住宿服務，不過由於有最低天數限制，比較適合家族式的渡假旅遊。

**MAP ▶ P.139上A2**

# 教會山酒莊

## Mission Hill Winery

### 歐肯納根釀酒業的一頁傳奇

⌂1730 Mission Hill Rd, West Kelowna, BC V4T 2E4 ☎(250)
768-6400 ◷每日10:00~20:00 $品酒行程$35起 ⓦwww.
missionhillwinery.com ❗建議事先上網預約，限19歲以上參加

雖然歐肯納根谷地早在1870年代就開始種植
葡萄，然而發展成世界級的酒鄉卻是最近30幾年
的事，而這一切，教會山酒莊可說是功不可沒。
酒莊主人Anthony von Mandl出生於溫哥華，但
從小在歐洲成長，對於葡萄酒有著超乎常人的熱
情，當他決心建造一座酒莊時，本可選擇釀酒業
已十分成熟的納帕谷地或哥倫比亞河谷，但他最
終還是回到家鄉，只為了讓世人認識加拿大葡萄

**MOOK
Choice**

酒的美好。

教會山酒莊成立於1981年，背倚Boucherie
山脈，面朝歐肯納根湖，全年氣候涼爽，大部分
生長季節都不著霜害，肥沃的火山土壤最適合種
植麗絲玲、黑皮諾等品種。為了增加釀酒種類，
Anthony另外在谷地內買下4座葡萄園，因此這
裡的葡萄品種相當多樣。同時，Anthony又從雪
松溪酒莊聘來首席釀酒師Darryl Brooker，他是
來自澳洲的霞多內權威，曾在濱湖尼加拉鎮的釀
酒史上留下豐功偉業。Darryl在葡萄園內架設一
套天候監測的網路系統，以便天氣變化時迅速做
出適當調整；他並針對葡萄與土壤的特性，採用
精密控制的滴灌方式栽種，而在採收時機、發酵
釀製與封存等各個環節，也都做到一絲不苟，成
就出教會山酒莊的威名。

# 洛磯山脈國家公園群

## Canadian Rocky Mountain Parks

●洛磯山脈

文●蔣育荏　攝影●墨刻攝影組

洛磯山在地質上還相當年輕，超過3千公尺的高山峰峰相連，將這塊祕境隱藏了數千年之久。雄奇萬千的景色主要來自冰河的貢獻，水色呈現奇妙牛奶藍的夢幻湖泊、深邃幽靜的萬仞峽谷、砅崖轉石的飛湍瀑布，都不是尋常可以見到的風景，美得令人難以形容。

洛磯山的美，晚近才廣為世人知曉，在過去漫長的歲月中，這裡只有偶爾進入山區的原住民從事季節性的漁獵。直到18世紀，皮毛商開始涉足此地，一方面建立據點買賣毛皮，另一方面也順便探勘地形並繪製地圖。19世紀中葉，英國政府也派遣探測隊入山，1857至1860年間在此活動的派勒什探測隊(Palliser Expedition)，便是最先跨過朱砂、踢馬等隘口

的歐洲人。加拿大聯邦成立後，為了吸引卑詩殖民地加入，以免資源為美國利用，第一任總理麥唐納應允興建橫貫鐵路，經過幾番波折，委由加拿大太平洋鐵路公司營建。此後，洛磯山的神祕面紗便一層層被揭開，雪山碧湖的美景也逐漸為人所知。

其實國家公園最初設置的目的，多半只為商業利益著想，到了1930年，加拿大國會終於通過法案，確定國家公園的宗旨為生態保育，以裨益後代子孫。1985年，聯合國教科文組織將班夫、傑士伯、幽鶴、庫特尼四座相連的國家公園列入世界自然遺產，希望人類世世代代都能享受這裡的自然風光。

# 洛磯山脈之最 Top Highlights of Canadian Rocky Mountain

### 班夫上溫泉 Banff Upper Hot Springs
溫泉是班夫建立城鎮的緣由，在群山環繞的露天溫泉池中，一邊賞景，一邊泡個舒舒服服的溫泉，絕對是人生一大享受。（P.160）

### 哥倫比亞冰原雪車 Columbia Icefield Glacier Adventure
千載難逢的機會，可以親身踏上壯闊的哥倫比亞大冰原，在舉目一片白茫茫的冰河上行走，彷彿又回到了冰河時代。（P.194）

### 露易絲湖 Lake Louise
露易絲湖的湖水呈現神奇的牛奶藍色澤，倒映著遠處的雪山冰河與湖畔的城堡酒店，成為洛磯山脈中最著名的風景。（P.170）

### 慕寧湖 Maligne Lake
搭乘遊船深入傑士伯國家公園中最美麗的湖泊，湖心的精靈島在湖畔雪山環繞下，更顯得靜謐而神祕，是明信片上經常會出現的畫面。（P.190）

### 冰河天空步道 Glacier Skywalk
走在以強化玻璃打造的透明步道上，腳下是280公尺深的萬仞河谷，眼前是諸峰山頭的雪白冰河，雄渾萬千的景象，令人感嘆大自然的力量。（P.195）

# 如何前往

## 開車

### ◎從卡加利出發

最靠近洛磯山脈國家公園群的機場為卡加利機場。從卡加利開車，走國道1號往西（加拿大橫貫公路），過了肯莫鎮(Canmore)沒多遠，就會看到班夫國家公園的入口收費站。路程大約120公里，車程約1.5小時。

### ◎從溫哥華出發

若是從溫哥華開車就遠得多了，里程數約為740公里，走的也是加拿大橫貫公路國道1號，只不過是東向車道。國道1號到了Hope鎮後會變成平面道路，若你想繼續走高架快速道路，可以不用下交流道，接下來一直到甘露市(Kamloops)的高架路段為省道5號。省道5號與國道1號在進入甘露市之前又重新會合，這時要接著走國道1號東，過了冰河國家公園與金鎮(Golden)後沒多遠，就會在右手邊看到一棟像廁所一樣的小屋子，那是幽鶴國家公園的入口收費站。由於從溫哥華出發大約需要9小時車程，若不想太累，中途可在甘露市或基洛納過夜。

若是要先前往庫特尼國家公園，走國道1號東到金鎮時，依往Radium Hot Springs的指標右轉，接上省道95號南，到了鐳溫泉村左轉省道93號(Kootenay Hwy)，沒多遠就會看到國家公園的入口收費站。從金鎮到鐳溫泉村，路程約100公里。

## 洛磯山登山者號火車 Rocky Mountaineer

暢遊洛磯山，開車還是最方便的交通工具，但若你實在沒有辦法自行開車，又或是想體驗另一種遊玩洛磯山的方式，除了跟團之外，倒是可以考慮搭乘洛磯山登山者號的火車。搭乘火車雖然速度較慢，而且價錢不菲，但沿途風景的優美更勝於公路。基本上，購買洛磯山登山者號的產品並不只是訂購火車票，而是一套包含當地住宿及部分餐點的行程，有點類似郵輪的旅遊方式，行程最短為2天1夜，最長為14天13夜。

### ◎火車路線

**First Passage to the West**：從溫哥華出發，途經甘露市、露易絲湖，最後抵達班夫。

**Journey Through the Clouds**：從溫哥華出發，途經甘露市，最後抵達傑士伯鎮。

**Rainforest to Gold Rush**：從溫哥華出發，途經惠斯勒、奎斯內爾（Quesnel），最後抵達傑士伯鎮。

**Circle Journeys**：上列3條火車路線的搭配。

### ◎觀景車廂

**銀楓葉級(SilverLeaf)**：包括大視野觀景車窗、可旋轉座椅，並有隨車人員進行導覽解說，以及由侍者將餐飲送到專屬座位的貼心服務等。

**金楓葉級(GoldLeaf)**：除了銀楓葉級車廂的服務外，觀景車窗升級為360度透天帷幕(Dome Coach)，用餐時則是前往佈置豪華的餐車享用，並另有由侍者送到各座位上的點心。而全程夜間的住宿，都是入住菲爾夢集團旗下的豪華酒店。

## 巴士

### ◎布韋斯特快線 Brewster Express

布韋斯特公司被Pursuit收購後，依舊提供往返卡加利、班夫、露易絲湖與傑士伯鎮之間的巴士服務，是這條路線上班次最固定的交通選擇。

☎1-877-625-4372

**布韋斯特快線巴士時刻表：**

---

### 洛磯山登山者號火車資訊

🏠溫哥華車站位於太平洋中央車站的東邊，地址為1755 Cottrell St, Vancouver, BC, V6A 2L8

☎(604) 606-7245、1-877-460-3200

🕐每年4月中~10月中營運

💲依路線、行程、出發日期及車廂等級不同，價格有所差異，最便宜的行程為2,049加幣，最貴的則超過10,000加幣(含食宿)，詳細路線和票價可上官網查詢

🌐www.rockymountaineer.com

## 夏季班次(5~10月)

| 卡加利市中心出發 | 06:15 | -- | -- | 11:35 | -- | 14:35 | -- | 17:35 | -- |
| --- | --- | --- | --- | --- | --- | --- | --- | --- | --- |
| 卡加利機場出發 | -- | 09:30 | 11:00 | 12:30 | 14:00 | 15:30 | 17:00 | 18:30 | 20:00 |
| 到達班夫鎮 | 07:55 | 11:30 | 13:00 | 14:30 | 16:00 | 17:30 | 19:00 | 20:30 | 22:00 |
| 班夫鎮出發 | 08:30 | 12:00 | -- | 15:45 | -- | 18:00 | -- | 20:45 | -- |
| 到達露易絲湖鎮 | 09:30 | 13:00 | -- | 16:45 | -- | 19:00 | -- | 21:45 | -- |
| 露易絲湖鎮出發 | -- | -- | -- | 17:00 | -- | -- | -- | -- | -- |
| 到達傑士伯鎮 | -- | -- | -- | 20:45 | -- | -- | -- | -- | -- |
| 傑士伯鎮出發 | -- | -- | -- | -- | -- | -- | -- | -- | 13:45 |
| 露易絲湖鎮出發 | -- | 06:15 | -- | 09:15 | -- | 12:15 | -- | -- | 17:15 |
| 到達班夫鎮 | -- | 07:30 | -- | 10:30 | -- | 13:30 | -- | -- | 18:30 |
| 班夫鎮出發 | 06:30 | 08:00 | 09:30 | 11:00 | 12:30 | 14:00 | 15:30 | 17:00 | 19:00 |
| 到達卡加利機場 | 08:30 | 10:00 | 11:30 | 13:00 | 14:30 | 16:00 | 17:30 | 19:00 | 21:45 |
| 到達卡加利市中心 | -- | 10:30 | -- | 13:30 | 15:00 | 17:00 | 18:00 | -- | 21:00 |

## 冬季班次(11~4月)

| 卡加利市中心出發 | -- | 10:35 | -- | -- | 14:35 | -- | 17:35 | -- |
| --- | --- | --- | --- | --- | --- | --- | --- | --- |
| 卡加利機場出發 | 09:30 | 11:30 | 13:00 | 14:00 | 15:30 | 17:15 | 18:30 | 22:00 |
| 到達班夫鎮 | 11:15 | 13:15 | 14:45 | 15:45 | 17:15 | 19:00 | 20:15 | 23:45 |
| 班夫鎮出發 | 12:00 | 14:00 | 15:15 | -- | 17:45 | -- | 20:45 | -- |
| 到達露易絲湖鎮 | 13:00 | 15:00 | 16:15 | -- | 18:45 | -- | 21:45 | -- |
| 露易絲湖鎮出發 | 06:15 | -- | -- | 10:00 | 12:00 | 14:00 | -- | 17:15 |
| 到達班夫鎮 | 07:30 | -- | -- | 11:30 | 13:30 | 15:15 | -- | 18:30 |
| 班夫鎮出發 | 08:00 | 09:00 | 10:00 | 12:00 | 14:00 | 15:45 | 17:15 | 19:30 |
| 到達卡加利機場 | 10:00 | 11:00 | 12:00 | 14:00 | 16:00 | 17:45 | 19:15 | 21:30 |
| 到達卡加利市中心 | 10:30 | -- | -- | 14:30 | 16:30 | 18:15 | -- | 22:00 |

💲卡加利到班夫＄79，卡加利到露易絲湖＄118，班夫到露易絲湖＄40，露易絲湖到傑士伯＄106，班夫到傑士伯＄132，卡加利到傑士伯＄183。6~15歲兒童65折，來回票85折。

🌐www.banffjaspercollection.com/brewster-express

ℹ需事先預約

◎**班夫機場巴士 Banff Airporter**

　班夫機場巴士提供從卡加利機場到班夫鎮的接駁服務，班次比布韋斯特快線還要密集。

📞(403) 762-3330、1-888-449-2901

🕐從卡加利機場到班夫鎮，每日10:00~22:30，從班夫鎮到卡加利機場，每日05:00~19:30，來回各有10班車，車程2小時

💲單程票：成人＄79.99，65歲以上＄71.99，6~17歲＄39.99

🌐banffairporter.com

# 國家公園門票

在洛磯山脈的這四個國家公園，門票是共用互通的，你可以每天去遊客中心購買一日票，更簡單的方法是，先計算自己會待在國家公園內幾天，然後一次購買相應天數的門票。

## 家庭票

如果你是開車進入國家公園，車上人數在2~7人之間，可購買每日21加幣的家庭票。在進入各個國家公園的公路上均設有收費站，告訴收費員你預計在公園內停留幾天，他就會計算出門票價錢，假使不確定天數，那麼就先買一日票，剩下的再去遊客中心補買就行了。門票是張像是發票一樣的紙，上面註明使用效期，收費員會先在後面黏好膠帶，把它貼在擋風玻璃上即可。若是到達國家公園時已是下班時間，收費站已打烊收工，碰到這種情形，只要第二天再去遊客中心購票即可。

## 個人票

如果是搭乘其他交通工具進入國家公園，或是車上只有一位成人，則可購買個人票：成人一日$10.5，65歲以上一日$9，17歲以下免費。

## 國家公園年票 Discovery Pass

若你要待在這些國家公園超過一個星期，或是還要遊覽加拿大的其他國家公園，可以估量看看購買年票是否比較划算。年票效期為1年，自購票當月開始計算，可在效期內無限次進出國家公園(不得轉讓)。價格為成人$72.25，65歲以上$61.75，家庭票$145.25。

### 入口的收費與免收費車道

嚴格說來，進入洛磯山的4個國家公園遊玩，都需要購買入園門票，但因為貫穿國家公園的幾條公路，都是加拿大重要的交通動脈，如果你只是單純經過這些國家公園，譬如從卡加利前往溫哥華，無可避免地一定要經過班夫與幽鶴，這時你可以走免收費的車道，直接通過收費站。但若要往來班夫與傑士伯，因為這純粹是一條觀光路線，所以冰原大道上的收費站是一定要買門票才能通過的。

# Wildlife in Rocky Mountains
# 洛磯山脈野生動物

Traffic Jam是塞車的意思，而「Animal Jams」指的是觀賞野生動物而引起的堵塞，之所以教你這個單字，是因為這將是你在洛磯山國家公園中最常遇到的狀況。野生動物是加拿大洛磯山吸引遊客的主要元素之一，當黑熊媽媽帶著小熊出現在公路邊時，遊客的興奮程度絕不亞於踏上阿薩巴斯卡冰河，眾人紛紛停車爭睹黑熊風采，不知不覺就形成一串長長車陣，路過的駕駛當然心生好奇，也跟著放慢車速探究，道路頓時堵塞，一般稱為「熊堵塞」(Bear Jam)。而公園裡的馬鹿、大角羊也不少，因此也常發生「馬鹿堵塞」或「大角羊堵塞」的情形。有趣的是，堵塞車陣的長短，通常也與動物的人氣成正比，看騾鹿的車隊一定短於大角羊和北美馬鹿，而最長的堵塞當然是觀賞黑熊或棕熊的車陣。

由於動物出沒無法預測，在公園裡駕車，最好遵守時速限制，隨時提高警覺。看到動物時放慢速度，並使用緊急號誌燈，以提醒後車減速。由於洛磯山路多為交通要道，因此遇到Animal Jams時不要立即停車，應找到適合停車的路肩才能停車，以免妨礙交通。為了讓你對眼前的動物有更多了解，本單元特別介紹了幾種你有可能看到的動物之習性。

**大角羊** Bighorn Sheep

大角羊是班夫的代表，公羊頭頂的大角，先向後伸再彎曲向前上勾，戲劇性絕不下於京戲頭冠，重量並可達到體重的13%；角上明顯的輪環像是樹木年輪，透露出大角羊的年齡。母羊毛色同於公羊，身材較小，頭角像一彎小月牙。夏天公羊喜歡組織「單身俱樂部」，成群遊蕩於山坡林間覓食；母羊則多半帶著小羊逗留谷地。秋天，為爭取母羊青睞交配，單身俱樂部的成員們可能兄弟鬩牆，但還是先禮後兵，如果側身可以比出大角高下，便能免去戰爭，否則頭角對撞的決鬥會一直持續到分出勝負為止。所幸公羊大角質地堅硬，很少因碰撞折斷。班夫鎮附近的明尼汪卡湖畔、弓河谷景觀道上、黃頭公路東行到傑士伯湖附近、慕寧湖與麥迪生湖之間，以及庫特尼國家公園的辛克來峽谷，都經常可以看到大角羊的身影。

### 雪羊 Mountain Goat

周身潔白的雪羊是北美特有物種，雖然稱作「Goat」，但其實並不是山羊，而是雪羊屬的動物。雪羊以高山植物為食，如青草、蕨類、蘚類等，成羊身上全身長滿濃密的白毛，且不論雌雄皆有長出鋒利的黑色小羊角。雪羊特殊的蹄形，是牠之所以能生存在懸崖峭壁上的原因，不僅蹄的尖端遇到崎嶇地形時可以張開，後腳跟還有兩塊突出的小腳蹄，遇到傾斜的岩壁時，可作為卡榫固定於縫隙間。與馬鹿、大角羊相較，雪羊顯得比較孤癖，只在春天短暫下山舔食路邊礦物質。傑士伯南邊的冰原大道旁及冰原北邊的桑華普達峽谷(Hector Gorge)的渥道山(Wardle Mountain)，是雪羊較常出沒的地區。

## 如果與熊不期而遇……

　　能在安全的距離看到熊，是一件很值得興奮的事，但若當「看到」變成「遇到」，可能就不太能興奮起來了，以下就來提醒你一些注意事項。

進入步道前，你最好要做的事：
◎去戶外用品店買瓶防熊噴霧(bear spray)，並知道如何使用。若不幸被攻擊，這是最有效的武器。
◎向遊客中心取得最近有回報熊類活動的區域資訊。
◎最好結伴同行，不要獨自進入深山。

如何避免遇上熊？
◎在健行中不時製造出聲響，如拍手、唱歌、呼喊等，尤其是沿著溪邊行走、穿越高灌木叢、經過崩塌的坡地與停下來休息時。這樣做是讓熊知道有人路過，而熊通常會避開人。
◎觀察野莓叢與崩塌地帶，看是否有動物在當中走動。當然不是要你走近查看，請使用望遠鏡。
◎注意泥土地上是否有腳印、抓痕、糞便、新掘的土壤等「bear sign」，分辨它們是否來自熊類，並判斷這些痕跡的行進方向。如果它們看起來還很新鮮，繼續行走時請發出更頻繁的聲響。
◎在可能有熊出沒的地區，不時停下來觀察與聆聽，看是否有動物活動的跡象。
◎如果發現路上有動物屍體，立刻離開，不要逗留。
◎將垃圾密封打包，適當儲藏食物甚至化妝品。露營煮食的地點，宜與營帳保持相當距離；避免穿著煮食時的衣服進入營帳，以免未散的食物氣味提供熊覓食線索。
◎暮春早秋時，山區若發生大面積的雪崩，可能迫使熊類進入海拔較低的地區，避免在熊類的覓食區域如野莓叢、地鼠窩、動物屍體附近逗留，此時的熊對食物有較強的競爭心，對人類也比較缺乏包容。
◎若有看到熊類活動跡象，下山後務必回報給遊客中心。

千萬不要做的事：
◎貿然擅闖因熊類活動頻繁而封閉的步道。
◎將背包行李留在無人看管的地方。
◎在發現新鮮bear sign的區域逗留。
◎攜帶新鮮肉類、魚類上山，或在河裡抓魚並帶在身上。
◎天黑之後在步道上健行。

如果不巧遇上熊？
◎當你看到熊在遙遠的地方，而你前進的路線並不會靠近牠時，正常行走即可，但不要背對著牠，直到牠離開你的視線範圍。若牠就在你的行進路線上，請選擇繞道而行，或乾脆打道回府。
◎如果熊就在你的附近，而牠還沒有看到你時，請悄悄撤退。
◎如果熊已看到你，但距離還算安全時，面對著牠輕聲後退離開，切忌尖叫、奔跑與背對著熊，因為那樣會讓熊引起更大的興趣。
◎如果近距離與熊對峙，務必保持冷靜，停止動作但小聲說話，讓牠知道你與獵物不同。若同伴中有小孩，讓他們躲在你的身後。悄悄拿出防熊噴霧，以備遭到攻擊時立刻反擊。若熊沒有發動攻擊的意圖，等熊先離去後再走開，千萬不要做出太大的動作讓熊受到驚嚇。
◎確認周圍是否有幼熊存在，以推測熊發動攻擊的可能性。理想的狀態是母熊處於你和小熊之間，因為如果你與小熊的距離比母熊近，就極有可能引起母熊攻擊。
◎若是熊已經開始朝你而來，並發出威嚇，切勿慌張奔跑，應想辦法讓自己看起來巨大一點，例如挺直身軀、撐開大衣外套，或是與其他人團體行動，眼神緊盯著熊慢慢向後退，並發出吵雜的聲響來恫嚇熊的靠近。
◎假若熊撲上來開始攻擊，立即還手或使用防熊噴霧，讓熊知道獵物並不容易到手，最好知難而退。
◎爬樹是最不得已的手段，因為黑熊是爬樹高手，棕熊也能輕易地爬到一定高度，而且速度應該會比你快。如果真的不幸走到這一步，能爬多高就爬多高，蹲或跪在較粗壯的枝枒上，不要讓腳懸在樹枝上搖晃。

## 黑熊 Black Bear

美洲黑熊有著龐大的身軀及短而有力的四肢，成年公熊體重可達150公斤，將近1公尺高。黑熊是雜食性的動物，吃果子也吃昆蟲，和棕熊不一樣的是，黑熊喜好吃已經死亡的生物，所以遇到黑熊時請勿「裝死」。為了摘採水果和躲避攻擊，黑熊也是爬樹高手，牠們的爪子要比棕熊來得短，這也有利於牠們爬樹的能力。黑熊從早到晚都可能會活動，不過通常都是在早晨跟傍晚出沒覓食，每到秋季需要儲存熱能時，每日食量可超過2萬卡路里，到了11月則會尋找山洞或灌木叢下進行冬眠，一直到來年3月才又開始四處活動。

## 棕熊 Grizzly Bear

除了偏棕的毛色外，其與黑熊最大的不同在於，棕熊的體型更大，而且更具攻擊性。棕熊的背部有鼓起的肌肉，雖然體型巨大，不過奔跑起來十分迅速，可達每小時56公里。牠們的適應能力很好，也因為是雜食性動物，不論在森林、草原還是海岸邊都可以生存，但最常出沒的地帶，還是莓果豐饒的林間，以及鮭魚洄游的溪流附近。棕熊的前爪很長，雖然不像黑熊那樣會爬樹，但擅於挖掘，使牠們容易採食根莖類植物，並捕食躲在地洞內的齧齒類。

棕熊是獨來獨往的動物，除了母熊身旁可能會有幼熊，以及繁殖季節時公熊會和母熊在一起兩周外，幾乎都是單獨活動。雖然母熊體型比公熊要小上許多，但是危險性與攻擊性絕不輸給公熊，這是源自母熊對於幼熊的母愛，若是認為幼熊遭遇危險，特別容易凶性大發。

## 森林馴鹿 Woodland Caribou

森林馴鹿是北美馴鹿中的一支亞種，主要生活在加拿大與美國北邊靠近邊境的地方。雄性森林馴鹿長大後，體重可達150公斤，站起來約有1.2公尺高，鹿角比其他亞種的馴鹿更寬且更厚，其毛色在夏天時呈深褐色，然而到了冬天又會轉變為深灰色，有時在腹部、臀部及足蹄上方，也會有局部的白色。雖然路上常可看到「當心馴鹿穿越」的警示牌，但事實上這種動物因為環境變遷而數量銳減，現在已經很難看得到了。

## 北美馬鹿 Elk

北美馬鹿又稱美洲赤鹿，體型僅次於麋鹿，是世界上體型第二大的鹿種。馬鹿擁有深棕色的頭頸和腿，身軀呈棕色，而白色的臀部配上同色短尾卻最為搶眼，難怪原住民們將牠們稱為「白臀」(Wapiti)。每年春天，公鹿頭上會開始長出鹿角，角叉約在8隻以上，到了冬天就會脫落，隔年春天再長出新的鹿角。夏天時，公馬鹿會移往較高處覓食，養壯身體也長好頭角，準備秋天爭取交配權。求偶季節一到，公鹿頓時變成「號角男孩」，不時昂首出聲，吸引母鹿注意，更用頭角摩擦樹幹，釋放求偶氣味。

馬鹿大部分時候成群聚集在谷地，以班夫和傑士伯鎮周圍最為常見。不過由於生性害羞，所以很難在白天看到牠們出沒，僅有在每日清晨與傍晚的覓食時間，才有比較多的機會一睹牠們的風采。

## 騾鹿 Mule Deer

騾鹿又稱作黑尾鹿，之所以命名為「騾」鹿的原因其實很明顯，就是牠們那雙跟「騾耳」相像的耳朵。牠們有著白色的屁股和尖端帶著黑毛的短尾巴，夏天毛色會偏向淺黃與淺紅，冬天則會呈現灰褐色。雄的騾鹿也有長角，不過由於體型比馬鹿小很多，倒也不會被認錯。雖然牠們的性情溫馴膽小，但在遭遇威脅時還是有可能用那雙銳利的鹿角進行反擊。

## 郊狼 Coyotes

郊狼又常被稱為草原狼，看起來和狗很相像，經常讓人忘了牠其實是種獵食性的猛獸。郊狼通常為灰色、棕褐色或黃色，體型比狐狸大一些，體重約為14公斤左右。為配合季節交替，郊狼冬天時還會增生出厚重的毛來禦寒，在夏天時又會自動脫落。牠們雖是群居動物，但獵食時習慣單獨行動，所以平常不容易看到。

## 狼 Wolf

狼是一種群居動物，大多是集體生活在一起，狼群數量的多寡通常取決於該處的食物是否豐饒。狼群有非常複雜的社會階級，通常會有領導者與其從屬者，每一個狼群皆會有其特殊的規範以及角色定位。狼群通常會用尿的氣味以及狼嚎的方式占領地盤，並抵禦其他狼群入侵。

## 麋鹿 Moose

其實正確說來，Moose的中文應該為駝鹿，而麋鹿指的是亞洲的麈，然而約定俗成，這裡還是以麋鹿稱之。附帶一提的是，歐洲人稱麋鹿為elk，而elk在美洲則是指稱馬鹿。麋鹿是世界上最大型的鹿種，重量約為300~600公斤，身長約1.8~2.7公尺，即便體型十分龐大，牠們仍然可以完全不發出聲音地穿越樹林。而牠們修長的四肢，也能夠讓牠們在雪地或沼澤中行走時保持靈活。麋鹿最大的特徵就是其巴掌形的鹿角，像兩片巨大的板子，從上面延伸出幾支角叉。其鹿角可達20~30公斤重，每年冬天時會脫落，春天再開始生長，到了夏天又是兩片巨大的鹿角。

©荷美郵輪

## 看到野生動物時

看到野生動物時，切記一定要遵守國家公園的規定：當野生動物出現在公路旁時，請留在車上，並保持距離（與鹿至少30公尺，與熊至少100公尺）。在國家公園內餵食動物是違法的，因為這樣會讓動物失去求生本能，破壞自然生態法則。

在公園內野餐、紮營，記得要將食物妥善收好，身上避免噴灑香水，攜帶的隨身物品也不要太過招搖，因為特殊的氣味和顏色都會吸引動物。健行時一定要走在園方規劃的步道上，因為步道以外的小徑很多是給動物走的。

## 岩兔 Pika (Rock Rabbit)

當你的健行經過亂石堆地形時，經常可以聽到一聲聲「咿～咿～」像哨子一樣的聲音，那就是岩兔的叫聲。岩兔的身形非常迷你，大概和網球差不多大，耳朵雖然短，但是又大又圓，至於尾巴則渺小到從外部幾乎看不見，非常可愛。乍看之下，根本不會將牠們和兔類聯想在一起，而以為牠們是某種鼠類，因此在學名上稱之為「鼠兔屬」。岩兔住在石堆裡面，由於牠們冬天時不會冬眠，而是靠著儲備的糧食在雪堆下的岩縫中活動，因此遊客經常可以看到牠們慌慌張張地叼著根野草或地衣，急急忙忙鑽進巢穴中再鑽出來，繼續尋找新的食物。有時為了節省食物來源，牠們也會吃自己排泄的糞球呢！

## 哥倫比亞地鼠 Columbian Ground Squirrel

哥倫比亞地鼠是松鼠家族的成員，與灰白土撥鼠相似，但體形較小（成鼠約32~41公分長），身形也比較苗條，臉部、鼻部、腿部、腹部的毛色，則偏向黃褐色。這些可愛的小動物生活的海拔範圍相當廣，在洛磯山區的草原地帶很容易就能找到牠們。先前因為搶鏡頭拍下可愛鏡頭，而在網路上暴紅的「班夫之鼠」，就是這種哥倫比亞地鼠。

## 灰白土撥鼠 Hoary Marmot

灰白土撥鼠是北美最大的地鼠類動物，成鼠的身長包含大大的尾巴在內，可達62~82公分，而雄鼠的體型又比雌鼠明顯大得多。為了儲備冬眠時的能量，灰白土撥鼠會在秋天時暴肥，有時甚至可重達10公斤。其圓滾滾的身軀，肩部與上背部的毛呈灰白色，其餘的部分則略帶褐色；寬闊的頭臉毛色較深，接近黑色，但在口鼻部位又長著滑稽的白毛。四肢雖然短，卻非常有力，尖尖的爪子也利於挖掘。牠們居住在高海拔地區的草原或亂石堆中，前者食物來源豐富，後者則便於躲藏。在發現潛在危險時，牠們會發出像是口哨般的聲音來警告同伴，事實上，口哨山的名字就是來自於灰白土撥鼠的叫聲。

©蔣育荏

## 花栗鼠 Chipmunk

花栗鼠的體型比松鼠更小，最明顯的特徵就是背上的5條線，以及延伸至臉部的2條線。最喜歡吃的食物就是堅果與莓果，冬天則會偶爾食用真菌類植物。知名卡通《奇奇與蒂蒂》和電影《鼠來寶》中的主角，就是以花栗鼠做為原型。

153

# 班夫國家公園
# Banff National Park

班夫國家公園設置於1885年，是加拿大第一座國家公園，也是全世界第三座國家公園。當加拿大太平洋鐵路第29支線的工程進行到這裡時，3位鋪設鐵路的工人在弓河邊的山坡上，發現了原住民口中的生命之水，這一帶因而逐漸被開發成溫泉勝地及山岳渡假區，當時太平洋鐵路公司總裁George Stephen以自己的家鄉——位於蘇格蘭的Banffshire為這座新市鎮命名。溫泉被發現的2年後，國家公園便成立了，當時的名稱為「洛磯山公園」(Rocky Mountains Park)，範圍也只限於溫泉附近，直到1930年《國家公園法案》頒布後，才確定今日6,641平方公里的面積，名字也正式改為班夫國家公園。

除了溫泉外，公園內最吸引人的景色當屬露易絲湖、夢蓮湖、明尼汪卡湖與弓湖等群山圍繞的美麗湖泊，而沿著弓河谷景觀道與冰原大道迤邐向北，一路上還會經過強斯頓峽谷、城堡山、鴉腳冰河、迷思塔亞峽谷、西拉斯山等壯麗風景。公園內的野生動物也是數以千計，不時可以看到大角羊、加拿大馬鹿等大型哺乳類動物在路上散步，運氣好(或差)的話，還會撞見大棕熊呢！

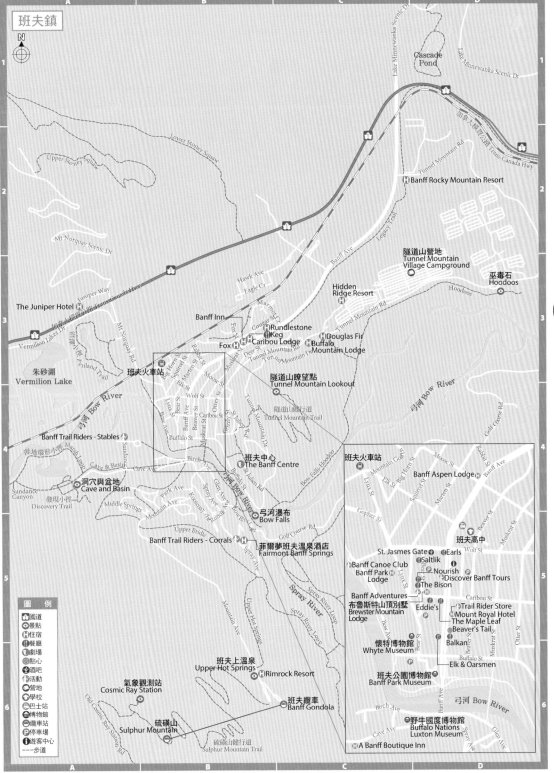

班夫鎮

洛磯山脈國家公園群…班夫國家公園 Banff National Park

Cascade Pond

Lake Minnewanka Scenic Dr

加拿大腹地公路 Trans-Canada Hwy

巫毒石 Hoodoos

Banff Rocky Mountain Resort

隧道山營地 Tunnel Mountain Village Campground

Hoodoos

The Juniper Hotel

Banff Inn

Rundlestone
Keg
Caribou Lodge
Fox
Buffalo Mountain Lodge
Douglas Fir

朱砂湖 Vermilion Lake

班夫火車站

隧道山瞭望點 Tunnel Mountain Lookout

弓河 Bow River

弓河 Bow River

隧道山健行道 Tunnel Mountain Trail

Banff Trail Riders - Stables

班夫中心 The Banff Centre

班夫火車站

Banff Aspen Lodge

洞穴與盆地 Cave and Basin

弓河瀑布 Bow Falls

班夫高中

Banff Trail Riders - Corrals

菲爾夢班夫溫泉酒店 Fairmont Banff Springs

St. Jasmes Gate
Saltlik
Banff Canoe Club
Banff Park Lodge
Nourish
The Bison
Banff Adventures
布魯斯特山頂別墅 Brewster Mountain Lodge
Eddie's
Earls
Discover Banff Tours
Trail Rider Store
Mount Royal Hotel
The Maple Leaf
Beaver's Tail
Balkan
懷特博物館 Whyte Museum
Elk & Oarsmen
班夫公園博物館 Banff Park Museum

班夫上溫泉 Upper Hot Springs

Rimrock Resort

氣象觀測站 Cosmic Ray Station

班夫纜車 Banff Gondola

硫磺山 Sulphur Mountain

硫磺山健行道 Sulphur Mountain Trail

野牛國度博物館 Buffalo Nations Luxton Museum

A Banff Boutique Inn

圖　例
國道
景點
住宿
餐廳
劇場
點心
酒吧
活動
營地
學校
巴士站
博物館
纜車站
停車場
遊客中心
步道

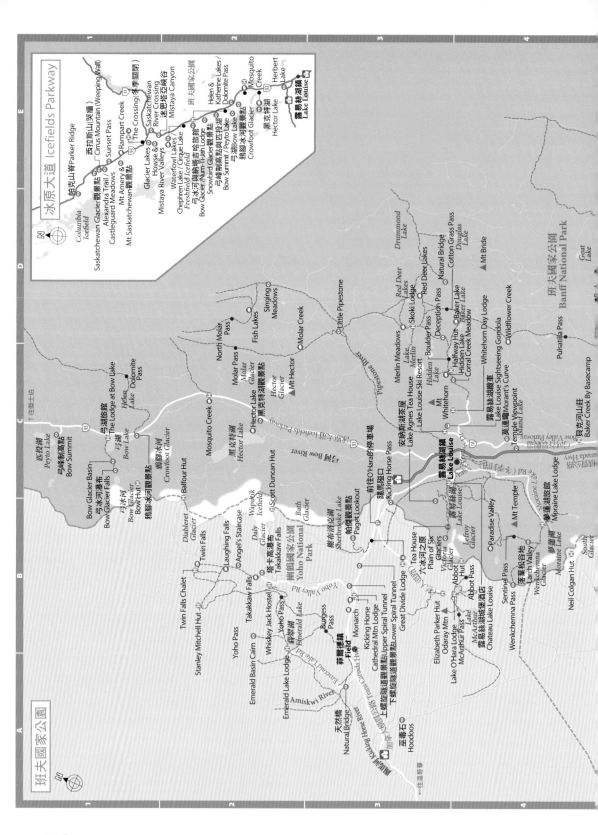

冰原大道 Icefields Parkway

Columbia Icefield
Saskatchewan Glacier 觀景點
帕克山脊 Parker Ridge
西拉斯山(哭牆)
Cirrus Mountain (Weeping Wall)
Alexandra Trail /
Castleguard Meadows
Sunset Pass
Mt Amery &
Rampart Creek
The Crossing (冬季關閉)
Saskatchewan
River Crossing
Mistaya Canyon
Glacier Lakes
Howse &
Mistaya River Valleys
Waterfowl Lakes
Chephren Lake / Cirque Lake
Freshfield Icefield
弓冰河與納匹坡湖
Bow Glacier / Num-Ti-Jah Lodge
Snowbird Glacier 觀景點
弓峰頂高點與匹坡湖觀景點
Bow Summit / Peyto Lake
鴉腳冰河觀景點
Crowfoot Glacier
黑克特湖
Hector Lake
Helen &
Katherine Lakes /
Dolomite Pass
迷思塔亞峽谷
Mosquito Creek
Mosquito
Creek
Herbert
Lake
班夫國家公園
露易絲湖鎮
Lake Louise

班夫國家公園

N

往賈斯伯↑

Peyto Lake
匹坡湖
弓河富高點 Bow Summit
弓河瀑布
Bow Glacier Falls
弓冰河
Bow Glacier
弓湖 Bow Hut
鴉腳冰河觀景點
Crowfoot Glacier
Balfour Hut
Diableret Glacier
Twin Falls
Laughing Falls
Angel's Staircase
Daly Glacier
Wapuitik Icefield
塔卡高瀑布
Takakkaw Falls
Scott Duncan Hut
Bath Glacier
弓湖旅館
The Lodge at Bow Lake
弓湖 Bow Lake
Helen Lake
Dolomite Pass
黑克特湖
Hector Lake
黑克特湖觀景點
Hector Lake
Mosquito Creek
往返往土伯↑
往傑士伯

Peyto Lake
匹坡湖

Twin Falls Chalet
Stanley Mitchell Hut
Yoho Pass
Whiskey Jack Hostel
Takakkaw Falls
Yoho Lodge
翡翠湖
Emerald Lake
菲爾德鎮 Field
Monarch
Burgess Pass
Emerald Basin Cairn
Emerald Lake Lodge
Amiskwi River
Yoho Valley Rd

幽鶴國家公園
Yoho National Park
Sherbrooke Lake
帕傑觀景點
Paget Lookout
賜馬嶺口
Kicking Horse Pass
前往O'Hara的停車場
弓河 Bow River
弓河大道 Icefields Parkway

Little Pipestone

Singing Meadows
North Molar Pass
Molar Pass
Molar Creek
Molar Glacier
Fish Lakes
Hector Glacier
Mt Hector

Pipestone River

Drummond Lake
Red Deer Lakes
Skoki Lodge
Red Deer Lakes
Cotton Grass Pass
Natural Bridge
Deception Pass
Boulder Pass
Baker Lake
Douglas Lake
Mt Bride
Goat Lake

班夫國家公園
Banff National Park

Merlin Meadows
Merlin Lake
Merlin
Halfway Hut
Hidden Lake
Corral Creek Meadow
Whitehorn Day Lodge
Wildflower Creek
Pulsatilla Pass

安格斯湖茶室
Lake Agnes Tea House
露易絲湖鎮
Lake Louise
露易絲湖
Lake Louise
露易絲湖纜車
Lake Louise Sightseeing Gondola
Lake Louise Ski Resort
Mt Whitehorn
Whitehorn
Temple Viewpoint
英連鶴Morant's Curve
Island Lake
貝克河山莊
Baker Creek By Basecamp

六冰河之原
Plain of Six Glaciers
Tea House
Victoria Glacier
Lefroy Glacier
Abbot Hut
Abbot Pass
Paradise Valley
Mt Temple
Larch Valley
Sentinel Pass
Wenkchemna Pass
溫契姆納
Wenkchemna Glacier
夢蓮湖
Moraine Lake
South Glacier
Neil Colgan Hut
夢蓮湖旅館
Moraine Lake Lodge

Elizabeth Parker Hut
Odaray Mtn
Lake O'Hara Lodge
McArthur Lodge
露易絲湖城堡酒店
Chateau Lake Louise
McArthur Lake
McArthur Pass

菲爾德鎮 Field
Kicking Horse
大陸分水嶺
Great Divide Lodge
上螺旋隧道觀景點Upper Spiral Tunnel
下螺旋隧道觀景點Lower Spiral Tunnel
Cathedral Mtn Lodge

天然橋
Natural Bridge
巫毒石
Hoodoos

往班夫→
Trans Canada Hwy
Kicking Horse River
Emerald Lake Rd

156

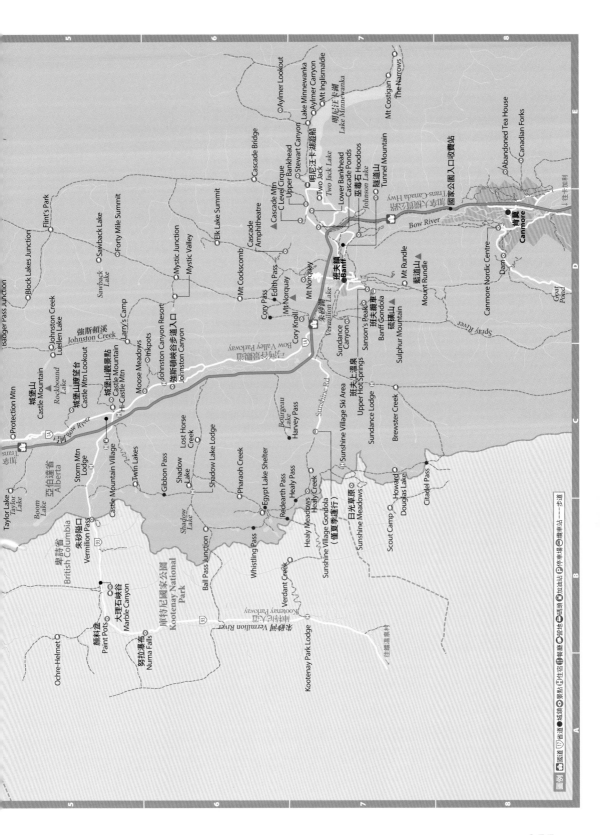

Taylor Lake / Taylor Lake
Flint's Park
Block Lakes Junction
Badger Pass Junction
Sawback Lake
Forty Mile Summit
Mystic Junction
Mystic Valley
Sawback Lake
Mt Cockscomb
Elk Lake Summit
Cascade Amphitheatre
▲ Cascade Mtn
C Level Cirque
Cascade Bridge
Stewart Canyon
Upper Bankhead
Aylmer Lookout
Lake Minnewanka
Aylmer Carryon
Mt Inglismaldie
明尼王卡湖遊船
Lake Minnewanka
Mt Costigan
The Narrows
Abandoned Tea House
Canadian Forks
Protection Mtn
城堡山
Castle Mountain
Rockbound Lake
Johnston Creek
Luellen Lake
強斯頓溪
Johnston Creek
城堡山瞭望台
Castle Mtn Lookout
Larry's Camp
Moose Meadows
Inkpots
約翰斯頓峽谷步道入口
Johnston Canyon
城堡山觀景點
Castle Mountain
Hi-Castle Mtn
Johnston Canyon Resort
Cory Pass
Edith Pass
Mt Norquay
Mt Norquay
Cory Knoll
弓河谷公園道
Bow Valley Parkway
明尼王卡湖
Two Jack Lake
Two Jack Lake
Lower Bankhead
亞蒂石 Hoodoos
Cascade Ponds
Johnson Lake
隧道山
Tunnel Mountain
國家公園入口收費站
班夫鎮
Banff
Bow River
青莫
Canmore
亞伯達省
Alberta
Storm Mtn Lodge
Twin Lakes
Castle Mountain Village
Gibbon Pass
Lost Horse Creek
Shadow Lake Lodge
Shadow Lake
Pharaoh Creek
Egypt Lake Shelter
Redearth Pass
Healy Creek
Healy Pass
Bourgeau Lake
Harvey Pass
Sunshine Rd
Sunshine Village Ski Area
Upper Hot Springs
Sundance Lodge
Sundance Canyon
班夫纜車
Banff Gondola
Sanson's Peak
硫磺山
Sulphur Mountain
Mt Rundle
藍道山
Mount Rundle
Spray River
Gyat Pond
Dam
Canmore Nordic Centre
卑詩省
British Columbia
Vermilion Pass
庫特尼國家公園
Kootenay National Park
Ball Pass Junction
Whistling Pass
Verdant Creek
庫特尼大道
Kootenay Parkway
弗米利河
Vermilion River
Kootenay Park Lodge
Ochre-Helmet
顏料盆
Paint Pots
大理石峽谷
Marble Canyon
努拉瀑布
Numa Falls
朱砂隘口
Vermilion Pass
Boom Lake
Sunshine Village Gondola
(僅夏季運行)
Healy Meadows
日光草原
Sunshine Meadows
Scout Camp
Howard
Douglas Lake
Citadel Pass
Brewster Creek
Mt Rundle
Mt Costigan

## INFO

### 班夫公園內的交通

#### ◎開車

**班夫鎮到露易絲湖鎮**

約57公里，走國道1號車程約35分鐘，走省道1A(弓河谷景觀道)車程約70分鐘。

**露易絲湖鎮到傑士伯鎮**

約230公里，走省道93號(冰原大道)，車程約3.5小時。

**露易絲湖鎮到菲爾德鎮**

約26公里，走國道1號，車程約20分鐘。

**班夫鎮到鐳溫泉村**

約135公里，走國道1號，快到城堡山時下交流道，接上省道93號南(庫特尼大道)，車程約1小時45分鐘。

#### ◎布韋斯特快線 Brewster Express

往來班夫鎮、露易絲湖鎮、冰原中心、傑士伯鎮，詳細時刻及價錢，請參見P.147。

### 班夫鎮上的交通

#### ◎停車

大部分的道路旁都能免費停車，若實在找不到停車位，可以到Bear St、Beaver St、Buffalo St上碰碰運氣，那裡有一些限時停車場，尤其是Bear St與Lynx St路口的室內立體停車場，通常會有車位停。

#### ◎漫遊巴士 Roam Bus

漫遊巴士在班夫國家公園內有多條路線，從班夫鎮出發，路線1前往硫磺山(班夫纜車與上溫泉)，路線2前往隧道山，路線4前往洞穴與盆地，路線6前往明尼汪卡湖，路線8前往露易絲湖，路線9前往強斯頓峽谷，路線10前往夢蓮湖。這些路線以班夫高中為轉運站，如果不想開車的話，是個不錯的代步工具。車票可上車購買，但車上並不找零。

📞 (403) 762-0606

💲 路線1、2、4、6：單程票＄2，一日票＄5。路線8、10：單程票＄10，一日票＄20。路線9：單程票＄5，一日票＄10。13~18歲及65歲以上半價。

🚌 roamtransit.com

### 旅遊諮詢

🌐 parks.canada.ca/pn-np/ab/banff

#### ◎班夫鎮遊客中心

🏠 224 Banff Ave  📞 (403) 762-1550

🕐 09:00~17:00 (6~8月08:00~20:00)

#### ◎露易絲湖鎮遊客中心

🏠 201 Village Rd (Samson Mall隔壁)

📞 (403) 522-3833

🕐 09:00~17:00 (6~9月08:30~18:30)

---

 **Where to Explore in Banff National Park**
**賞遊班夫國家公園**

班夫鎮 Banff

**MAP ▶ P.157D7**

# 班夫鎮

## Banff

**遊玩洛磯山脈最重要的根據地**

班夫是加拿大洛磯山脈最早建立的城鎮，1883年，太平洋鐵路鋪設到這裡時因風雪暫停施工，3名工人外出尋寶，循著特殊氣味走到一處洞口，意外發現洞裡竟藏著溫泉。對欠缺水管設施的蠻荒山區，溫泉價值不下於黃金，3人立即決定申請採礦權，意圖將溫泉當作生財法寶。但是政府當時尚未探勘此地，缺乏地圖作為依據，且溫泉也不屬於礦石，因此無法批准。其他知道溫泉所在的人也紛紛加入競爭，逼使政府在1885年將溫泉收歸國有，並在周圍設立保護區，這便是洛磯山國家公園的源起。

班夫鎮群山環繞，卡斯喀山永遠是班夫大街(Banff Ave)的忠實背景，山腳下發現的煤礦曾經供給火車動力，也提供居民用電。班夫大街兩側有許多餐廳、紀念品專賣店及各種戶外活動的預約中心，每到假日遊人如織，好不熱鬧。

班夫鎮 Banff

MAP ▶ P.155D6

# 班夫公園博物館
## Banff Park Museum
### 動物標本的殿堂

⌂91 Banff Ave ☎(403) 762-1566 ◷5月中~10月中週四至週一09:30~17:00，10月中~5月中週末11:00~17:00 ⑤成人＄4.25，65歲以上＄3.75，17歲以下免費 ☖www.pc.gc.ca/banffparkmuseum

這座自然史博物館成立於1903年，是加拿大西部歷史最悠久的博物館。1891年時，兩位由加拿大地質調查局派來的專員，在洛磯山一帶大肆收集動植物標本，於是成了這間博物館的緣起。今日博物館中的收藏仍以動物標本為主，包括大角羊、棕熊、美洲野牛、北美馬鹿、狼、白頭鷹等，最古老的是一隻製作於1860年的紅胸秋沙鴨標本。這些動物都曾生活在洛磯山區一帶，牠們的族類有的已在此地不復得見，有的仍在山區裡繁衍興旺。不同於現在對野生動物的實際田野追蹤，在那個時代的生態學術界，仍是以觀察標本為主要研究手段，透過博物館內保留的老館長Norman Sanson辦公室，便能對當時的研究方法窺見一二。

---

班夫鎮 Banff

MAP ▶ P.155B5

# 弓河瀑布
## Bow Falls
### 大江東去的電影場景

🚗從班夫鎮開車約2公里，有免費停車場。夏季時，漫遊巴士的2號路線亦有部分班次可達

弓河瀑布就位於菲爾夢班夫溫泉旅館下方，瀑布低沉隆隆的水聲，經常讓在附近散步的人不知不覺便被吸引到此，而弓河清澈的溪水，更使人神清氣爽，相當舒暢。其實弓河原本的河道並不位於這裡，而是在今日城鎮的北邊，當最後一次冰河時期的冰河退去後，巨大的冰磧石堵住了河道，於是在今日鎮西的地方堰塞出巨大的湖泊，經過長時間的沖蝕作用，湖水終於在隧道山與藍道山之間切出缺口，這便是弓河瀑布的形成。

瑪麗蓮夢露於1953年所主演的經典名片《大江東去》，就是以弓河瀑布作為外景場地，某一場戲在弓河附近拍攝時，她不慎扭傷腳踝，結果幫瑪麗蓮夢露推輪椅的任務，頓時成為班夫溫泉旅館裡所有員工爭先恐後想要爭取的工作。

**MAP ▶ P.155B6**

# 班夫上溫泉

**MOOK Choice**

## Banff Upper Hot Springs

### 班夫唯一可以泡到真正溫泉的地方

🎵 從班夫鎮開車約4公里,有免費停車場。也可在班夫大街上搭乘漫遊巴士的1號路線前往 🏠1 Mountain Ave 🕐每日10:00~22:00 (最後入場為21:30) 💲成人＄16.5,3~17歲及65歲以上＄14.25;租借泳衣、毛巾＄2,置物櫃＄1.25 🌐 hotsprings.ca/banff

「溫泉」是促使班夫國家公園誕生最主要的原因,當地表的水滲入地層縫隙,大約每100公尺會升溫2℃,而在地底4公里的深處,更是被加熱到幾近沸騰,於是在壓力作用下,經由硫磺山的地底裂隙流出地表,成就了遠近馳名的班夫溫泉。當熱水在湧出地表的過程中,會溶解岩床中的礦物質,班夫溫泉濃郁的蛋臭味,就是來自硫磺山的硫酸鹽被藻類代謝的結果;而泉水中含有極微量的放射性物質鈾和鐳,也讓這裡的溫泉具有醫療上的功效。

最初原住民們將溫泉當作聖水,用來治病養身,後來歐洲人來到此地,發現這裡的泉質與英國的巴斯溫泉(Bath)非常接近,便將這裡開發為溫泉勝地,至今也有百年以上的歷史。班夫上溫泉開業於1935年,目前由政府經營,在洞穴與盆地溫泉池永久關閉後,這裡成了到班夫唯一可以泡到真正溫泉的地方。泉源的溫度約為47℃左右,而浴池則維持在40℃上下,現場也有提供浴巾和泳衣的租用服務。

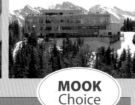

班夫鎮 Banff

**MAP ▶ P.155B6-C6**

# 硫磺山與班夫纜車

## Sulphur Mountain & Banff Gondola

### 輕輕鬆鬆便能登高攬勝

🚗 從班夫鎮開車約5公里，有免費停車場。也可在班夫大街上搭乘漫遊巴士的1號路線前往，出示當日纜車訂票記錄，便可免費搭乘 ☎ 1-866-756-1904 ⏰ 5月~10月初08:00~21:00（6月底~9月初至22:00），最後一班上山纜車為關門前90分鐘 💲 愈早訂票愈便宜，票價在＄60~74之間，6~15歲兒童65折 🌐 www.banffjaspercollection.com
❶ 5歲以下幼童免費，但仍需取票

要一覽班夫全景有很多種方式，只要你體力夠好的話，但如果你不想辛苦爬山，那應該沒有別的地方比登上硫磺山的展望台更輕鬆，因為你只要買張車票，就能搭乘纜車在8分鐘內爬升698公尺，來到海拔2,281公尺的硫磺山頂。

其實早在19世紀末期，硫磺山上便已設有氣象觀測站，觀測員諾曼參森(Norman Sanson)每隔1、2週就要上山收集氣象資料，當年上山只有森林野徑可走，而參森就這麼默默工作了30年。1903年硫磺山氣象站重修，也開闢了一條登山步道，但對大多數遊客而言，沿著5.6公里的步道上山，仍不是件容易的事。1940年，瑞士移民John Jaeggi在山頂蓋了一間茶屋後，就一直尋找方便遊客上山的辦法，而登山纜車是其中一項考慮。經過多年奔走觀摩，終於獲得瑞士財團資助，移植自瑞士的硫磺山纜車於1959年7月正式營業，成為當時北美僅有的雙向纜車。

今日的班夫纜車由Pursuit公司經營，登上山頂瞭望台，班夫群峰盡入眼簾，蜿蜒過市鎮的弓河一水如帶，洛磯山脈磅礡的氣勢引人壯志躊躇。從展望台走一小段木板步道，便能來到當年的氣象觀測台，遙想1945年參森最後一次徒步上山觀看日蝕時，已經高齡84歲，而今兀立山頭的氣象台猶然挺立，一如當年堅毅的老人。

班夫鎮 Banff

MAP ▶ P.155A4

# 洞穴與盆地

## Cave and Basin

### 班夫公園的誕生地

🚗 從班夫鎮開車約2公里，有免費停車場。也可在班夫大街上搭乘漫遊巴士的4號路線前往 🏠311 Cave Ave ☎(403) 762-1566 🕐5月中~10月中：每日09:30~17:00。10月中~5月中：週四至週一11:00~17:00 💲成人＄8.5，65歲以上＄7，17歲以下免費 🌐www.parkscanada.gc.ca/cave

　　1883年溫泉洞穴被發現後，在鐵路公司鼓吹配合下，政府於1886年開始經營溫泉洞穴與鄰近泉水湧出的盆地。最初遊客也是經由木梯走下洞穴，隨著遊人增加，設施陸續擴充，先是開鑿隧道通往洞穴，後來更於1914年斥資興建泳池。這在當時是全加拿大最大的露天溫泉泳池，建築模式也是一時典範。然而本地的石灰岩層讓溫泉水裡充滿碳酸鈣，碳酸鈣逐漸沉積成泉華

(tufa)，慢慢將泳池的牆地擠裂，迫使洞穴與盆地於1976年暫停營業。1985年國家公園百周年慶時，在熱心民眾奔走請願下，這裡終於修復重開，可惜老問題依舊存在，水溫也下降到30℃左右，遊客逐漸失去興趣，勉強支撐到1992年，便不得不宣告永遠關閉。

　　洞穴與盆地的溫泉雖然不再營業，泳池也早被填平，其舊址卻成為國家歷史古蹟，繼續開放供遊客參觀。穿過隧道，遊客可以進入那促使國家公園誕生的溫泉洞穴，頭上透出天光的小洞，就是當年三位鐵路工人發現洞穴的入口。

班夫鎮 Banff

**MAP ▶ P.155C4**

# 隧道山

**MOOK Choice**

## Tunnel Mountain

### 俯瞰班夫鎮的守望台

🚗 從市中心的Wolf St東行，走到路底右轉，此時遇到岔路，走左邊上坡的St Julien Rd，約350公尺即可在左手邊看到下步道口與停車場。若繼續前行，左轉St Julien Way，走到底再左轉Tunnel Mountain Dr，約500公尺即在左手邊看到停車格，而上步道口則在右手邊 ⓘ 前往上步道口的Tunnel Mountain Dr於冬季封路

在洛磯山群峰裡，海拔1,692公尺的隧道山只能算是矮個子。其實隧道山與藍道山原本相連一體，但在冰河時期，巨大的冰河硬是將這座大山一分為二，後來流經兩山之間的弓河，更是不捨晝夜地切割，終於讓這兩座山漸行漸遠。

隧道山因為山勢形狀像頭伏臥在原野上的野牛，原住民將這裡稱為「睡牛山」。1882年太平洋鐵路鋪設到此時，勘測人員初步認為隧道山橫擋在路中間，必須挖鑿隧道才能通過，然而後續的調查發現弓河谷地尚有足夠空間修築鐵路，因此隧道工程便省下了，但隧道山之名卻沿用至今。

沿著2.4公里長的登山步道來到隧道山制高點，從那裡能夠眺望整個班夫鎮與弓河谷地的美景，往東邊望去是綿延在弓河東岸與明尼汪卡湖畔的菲爾霍山脈(Fairholme Range)，往南邊望去是藍道山，往北邊望去是班夫鎮附近的最高峰，標高2,998公尺的卡斯喀山；而往西邊望去則是整座班夫鎮的大街小巷，如衣帶般的碧綠弓河流貫其間，伴隨著開闊的弓河谷地向遠處延伸，而背景則鋪上一道由高山築成的天際線。這樣的景色實在讓人心曠神怡，也不難理解當初為何要把火警瞭望塔設於隧道山制高點上。而在1939年英王喬治六世造訪後，這裡更成為洛磯山7處皇室瞭望點(Royal Lookout)之一。

163

班夫鎮 Banff

MAP ▶ P.155D3

# 巫毒石

## Hoodoos

### 令人匪夷所思的神秘石柱

🚗 從市中心走Otter St往北接上Tunnel Mountain Rd，過了隧道山營地後，右手邊有個小停車場入口，即是巫毒石觀景點

位於隧道山路旁的巫毒石，向來是班夫最具爭議的景點，地質學家對於它們的形成原因，至今仍莫衷一是，不得其解。傳統的理論認為，這些石柱是冰河退去後遺留下的巨型冰磧石，石頭中較鬆軟的物質在數千年來的風吹雨淋下慢慢侵蝕殆盡，留下堅硬的部份繼續佇立在弓河河畔。但最近又有新的學說，推測巫毒石是冰河湖的冰壩

溶化後，岩屑流動造成的產物。無論如何，巫毒石作為冰河作用的結果，應是毫無疑問的。

至於原住民們當然也自有一套說法，他們相信這些石柱是邪神們的篷帳，或是由巨人變幻而成，經常晝伏夜出襲擊遊客，因此總是敬而遠之。其實仔細端詳，還真有幾分神似。

班夫鎮 Banff

MAP ▶ P.155A3-A4

# 朱砂湖

## Vermilion Lake

### 欣賞藍道山的美麗倒影

🚗 從班夫鎮開車，沿Lynx St往出城方向，在快上國道1號交流道前的小路左轉，即是Vermilion Lake Dr

朱砂湖是一萬年前弓河大湖的殘餘部分，與其說是湖泊，其實更接近於沼澤。黃昏時，滿天紅霞讓湖水呈現出一片朱紅顏色，朱砂湖因而得名。而在這樣的湖景中，又襯映著藍道山的倒影，更是動人萬分。今日的朱砂湖被水草、灌木叢分隔成三個小湖，僅靠著融雪時弓河溢出的河水及從硫磺山滲入的少量泉水維持水量。1970年代時，河狸築的巢穴曾經堵住朱砂湖的出水口，致使水位一度上升；然而河狸搬遷後，湖水又再度下降，水草逐漸擴充地盤，灌木、針葉木接踵而至，在湖邊形成沼澤和森林。

這裡可說是鳥類及動物的綠洲，同時也是人類觀察野生動物的好地方。夏天加拿大雁及水鴨

喜歡聚集在湖邊嬉戲，偶爾還能看到獵鷹覓食；冬天湖水結凍，陽光無法滲透，腐爛的水草造成湖水極度缺氧，湖魚也難以生存，倒是滲入的溫泉，幫助朱砂湖保持生氣，熬過漫長寒冬。

弓河谷景觀道 Bow Valley Parkway

**MAP ▶ P.156C4-157D7**

# 弓河谷景觀道
## Bow Valley Parkway
### 適合優美風景的慢步調

❗最高速限為60公里

國道1號的替代道路省道1A，從卡加利一路延伸到露易絲湖鎮，其中班夫鎮到露易絲湖鎮總長大約64公里的這段，被稱為「弓河谷觀道」。從班夫鎮出發，往西走一小段國道1號後，便有一處交流道通往省道1A，這條景觀道路是在國道1號開通前的舊幹道，與國道1號隔著弓河及鐵路相望，雖然時速不如高架路段的國道1號來得快，但班夫國家公園的美景本來就不容許遊客飛車略過。

國家公園內的許多重要景點，如強斯頓峽谷和城堡山等，就位在弓河谷景觀道的路旁，而在這條道路上，也有更多機會能與北美馬鹿、大角羊等野生動物不期而遇。接近露易絲湖時，弓河谷景觀道臨去秋波，在盡頭前優雅地轉個大彎，由雪山、碧河、森林、鐵軌組合成的畫面，正是洛磯山最好的寫照。1930到40年間，太平洋鐵路攝影師尼可拉斯莫連(Nicholas Morant)透過鏡頭使這幅山水風景廣為人知，從此這處彎道便被稱為「莫連彎」(Morant's Curve)。

班夫鎮外圍 Outside Banff Town

**MAP ▶ P.157D7**

# 藍道山
## Mount Rundle
### 岩選石材的超大三明治

標高2,949公尺的藍道山，以1840年代在此傳道的衛理派教士羅伯藍道(Robert Rundle)命名。朱砂湖

是觀賞藍道山最著名的角度，從這裡看上去，藍道山就像是從湖面上捲起的滔天巨浪，定格在半天之中，特徵明顯的順向坡，具有極高的辨識度。而在晴朗無風的日子裡，藍道山映照在朱砂湖上的倒影，更經常成為班夫風景明信片中的主角。若是從弓河橋上望向藍道山，平坦的斜背像張寫字檯；而從隧道山的方向看藍道山，山底與山峰堅硬的石灰岩層間夾著層層泥板岩，則更像一塊超大號的三明治。

**MAP ▶ P.157E7**

# 明尼汪卡湖

MOOK
Choice

## Lake Minnewanka

**搭乘遊船賞風光**

🚗 從班夫鎮開車約10公里，有免費停車場。也可在班夫鎮搭乘漫遊巴士的6號路線前往，出示當日遊船訂票記錄，便可免費搭乘

**明尼汪卡湖遊湖船 Lake Minnewanka Cruise**

☎1-866-474-4766 ⏰5月中~10月初10:00~18:00 (6月底~9月初09:00~19:00)，行程1小時 💲愈早訂票愈便宜，票價在＄61~73之間，6~15歲兒童65折 🔗www.banffjaspercollection.com ❗建議提早30分鐘抵達碼頭

明尼汪卡湖長約24公里，深142公尺，不但是班夫公園，同時也是洛磯山脈中最大、最深的湖泊。「明尼汪卡」為原住民語，意指「湖中水怪」，原住民相信湖裡住了一頭半人半魚的水怪，因此從不敢在湖中游泳或泛舟。現在來到這裡，當然不用在意水怪傳說，明尼汪卡湖可是班夫唯一開放動力船隻的湖泊，遊客可以租艘小艇自在悠遊湖上，也可以在碼頭購買船票，參加1小時的遊湖行程，愜意地陶醉在湖光山色中。

曾經繁榮一時的班克黑礦場(Bankhead Mine)就在明尼汪卡湖附近，其聚落的廢墟今日猶存，吸引不少人前去探險。在礦場全盛時期，這裡的

景況更勝班夫鎮，居民甚至享受自來水與用電的福利，連班夫也跟著沾光。1912年時，一次工人罷工致使供電中斷，當局為求更穩定的電源，而在明尼汪卡湖上興築發電水壩，水位提高雖然犧牲了湖畔度假村，但湖面也變得更加寬廣。

湖畔一帶是大角羊經常出沒的地方，腳邊草地上也活躍著哥倫比亞地鼠；每年春秋兩季，金鷹在科羅拉多、懷俄明與阿拉斯加之間遷徙，必定過境班夫公園，湖畔的派勒什觀景點(Palliser Viewpoint)便成為賞鷹據點，據說一天最多可見到數百隻金鷹乘風飛翔。而沿著大湖北岸的步道，則可以前往史都華峽谷(Stewart Canyon)，發源自卡斯喀山的卡斯喀河在此切開岩床縫隙，注入明尼汪卡湖中。

日光草原 Sunshine Meadows

**MAP ▶ P.157C7**

# 日光草原
## Sunshine Meadows
### 百花盛開的繽紛原野

🚗 從班夫鎮開車到Sunshine Village約18公里，有免費停車場。夏季時也可搭乘免費接駁車前往。到達Sunshine Village後，再搭乘纜車與纜椅前往日光草原

**日光草原纜車**
☎ (403) 705-4000、1-877-542-2633　🕐 6月初~9月底每日08:00~18:00　💲 成人$65，65歲以上$59，6~15歲$32
🔗 www.banffsunshinemeadows.com　❗ 史坦迪什纜椅只行駛到17:00

　這片沿著大分水嶺綿延14公里的弧形草原，平均高度約有海拔2,225公尺，與辛普森隘口、希利隘口相連成一片廣大的荒野與凍土原。這條步道是當地人的最愛，不過由於地勢較高，且位於迎風面，每年這裡的總降雪量可深達7公尺，甚至時序已邁入7月，步道旁都仍能見到殘雪，因此一年中開放的時間相當有限。也正因為雪水豐富，加上夏季充足的陽光，使得草原上的生機欣欣向榮，山石南花、西方銀蓮、假蓬菊、繐草、北極柳等花草開滿整片原野，成為日光草原最吸引人的原因。經過統計，生長在這裡的植物種類多達340種，超過班夫公園與傑士伯公園內所有植物種類的三分之一，而且包含許多稀有種。除了植物外，像是哥倫比亞地鼠、灰白土撥鼠、岩兔等齧齒類動物，在步道旁也屢見不鮮。

　最經典的路線是從纜車站出發，往Rock Isle Lake的方向前進，這座中間有個小島的湖泊，是日光草原的招牌風景。過了觀景點後是一條環形小徑(來回8.5公里)，繞著Larix Lake走一圈，沿途會經過Grizzly Lake湖畔，此時位於南邊的，是標高3,616公尺的阿西尼博因山(Mt Assiniboine)，這可是洛磯山脈中的第8高峰，雄奇的山景令人眷戀。回到草原主路徑後，再登上史坦迪什觀景點(Standish Viewpoint)眺望整片日光草原，從那裡可搭乘纜椅回到纜車站。如果行有餘力，不妨順著環形道繼續走下去，前往The Monarch觀景點，欣賞至尊山2,904公尺高的山勢(全程12.6公里)。

弓河谷景觀道 Bow Valley Parkway

MAP ▶ P.157C6

# 強斯頓峽谷

**MOOK Choice**

## Johnston Canyon

### 踏上棧道走進幽谷

🚗 從班夫鎮開車約25公里，從露易絲湖鎮開車約33公里，有免費停車場。也可從班夫鎮搭乘漫遊巴士的9號路線前往。從步道口到下瀑布，單程1.2公里；到上瀑布單程2.4公里；到墨水池單程5.4公里

1萬多年前，強斯頓溪原本在東邊5公里外沿著伊緒貝山(Mt. Ishbel)流入弓河，但是8千年前的一次山崩，墜落的土石阻斷了溪流出路，迫使溪水另闢蹊徑，終於切割出強斯頓峽谷。當較易妥協的石灰石被溪水攻陷之際，由石灰石變質而成的白雲石仍頑強固守，因而在峽谷中造成落差，7處瀑布也於焉形成。為了讓遊客更接近峽谷，園方沿著山壁架設起棧道，引領遊客進入峽谷深處。在這裡，聽到、看到的都是溪水和山石的爭戰，水流侵蝕山壁，並剝離帶走石頭，然而石頭卻決定了水流走向，讓人不由得讚嘆大自然的神奇力量。

從停車場走到下瀑布(Lower Falls)，沿途穿梭在天然岩洞所形成的隧道中，這裡峽谷最深處達30公尺，讓人回想起太魯閣的壯麗風景。過了下瀑布後，原本人聲鼎沸的步道突然安靜一半，相較於前段的險峻，這裡河谷稍微寬了一些。在前往上瀑布(Upper Falls)的路上，常可看到巨大的岩壁呈現出黃、黑色的縱向條紋，彷彿一道質地粗獷的簾幔，這是水中藻類在行使光合作用時，去除了水中的二氧化碳，致使碳酸鈣在岩壁上沉積為石灰華的緣故。

如果還意猶未盡，可繼續朝墨水池(Ink Pots)走下去，這一段路會暫時偏離峽谷，而沿著舊河道往林中深入。若看到地上有圓形的小水坑，或水中有一個個小圓圈，那便是墨水池了。墨水池其實就是地下泉水的出水口，總計這裡的暗泉每分鐘可湧出1,800公升水量，其中幾處墨水池顏色較深，這是因為湧出的泉水擾動水底泥沙的關係。

弓河谷景觀道 Bow Valley Parkway

**MAP ▶ P.157C5**

# 城堡山

## Castle Mountain

### 屹立千萬年的大自然堡壘

🚗 從班夫鎮開車約37公里，從露易絲湖鎮開車約22公里，有免費停車場。步道單程3.8公里 🚶 如果不想爬上瞭望點，在Castle Junction與國道1號的路邊展望台，都有不同景觀

不輕易向冰雪低頭的城堡山，已挺立於洛磯山脈千萬年。1858年派勒什勘測隊到達此地時，見這裡的山勢如同一座雄峙在天地間的城堡，因而將之命名為「城堡山」。二次大戰期間，城堡山曾經更名為艾森豪山，以榮耀盟軍統帥艾森豪。據說，原訂出席更名儀式的艾森豪因高爾夫球局未散，臨時缺席，當地人便戲稱綠意盎然的南邊山峰為「艾森豪果嶺」；1979年城堡山又改回原名，唯有南峰仍沿稱為艾森豪峰(Eisenhower Peak)。

露易絲湖 Lake Louise

**MAP ▶ P.171B6**

# 夢蓮湖

**MOOK Choice**

## Moraine Lake

### 峰峰相連到天邊

🚗 目前Moraine Lake Rd已禁止私人車輛進入，可將車停在露易絲湖纜車停車場，再搭乘Parks Canada Shuttle前往。或是從班夫鎮搭乘漫遊巴士的10號路線。兩者皆需事先預約

◎ **Parks Canada Shuttle**

🕐 6月~10月初每日06:30~18:00 (最後回程時間為19:30) 💲 成人$8，65歲以上$4，17歲以下免費 🌐 www.banfflakelouise.com/explore-the-park/moraine-lake-shuttle

夢蓮湖位於海拔1,887公尺的群峰環繞間，地勢較露易絲湖高，卻只有1.5公里長、270公尺寬，水深僅及23公尺。「moraine」在英文中指的就是冰磧石，據說湖泊是因冰磧石堵住山上融雪而成，夢蓮湖由此得名，然而湖畔堆積成山的岩石，卻讓地質學家懷疑這座湖其實是因為落石形成。

夢蓮湖的湖水完全來自溫克奇納冰河(Wenkchemna Glacier)，冬日沒有雪水挹注時，湖泊甚至可能乾涸，直到春暖雪融以後，才逐漸恢復面積。湖水顏色較露易絲湖少了些綠，卻多了幾許藍，更顯出鄉下姑娘般的淳樸。觀賞夢蓮湖的最佳地點在湖畔的石堆上，從這裡望去，夢蓮湖的背景正是以溫克奇納峰為首的「十峰」，老一輩的加拿大人對這幅畫面定不陌生，因為它曾被印在1969~1979年間發行的20元鈔票背面，因此從石堆望去的景象，也常被稱為「二十元景觀」。

**MAP ▶ P.156C4**

# 露易絲湖

**MOOK Choice**

## Lake Louise

**此湖只應天上有，人間難得幾回見**

🚗 從班夫鎮開車約61公里，湖畔停車場雖大，但一位難求，建議清早前往。而在夏季時，湖畔停車須持有許可證，可將車停在露易絲湖纜車停車場，再搭乘Parks Canada Shuttle前往。或是從班夫鎮搭乘漫遊巴士的8號路線。兩者皆需事先預約

**Parks Canada Shuttle**

🕐 5月中~10月初每日06:30~18:00（最後回程時間為19:30）💲成人$8，65歲以上$4，17歲以下免費 🌐www.banfflakelouise.com/explore-the-park/lake-louise-shuttle

**露易絲湖划船**

🏠 租船處在露易絲湖城堡酒店前的碼頭 🕐 夏季約08:30~21:00 💲槳划船（最多3人）：每艘船1小時$155（住客$95）。獨木舟：每人1小時$75（住客$60）🌐www.fairmont.com/lake-louise/promotions/canoeing

1882年夏夜，太平洋鐵路探勘隊在弓河與煙斗石河的匯流處紮營，嚮導威爾森(Tom Wilson)忽然聽到遠處雷聲滾滾，同行的原住民嚮導告訴他，雷聲來自「少魚湖上的大雪山」。第二天清晨，威爾森刻意探尋雷聲來源，發現雷聲為雪崩的聲音，而雪山下一泓碧湖宛若翡翠，於是在

日記上寫道：「老天在上，我發誓從沒見過這麼無與匹敵的景色！」並將之命名為翡翠湖。而露易絲是維多利亞女王最疼愛的女兒，她作為加拿大總督夫人，在新大陸居住了5年時間，並深深愛上這裡的絕美風景。1883年總督任期年滿，露易絲公主依依不捨地和丈夫一起回到英國，為了留作紀念，便把新發現的翡翠湖更名為露易絲湖，而雪山則稱為維多利亞山。

露易絲湖海拔高度1,731公尺，長2.4公里，寬500公尺，水深90公尺，向來被視為洛磯山中的寶石。原住民傳說露易絲湖的水是經由藍鳥尾巴蒸餾，才產生如翡翠般的碧綠，事實上，造就出露易絲湖這般顏色的並非藍鳥，而是冰河的精心傑作。洛磯山中的碧湖多由冰河餵養，困在冰河裡的石礫互相磨擦，形成細如麵粉的石粉，石粉隨著融冰沉澱在湖裡或漂浮於水中，使得光線中的藍、綠光譜無法被湖水吸收，湖面便呈現出這種牛奶藍的顏色。

夏天是露易絲湖最美的季節，2公里長的遊湖步道，可以從不同角度欣賞湖光山色，尤其在波平如鏡的清晨，朝陽初上，環湖群山和城堡旅館爭相投映湖面，直到被泛舟遊客的木槳打亂了湖心。

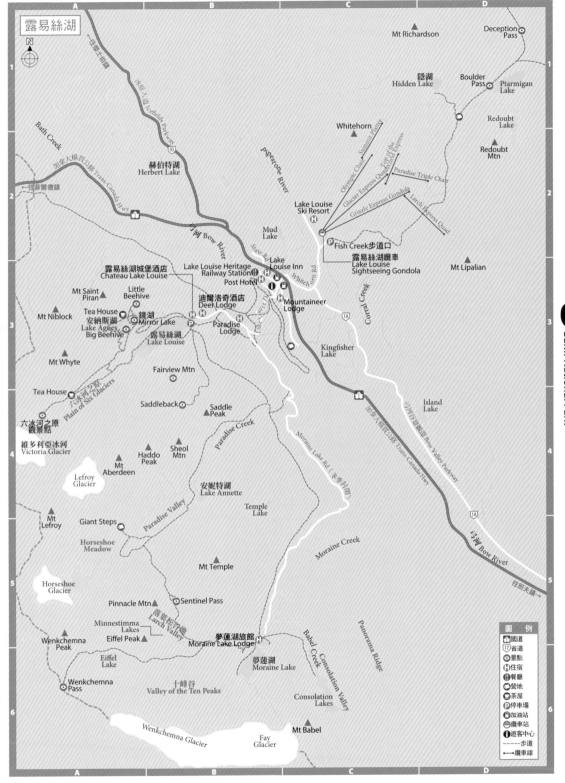

露易絲湖

N

Bath Creek

往賈士伯鎮

冰原大道Icefields Parkway

加拿大橫貫公路 Trans-Canada Hwy

往菲爾德鎮

赫伯特湖
Herbert Lake

Papestohe River

弓河 Bow River

State Rd

Mt Richardson

Deception Pass

隱湖
Hidden Lake

Boulder Pass

Ptarmigan Lake

Whitehorn

Redoubt Lake

Redoubt Mtn

Summit Platter

Olympic Chair

Glacier Express Quad

Top of the World Express

Paradise Triple Chair

Grizzly Express Gondola

Larch Express Quad

Lake Louise Ski Resort

Fish Creek步道口

露易絲湖纜車
Lake Louise Sightseeing Gondola

Mt Lipalian

Mud Lake

Lake Louise Inn

Mt Saint Piran

Little Beehive

露易絲湖城堡酒店
Chateau Lake Louise

Lake Louise Heritage Railway Station

Post Hotel

迪爾洛奇酒店
Deer Lodge

Mt Niblock

Tea House

安納斯湖
Lake Agnes

鏡湖
Mirror Lake

Big Beehive

露易絲湖
Lake Louise

Mountaineer Lodge

Paradise Lodge

Corral Creek

Kingfisher Lake

Mt Whyte

Fairview Mtn

六冰河之原 Plain of Six Glaciers

Tea House

Saddleback

Saddle Peak

Whiteh

Lake Louis Rd

Island Lake

六冰河之原
觀景點

維多利亞冰河
Victoria Glacier

Paradise Creek

加拿大橫貫公路 Trans-Canada Hwy

弓河谷公路 Bow Valley Parkway

Lefroy Glacier

Mt Aberdeen

Haddo Peak

Sheol Mtn

安妮特湖
Lake Annette

Temple Lake

Mt Lefroy

Giant Steps

Paradise Valley

Moraine Creek

弓河 Bow River

Horseshoe Meadow

Mt Temple

往班夫鎮→

Horseshoe Glacier

Pinnacle Mtn

Sentinel Pass

洛葉松谷地 Larch Valley

Minnestimma Lakes

Eiffel Peak

夢蓮湖旅館
Moraine Lake Lodge

Babel Creek

Panorama Ridge

Wenkchemna Peak

Eiffel Lake

十峰谷
Valley of the Ten Peaks

夢蓮湖
Moraine Lake

Consolation Valley

Wenkchemna Pass

Consolation Lakes

Wenkchemna Glacier

Fay Glacier

Mt Babel

圖 例

國道
省道
景點
住宿
餐廳
營地
茶屋
停車場
加油站
纜車站
遊客中心
步道
纜車線

**露易絲湖 Lake Louise**

MAP ▶ P.171A3-A4

# 安納斯湖與六冰河之原

Lake Agnes & Plain of Six Glaciers

**MOOK Choice**

## 從各種角度欣賞露易絲湖

🏊 步道口位於露易絲湖城堡酒店前。湖濱步道加六冰河之原步道，單程6.8公里；前往安納斯湖，單程3.5公里；經由安納斯湖、Big Beehive前往六冰河之原，再經湖濱步道回程，全程17.3公里

露易絲湖的美，是所有來過洛磯山的人心中最珍藏的回憶，站在露易絲湖城堡酒店前，那懾人心魂的景色，就算是再鐵面無情的人，也不能不為之動容，彷彿那碧藍的湖水直通宇宙黑洞，將世上一切外物、時間、思想，統統都給吸了進去，只剩下你和露易絲湖才是唯一真實的存在。

不過我們並不希望你因此而滿足，而是鼓勵你朝步道走去，因為露易絲湖就像位絕世美女，無論從哪個角度都百看不厭。這條線上著名的步道有兩條：沿著露易絲湖畔漫步，過了湖的尾端後

繼續前行，便是被稱為「六冰河之原」的步道，這條步道走到底，可從正面觀看氣象宏偉的維多利亞冰河前緣。步道途中會經過一棟茶屋，裡頭供應種類多到不可思議的茶葉，也有配茶的餅乾和點心，是補充活力的休息站。

若是從城堡酒店前的步道口往上走，則是通往安納斯湖的路，這條步道雖是上坡，卻一點也不令人疲憊，因為露易絲湖在每個轉角處都會送給你驚喜，就像吹笛子的人，將你不知不覺地吸引上山。安納斯湖是個秀麗的山中湖泊，雖不像露易絲湖那般驚為天人，但也算得上清秀可愛。湖畔也有一棟茶屋，提供健行客歇腳的地方。休息過後，一定要再接再厲，爬上更高處的Big Beehive或Little Beehive，從這兩個點都能從上方俯瞰露易絲湖和城堡酒店，此時的露易絲湖就像顆鑲嵌在山林中的寶石，更有種說不出來的美。

而從安納斯湖到六冰河之原，也有一條途經Big Beehive的陡徑，因此體力好的人，不妨將這兩條路線當成一個環形步道來走。

露易絲湖 Lake Louise

**MAP ▶ P.171C2**

# 露易絲湖纜車

## Lake Louise Sightseeing Gondola

**張大眼睛尋找熊蹤**

📍 從班夫鎮開車約59公里,從露易絲湖鎮開車約3公里,有免費停車場。若是5月中~10月初這段期間住在露易絲湖城堡酒店,每日10:30在酒店正門前有免費接駁車,不需預約 🏠1 Whitehorn Rd ☎1-877-956-8473 ⏰5月底~6月底09:00~16:00,6月底~7月09:00~17:30,8月~9月初09:00~18:00,9月初~10月初09:00~17:00 💲成人$60,65歲以上$49,13~17歲$25,6~12歲$13(可加購含餐飲的套票) 🌐www.skilouise.com ❗5歲以下兒童免費,但仍需取票。106公分以下只能乘坐纜車

　　「請問你們有看到熊嗎?」「前面就有一隻!」人們坐在露易絲湖登山纜椅上,總是急切地想從迎面而來的口中探出一些情報,而上面就是你在這裡經常聽到的對話。大約15分鐘的纜車路程,所有人都不是安安靜靜地看風景,而是東張西望在尋找熊的蹤跡,這一帶是班夫公園裡最大的棕熊棲息地,每到夏、秋之際,不時會看到牠們出來覓食的身影,而纜椅的高度正好提供了安全距離,讓遊客有機會和牠們近距離相遇,而又能確保彼此都不受侵犯。

　　你可以選擇乘坐開放式的纜椅,或是搭乘包廂式的纜車,上山之後是標高2,088公尺的觀景平台,可遠望露易絲湖與維多利亞山的景致。山上還有一棟野生動物中心,除了展示此地的動物生態,定時也有專人解說。若不想太快下山,山上有兩條步道可讓你活動筋骨,或是報名參加棕熊棲息地的導覽健行,說不定能在專業嚮導帶領下,與熊來場相見歡。

冰原大道 Icefields Parkway

**MAP ▶ P.156C1-C3**

# 冰原大道

## Icefields Parkway

**當開車變成一種享受**

❗最高速限為90公里,接近景點時減速為50公里

　　連接露易絲湖鎮與傑士伯鎮的這段省道93號,總長約229公里,由於一路上可看到許多冰河地形,又經過舉世壯觀的哥倫比亞冰原,故又名「冰原大道」。在冰原大道開通前,很少有人真正看過冰原,更少人置身其間;1931年,大道工程自露易絲湖和傑士伯鎮兩邊同時開工,1939年於大彎岡(Big Bend)會合,次年正式通車,而大彎岡也成了拍攝冰原大道照片最理想的觀景點。這條幾乎全為手工打造的道路,平均高度為海拔1,550公尺,沿著大分水嶺邊緣開闢,串連班夫及傑士伯國家公園的冰河、碧湖、溪流、峽谷、瀑布與高山,沿路野花遍地,不時還有野生動物出沒,是加拿大洛磯山最迷人的風景線。

冰原大道 Icefields Parkway

MAP ▶ P.156C1

# 弓湖

## Bow Lake

### 冰原大道上最亮眼的湖泊

🚗從露易絲湖鎮開車約38公里

**前往弓峰觀景點**

🚗沿冰原大道往北，過了弓湖旅館約4.8公里，依往Peyto Lake的指標左轉，停在下停車場。步道單程3.1公里

　　源自華普達冰原(Wapta Icefield)的弓冰河(Bow Glacier)供給弓湖一泓碧綠，並將水色沿著弓河一路蜿蜒到數百公里外的卡加利。弓河沿岸生長的花旗松，是從前原住民用來製弓的材料，

弓河因此緣故而獲名。弓湖是冰原大道路邊最大的湖泊，湖長2.4公里、寬約1公里，深度達50公尺。冬天時的弓湖隱藏在冰雪中，弓冰河也失去了顏色；夏日融雪之後風平浪靜，湖光便能盡情描繪山影，而弓冰河也隱隱透著微藍在遠處陪襯。

　　觀賞弓湖，除了在湖畔漫步外，也可以爬上弓峰的制高點，居高臨下眺望弓湖與谷地全景。登上制高點的步道口與匹投湖觀景點是同一處，因此可順道欣賞匹投湖碧藍的水色。從匹投湖觀景點沿著林線小徑繼續往上走，最後來到一處植被並不茂盛的山坡，當發現前方已無路可走時，抬起頭來，令人心曠神怡的美景就在眼前。

冰原大道 Icefields Parkway

MAP ▶ P.156C1

# 鴉腳冰河

## Crowfoot Glacier

### 氣候暖化的受害者

🚗從露易絲湖鎮開車約36公里，觀景台有免費停車格

　　除了弓冰河外，鴉腳冰河也懸掛在斷崖絕壁上俯視著弓湖。這條冰河的前緣原本分為三岔，由於像極了烏鴉的腳趾，因此被人稱為「鴉腳冰河」。然而過去數十年來，氣候暖化加劇了冰河後退的速度，烏鴉腳的三趾也斷成了兩趾，讓冰河看起來不復往日的趾高氣揚。或許過不了幾年，當鴉腳都不鴉腳了，冰河也會被迫改名吧。

冰原大道 Icefields Parkway

MAP ▶ P.156C1

# 匹投湖

MOOK Choice

## Peyto Lake

**沉睡在山中的藍美人**

📍沿冰原大道往北，過了弓湖旅館約4.8公里，依往Peyto Lake的指標左轉，停在下停車場。步道前往下觀景點單程600公尺，前往上觀景點單程1公里

匹投湖是班夫公園中的第5大湖，長約3公里，寬約1公里。和露易絲湖、夢蓮湖一樣，因為來自冰河的水源中夾雜大量石粉，而呈現出迷人的藍寶石色澤，深受人們喜愛。同時因為湖泊形狀像是有個尖尖的頭和兩隻短短的手，於是有些台灣遊客也暱稱其為「睡美人湖」。Bill Peyto是19世紀末活躍於洛磯山脈的嚮導，後來也成為班夫公園的管理者，以發現哥倫比亞冰原而名留青史。1896年時，他加入Walter Wilcox的探險隊，某天晚上他們在弓湖畔紮營，Peyto突然神祕地消失，當大家找到他時，他正陶醉地坐在今日的匹投湖觀景點上，於是Wilcox便用他的名字來為新發現的湖泊命名。

匹投湖上方有兩處觀景點，下觀景點的熱鬧不亞於露易絲湖畔，遊覽車輪番載來一批批遊客，想好好拍個美照可得見縫插針。如果不想和團客人擠人，再往上走一點路，就會來到上觀景點，這裡遊客較少，景色也更迷人。

冰原大道 Icefields Parkway

MAP ▶ P.156E1

# 迷思塔亞峽谷

## Mistaya Canyon

**憤怒的河流，是上帝切穿岩石的刀**

📍從露易絲湖鎮開車約74公里，有免費停車位

迷思塔亞在原住民語中為「棕熊」之意，峽谷的形成其實也和冰河作用有關，當年冰河向後退去時，在地表上挖鑿出巨大的北薩克其萬河谷，使得發源於匹投湖的迷思塔亞成為一處高懸在山壁上的懸谷。剛開始時，迷思塔亞河以瀑布的形式注入北薩克其萬河中，然而經過1萬2千多年的漫長歲月，始終怒氣沖沖的河水夾帶著大量石塊，終於切割出一道又深又窄的峽谷來。險峻的峽谷呈現「W」形的曲折線條，這是因為河流的切割作用順應著岩床節理的緣故；而峽谷岩壁上處處可見流線型的凹洞，則是長久以來遭受急流中的圓石所磨蝕而成的壺穴。從架設在峽谷上的木橋往下望去，激烈翻騰的急流簡直就像洗衣機中的場景，看得叫人膽顫心驚，原來看似堅不可摧的岩石，在流水和時間的聯手下，竟是這般不堪一擊。

**MAP ▶ P.156E1**

# 西拉斯山
## Cirrus Mountain

### 誰說山石不能情感豐富？

🚗 從露易絲湖鎮開車約108公里，有免費停車格

標高3,215公尺的西拉斯山，其情緒隨著季節變化，似乎總在傷春悲秋。六月融雪之時，草木蓬勃茂盛，西拉斯山面河一側的山壁上卻是淚溢涔涔，因而被稱為「哭牆」(Weeping Wall)；夏季將盡，西拉斯山逐漸收拾淚眼，卻仍抹不去滿面淚痕；秋末冬初，風雪又為哭牆增添新淚，隨著氣溫下降，淚水凍結在岩壁上成為一條條冰柱。縱使西拉斯山已然如此傷悲，不解風情的人們卻仍以它的淚水嬉戲。攀爬冰柱這項運動源於1950年代的蘇格蘭，大約在70年代時傳到洛磯山；洛磯山長達6個月的結冰期，也助長了攀爬冰柱的風氣，山區裡的瀑布都是玩家們一展身手的地方，而交通方便的哭牆更是熱門場地。

---

**MAP ▶ P.156D1**

# 帕克山脊

**MOOK Choice**

## Parker Ridge

### 原來天堂距離我們這麼近

🚗 從露易絲湖鎮開車約120公里，從傑士伯鎮開車約110公里。步道單程2.4公里

帕克山脊位於班夫與傑士伯國家公園交界處，是條非常熱門的登山步道。步道首先穿過一小片古老的英格曼雲杉林，接著是一片亞高山草原，由於海拔地勢較高，土壤又貧瘠，加上來自哥倫比亞冰原的冷空氣，以及幾乎從不間斷的強風，大大縮短了植物的生長季節，使得山上植被並不茂盛。然而到達山脊稜線後，視野變得豁然開朗，再往前走去，不可思議的壯觀景象頓時出現眼前，偌大的薩克其萬冰河(Saskatchewan Glacier)從谷地對面現身，距離是那樣的靠近，又是那樣的遙不可及。由於這條冰河前緣沒有冰瀑，而是緩緩伸進冰河湖中，使它看來更像條巨大的白地毯，當日光落在冰河頂上，彷彿沿著這

條白色大道前進，最終就能來到天堂門前。而一旁的薩克其萬山巍巍然高達3,344公尺，此時看上去，便成了守衛天堂大門的巨靈神。

洛磯山脈國家公園群⋯⋯
**班**
夫國家公園
Banff National Park

### 班夫鎮 Banff

**MAP ▶ P.155B5**

**菲爾夢班夫溫泉酒店**
**Fairmont Banff Springs**

⌂405 Spray Ave, Banff, AB, T1L1J4 ☎(403) 762-2211、1-866-540-4406 Ⓢ$ $ $ $ $ $ Ⓤ⒯www.fairmont.com/banff-springs

1885年時，太平洋鐵路經過洛磯山脈，當時鐵路公司總裁以自己位於蘇格蘭的家鄉，將新市鎮命名為班夫，而這座班夫溫泉酒店便是以仿照蘇格蘭莊園風格為概念。為數眾多的塔樓、高高的天花板、大片拱型窗戶，在在充滿濃厚貴族風，也因此贏得「洛磯山城堡」(Castle in the Rockies)的美譽。

最初會有興建旅館的想法，是希望提供火車乘客一個能好好休息和住宿的地方，而旅館於1888年開幕時，便被宣稱是「北美大陸的最佳旅館」，當時房間總數有250個，之後歷經數度整修，才有今日770間房的規模，並於1992年被指定為國家歷史古蹟。

遠遠望去，班夫溫泉酒店就像是聳立於森林中的古典城堡，一踏進寬敞的大廳，讓人免不了一陣驚豔，古樸的石材、鐵製吊燈、大片門窗，讓人彷彿置身歐洲古堡中；為了讓遊客與班夫國家公園的美景沒有隔絕，窗邊還擺設舒服的沙發讓遊客能欣賞室外風景。飯店內部裝潢是仿歐式風格，溫暖色調在沉穩中不失輕鬆，飯店還會體貼地在枕頭上放上一張小卡片，預告隔天的天氣狀況。最特別的要算是12樓的總統套房，就位於城堡的尖頂，擁有絕對隱密的空間，包括羅斯福總統、伊莉莎白女王、瑪麗蓮夢露等人都曾是住客。

住在這裡，景觀絕對是必須講究的，班夫溫泉酒店的房間分為「山景」和「谷景」，不同季節時有不同的選擇考量，夏季自然是以谷景為主，能欣賞河水奔流的景致，冬季則建議住在山景套房，可以有雪景相伴。既然名為溫泉酒店，過去的確曾引入溫泉水作為號召，現在雖已不再引進溫泉，卻有現代化的SPA和健身中心，幫助遊客從戶外活動歸來後恢復活力。而喜歡野生動物的人可要找機會在旅館外圍走走，清晨或傍晚時都有看到野生動物的機會，有時飯店人員發現鹿群蹤跡，還會特別知會旅客呢！

## 露易絲湖 Lake Louise

MAP ▶ P.171B3

### 露易絲湖城堡酒店
### Chateau Lake Louise

🏠111 Lake Louise Dr, Lake Louise, AB, T0L 1E0 ☎(403) 522-3511、1-866-540-4413 💲$$$$$$ 🌐www.fairmont.com/lake-louise

自開幕以來，露易絲湖城堡酒店便享有「荒野中的鑽石」美名，並和班夫溫泉酒店並稱為「洛磯雙堡」。如果有人要問，露易絲湖城堡酒店的魅力到底在哪裡？其實很簡單，露易絲湖的美景就是一切的答案。請你想像這樣的情景：清晨醒來，你所看到的不是喧囂的街道，而是美麗的湖光山色，她陪伴你入睡，和你一起甦醒，在飯店的任何角落，你都能看到她的蹤影，這樣的理由足不足夠？於是再多的形容似乎都嫌累贅，露易絲湖城堡酒店完全與雪峰、碧湖融為一體，甚至更增加了她的美麗；簡單的翠綠色屋頂和白色建築牆面，靜靜依偎在湖邊，而從飯店面湖的窗戶望出去，所框格出來的湖景，更有另一種美麗的風貌。所以有機會來到露易

絲湖，一定得到城堡酒店裡面走走，才能發現露易絲湖多變的美麗。從古至今，許多探險者都曾留下對露易絲湖的讚嘆和感言，過去的探險者們要經過跋山涉水才能得見如此美景，儘管他們的拓荒精神令人由衷感佩，但身為現代人的我們仍不免感到慶幸，能有這麼高級的房間和設施，輕鬆享受湖光山色，實在是舒服極了。

露易絲湖城堡酒店始建於1890年，當初的構想是興建一個「屬於戶外探險和登山愛好者的旅館」，剛開始時只是一棟一層樓的木造建築，有起居室、客廳、臥室和走廊，裡面只有簡單的隔間和設施，當時連在夏季的遊客都不超過100人，主要是些登山者、藝術家和攝影師。後來遊客急速增加，於是展開擴建工程，1924年的一場大火燒光了原先的木造建築，一年內又重建為8層樓的磚造城堡，並正式改名為露易絲湖城堡酒店。如今飯店1樓仍懸掛著裝飾用的動物標本、走廊不定期展出當時探險家們的故事，而大廳正上方的吊燈有四位女神拿著火把，也象徵為荒野的旅人指引方向之意，多少揭示了旅館作為探險者落腳處的初衷。

## 露易絲湖 Lake Louise

**MAP ▶ P.171B5** **夢蓮湖旅館 Moraine Lake Lodge**

🚌需搭乘Parks Canada shuttles或漫遊巴士前往 🏠1 Moraine Lake Rd, Lake Louise, AB T0L 1E0 ☎(403) 522-3733、1-877-522-2777 💲\$ \$ \$ \$ \$ 🔌 morainelake.com 🕐僅6~9月營業

倚著夢蓮湖畔的夢蓮湖旅館，夢幻的程度絕不下於露易絲湖城堡酒店，在房內私人陽台上欣賞蔚藍的夢蓮湖，逍遙自適的情趣，羨煞在湖邊的其他遊客。旅館房型分為主建築中的套房與面向湖景的兩層樓木屋，而後者當然是許多人選擇住在這裡的誘因。這裡的房間溫馨舒適，很有種從前山中狩獵小屋的味道，房間內還提供免費乾柴，讓住客晚上可以在壁爐中取火，簡直就是童話中的情景。

此外，成為夢蓮湖旅館的住客還能享有更多不一樣的體驗，包括租一艘獨木舟，划行在夢蓮湖如夢似幻的水面上、報名加入由專人導覽的健行行列，深入落葉松谷地等步道探險、午後在交誼廳的下午茶點、晚上也有生態教室，以趣味的方式讓所有住客同樂。而這些，都是包含在房價中的。晚上若沒有其他活動，不妨在旅館餐廳訂一個

位子，雖然並不便宜，但食物美味、氣氛浪漫破表，如果是和另一半前來，絕對大大加分。

### 弓河谷景觀道 Bow Valley Parkway

**MAP ▶ P.156C4** **貝克河山莊 Baker Creek By Basecamp**

🏠弓河谷景觀道上 ☎(403) 522-3761 💲\$ \$ \$ \$ \$ 🔌 www.basecampresorts.com/bakercreek

深藏在弓河谷景觀道上的貝克河山莊，就像個遺世而獨立的世外桃源，過著帝力於我何有哉的悠閒生活。其實早在1949年，這裡就有間農舍旅宿，接待在加拿大橫貫公路上長途旅行的人們，而今日的渡假村則是建造於1980年代，2015年易手時又重新翻修了一輪。這裡的住宿分為旅館與小木屋兩種類型，前者房型中除了有景觀陽台，房間內甚至還有壁爐與按摩浴缸！雖然距離城鎮遙遠，但住在這裡一點也不會無聊或不便，在交誼廳裡有多款桌遊和拼圖遊戲，可以與家人親友同樂；健身房內各種重訓器材齊全，就連桑拿浴都有，其他像是餐廳、圖書館、販賣部、免費無線網路等設施，皆一應俱全。由於鄰近弓河河畔，渡假村一帶不難看到野生動物的蹤跡，最常見的是北美馬鹿與騾鹿，牠們常在晨昏時刻出沒覓食，據說還有一隻名叫Boss的大棕熊就住在附近呢！

冰原大道 Icefields Parkway

MAP ▶P.156C1 弓湖旅館 The Lodge at Bow Lake

⌂弓湖北岸 ☎(403) 522-0148 Ⓢ$ $ $ $ $ ⓊⓇ
lodgeatbowlake.com ❶僅5月中~10月中營業

　　緊鄰弓湖湖畔的弓湖旅館，其前身就是大名鼎鼎的納塔吉哈旅館(Num-Ti-Jah Lodge)。1898年，來自英格蘭的青年Jimmy Simpson初到弓湖露營，認定這裡是他在加拿大所見過最美的地方，立誓將來有天一定要在湖畔建屋居住。1923年，政府租給Jimmy四畝地，交換條件是他必須斥資五千元以上改善環境，他於是建起木屋，成為他嚮導生意的基地。1937年冰原大道修築到弓湖，木屋於是陸續擴建，但因木料不足，原本的長方形設計變成八角形，卻讓建築更顯奇特。今日旅館已變更經營團隊，並在整建過後改為現名，於2023年夏天重新營業，所幸仍保留了從前狩獵木屋的特色，也有餐廳和禮品店供路過遊人休憩。

露易絲湖 Lake Louise

MAP ▶P.171B3 **迪爾洛奇酒店 Deer Lodge**

⌂109 Lake Louise Dr, Lake Louise, AB, T0L 1E0 ☎(403) 522-3991、1-800-661-1595 Ⓢ$ $ $ $ ⓊⓇcrmr.com/resorts/deer-lodge

　　面對露易絲湖的極景，已被城堡酒店獨佔，如果實在住不起，不如退而求其次，下榻在鄰近的Deer Lodge中。這間旅館距離露易絲湖畔只有600公尺，雖然不像城堡酒店那樣豪華大氣，但也另有一種古樸典雅的美感。Deer Lodge開業於1925年，至今已有將近百年歷史，最初只有6間客房，經過不斷擴建、重新裝潢，目前已擁有71個房間。石砌的牆基，木造的樑架和屋頂、溫暖的壁爐，都讓這裡散發一股溫馨的氛圍。最棒的是設於屋頂露台的熱水池，一年四季都不休息，讓住客一邊泡著舒服的熱水澡，一邊欣賞維多利亞冰河的美景，實在過癮極了。

班夫鎮 Banff

MAP ▶P.155D5 **布魯斯特山頂別墅
Brewster Mountain Lodge**

⌂208 Caribou St, Banff, AB T1L 1C1 ☎(403) 762-2900 Ⓢ$ $ $ ⓊⓇwww.brewstermountainlodge.com

　　這間旅館曾是布魯斯特家族的產業之一，歷史可追溯到1892年。今日的旅館是於1996年重建，擁有60間客房與9間套房，在班夫鎮上擁有不錯的評價，一來因為極其便利的地理位置，一來也出於平易近人的價格。旅館就位於鎮上的心臟地帶，距離班夫大街不遠，周邊圍繞著許多餐廳、紀念品店與超市，生活機能非常齊全。酒店客房的佈置走典雅溫馨路線，環境也整理得相當清潔乾淨，設施方面則有室內游泳池、桑拿浴、健身房、自助洗衣等，而且是國家公園裡少數附有免費早餐的旅店之一。

# 傑士伯國家公園
# Jasper National Park

佔地10,878平方公里的傑士伯國家公園，是洛磯山國家公園群中面積最遼闊的一個，公園以翡翠寶石般的湖泊著稱，散佈在境內的大小湖泊總數超過800個，光是傑士伯鎮中心方圓15公里之內，就有近60處湖泊。

19世紀初期，來自歐洲的皮貨商開始在洛磯山東麓建立據點，他們的目標是位於洛磯山另一側毛皮豐富的卑詩省。1813年，西北公司(North West Company)在今日的傑士伯鎮附近設置毛皮交易站，由一位名叫傑士伯赫斯(Jasper Hawes)的人負責管理，這座交易站因而被稱為「傑士伯屋」(Jasper House)。傑士伯屋後來曾經遷移，並於1884年時廢棄，但

1907年9月當加拿大政府在此地設置新的公園時，卻將傑士伯的名字保留下來，成為傑士伯森林公園，亦即傑士伯國家公園的前身。

由於距離卡加利路程遙遠，傑士伯的遊客密度不像班夫那般熱鬧，許多觀光客因為時間考量而把冰原中心當作冰原大道的最後一站，也讓冰原以北的廣大山林得到更多的寧靜。除了哥倫比亞大冰原是公園裡的主要招牌外，其他像是慕寧峽谷、卡維爾草原、米耶特溫泉，與幾道氣勢磅礡的瀑布，也都是非去不可的名勝。而2014年才完工的冰河天空步道，更是傑士伯近年來最大的賣點。

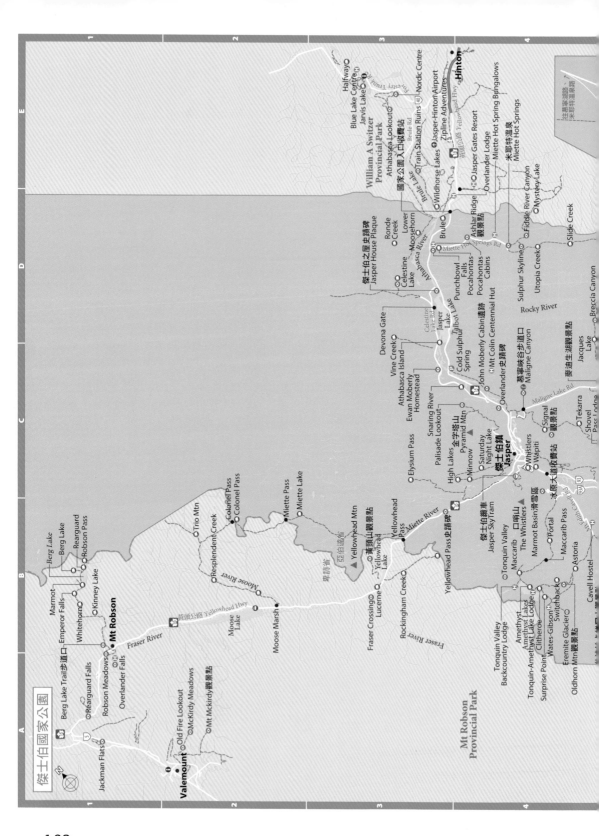

傑士伯國家公園

Jackman Flats

Valemount

Old Fire Lookout
McKirdy Meadows
Mt Mckirdy觀景點

Mt Robson
Provincial Park

Berg Lake
Berg Lake
Rearguard
Robson Pass
Rearguard Falls
Marmot
Whitehorn
Kinney Lake
Robson Meadows
Mt Robson
Overlander Falls
Fraser River

Berg Lake Trail步道口 Emperor Falls

Moose River
Resplendent Creek
Trio Mtn
Colonel Pass
Colonel Pass
Miette Pass
Miette Lake

Moose Marsh
Fraser Crossing
Lucerne
Rockingham Creek
Fraser River

黃頭公路 Yellowhead Hwy

Moose Lake

翠詩省 亞伯省

Yellowhead Mtn
黃頭山觀景點
Yellowhead Pass
Yellowhead Lake
Miette River
傑士伯公園史蹟碑
Yellowhead Pass史蹟碑

Tonquin Valley
Backcountry Lodge
Amethyst
Amethyst Lakes
Tonquin-Amethyst Lake Lodge
Surprise Point
Eremite Glacier
Oldhorn Mtn觀景點

Tonquin Valley
Maccarib 口哨山
The Whistlers
Marmot Basin滑雪區
傑士伯纜車
Jasper SkyTram

Clitheroe
Wates-Gibson山屋
Switchback
Portal
Maccarib Pass
Astoria
Cavell Hostel

Elysium Pass
High Lakes 金字塔山
Pyramid Mtn
Saturday
Night Lake
Minnow
傑士伯 Jasper
Whistlers
Wapiti
冰原大道收費站

Palisade Lookout
Snaring River
Ewan Moberly
Homestead
Athabasca Island
Vine Creek
Devona Gate
Cold Sulphur
Spring
John Moberly Cabin遺跡
Mt Colin Centennial Hut
Overlander史蹟碑
Overlander Gate

Athabasca River
Celestine
Lake
Jasper
Lake
Talbot Lake
Punchbowl
Falls
Pocahontas
Pocahontas
Cabins

Celestine Lake Rd

傑士伯之屋史蹟碑
Jasper House Plaque
Ronde
Creek
Lower
Moosehorn

Brule
Ashlar Ridge
觀景點

Sulphur Skyline
Utopia Creek
Rocky River

慕寧峽谷步道口
Maligne Canyon
Maligne Lake Rd
麥迪生湖觀景點
Jacques
Lake
Tekarra
Shovel
Pass Lodge
Signal
觀景點

Halfway
Blue Lake Centre
Jarvis Lake
Athabasca Lookout
Train Station Ruins
Wildhorse Lakes
Brule Lake
Bnile Rd

William A Switzer
Provincial Park
國家公園入口收費站

Jasper-Hinton Airport
Zipline Adventures
Hinton
黃頭公路 Yellowhead Hwy
Jasper Gates Resort
Overlander Lodge
Nordic Centre
Forestry Trunk Rd

米耶特溫泉
Miette Hot Springs
Miette Hot Spring Bungalows
Miette Hot Springs Rd

Fiddle River Canyon
Mystery Lake
Slide Creek
Breccia Creek

往賈斯珀路鎮、
米耶特溫泉瀑布

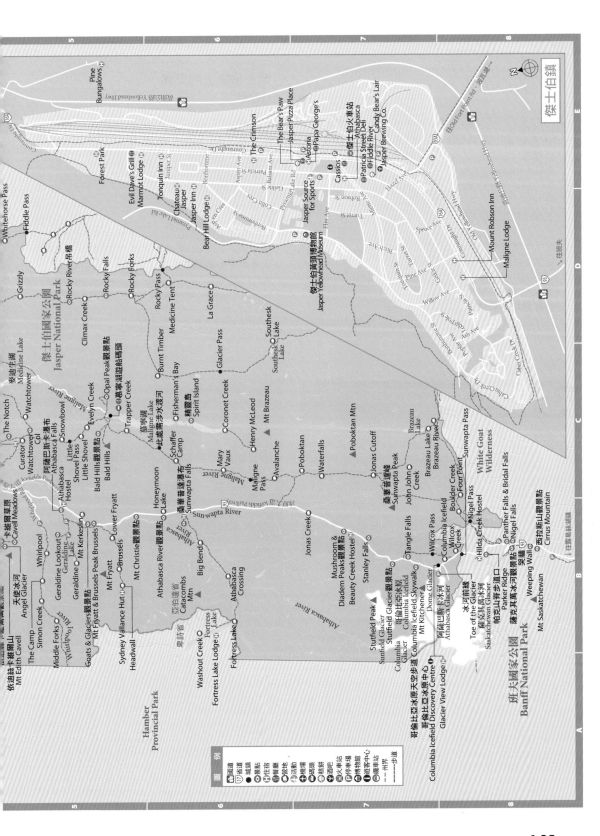

傑士伯鎮

Pine Bungalows

西湖公路 Yellowhead Hwy

Forest Park
Evil Dave's Grill
Marmot Inn
Tonquin Inn
Chateau Jasper
Jasper Inn
Bear Hill Lodge

The Bear's Paw
Jasper Pizza Place
Astoria
Papa George's
傑士伯火車站
A'Athabasca
Patricia Street Deli
Fiddle River
Jasper Brewing Co.
Cassios
Candy Bear's Lair

The Crimson

Jasper Source for Sports

傑士伯鎮頭博物館
Jasper Yellowhead Museum

Mount Robson Inn
Maligne Lodge

Whitehorse Pass
Fiddle Pass
Grizzly
Rocky River吊橋
Rocky Falls
Rocky Forks
Rocky Pass

傑士伯國家公園
Jasper National Park

麥迪森湖
Medicine Lake
Watchtower
The Notch
Curator
Watchtower Col

Climax Creek
Opal Peak觀景點
Evelyn Creek
Trapper Creek

RockyTent
La Grace

Medicine Tent
Burnt Timber
Glacier Pass

Southesk Lake
Southesk Lake

阿薩巴斯卡瀑布
Athabasca Falls
Snowbowl
Little Shovel
Shovel Pass
Bald Hills觀景點
Bald Hills

瑪寧湖
Maligne Lake
此處需搭水渡河
Fisherman's Bay
精靈島
Spirit Island
Coronet Creek

Mt Brazeau

Athabasca Hostel

Schaffer Camp
Mary Vaux
Maligne Pass
Avalanche
Henry McLeod
Poboktan
Waterfalls
Poboktan Mtn

Brazeau Lake

卡維爾草原
Cavell Meadows
依迪絲卡維爾山
Mt Edith Cavell
天使冰河
Angel Glacier
The Camp
Simon Creek
Middle Forks
Whirlpool
Geraldine Lookout
Geraldine Lake
Geraldine
Lower Fryatt
Mt Kerkeslin
Mt Fyatt & Brussels Peak觀景點
Brussels
Mt Fyatt
Mt Christie觀景點

Honeymoon
Lake
桑華普達瀑布
Sunwapta Falls
Sunwapta River

Sunwapta River

桑華普達峰
Sunwapta Peak
John John Creek
Jonas Cutoff
Brazeau River

Brazeau Lake
Four Point
Boulder Creek
Sunwapta Pass

White Goat Wilderness

Goats & Glaciers觀景點
Sydney Vallance Hut

Mt Fryatt & Brussels

Athabasca River觀景點

Mushroom & Diadem Peaks觀景點
Beauty Creek Hostel

Jonas Creek

Stanley Falls
Tangle Falls

Wilcox Pass
Wilcox Creek
哥倫比亞冰原
Columbia Icefield

Nigel Pass
Hilda Creek Hostel
Nigel Creek

Panther Falls & Bridal Falls
Nigel Falls

Cirrus Mountain

Headwall
Washout Creek
Fortress Lake Lodge
Fortress Lake

卓詩遠省
卓詩遠省Catacombs Mtn
Fortress Lake

Big Bend
Athabasca Crossing

Athabasca River

Stutfield Peak
Stutfield Glacier
哥倫比亞冰原
Columbia Icefield
Sunfield Glacier
Dome Glacier
Mt Kitchener

冰河前緣
Toe of the Glacier
阿薩巴斯卡冰河
Athabasca Glacier
薩克其萬冰河
Saskatchewan Glacier

帕克山背步道口
Parker Ridge
西拉斯山觀景點
哭牆
Weeping Wall

Hamber Provincial Park

哥倫比亞水原天空步道 Columbia Icefield Skywalk
哥倫比亞冰原
Columbia Icefield Discovery Centre
冰原景觀點
Glacier View Lodge

薩克其萬冰河觀景點
Mt Saskatchewan

班夫國家公園
Banff National Park

往傑士伯湖鎮

圖例
國道
省道
城鎮
景點
住宿
營地
活動
纜車
碼頭
糕餅
酒吧
火車站
停車場
博物館
遊客中心
纜車站
州界
步道

## INFO

### 國家公園內的交通
◎開車
**從傑士伯鎮到露易絲湖鎮**
　約230公里，走省道93號(冰原大道)，車程3.5小時。
**從傑士伯鎮到班夫鎮**
　約290公里，走省道93號(冰原大道)接國道1號往東，車程4小時。
**從傑士伯鎮到菲爾德鎮**
　約250公里，走省道93號(冰原大道)接國道1號往西，車程3.5小時。
◎布韋斯特快線 Brewster Express
　往來班夫鎮、露易絲湖鎮、冰原中心、傑士伯鎮，詳細時刻及價錢，請參見P.147。

### 傑士伯鎮上的交通
◎停車
　大部分的道路旁都能免費停車，若實在找不到停車位，沿著Connaught Dr旁有大片停車場。

### 旅遊諮詢
🌐parks.canada.ca/pn-np/ab/jasper
◎**傑士伯鎮遊客中心**
📍P.183E7
🏠500 Connaught Dr
☎(780) 852-6176
🕐09:00~17:00 (5月中~9月底至19:00)
◎**冰原中心遊客中心**
📍P.183B8
🏠冰原大道上的冰原中心裡
☎(780) 852-6288
🕐10:30~17:00
🚫9月底~5月中

---

## Where to Explore in Jasper National Park
## 賞遊傑士伯國家公園

傑士伯鎮 Jasper
**MAP ▶ P.182C4**

# 傑士伯鎮
## Jasper
**國家公園群的北方重鎮**

©蔣育荏

　19世紀初，皮貨商經由阿薩巴斯卡及黃頭隘口翻越洛磯山，前來從事毛皮貿易，使傑士伯地區獲得初步開發的機會，然而毛皮貿易只是曇花一現，傑士伯很快又恢復沉寂。1872年加拿大太平洋鐵路興建橫貫鐵路時，總工程師建議通過黃頭隘口，並著手進行勘測，為傑士伯的繁榮帶來一線希望，但鐵路路線最後由南邊的踢馬隘口雀屏中選，此後一直到20世紀初期，都只有一些探險者涉足此地。

　1902年起，加拿大政府先後接受太平洋鐵路公司及加拿大北方鐵路公司經由黃頭隘口興建橫貫鐵路的方案，並於1907年劃定傑士伯森林公園保留地。兩條鐵路於1911年與1913年陸續完工，傑士伯市鎮藍圖亦於1913年訂定，隨著鐵路帶來遊客，城鎮也次第發展。今天的傑士伯依然以鐵路和旅遊為經濟命脈，在鎮中心的Connaught Dr及Patricia St兩條主要街道上，旅館、餐廳、紀念品店交相錯落；1913年興建的第一任公園園長住所，如今已成為遊客中心；而合併兩條鐵路的加拿大國鐵車站，更是人來人往的熱鬧。

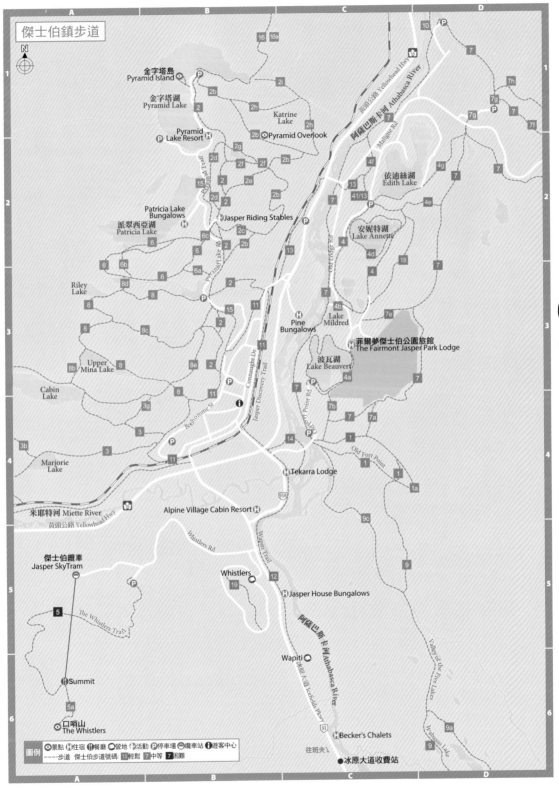

傑士伯鎮步道

洛磯山脈國家公園群⋯傑

士伯國家公園 Jasper National Park

傑士伯鎮 Jasper

MAP ▶ P.185C3

# 菲爾夢傑士伯公園旅館
## The Fairmont Jasper Park Lodge
### 享受波瓦湖畔風光

⌂Old Lodge Rd, Jasper, AB, T0E 1E0　☏(780) 852-3301、1-866-540-4454　Ⓢ$$$$$$　ⓦwww.fairmont.com/jasper

1907年傑士伯森林公園設立時，附近不見一棟像樣的建築，即使1911年大幹線太平洋鐵路完工之際，傑士伯仍處處只見帳篷，同時提供鐵路工人和旅客食宿。1922年，大幹線太平洋和加拿大北方鐵路合併成加拿大國鐵後，才開始在波瓦湖畔興建傑士伯公園旅館，一開始只有8間木屋，不到6年便擴充成可容納400多名旅客的大飯店。原先的旅館於1952年在大火中付之一炬，重建後迄今共有446間各式房型的木屋。旅館的風格迥異於班夫及露易斯湖兩家城堡飯店，一棟棟小木屋圍繞著波瓦湖畔，夏天時，加拿大雁巡遊湖上，更增添幾許鄉村氣息。雖然其歷史和規模均不及雙堡，但18洞高爾夫球場卻是最早開設的。

傑士伯鎮 Jasper

MAP ▶ P.185C3

# 波瓦湖
## Lake Beauvert
### 無以復加的清澈透明

🚗從傑士伯鎮中心沿Hazel Ave往南出城，過了與國道16號的路口後，左轉Old Fort Point Rd，開到路底即達停車場

「Beauvert」是法文「碧綠色」的意思，拜傑士伯公園旅館的高級檔次所賜，這裡總是保持著靜謐安詳的氣氛，遊客可以循著環湖步道散步健行，最佳的時刻是破曉時分。黎明時的湖水波平如鏡，遠山和倒影在晨曦中慢慢由湛藍變為粉紅，最後綻放出耀眼的金黃色澤，運氣好的話，還可以見到早起的野生動物在身邊流連，與你並肩見證大自然的絕妙神采。此時心中的雜務已然遠去，深藏的靈性也在同時與自然美景一同浮現，隨著湖水多端的顏色變化，讓人似乎也變得更有氣質起來。

傑士伯鎮 Jasper

**MAP ▶ P.185A2-B2**

# 派翠西亞湖

## Patricia Lake

**哈巴谷傳奇的發生場景**

🚗 從傑士伯鎮中心沿Pyramid Lake Rd走即達

派翠西亞湖底存留著二次大戰期間發生的故事。1942年底，盟軍軍艦一再被擊沉，英國首相邱吉爾相當焦急，通令不計代價徵求對策。於是一位名叫Geoffrey Pyke的人提出了「冰艦」(bergship)計畫，也就是以冰來製造艦艇，如此一來遭受魚雷襲擊便不至於失火，行走於大西洋冷水中也不會融化。這個提議被採納後，訂名為哈巴谷計畫(Project Habakkuk)，希望能達到聖經先知哈巴谷允諾的「難以置信」結果。1943年冬天，Pyke選擇隱蔽且寒冷的派翠西亞湖執行計畫，他以木屑、紙漿等物質混合冰，研發出一種強度如同水泥、融解速度又極慢的神奇材料，然而他的冰艦在承重及動力設計方面卻一籌莫展。冬天很快便過去，冰艦還是沒有影子，第二年雖然編列預算繼續計畫，但因盟軍反敗為勝，計畫便被擱置。1988年，潛水夫潛入湖底在哈巴谷計畫殘留物邊立牌，以紀念這次歷史事件。

傑士伯鎮 Jasper

**MAP ▶ P.185B1-B2**

# 金字塔湖

## Pyramid Lake

**傑士伯鎮近郊最美的湖景**

🚗 從傑士伯鎮中心沿Pyramid Lake Rd走即達

金字塔湖之名來自湖畔的金字塔山，雖然洛磯山中有許多山峰似乎更接近金字塔的形狀，但金字塔山畢竟搶得先機，先擁此名。為其命名的人正是洛磯山開發史上大名鼎鼎的James Hector，當他1859年被結冰的阿薩巴斯卡河困在離此東北30公里外時，從他的角度看，2,765公尺高的金字塔山的確像極了埃及的吉薩大金字塔。

與停車場以木橋相連的湖中小島，是這裡最棒的觀景點，島上的木造亭子也是過去80年來，鎮上居民舉行婚禮、受洗與野餐的地點，成為鎮民生活不可或缺的一隅。停車場另一側山丘上，有非常複雜的步道系統，建議可以選擇編號「2b」那條，可同時欣賞金字塔湖與派翠西亞湖的全貌。

## 傑士伯鎮 Jasper

MAP ▶ P.185A5-A6

**MOOK Choice**

# 傑士伯纜車與口哨山
## Jasper SkyTram & The Whistlers
### 俯瞰傑士伯谷地的最佳觀景點

📍從傑士伯鎮開車約7公里,有免費停車場 🏠Whistlers Rd ☎(780) 852-3093、1-866-850-8726 🕐3月底~10月底10:00~17:00 (5月底~9月初09:00起) 💲成人\$59.95,6~15歲\$33 🌐www.jasperskytram.com

　　傑士伯纜車站於1964年啟用,在7分鐘的車程內上升948公尺,飛越林線,幾乎到達口哨山頂。從纜車站往山下俯視,阿薩巴斯卡河像一條細線,悠悠繞過傑士伯鎮。至於市鎮外圍的依迪絲湖、安妮特湖,以及傑士伯公園旅館邊的波瓦湖,都縮成了一池小水潭。

　　沿著纜車站後方的步道再往上走大約1.4公里,即可到達海拔2,464公尺高的口哨山制高點,視野更加開闊,也讓人類在天地之間更自覺

渺小。口哨山之名來自愛用哨聲傳播消息的灰白土撥鼠,山頂多為冰雪覆蓋,而冰雪滲透石縫後,一點點剝蝕下的石礫,成為高山地帶植物僅有的土壤,有限的日照加上冷風肆虐,簡直讓植物們抬不起頭來,只能匍伏護衛原已稀薄的土地;即使野花願意用顏色妝點夏日,也得匆匆來去以保存精力,難怪此地的灰白土撥鼠們情願長睡,每年冬眠期長達9個月之久。

---

## 黃頭公路 Yellowhead Highway

MAP ▶ P.182D4

# 米耶特溫泉
**MOOK Choice**
## Miette Hot Springs
### 在群山的擁抱下舒服泡湯

📍從傑士伯鎮開車約60公里,有免費停車場 🏠Miette Rd ☎1-800-767-1611 🕐5月初~10月中每日10:30~21:00 (6月中~9月初為09:00~23:00) 💲成人\$16.5,3~17歲及65歲以上\$14.25。租用泳衣、毛巾各\$2,置物櫃\$1.25 🌐hotsprings.ca/miette ⏰關門前30分鐘停止入場

　　米耶特路與黃頭公路的交會點,曾經是Pocahontas礦區所在,礦區在全盛時期,繁華景況甚至更勝傑士伯鎮。1908年,Roche Miette山坡下發現煤礦,正巧大幹線太平洋鐵路工程即將通過傑士伯,由於火車需要燒煤,因此開礦申請很快便獲得批准。米耶特溫泉距離舊礦場約14公里遠,礦工們早就知道硫磺泉的所在,1919年時更利用一次罷工機會,修築了簡陋的

溫泉池。此後溫泉池經過多次重建,目前的設施則於1986年完工。

　　米耶特溫泉是洛磯山水溫最高的溫泉,溫度達到54℃。溫泉附近的石灰石蘊藏豐富碳化鈣,溪水流經此處時,溶解了石頭裡的鈣質,並滲入經地底加溫後湧出的泉水中流出,造就米耶特溫泉的特色。目前米耶特溫泉每天出水25萬加侖,由於水溫過高,還必須摻入冷水,將水溫降低至40℃。

黃頭公路 Yellowhead Highway

**MAP ▶ P.182C4**

# 慕寧峽谷

**MOOK Choice**

## Maligne Canyon

### 讓你見識何謂深不見底

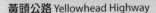 從傑士伯鎮開車至步道口停車場約10公里。步道口至5號橋單程2.7公里，到6號橋單程3.7公里

「Maligne」在法文中意為「險惡」，一位比利時神父於1846年試圖跨越慕寧河下游時，因水流湍急而受阻，因而名之為慕寧河。慕寧河水來自慕寧湖，湖則由發源於布拉柔冰原(Brazeau Icefield)的冰河蓄養。慕寧峽谷是加拿大洛磯山脈中最長且最深的峽谷，這個由慕寧河侵蝕石灰岩所形成的深谷，寬幅最窄處僅有1公尺，垂直陡峭的岩壁最深處卻有55公尺深。

岩壁上常見圓形的壺穴，這是河水與石頭磨蹭的副產品，河水先在較脆弱的石面上挖出凹陷，再挾帶砂石磨圓打光並擴大凹口；當峽谷加深時，這些壺穴便露出水面，風沙在洞裡鋪上薄土，植物欣然入住，使壺穴慢慢長成懸掛在峽谷中的花園，是這裡地景的一大特色。

慕寧峽谷步道全長約4公里，在每個轉彎處皆設有瞭望台，讓遊客可以從不同的角度觀賞峽谷之美。其中，2號橋是峽谷最深處，若是時間有限，從2號橋進入、1號橋返回，只消半個鐘頭漫步，即可看到峽谷最精彩的部分，如果你眼力夠好的話，還可見到裸露而出的古老化石。

黃頭公路 Yellowhead Highway

**MAP ▶ P.183C5-C6**

# 慕寧湖

**MOOK Choice**

Maligne Lake

**隱居湖中的綠色精靈**

🚗 從傑士伯鎮開車約47公里，有免費停車場

◎ **慕寧湖遊船**

📞 1-888-900-6272 🕐 6月初~10月初09:00~17:30（6月底~9月初至18:00）。行程90分鐘 💲 愈早訂票愈便宜，票價在＄78~87之間，6~15歲兒童65折 🌐 www.banffjaspercollection.com

慕寧湖南北長22公里、東西寬約1公里，是加拿大洛磯山中第一大湖，也是世界第二大冰河湖，雖然距離主要道路相當遙遠，但仍吸引不少觀光客專程到訪。早在歐洲人來到美洲之前，原住民便已知道湖的存在，並稱之為河狸湖；1875年太平洋鐵路勘測員Henry MacLeod曾經抵達湖濱，但因長途跋涉疲累不堪，於是將湖定名「腳痠湖」，也不鼓勵進一步探查，直到1907年Mary Schäffer才在原住民的引導下重新發現這座湖泊，並將其繪入地圖中。

今人應該感謝時代進步，不用腳痠、也無需原住

民帶路，便能得見如此美景，更可以搭乘遊湖船，在專業導覽人員解說下，遍覽這裡的湖光山色。位於湖泊中段的精靈島(Spirit Island)，是整個湖景的精華所在，雖然只是座長了幾棵松樹的小島，靠著一段淺灘與陸地相連，但是搭配碧綠的湖水與殘雪的遠山，看起來深邃飄渺，產生了畫龍點睛的絕佳效果，讓人忍不住相信島上真有神靈。

從停車場出發，有幾條不錯的步道：湖東岸的謝佛觀景點(Schäffer Viewpoint)地勢平坦，算是羽量級；而西岸的禿山觀景點(Bald Hills Lookout Site)路程跋涉，則稱得上重量級的步道。從這兩處觀景點遠眺，景色極為壯觀，且早上遇到大型動物的機率也頗高。

黃頭公路 Yellowhead Highway

**MAP ▶ P.182C4-183C5**

# 麥迪生湖

Medicine Lake

**會施展隱身術的奇妙湖泊**

🚗 從傑士伯鎮開車約25公里，有路邊停車格

　　麥迪生湖蘊藏特異功能，慕寧河會在流經麥迪生湖時失蹤，然後在17公里外的慕寧峽谷中現身；而麥迪生湖本身在秋末以後也會消失，直到次年夏天才又再度出現。原住民無法解釋這種神祕現象，認為是巫醫法術作怪，湖泊也因而獲名。

　　慕寧河水從麥迪生湖消失的原因，原來是造山運動舉起洛磯山時，谷地較脆弱的地層已出現裂縫，經過河水多年來的侵蝕，裂縫更加擴大，並連成地下暗流。夏天融雪多於地下河流出的水量，湖面還能維持在20公尺深；8月以後融雪減少，流入暗河的水多於流入湖泊的水，麥迪生湖便開始「消失」，這種現象為喀斯特的地形特徵，舉世罕見。早年渡船業者為了謀生，曾嘗試將床墊、雜誌、沙袋丟入湖裡，希望藉此維持穩定水位，最後卻都徒勞無功，只能任憑麥迪生湖起起落落地變著魔術。

---

冰原大道 Icefields Parkway

**MAP ▶ P.183B5**

# 阿薩巴斯卡瀑布

Athabasca Falls

**水勢足以撼動天地**

🚗 從傑士伯鎮開車約32公里，有免費停車場

　　除了湖泊與冰原外，在冰原大道上還有二座值得造訪的瀑布，依序為阿薩巴斯卡瀑布與桑華普達瀑布。阿薩巴斯卡瀑布是傑士伯公園裡最壯觀的瀑布，落差約有24公尺高，從遠處即可聽見瀑布飛躍而下的隆隆水聲，震天撼地的氣勢，給人一種全天下的水都從這兒往下掉的錯覺。前方的峽谷，是瀑布一路走來的軌跡，阿薩巴斯卡河在這裡奮力切割了萬年之久，才將石英石的河床沖刷出深達25公尺的峽谷，創造出今日的非凡景觀。阿薩巴斯卡瀑布全年水量充足，皆可欣賞到雄偉的景色，沿著河谷與瀑布旁有一條散步小徑，走在這條小徑上，可以找到許多欣賞瀑布的好角度。

冰原大道 Icefields Parkway

MAP ▶ P.183B5

# 卡維爾草原與天使冰河

**MOOK Choice**

## Cavell Meadows & Angel Glacier

**天使不再留戀凡間，化做白鴿即將遠去**

🚗 從傑士伯鎮開車約28公里，有免費停車場。冰河步道為1.6公里環形道，卡維爾草原步道為7.7公里環形道

依迪絲卡維爾山海拔3,363公尺，山頭終年積雪，原住民稱之為「白魔頭」（White Ghost）。而現在的依迪絲卡維爾之名，則是為了紀念第一次大戰期間德軍攻陷比利時時，留在淪陷區協助盟軍戰犯脫逃而被處決的英國護士。

從停車場出發，沿著1.6公里的冰河步道（Path of the Glacier），可以來到天使冰河下方的小冰河湖Cavell Pond前。1940年代，天使冰河與卡維爾冰河還曾在山腰連成一片，因為冰河上半部向兩翼展開，像極了一位面向世人張開雙翅的大天使，成為傑士伯最引人入勝的風景。然而隨著冰河消

融的速度日益加劇，天使的下半身已然離開地面，似乎幻化成一隻白鴿，轉身即將飛翔遠去。

冰河步道上滿是冰河殘留的冰磧石，石礫中探頭挺立的柳樹、雲杉，沿著水邊生長的矮火草，敘說冰河退去後植物遞嬗的故事；而冰河退縮時推落的土石，冰湖一直無法消受，水色因而混沌不清，倒是漂浮在湖中的小冰山白裡透藍，洩漏出與冰河的關連。如果體力允許，從冰河步道岔出的卡維爾草原步道，來回7.7公里，引導遊客走上高崗，從這裡欣賞天使冰河，更是另一番顧盼自雄的壯麗感受。

冰原大道 Icefields Parkway

**MAP ▶ P.183B6**

# 桑華普達瀑布
## Sunwapta Falls
### 來自山林間的怒吼聲

🚗 從傑士伯鎮開車約56公里，有免費停車場

　　桑華普達在原住民語中意謂「湍流」，自阿薩巴斯卡冰河腳下開始，桑華普達河就擺脫不去冰河糾纏，冰河退去後留下的土石，總是有意無意地擋住河流去路，桑華普達河被土石分割得支離破碎，卻拐彎抹角執意繼續旅程。而桑華普達瀑布剛好位於桑華普達河與阿薩巴斯卡河匯流之處，雖然18.5公尺的總落差不如阿薩巴斯卡瀑布，但激流由岩塊間衝出的氣勢，卻是有過之而無不及，由橋上觀賞這番景象，的確讓人神清氣爽。同時，若你在造訪哥倫比亞冰原後，仍不能忘懷那片壯麗景色，那麼不妨到此一遊，因為在桑華普達瀑布的懸崖邊，可以一窺冰原全貌。

冰原大道 Icefields Parkway

**MAP ▶ P.183B8**

# 阿薩巴斯卡冰河前緣
## Toe of the Athabasca Glacier
### 不斷撤退的白色巨人

🚗 從冰原大道轉進冰原中心正對面的小路，走到底即達停車場

　　阿薩巴斯卡冰河不但為「山谷出口型冰河」提供了最典型的示範，也因為在眾多冰河中最容易為觀光客親近，而成為洛磯山中的冰河代表，同時也是經典名片《齊瓦哥醫生》的拍攝場景。白色的冰層下面透出淡淡的寶藍顏色，這是因為冰的上下層所含有空氣與雜質程度不同，致使藍色光譜的折射有多有寡的緣故。從冰河前方的第二停車場出發，有條大約1.4公里長的步道引領遊客來到它的腳下，說1.4公里其實僅供參考，步道長度每年都在延伸，增加的距離則視冰河後退的長短而定。自1844年以來，阿薩巴斯卡冰河後退了1.8公里，在前往冰河前緣的途中，一路上能看到不少標記著年份的指標，記錄當年冰河前緣的位置。

洛磯山脈國家公園群…傑 士伯國家公園 Jasper National Park

冰原大道 Icefields Parkway

## 哥倫比亞冰原雪車之旅

MOOK Choice

### Columbia Icefield Adventure

**踏上一片銀白世界**

從傑士伯鎮開車約104公里，從露易絲湖鎮開車約128公里，即達冰原中心停車場。在冰原中心報名行程，並搭乘接駁車前往 ☎1-866-506-0515 ◷10:00~17:00，每小時出發 休10月初~5月底 ⑤愈早訂票愈便宜，票價在＄89~110之間，6~15歲兒童65折 ⊕www.banffjaspercollection.com ❗建議事先上官網預約。需穿著防寒衣物及防滑鞋，在雪地上要千萬謹慎

　在冰原大道上最壯觀的景色莫過於哥倫比亞冰原，加拿大洛磯山脈裡的前30名高峰，有13座環繞在冰原四周，來自太平洋的水氣儘管努力往上爬，卻逃不出群峰屏障，冷空氣羈絆住水氣，並將之化成冰雪，加上年年冬長夏短，一波波新雪覆蓋舊雪，冰雪日益老去更無力翻身，終於造就出面積廣達325平方公里，最厚處達365公尺的大冰原。

　欣賞冰原全景最好的地點，是在冰原中心前的平台，不過只有參加「冰原雪車」之旅，親自佇足於這座萬年冰河上，方能真正體會冰河的雄偉與壯麗。Pursuit公司的接駁巴士從冰原中心出發，一路上行穿越林線後，冷杉也失去蹤影，甫由冰河釋放的礫土更加貧瘠，苔蘚緊緊貼著土石生長，放眼望去，除了冰雪之外，還是冰雪。接著轉乘56人座的雪車，正式進入阿薩巴斯卡冰河，一旦置身冰河之上，便彷彿踏進一處大冰窖，冰原上的冷空氣被地心引力牽引而下，逗留於冰雪間，寒風刺骨；腳底下300公尺深的厚冰，更穿透數百萬年流光。人們來到這裡，總不忘舀一杯冰河融水，嘗一口最原始的甘甜；而一望無際的潔白畫面，雖然意象冰冷，卻讓人內心的興奮熱到沸點。

冰原大道 Icefields Parkway

**MAP ▶ P.183B7**

# 哥倫比亞冰原天空步道

（MOOK Choice）

## Columbia Icefield Skywalk

**彷彿凌空走在美景之上**

🚗 在冰原中心報名行程，並搭乘接駁車前往 ☎1-866-506-0515 🕙10:00~18:00，每小時出發 🚫10月初~5月底 💲門票包含在哥倫比亞冰原雪車行程中 🔗www.banffjaspercollection.com

自從2007年美國人在西大峽谷建了一座天空步道後，世界各地群起效尤，像是法國的阿爾卑斯山、芝加哥的威利斯塔、中國的張家界等，都有類似的工程出現，彷彿在最安全的地方感受最刺激的視覺，已成了一種國際級的潮流。加拿大洛磯山脈也不落人後，由長年經營洛磯山旅遊的布韋斯特公司操刀，在冰原大道旁，建了一座幾乎和西大峽谷天空步道如出一轍的U字型步道，2014年5月揭幕後，立刻成為洛磯山裡的新寵兒。

走在以強化玻璃打造的透明步道上，腳下是280公尺深的萬仞河谷，眼前是諸峰山頭的雪白冰河，雄渾萬千的景象，令人興起前不見古人，後不見來者的感嘆，面對大自然浩瀚無窮的力量，自己彷彿要被融入悠悠天地之中，再也不值一提。不過來到這裡，別出神遐思太久，開闊的景色其實是觀察冰河地形與自然生態的絕佳機會，說不定還會在山壁上看到難得一見的雪羊呢！

# 幽鶴國家公園
# Yoho National Park

幽鶴國家公園面積1,310平方公里，公園內擁有加拿大第二高的瀑布奇景、世界級的化石遺跡，和許多鬼斧神工的天然地形景觀，讓從前來到這裡的原住民們望而興嘆，而「Yoho」正是原住民語中「敬畏」與「驚嘆」的意思。

加拿大太平洋鐵路公司於1886年在Mt. Stephen山腳下建造了本地第一間旅館，因而吸引了登山者、藝術家、科學家們紛紛前來四周探險。同年，幽鶴國家公園正式成立，成為加拿大的第二座國家公園。雖然和鄰近的班夫、傑士伯國家公園相比，幽鶴的名氣小了一點，但是它所提供的露營、滑雪、登山、釣魚等野趣活動，卻是逃離文明叢林的大好選擇。

幽鶴國家公園的遊賞主題是冰河作用下所形成的天然石橋、石林和尖削聳峙的山峰，以及令人嘆為觀止的塔卡高瀑布，而翡翠湖的碧綠湖水與環湖森林相互輝映，也瀰漫著寂靜與獨特的美。除了瀑布、溪谷、湖泊外，幽鶴國家公園也是自然生態的寶庫，遊客可自行駕車花一整天的時間遊覽，或是從班夫參加觀光巴士團前往。

約51公里，走國道1號往西，車程45分鐘。
**菲爾德鎮到班夫鎮**
　約81公里，走國道1號往東，車程1小時。
**菲爾德鎮到傑士伯鎮**
　約250公里，走國道1號往東，接省道93號往北，車程3.5小時。

## INFO

### 國家公園內的交通
◎開車
**菲爾德鎮到露易絲湖鎮**
　約26公里，走國道1號往東，車程20分鐘。
**菲爾德鎮到金鎮**

### 旅遊諮詢
◎菲爾德鎮遊客中心
🅿P.198A1
🏠位於國號1號路旁，菲爾德鎮入口處
📞(250) 343-6783、1-888-773-8888
🕐09:00~17:00 (6月初~9月底08:30~18:30)
🈺10月中~4月
🌐parks.canada.ca/pn-np/bc/yoho

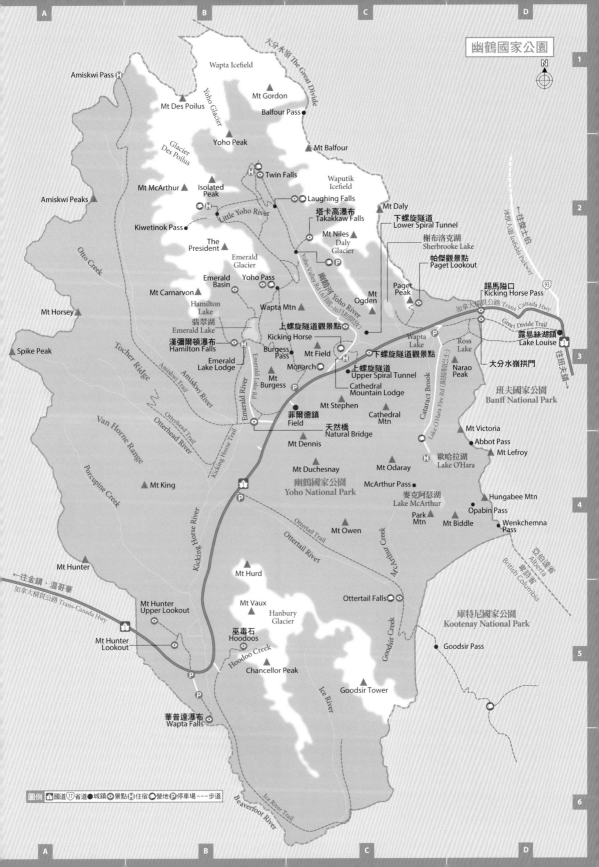

**MAP ▶ P.197C3**

# 菲爾德鎮

## Field

### 幽鶴國家公園的歇腳地

1884年因鐵路而崛起的菲爾德鎮，與班夫鎮、傑士伯鎮、露易絲湖鎮同為洛磯山國家公園範圍內僅有的市鎮，目前約有300餘位居民，多半是鐵路公司或國家公園的雇員。小鎮背後聳立的史帝芬山(Mount Stephen)曾經是菲爾德鎮的財源，1886年，鐵路工人在山腰處發現的化石引起科學家們好奇，次年，發現歐黑拉湖(Lake O'Hara)的J. J. McArthur成功登上史帝芬山，更使史帝芬山名列登山客必登名單之中；加以太平洋鐵路公司興建史帝芬山旅店提供食宿，讓菲爾德鎮於1900年代初期風光一時。隨著汽車聲勢凌駕火車，菲爾德鎮又從絢爛歸於平靜，史帝芬山旅店也早已拆除。

今日的鎮上沒有太多觀光色彩，有的只是山中小鎮平凡與寂靜的氣氛，但是若要在幽鶴公園裡投宿，這裡還是最方便的地方。鎮上僅有的兩家餐廳，分別是Kicking Horse Lodge中的Truffle Pigs Bistro與其正對面的Siding Café，前者高級，後者平價，但都很美味。

菲爾德鎮

Edgemount Guesthouse
Wildflower Guesthouse
Canadian Rockies Inn
Stephen Creek Guest Cabin
Mount Stephen Guesthouse
Siding Café
Truffle Pigs Lodge
Mt Burgess Guesthouse
Burgess Lookout
Truffle Pigs Bistro
Lynx Lair Guesthouse

Burgess St
E 2nd St
Stephen Ave
Kicking Horse Ave
2nd Ave
Wall St
Center St
1st Ave
E 1st St
Stephen Ave
2nd Ave
踢馬河 Kicking Horse River

往金鎮
往露易絲湖

圖例　國道　住宿　餐廳　火車站　加油站　遊客中心

N

MAP ▶ P.197C3

# 螺旋隧道觀景點
## Spiral Tunnel Viewpoint

### 火車版的貪吃蛇

🚗 從菲爾德鎮開車，到下螺旋隧道觀景點約7.6公里，到上螺旋隧道觀景點約7.1公里 ❗Yoho Valley Rd僅6月底~10月初開放

根據加拿大政府與太平洋鐵路公司的協議，鐵路坡度不得超過2.2%，但從華普達湖到踢馬河河床邊的菲爾德，這一段大山崗僅6公里的路程便落差300公尺，坡度幾乎高於規定標準兩倍。太平洋鐵路公司一方面為節省時間，一方面也欠缺經費，於是請求政府通融，准許鋪設鐵路用作「暫時」道路。據說，工程車第一次下山就直衝峽谷，3名工人當場喪生；而火車上坡也不容易，15節車廂需要4個火車頭拖行，後面再加1個車頭推進，時速僅及5公里，蒸汽車頭偶爾還因不勝負荷而爆炸。

「暫時」權宜一晃25年過去，1909年，鐵路公司終於在Mount Ogden及Cathedral Mountain開關螺旋隧道，將鐵軌拉長7公里，繞山旋轉以減緩坡度，才解除大山崗的惡夢。

現在遊客來到幽鶴，除了期待能看到野生動物，更希望有幸能親眼目睹火車經過螺旋隧道的奇景，當火車頭已從上層隧道出洞，火車尾卻還露在下層隧道外時，感覺就像火車在山洞裡打了一個結似的，有種超乎現實的味道。這一段鐵軌共有兩處螺旋隧道，上螺旋隧道觀景點位於Yoho Valley Rd上，下螺旋隧道觀景點位於國道1號旁，而以下螺旋隧道看得最清楚。

MAP ▶ P.197B3

# 翡翠湖

**MOOK Choice**

## Emerald Lake

### 鑲嵌在群山之間的綠寶石

🚗 從菲爾德鎮開車約11公里，有免費停車場
**翡翠湖划船 Emerald Canoes**
☎(250) 343-6000 ◷5~10月每日10:00~16:45 💲每船1小時＄90 👥每船最多3名成人

翡翠湖路最早於1904年修築，馬車載客一路顛簸8公里到太平洋鐵路公司搭建的營帳，沿途雪峰連綿，馬路因而命名雪峰路。當年的營帳如今已建成質樸典雅的翡翠湖旅館，馬路也鋪上了柏油，唯一不變的，是盪漾在碧湖中的雪山倒影。

翡翠湖是由冰磧石堰塞而成，面積超過1平方公里，水深僅及28公尺，站在停車場通往旅館的橋上往下看，只見湖水清可見底。在這裡，沿著4.8公里長的步道環湖一圈，是最受歡迎的戶外活動，也有不少人偏愛在湖畔租一艘獨木舟，從湖心欣賞四周的美。湖東岸的兩座高山，其

相連的山脊間，即是著名的伯吉斯頁岩化石床(Burgess Shale Fossil Beds)所在地，這處化石床於1909年由考古學家Charles Walcott發現，不僅挑戰達爾文的進化論，也重現了5億3千萬年前的地球生態。

# 塔卡高瀑布

**MOOK Choice**

## Takakkaw Falls

**洛磯山脈中最壯觀的瀑布**

🚗從菲爾德鎮開車約17.5公里，有免費停車場 ❶Yoho Valley Rd僅6月底~10月初開放

　　「塔卡高」在原住民語中意謂「真壯觀！」。瀑布水柱從頂天的岩壁上奔瀉而下，氣勢奔放，正是幽鶴公園主題「山牆和瀑布」的奇妙風景寫照。最後一次冰河期結束前，幽鶴冰河努力挖深谷地，周圍河谷追趕不及，只能懸掛山牆將雪水傾倒谷中，造就幽鶴的風景特色。

　　才剛到停車場，遠遠就能聽到瀑布驚天動地的吶喊，隨著瀑布愈來愈近，更有如穿戴銀白盔甲的千軍萬馬從高山上殺奔而下。許多遊客都喜歡爬上瀑布腳下的石堆，近距離感受塔卡高震耳欲聾的威勢，此時視線早因瀑布激起的水氣而一片朦朧，朦朧之中唯一的清晰，卻是一道悄悄穿過霧幕的彩虹，原來充滿殺氣的塔卡高瀑布，內心裡也住著這般可愛的平靜。

　　塔卡高瀑布的水源來自華普堤克冰原(Waputik Icefield)蓄養的大里冰河(Daly Glacier)，水勢因季節與時刻而變化，其中以夏日午後最是豐沛；石塊隨著水流滾動，更是助長了瀑布聲勢，但偶爾也會堵塞出水，殺殺瀑布威風。塔卡高瀑布的總落差高達384公尺，僅次於溫哥華島440公尺高的狄拉瀑布(Della Falls)，在加拿大排名第二，但已6倍高於著名的尼加拉瀑布；而其主段瀑布的落差也有254公尺，亦僅次於卑詩省胡蘭瀑布(Hunlen Falls)的260公尺，在全國排名第二。1897年德國探險家Jean Habel最先發現塔卡高瀑布，也間接促成幽鶴谷地納入國家公園保護範圍。

MAP ▶ P.197C3

# 帕傑觀景點與榭布洛克湖

**MOOK Choice**

## Paget Lookout & Sherbrooke Lake

### 東幽鶴谷地一級棒的視野

🚗 從菲爾德鎮開車約11.5公里，步道口位於舊Great Divide Lodge後方

　　1936與1940年的兩次森林大火，讓公園管理局開始積極尋找可以設立消防瞭望塔的地點，這座瞭望塔的視野必須毫無遮蔽，好讓守望員能觀察到山林裡的風吹草動，將情況及時回報給山下的管理處。而設於帕傑峰頂的這座瞭望台是東幽鶴谷地最重要的一座，因此其視野之開闊可想而知。帕傑峰標高2,565公尺，上山的小徑以一片亞高山帶的森林為起點，棉白楊與花旗松是這裡最常見的樹種，若在初夏造訪，盛開的紫羅蘭與布袋蘭則吸引遊人停下腳步。愈往上爬，白皮松逐漸取代花旗松，成為林相中的主角，而再上去，則是雪羊和大角羊經常出現的地點。

　　爬到山頂處，180度的壯麗景致更是讓身上流出的汗水都變成甜美的佳釀，雄踞東北方的是李察遜山與弓河谷地，盤旋西南方的則是范洪山脈與踢馬河谷地，至於東南方的納雷翁峰，也是座標高2,973公尺的高山。如今科技進步，山頂瞭望塔早已棄置不用，成為登山者休息的庇蔭，也構成帕傑山頂的特色風景。

　　在前往帕傑觀景點的路上，步道會出現岔路，那是通往榭布洛克湖的小徑。榭布洛克湖是幽鶴第三大湖，1887年在此進行測量的探勘員J. J. McArthur，以自己在魁北克的家鄉為湖泊命名。清晨造訪湖畔，寧靜的湖水像一面鏡子，映照出奧格登山的姿容，四周一片靜謐，彷彿任何聲響都會褻瀆了這裡的美。方才在帕傑觀景點上被激起的萬丈雄心，到了這裡，也和諧地沉澱了下來。

# 天然橋

## Natural Bridge

**水能穿石的明證**

🚗 從菲爾德鎮開車約4.5公里，有免費停車場

MOOK Choice

　　沿著翡翠湖路回頭約6.8公里的路邊，踢馬河遇上一塊頑石擋道，這塊巨石是從地層中垂直突起的板岩，並且被摺曲擠壓成U型的向斜結構，因此對水流侵蝕具有較高抵抗力。本來河水從石頭上方流過，即可以瀑布的姿態繼續前進，但踢馬河卻也不甘心，硬是在石頭縫隙中鑽蝕出一道缺口，由石頭下方流出，未能蝕透的石頭便在河水上形成一座天然的橋樑。

　　石頭與河水的戰爭如今還在持續，從前人們可在上面嬉戲的天然橋，由於已經出現斷裂跡像，現已禁止通行；園方為了讓遊人們能繼續欣賞天然橋的景觀，在旁邊特別建了一座人工橋，也許數百年之後，水流終會將石橋攻陷，又回歸到瀑布湍流的狀態。

# 華普達瀑布

## Wapta Falls

**幽鶴公園的尼加拉**

🚗 從菲爾德鎮開車約26公里即達步道口停車場。步道單程2.4公里

　　華普達在原住民語中就是「河」的意思，因此推測這道瀑布原本另有其名，只是在轉譯過程中漏掉了前面的音節。當年James Hector就是在瀑布附近被馬踢中胸口，於是他的隊員便把這條河稱作「踢馬河」。

　　華普達瀑布落差高約30公尺，寬達150公尺，雖然不如塔卡高瀑布那般從天而降，水量卻是有過之而無不及。因為華普達瀑布在洛磯山脈中是個很特別的異數，它既非藏身在上游的峽谷中，也不是高掛在支流的懸谷上，而是由於造山運動隆起於踢馬河的主河道上。踢馬河在流經瀑布之前，已經匯聚了幽鶴公園裡所有主要的河川，浩浩湯湯的水勢，在夏天時平均每秒有255立方公尺的水量從這裡落下，因而有「幽鶴的尼加拉」之稱。

　　觀賞瀑布最好的地點是在瀑布邊的觀景點，從這裡最能感受瀑布雷霆萬鈞的氣勢。當然你也可以走下瀑布前的河灘，只是從那裡看，瀑布猶抱琵琶半遮面似地躲在一座小土丘背後，即使爬上後方較高的土山，也難以得見全貌。

# 庫特尼國家公園
## Kootenay National Park

「庫特尼」為原住民族的一支，意即「來自山背的人」，可能是因為他們在赭土床採集赭土作為顏料，使得附近地區也被稱為「庫特尼」。1910年，卑詩省居民布魯斯(R. Bruce)建議省府和加拿大太平洋鐵路公司合作，開闢一條公路連接班夫與哥倫比亞谷地的溫得米湖區(Windermere)，以便他在谷地種植蘋果收成後，得以銷往亞伯達省。省府接受建議並於次年開工，但是工程的浩大超出想像，修築了22公里後便不得不停工放棄。一次大戰結束後，布魯斯轉向聯邦政府提議撥款築路，而聯邦政府的條件是卑詩省必須將道路兩邊各讓出8公里土地，用作國家公園。1920年，庫特尼國家公園設置，範圍面積為1,406平方公里，而班夫–溫得米公路也於次年完工。儘管布魯斯計畫中的果園始終未能落實，但他參加了1923年6月的公路正式通車典禮，後來並被指派為卑詩省副省長。

## INFO

### 國家公園內的交通
◎ 開車
**從鐳溫泉村到班夫鎮**
　　約133公里，走省道93號接上國道1號往東，車程1小時45分鐘。
**從鐳溫泉村到露易絲湖鎮**
　　約130公里，走省道93號接上國道1號往西，車程1小時40分鐘。

### 旅遊諮詢
◎ 鐳溫泉村遊客中心
🚗 P.205A2
🏠 7556 Main St. E, Radium Hot Springs, BC, V0A 1M0
☎ (250) 347-9331　🕐 09:00~17:00
📅 10月中~4月
🌐 parks.canada.ca/pn-np/bc/kootenay
❗10月中之後，可由同一棟建築中的鐳旅遊局取得觀光資訊

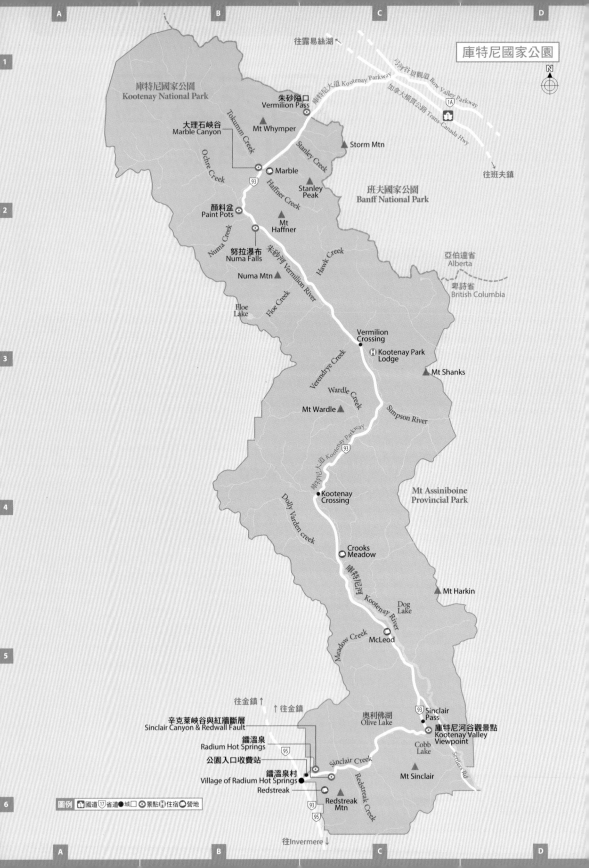

鐳溫泉村

↑ 往金鎮Golden

千臉之屋
The Home of
A Thousand Faces

國家公園入口收費站
The Gateway

辛克萊峽谷
Sinclair Canyon

紅牆斷層
Redwall Fault

鐳溫泉
Radium Hot Springs

Radium Chalet
Crescent Motel

Crystal
Springs Motel

Mountain
Springs Motel

庫特尼國家公園
Kootenay National Park

露營區入口
Campground
Entrance

瑞德史崔克露營區
Redstreak
Campground

Bighorn
Meadows Resort

Lido Motel

↓ 往因佛梅瑞Invermere

圖例 17州道 溫泉 景點 營地 郵局 住宿 巴士站 遊客中心

---

**MAP ▶ P.205C1**

# 鐳溫泉

**MOOK Choice**

## Radium Hot Springs

### 來泡溫泉治百病

從鐳溫泉村走省道93號進入國家公園，過了入口收費站後約1.6公里，路的兩邊都有停車場 ☎ 5420 Highway 93, Radium Hot Springs, BC V0A 1M0 ☎ 1-800-767-1611 ⏰ 11:30~21:00（週末10:30起）💲 成人＄16.5，3~17歲及65歲以上＄14.25。租用泳衣、毛巾各＄2，置物櫃＄1.25 ❗ 關門前30分鐘停止入場 🌐 hotsprings.ca/radium

鐳溫泉從紅牆斷層直上地表，溫度達47.7℃，這裡所含的礦物質不多，也不帶硫磺味，但水中的放射性鐳元素卻有治病的療效，溫泉也因而得名。鐳溫泉的經營權很早就由英國人史都華

(Roland Stuart)取得，但他一直沒有積極經營，直到他的合夥人布魯斯建議政府興建公路時，故意將路線經過溫泉，史都華才開始尋求資金開發。1911年，他邀請一位肢體麻痺的法國富翁到鐳溫泉來治療，四個月後，富翁的雙腳奇蹟似地恢復健康，史都華也因此獲得資助；不過，他最後還是只建了一個簡陋的水泥泳池及更衣間，因為大多數資金都被他揮霍掉了。1922年，班夫－溫得米公路開通，政府以4萬元補償史都華，將溫泉的經營權收回，並納入國家公園中。今日的鐳溫泉有熱水與冷水兩座泉池，熱水池的溫度大約39℃，而冷水池則為27℃，開放時間各不相同。

MAP ▶ P.204C6

# 鐳溫泉村
## Village of Radium Hot Springs
### 探索庫特尼的據點

鐳溫泉村雖不在庫特尼國家公園的範圍裡，但由於國家公園內並無城鎮，而鐳溫泉村是最靠近的一個，同時距離庫特尼主要景點鐳溫泉只有2公里路程，因此成為許多觀光客造訪庫特尼時的據點。

鐳溫泉村也是省道93號與省道95號兩條公路的交會點，加油站、餐廳、購物中心皆在路口附近。而省道93號通往國家公園的方向上，汽車旅館、民宿、度假村比比皆是，價格也相當經濟實惠。村子邊上還有一間「千臉之屋」(The Home of a Thousand Faces)，那是造型古怪的藝術家Rolf的家，他的作品全是用電鋸雕刻而成，非常

特別。而他在頂樓上還放了一台纜車車廂，並養了幾隻山羊當寵物，曾被加拿大的電視台報導為全國最奇特的房子。

---

MAP ▶ P.205B1、C1

# 辛克萊峽谷與紅牆斷層
## Sinclair Canyon & Redwall Fault
### 庫特尼的天然大門

🚗 從鐳溫泉村走省道93號進入國家公園，過了入口收費站即達

從鐳溫泉村前往庫特尼，過了收費站沒有多遠，原本尋常的公路景象才轉過一個彎道，竟有了戲劇性的變化，兩旁山壁突然升起成為兩道巨牆，而公路就從細小的牆縫中穿過，這便是庫特尼用來

歡迎遊客的大門——辛克萊峽谷。峽谷後方是被稱為紅牆斷層的崖壁，這道像城牆一樣的角礫岩斷層，因為岩石中富含鐵礦，氧化後便呈現出通紅的色澤，而這裡同時也是鐳溫泉的源頭所在。

除了開車在路旁欣賞外，遊客更可以走進步道親近大自然的鬼斧神工。峽谷的步道口共有3處，一處是在從鐳溫泉村過了收費站後的左手邊，一處是在鐳溫泉對面的停車場，另一處是在瑞德史崔克露營區的Loop H，全程走完約有6.4公里，可通往峽谷上方與辛克萊瀑布等景點。

MAP ▶ P.204B2

**MOOK Choice**

# 大理石峽谷

## Marble Canyon

**大地之母是最偉大的石匠**

🚗 從鐳溫泉村開車約87公里，從班夫鎮開車約49公里，有免費停車場

　1萬多年前，都昆溪(Tokumm Creek)瀑布在此躍入朱砂河，到了9千年前，瀑布已將溪口石床瓦解，搶佔一片地盤，並架空不肯屈服的石塊，逐漸攻佔600公尺的峽谷。5億年前即已形成的白雲石縱然堅硬，卻也禁不住溪水不斷磨洗，去稜去角，透露出大理石般的光滑，大理石峽谷因而獲名。

　今日共有7座木橋跨過大理石峽谷，帶領遊客一步步追蹤河流切割的足跡。沿著步道逐漸前行，一路上猶如摻入牛奶的溪水伴隨在側，但越往上行，越見峽谷高聳了起來，最後只能聽見隆隆水聲，看不到底下的溪水奔流。

---

MAP ▶ P.204B2

# 顏料盆

## Paint Pots

**泉水為大地塗抹上色彩**

🚗 從鐳溫泉村開車約85公里，從班夫鎮開車約51公里，有免費停車場

　原住民們早已知道赭土床所在，並認為那裡是紅土精靈的住所，其實，赭土是吸飽了紅、黃色泉水的黏土，而泉水正是來自赭土溪床上游的顏料盆。步道跨過朱砂河上的木橋，草木繁茂的林木在赭土床上突然消失，泉水帶來的顏色似乎已經完全滲透土裡，小溪像一道清流，隨著溪床起

落，最終靜止在平坦的黏土上；不慎跌落在溪床上的樹幹，已被染成赭紅，溪畔的野草、石塊也沾染上斑斑土色，朱砂河因此獲名。

　挖掘出赭土後，原住民將黏土捏成塊，放在爐火裡烤乾，然後磨成粉狀，用魚油或動物脂肪攪拌成顏料，塗抹在身體或帳篷上作為裝飾。1900年代初期，曾有商人企圖以機器大量開採，運輸到卡加利販售，後來發現不敷經濟效益而放棄，甚至連機器都不願搬離，如今赭土床附近滿佈鐵鏽的機器，見證了一場發財夢的幻滅。

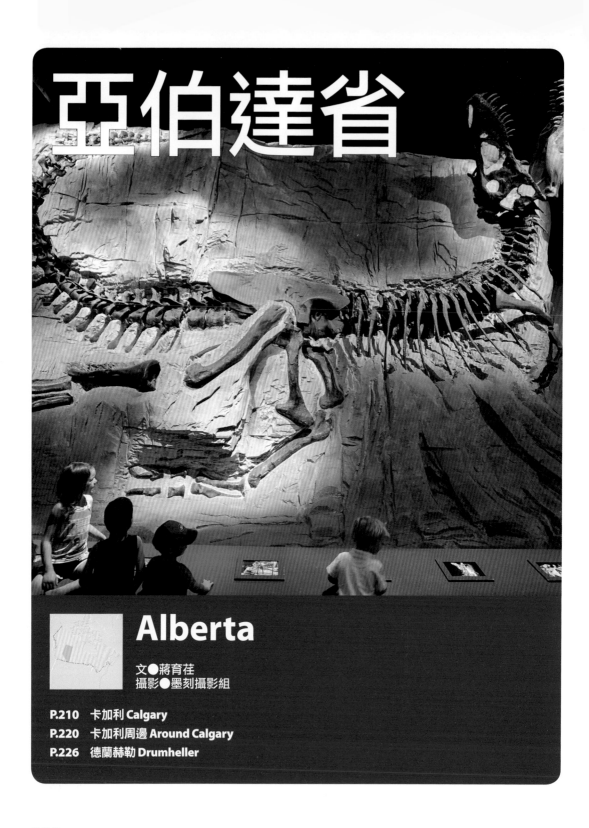

# 亞伯達省

## Alberta

文●蔣育荏
攝影●墨刻攝影組

**看**過名導演李安代表作《斷背山》的觀眾，想必會對電影中壯觀的景色和牛仔風情印象深刻，雖然描寫的故事以美國蒙大拿州為背景，然而拍攝現場卻是在加拿大的亞伯達省，也因而使亞伯達省聲名大噪。

亞伯達省位於卑詩省東邊，面積超過66萬平方公里，人口超過360萬人，主要城市為卡加利和艾德蒙頓。卡加利可說是「牛仔之都」，每年7月舉辦的北美牛仔競技大賽，吸引各路好手大展身手，規模為世界之冠，每年都有上

百萬旅客參加，感受牛仔的狂野熱力。至於艾德蒙頓的精彩也不惶多讓，每年夏季都會舉辦一連串音樂及藝術的相關活動。

亞伯達省蘊藏豐富的自然資源，洛磯山國家公園群中的班夫與傑士伯就位在亞伯達省。此外，加拿大的20處世界遺產中，亞伯達省就擁有其中6項，除了洛磯山國家公園群外，還包括麥克勞德堡附近的野牛碎頭崖、德蘭赫勒附近的省立恐龍公園、南邊的瓦特頓湖國家公園與阿伊斯奈皮石刻，以及北邊的伍德野牛國家公園。

# 亞伯達省之最 Top Highlights of Alberta

**歷史文化公園 Heritage Park Historical Village**
180棟貨真價實的歷史建築被遷移到這裡，穿著古裝的工作人員用100多年前的方式「生活」著，帶領遊客回到19世紀末的卡加利小鎮。（P.218）

**瓦特頓湖國家公園 Waterton Lakes National Park**
名列世界遺產的自然美景，秀麗而遼闊的瓦特頓湖、雄偉的連峰高山、視野卓絕的登山步道，景色一點也不會輸給洛磯山脈中的國家公園。（P.222）

**省立恐龍公園 Dinosaur Provincial Park**
作為加拿大出土最多恐龍化石的地方，在省立恐龍公園裡，不但有機會看到剛挖掘出的恐龍化石，還能一睹古生物學家們的工作現場。（P.225）

**野牛碎頭崖 Head-Smashed-In Buffalo Jump**
原住民的祖先們利用這裡的地形進行大規模狩獵，將成群野牛趕進他們設下的死亡陷阱中。在博物館內除了可認識從前原住民的生活方式，大自然的景觀也是一流。（P.221）

**皇家泰瑞爾古生物博物館 Royal Tyrrell Museum**
亞伯達省是世界上挖掘出最多恐龍化石的地方之一，而其考古成果大部分都收藏在這間博物館內，也讓德蘭赫勒因而享有恐龍之都的美名。（P.228）

# 卡加利
# Calgary

卡加利素有牛仔城市之稱，早年卡加利的主要經濟來源為畜牧業與肉類屠宰包裝，是亞伯達省重要的牛隻集散市場，直到1914年及1947年，在卡加利的南北兩邊分別發現石油與天然氣後，為當地帶來大量的財富資源，卡加利才搖身一變，成為高樓林立的繁榮工業都市。不過，迄今居民仍未忘記原本賴以維生的祖業，1912年以來，於每年7月的第2個禮拜開始舉行的卡加利牛仔節，為時10天的農牧展及篷車、牛仔競賽，仍然是卡加利年度最盛大的慶典。

白色牛仔帽象徵卡加利的好客傳統，在機場裡，穿著紅背心、白牛仔帽打扮的義工，隨時準備協助外來遊客；在機場外，路旁白色大桶上畫的人物，每個都在擲帽歡迎貴賓。1948年，卡加利美式足球隊到多倫多與渥太華隊爭霸，搭火車專車前往助陣的啦啦隊員，每人都戴上白色牛仔帽，其中包括1950年當選市長的麥克凱(Don MacKay)。麥克凱在上任後每有貴賓來訪，都會以白色牛仔帽相贈，表示歡迎，至今已成為卡加利的傳統。

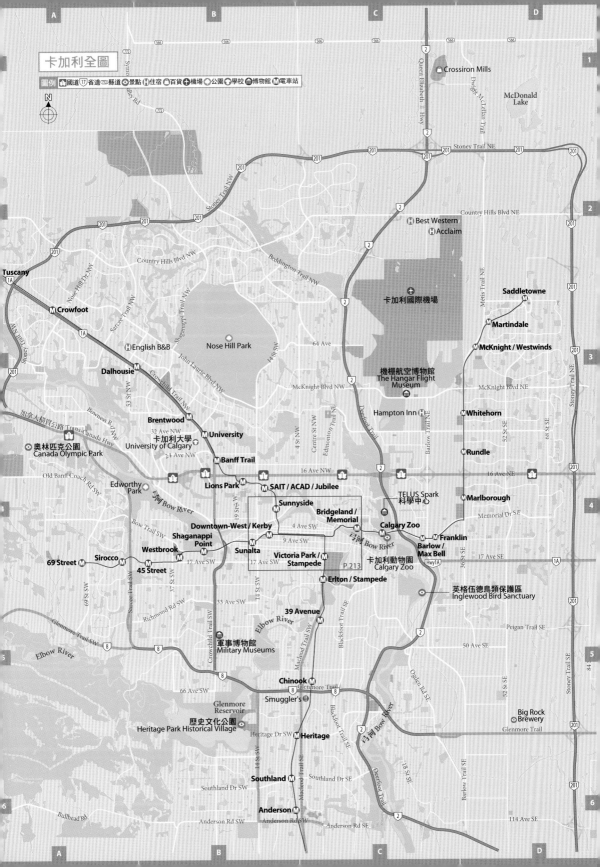

卡加利全圖

圖例 🏛國道 ⑰省道 ⑦⑦⑦縣道 ◎景點 🅷住宿 🏬百貨 ✈機場 🌲公園 🎓學校 🏛博物館 Ⓜ電車站

N

A

B

C

D

1

566 566 566 566 566

Queen Elizabeth II Hwy 2

🅷 Crossiron Mills

Dwight McLellan Trail

McDonald Lake

Symons Valley Rd 772 772

201 201 Stoney Trail NE 201 201

201

2

2

Country Hills Blvd NE

🅷 Best Western
🅷 Acclaim

201 201

Stoney Trail SW

Stoney Trail NE

201

Tuscany
1A

Ⓜ Crowfoot

Country Hills Blvd NW

Nose Hill Dr NW

Sarcee Trail NW

Shaganappi Trail NW

John Laurie Blvd NW

Nose Hill Park

14 St NW

64 Ave

卡加利國際機場

Métis Trail NE

Saddletowne
Ⓜ

Ⓜ Martindale

McKnight / Westwinds
Ⓜ

🅷 English B&B

Dalhousie

Crowchild Trail NW

53 St NW

Beddington Trail NW

McKnight Blvd NW

機棚航空博物館
The Hangar Flight Museum 🏛

McKnight Blvd NE

52 St NE

68 St NE

Stoney Trail NE

加拿大橫貫公路 Trans-Canada Hwy

Bowness Rd NW

Brentwood
Ⓜ

32 Ave NW

Ⓜ University

卡加利大學
University of Calgary

24 Ave NW

4 St NW

Centre St NW

Edmonton Trail NW

Deerfoot Trail

Hampton Inn 🅷

Barlow Trail NE

Whitehorn
Ⓜ

Rundle
Ⓜ

奧林匹克公園
Canada Olympic Park ◎

Old Banff Coach Rd SW

Ⓜ Banff Trail

16 Ave NW

2

Ⓜ

16 Ave NE

Ⓜ Marlborough

Memorial Dr SE

3

Edworthy Park

🌲 Bow River 弓河

Ⓜ Lions Park

10 St NW

🎓

Ⓜ 🎓 SAIT / ACAD / Jubilee

14 St NW

🎓 TELUS Spark
科學中心

🏛

🎓

4

Bow Trail SW

Downtown-West / Kerby
Ⓜ

Ⓜ Sunnyside

4 Ave SW

Bridgeland / Memorial
Ⓜ

Ⓜ Calgary Zoo

弓河 Bow River

Ⓜ Franklin

Barlow / Max Bell

36 St SE

1A

Westbrook
Ⓜ

Shaganappi Point
Ⓜ

9 Ave SW

Ⓜ Sunalta

17 Ave SW

Victoria Park / Stampede
Ⓜ

卡加利動物園
Calgary Zoo

Hwy1A

69 Street
Ⓜ

Sirocco
Ⓜ

45 Street
Ⓜ

Sarcee Trail SW

37 St SW

17 Ave SW

P.213

英格伍德鳥類保護區
Inglewood Bird Sanctuary ◎

Peigan Trail SE

52 St SE

Stoney Trail SE

Ⓜ Erlton / Stampede

33 Ave SW

14 St SW

Elbow River

39 Avenue
Ⓜ

Blackfoot Trail SE

50 Ave SE

5

Glenmore Trail SW

Elbow River

Richmond Rd SW

Crowchild Trail SW

8

8

軍事博物館
Military Museums 🏛

Macleod Trail SW

Blackfoot Trail SE

Ogden Rd SE

18 St SE

84 St SE

Big Rock Brewery ◎

Chinook
Ⓜ

66 Ave SW

8

Glenmore Trail

8

弓河 Bow River

Deerfoot Trail

Glenmore Trail

Glenmore Reservoir

Smuggler's 🅷

歷史文化公園
Heritage Park Historical Village ◎

Heritage Dr SW

14 St SW

Ⓜ Heritage

2

114 Ave SE

Bullhead Rd

Southland
Ⓜ

Southland Dr SW

Southland Dr SE

Macleod Trail SE

Stoney Trail SE

Anderson
Ⓜ

Anderson Rd SW

Anderson Rd SW

Anderson Rd SE

A

B

C

D

6

# INFO

## 基本資訊

**人口**：約131萬(市區)
**面積**：約621.7平方公里(市區)
**區域號碼**：403、587、825

## 如何前往

### ◎飛機

卡加利國際機場(機場代碼YYC)位於市區北方約17公里處，機場內只有一個航站，分為五個登機區，A、B、C為加拿大航線，D為國際航線，E為美國航線。目前從台灣並無直飛卡加利的航班，旅客可經由溫哥華轉機，飛行時間約1.5小時。

**卡加利國際機場 Calgary International Airport**
📍 P.211C3
🏠 2000 Airport Rd. NE, Calgary, AB T2E 6W5
🌐 www.yyc.com

### ◎開車

經過卡加利的國道1號，是加拿大橫貫公路的其中一部分，往西可達班夫(約125公里)、甘露市(約614公里)與溫哥華(約975公里)，往東可達薩克其萬的首府女王城(約757公里)。要前往艾德蒙頓的話，可由國道1號接上省道2號往北，里程數約294公里。

## 機場至市區交通

### ◎租車

租車中心位於航站主大樓外的馬路對面，在那裡可找到Hertz、Alamo、National、Enterprise、Avis、Budget、Dollar、Thrifty等8家租車公司櫃檯。

### ◎公車

在入境層的2號門與15號門外，可找到300號公車的候車處，可搭乘這條路線前往市中心。公車到了市區後，會沿著4 Ave、5 St、9 Ave、Macleod Tr繞一圈，路程大約半個小時。車票可在候車處的自動售票機購買，或上車投錢(車上不找零)。
🕐 每日約05:30~24:00，約20~30分鐘一班
💲 成人＄11.25，12歲以下免費

### ◎公車+輕軌電車

在公車候車處，亦可搭乘100號公車前往藍線輕軌電車的McKnight-Westwinds站，從那裡轉乘輕軌電車進城。

### ◎計程車

在入境層的1、9與15號門外，可找到計程車招呼站，到市區約為40~45加幣。

## 市區交通

### ◎大眾運輸系統

由卡加利交通局營運的大眾運輸系統，包括市內公車和輕軌電車(LRT，也常稱為C-Train)，這兩種交通工具的車票互通。

輕軌電車只有紅線與藍線兩條，紅線大致為南北向，藍線大致為東西向，兩條路線在市中心的City Hall

圖例 ◎景點 ◉火車站 ▣博物館 Ⓜ電車站 ◎公園 ⬟政府機構 Ⓗ飯店 ▣百貨 🍴餐廳 ❶遊客中心

站到8 St SW站之間是重疊的，都是沿著7 Ave行駛，且為免費路段，可不用買票隨意上下車，但若是在區間外上車，或是目的地是在區間外，則還是要先買票才能上車。要注意的是，在這個重疊的區段中，東向列車僅停靠Centre St、3 St SW、6 St SW、8 St SW四站，而西向列車僅停靠1 St SW、4 St SW、7 St SW三站，City Hall站則是兩個方向的列車都會停靠。

電車在尖峰時段3~7分鐘就有一班，離峰時段則是10~15分鐘一班，電車月台沒有閘門，採誠實購票制度，但仍不時會有人來查票，因此千萬不要抱持僥倖心理。

若行程需要轉車才能到達，可向公車司機索取轉乘券(Transfers)，轉乘券和電車車票上已印有時間，90分鐘內得以無限次轉乘。

### 卡加利交通局 Calgary Transit
💲單程票：成人＄3.6，13~17歲＄2.45。一日票：成人＄11.25，13~17歲＄8.25
🌐www.calgarytransit.com
❶若是預購10張回數票，使用前需先至售票機印上時間才算生效
### ◎開車

在卡加利市中心開車，最需要注意的是有許多單行道。基本上，4 Ave、6 Ave、11 Ave為西向行道，5 Ave、9 Ave、12 Ave為東向單行道，1 St SE、3 St SW、5 St SW、7 St SW、9 St SW為南向行道，2 St SW、4 St SW、6 St SW、Macleod Trail為北向單行道。而7 Ave為電車道，行人可以通行，但開車不能進入。

在市中心要找到免費停車位是不可能的，不過要找到付費的路邊停車格並不困難，真找不到位子停的話，城裡的停車場也很多，只是停車費貴一點就是了。

### ◎計程車
卡加利計程車起錶為＄3.8~4.5，每120公尺跳錶約＄0.2，等待時間每21秒跳錶約＄0.2。

## 旅遊諮詢
### ◎卡加利旅遊局
☎1-800-661-1678
🌐www.visitcalgary.com
### 卡加利市中心資訊站
🏠120 8 Ave. SW ⏰6~8月09:00~17:00
🚫週一

MAP ▶ P.213B3

# 卡加利塔

**MOOK Choice**

Calgary Tower

**天際線上最明顯的地標**

🚇搭乘輕軌電車至Centre St或1 St SW站，步行約4分鐘 🏠101 9 Ave. SW ☎(403) 266-7171 🕐每日10:00~21:00 (6~8月至22:00) 💲成人＄21，65歲以上＄19，4~12歲＄10 ⊕www.calgarytower.com ✂官網訂票享有折扣

　卡加利塔總高度為191公尺，自1968年6月開放以來，已成為卡加利的地標，也是造訪當地的遊客不可錯過的重要景點。原名赫斯基塔(Husky Tower)的卡加利塔，最初是為了慶祝加拿大建國100週年，而由赫斯基石油公司與馬拉松地產公司聯合興建，由塔底到160公尺高的觀景台總共有762級階梯，若是搭乘高速電梯，則僅需約60秒。在觀景台上，透過360度的玻璃圓弧觀景窗，只見市區壯麗的畫面盡在腳底，還能盡覽四周的洛磯山脈風貌；而觀景台下層的Sky 360則是一間旋轉餐廳，在此用餐同時可享受美味佳餚和絕佳氣氛。

MAP ▶ P.213B3

# 格蘭伯博物館

Glenbow Museum

**天南地北聚一堂**

🚇搭乘輕軌電車至Centre St或1 St SW站，步行約4分鐘 🏠130 9 Ave. SE ☎(403) 268-4100 ⊕www.glenbow.org ❗目前博物館整修當中，重新開放時間請關注官網

　格蘭伯博物館是卡加利最大的藝術文物殿堂，集博物館與美術館的角色於一身，在4層樓的展示空間裡，擁有五花八門的陳列收藏，展示內容橫跨多個不同領域，從亞洲與非洲的文物造像，到黑腳族人的文化傳統；從原住民的圖騰藝術，到近當代的現代主義；從閃閃發亮的礦物寶石，到殺氣騰騰的武器鎧甲，全部都在一個屋簷下。而這當中也有一個展廳是介紹卡加利的歷史，透過模型和場景重建，將過去百年來的生活點滴呈現在遊客面前，對這些主題有興趣的朋友，不妨前來參觀。

# 國家音樂中心

MOOK Choice

Studio Bell: Home of the National Music Centre

**一切都是源自音樂**

🚶搭乘輕軌電車至City Hall站,步行約5分鐘 🏠850 4 St. SE
📞(403) 543-5115、1-800-213-9750 🕙10:00~17:00
😊週一、二 💲成人＄21.5,65歲以上＄16.5,4~12歲
＄13.5 🌐www.studiobell.ca

國家音樂中心的前身為契努克鍵盤中心
(Chinook Keyboard Centre),其最初的誕生是
源於1987年時在卡加利的傑克辛格音樂廳裡裝
設了一架管風琴,並以此為契機連續幾年所舉辦
的國際管風琴節。這個組織當時開發了一系列鍵
盤樂器,後來又轉型為博物館,以展示各種鍵盤
及電子樂器、音響設備為主。隨著館藏愈來愈豐
富,於是在卡加利東村建了這棟新博物館,由加
拿大貝爾電信公司取得冠名權,以Studio Bell之
名於2016年加拿大國慶日當天隆重開幕。

博物館內收藏超過2千件稀有樂器與歷代文
物,且在館內技術人員努力下,這些樂器全都能
夠正常演奏。大名鼎鼎的滾石樂團行動錄音室
(Rolling Stone Mobile Studio)也在展示之列,
包括齊柏林飛船、鐵娘子、深紫色、盧瑞德等搖
滾巨星都曾在這輛卡車裡創作過。其他重量級館
藏還有傳說中的TONTO合成器、艾爾頓強的鋼
琴、2千多首加拿大代表性的音樂作品等,而加拿
大音樂名人堂也是位於這間博物館中。

另一方面,博物館的建築也同樣引人矚目。9棟
帶有巧妙曲線的大樓彼此環環相扣,這些曲線不僅
只於造型,同時也具備光線及聲學上的效果;建築
內外總共覆上超過22萬塊釉面陶磚,有如閃閃發
光的鱗片。隔著東南第4街,上方還架起一座空橋
相連,遠看就像座巨大宏偉的城門,帶領人們走進
美妙的音樂國度。

亞伯達省…卡 加利 Calgary

**MAP ▶ P.213C3**

# 馬鞍型體育館
## Scotiabank Saddledome
### 卡加利三大冰球隊的主場

🚊搭乘紅線輕軌電車至Victoria Park / Stampede站,步行約5分鐘 📍555 Saddledome Rise SE ☎(403) 777-4646 💻www.scotiabanksaddledome.com

**1小時免費導覽行程**

📍集合地點在西大廳入口處 ☎(403) 777-1375 🕐6~8月沒有活動時的週一、三、五,於11:00、12:00、13:00集合

　　坐落於牛仔競技公園(Stampede Park)內的馬鞍型體育館,造型相當特殊,館內的座位多達17,000個,並擁有世界最大的纜索懸吊屋頂,是卡加利市的重要地標建築之一。1988年卡加利冬季奧運會時,這座體育館曾作為室內競賽項目的主要場地,今日則是國家冰球聯盟(NHL)球隊卡加利火焰(Calgary Flames)、西部冰球聯盟(WHL)球隊卡加利殺手(Calgary Hitman)與國家長曲棍球聯盟(NLL)球隊卡加利流氓(Calgary Roughnecks)的主場。在球賽日程之外,體育館內也會舉辦各種演唱會、貿易展覽、娛樂競賽和表演活動等,館內也提供餐廳及住宿的服務,平時沒有比賽或表演時,會有1個小時的導覽行程,帶領遊客參觀體育館的各項設施。

---

## 卡加利牛仔節
### Calgary Stampede

　　牛仔競技公園是卡加利牛仔節最主要的比賽場地,所有你想的到的牛仔把戲,例如刺激的騎公牛比賽、精湛的馬術表演、16匹駿馬一起狂奔的牧場馬車競速等,每天都在這火辣辣的黃土場中硬仗上演,牽動著每位觀賽者的神經細胞。每當黃昏時刻,競技公園內9輛動力十足的篷車,瘋也似地衝向終點,爭奪當日的冠軍獎座;入夜之後,更有各種聲光劇場和活動表演,上百名歌手與舞者輪番上陣,帶來華麗絢爛的節目,令人熱血沸騰。在競技公園外,還有露天舞台劇場、兒童遊樂場、賭場,以及拖輪車或純種馬的馬術競賽等,熱鬧的慶祝活動遍布全城。

　　在這段期間內,當地居民也會穿戴全身的牛仔裝扮

加入慶典行列,包括遊行活動、牛仔表演秀、牛仔商品展覽、牛仔方塊舞、令人垂涎的牛仔美食,以及品嚐免費的煎餅早餐等,將牛仔節慶的氣氛炒得熱鬧滾滾,像極了一場洋溢青春活力的嘉年華會。

🚊搭乘紅線輕軌電車至Erlton或Victoria Park / Stampede站 🕐每年7月上旬,為期10天 💻www.calgarystampede.com

MAP ▶ P.213C3

# 卡加利要塞
## Fort Calgary
### 卡加利城的誕生搖籃

🚈搭乘輕軌電車至City Hall站，步行約10分鐘 🏠750 9 Ave. SE ☎(403) 290-1875 🕙10:00~17:00 🚫週一、二 💲成人 $10，65歲以上$7，5~17歲$5 🌐www.fortcalgary.com

當1875年西北騎警隊踏著達達馬蹄來到這兒時，弓河兩岸還只有原住民部落在此定居，當時他們接到命令要查禁私釀威士忌的交易，並與原住民親善以便將來建立殖民地，於是便在弓河與肘河的匯流處興建了這座營寨，並由指揮官Kames Macleod中校命名為卡加利要塞。1883年時，太平洋鐵路通過營寨，使得要塞周邊一帶迅速繁榮起來，逐漸發展成市鎮規模，而新的市鎮沿用要塞之名，便是今日亞伯達第一大城卡加利的前身。

騎警隊於1914年撤出後，要塞也跟著荒廢，直到1974年卡加利政府將故址買下，重建為博物館，要塞的故事才得以延續。現在要塞內陳列許多西北騎警的史蹟，包括從前的辦公室、營房、餐廳、病房，以及早年卡加利鎮的藥局、民居等，也被還原展示在這裡。在展示中心外的公園散步，可以看到兩棟古老的木造營房，那便是要塞唯一殘存的原始遺跡。而位於肘河對岸的Deane House，則是當年要塞主官狄恩上尉的故居，亦改建為餐廳向遊客開放。

MAP ▶ P.213B1

# 普林斯島公園
## Prince's Island Park
### 獨立在弓河中央的綠意

🚈搭乘輕軌電車至7 St SW站或8 St SW站，向北步行約12分鐘 🕙開放式公園 💲免費

普林斯島是弓河中央的一座小沙洲，因為是由當地鋸木廠世家普林斯家族捐贈給市政府，因而得名。公園佔地20公頃，島上綠意盎然，濃蔭密布，與弓河對岸的繁忙、喧鬧形成強烈對比。當地人最喜歡來這裡散步、慢跑、野餐，或是靜靜坐在長椅上休息、沉思。此外，為了方便市中心與北岸Sunnyside之間的通勤，市政府請來西班牙著名建築師Santiago Calatrava，在緊鄰普林斯島西邊的歐克萊爾公園(Eau Claire Park)設計了一座步行橋。這座名為和平橋(Peace Bridge)

的新橋於2012年揭幕，交錯的紅色鋼條讓橋樑彷彿一道通往未來的隧道，而善於利用線條營造出流動的意象，正是Calatrava的拿手特色，也使卡加利從此又多了一處拍照地標。

亞伯達省⋯卡 加利 Calgary

# 奧林匹克公園
## Canada Olympic Park

### 獻給熱愛刺激的你

🚗建議開車前往,從市中心走國道1號往西,停車場免費 🏠 88 Canada Olympic Rd. SW, Calgary, AB T3B 5R5 📞(403) 247-5452 ⏰依季節調整,大致說來,山丘設施夏季平日 11:00~19:00,週末10:00~16:00;冬季平日10:00~21:00,週末09:00~17:00 ⛔夏季週一 💲夏季山丘設施一日票:成人$59,6~17歲及65歲以上$49。冬季滑雪場一日票:成人$69,6~17歲及65歲以上$44,6歲以下$26。冬季雪樂園:$27。租用裝備另外計費 🌐www.winsport.ca

**Downhill Karting**

🔽夏季營業,大致說來為10:00~19:00,詳細日期時間請上官網查詢 💲兩趟$28,三趟$30,四趟$36,搭載一名兒童$9 🌐www.downhillkarting.ca

　　這處當初為了1988年卡加利冬季奧運會而興建的比賽場地,在奧會結束後由Winsport接手經營,除了繼續用來培育專業運動選手,也開放給一般民眾娛樂。冬天市民們只要開個半小時的車,就能在專業場地上滑雪、溜冰、玩雪橇,不會滑雪的人也可以在雪樂園(Servus Tube Park)裡坐上雪胎,享受刺激又安全的俯衝樂趣。而夏天這裡不但沒有閒著,反而更加精彩,除了滑雪道變成越野單車道外,還有2013年才啟用的Downhill Karting,這是種利用重心過彎的斜坡滑車,其軌道長達1.8公里,沿途彎道多達50處,由於車上裝有減速煞車,因此每個人都可根據自己的心臟強度來操控快慢,老少咸宜。

# 歷史文化公園

**MOOK Choice**

## Heritage Park

### 回到過去,當一日古人

🚗搭乘紅線輕軌電車至Heritage站,轉乘502號公車直接進入園區。若開車前往,停車費前7小時$8,超過7小時每30分鐘$8,當日最高$32 🏠1900 Heritage Dr. SW, Calgary, AB T2V 2X3 📞(403) 268-8500 ⏰5月底~10月初10:00~17:00 (9月之後僅週末開放) 💲成人$34.95,65歲以上$26.95,3~15歲$22.95 🌐heritagepark.ca 🎡Gasoline Alley Museum全年營業,冬季門票為成人$14.95,3~15歲$8.95

　　想要回到過去,不用把跑車改裝成時光機,也無需哆啦A夢的口袋,只要到歷史文化公園買張門票,就能走進19世紀末的卡加利小鎮。這座公園的宗旨,就是要讓活生生的歷史存在

於21世紀的今日。

在面積廣達51公頃的園區裡,林立著180棟屋舍與店面,其中有半數以上都是貨真價實的歷史建築,年代在1860到1928年之間,多是從卡加利周邊地區遷至這裡保存。像是從前的牧場、農莊、有錢人家的別墅等,你都可以進去參觀,看看一百年前的生活是什麼樣的情形。最有趣的是,公園裡有上百位穿著古裝的工作人員與遊客互動,這些工作人員被要求完全融入古人的生活,譬如身穿19世紀服飾的女性無法進入彈子房,因為這在「她們那個年代」是不被允許的事。

當然遊客沒有這種限制,大可隨心所欲穿梭在小鎮各個角落,走進鐵匠鋪觀看鐵匠如何打製器具,到報社讓社長教你鉛字印刷,或是去烘焙坊買個古早味的麵包;而在農場莊園裡,女主人正在烤餅乾給客人(也就是你)吃,在上流人家中,鋼琴課才正要開始。其他像是哈德遜灣公司的毛皮交易站、原住民帳篷、軍營、雜貨店等,各有「先民」熱情地向遊客示範古時候的大小事,而餐廳、酒吧、藥房等,也都還在營業。

大門旁的Gasoline Alley Museum展示為數驚人的古董車,經典款如福特T型、奧本6-76、L-29 Cord等,都在展示之列。如果你對古老的交通工具著迷,不妨在入園時購買套票,可搭乘從前太平洋鐵路的蒸汽火車環繞公園一圈,或乘坐曾航行在庫特尼湖上的槳輪式蒸汽船SS Moyie號。而各種精彩有趣的表演與活動,更是從早到晚輪番上演,讓人大嘆一整天都玩不夠。

# 卡加利周邊
# Around Calgary

大多數遊客一出了卡加利機場，二話不說就直奔班夫國家公園，其實在卡加利周邊一帶的亞伯達省南部，也有不少壯麗非凡的景觀，值得從卡加利出發，來個一日或兩日遊的行程。首先推薦的是位於邊界上的瓦特頓湖國家公園，那邊的景色不輸給洛磯山脈國家公園群裡的任何一座，許多人認為瓦特頓湖甚至比與其相鄰的美國冰河國家公園還要美。而卡加利東北邊的德蘭赫勒一帶，則是一片紅岩色調，崎嶇不平的惡地峽谷，是全世界發掘出最多恐龍化石的地方，你可以到德蘭赫勒近郊的皇家泰瑞爾古生物博物館朝聖，也可以去省立恐龍公園親眼看看這些龐然大物出土的地方。另外，在卡加利與瓦特頓湖之間的野牛碎頭崖，記錄的是從前原住民狩獵野牛的方式，見證了人類在這片原野上生存的古老法則，如今已被列入世界文化遺產，供世人遙想讚嘆。

卡加利周邊

**MAP ▶ P.220A2**

# 野牛碎頭崖

**MOOK Choice**

## Head-Smashed-In Buffalo Jump
### 原住民獨特的狩獵方式

🚗 從卡加利開車約180公里，停車場免費 ☎ (403) 553-2731 ⏰ 10:00～17:00 🚫 9月初～5月底的週一、二 💲 成人$15，65歲以上$13，7～17歲$10 🌐 headsmashedin.ca

野牛碎頭崖於1981年被列為世界遺產，記錄著6千多年前黑腳族原住民所使用的特殊狩獵技巧。當時的原民獵人們會將野牛一路追趕至此處，狂奔中的野牛慌不擇路，紛紛栽下懸崖，成為遠古人類的食物。野牛和黑腳族人的生活息息相關，牠們的肉、角和皮，都是人們日常所需的重要來源。今日在峭壁上建有一座展示中心，除了重現當時的景況，也介紹北美平原地區的自然環境、原住民狩獵野牛的生活方式，以及使野牛在這一帶絕跡的原因、考古研究與發現等。

走進大廳，迎面而來的便是模擬野牛碎頭崖的實景模型，讓遊客體驗從高達數層樓的懸崖上，野牛如何被獵人追趕，跳崖而亡；2樓以上陳列有關黑腳族食、衣、住、行的生活用品，如同重返當時的村落；至於影片播放廳，則放映長約15分鐘的紀錄短片，用真人演出和電腦模擬畫面，再現野牛碎頭崖的故事和歷史背景。繼續往上走，則會來到原住民的帳蓬區，尖頂圓底的帳蓬，材質以動物毛皮製成，而內部支架則以木頭撐起，供族人度過寒冬溽暑，讓人讚嘆這個族群的生活智慧。

走上7樓，戶外設置了一個展望台，可清楚觀看整個懸崖峭壁的地形結構，1樓建築外也規劃了一條步道，讓遊客循著整個山形地貌，觀察這片被登錄為世界遺產的歷史遺跡。整個遺跡的範圍包括誘導野牛聚集在一起的口袋陣地(Gathering Basin)、長約8公里的追逐小徑(Drive Lanes)、野牛跌下懸崖的地點(Kill Site)，以及原住民將死亡的野牛進行屠宰和利用的營地(Camp Site and Processing Area)，皆是不可錯過的參觀重點。

**MAP ▶ P.220A2**

# 瓦特頓湖國家公園

**MOOK Choice**

## Waterton Lakes National Park

### 扣人心弦的湖光山色

🚗從卡加利開車約270公里　💲開車進入國家公園，車上人數在2~7人之間，可購買每日21加幣的家庭票。若是用其他方式進入國家公園，或是車上只有一位成人，則可購買個人票：成人一日＄10.5，65歲以上一日＄9，17歲以下免費。可使用國家公園年票　🌐parks.canada.ca/pn-np/ab/waterton　❗冬季時關閉部分路段及設施

**遊客中心**
🔺P.223B3　🏠404 Cameron Falls Dr　☎(403) 859-5133
🕐08:00~16:30 (週末至17:30)

　　瓦特頓湖國家公園成立於1895年，面積達525平方公里，1932年時與美國蒙大拿州的冰河國家公園合併，成為全世界第一座國際和平公園，代表著地球生態環境合作保育的重要指標，而1995年更被聯合國教科文組織列名為世界遺產。

　　公園內到處都是扣人心弦的美景，由洛磯山脈的群山、一望無際的遼闊平原和散布於其間的湖泊所構成，風、火、水共同雕琢出的險峻山嶺，升起在翠綠的平原上，各種不同的生態體系在此交會；而寧靜的瓦特頓湖以及鏈狀的冰河湖，為這座國家公園孕育出多樣化的自然生態，更增添了人間仙境般的氣息。

　　瓦特頓鎮是公園內的生活機能中心，有旅館、餐廳、商店和各種機關設施，瓦特頓湖遊船的碼頭也位於鎮上。瓦特頓鎮同時也是一些健行步道的起點，像是前往伯莎瀑布(Bertha Falls)與伯莎湖(Bertha Lake)的步道，因為難度不高，是短天數遊客的標準路線。另一個值得推薦的健行道是位於鎮中心北方的熊之丘(Bears Hump)，雖然在短短1.4公里內要爬升225公尺，走起來並不輕鬆，但是登頂之後可以俯瞰整片瓦特頓湖與瓦特頓鎮，美景當前，肌肉裡所有的乳酸堆積頓時煙消雲散，只剩下汗水被風吹乾的暢快感覺。

　　另外，位於鎮中心西北方約17公里處，由水流切割而成的紅岩峽谷(Red Rock Canyon)，景觀相當特殊，不論是河底的石塊或是溪谷兩旁的岩石，均呈現赭紅色的外觀。這些紅岩形成的主因，乃是因為鐵質沉積之後經過氧化的結果，而岩石波浪狀的紋理，看起來更是美不勝收。

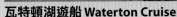

## 瓦特頓鎮

往公園入口收費站→

←往Horseshoe Basin Trail

Linnet
Lake

熊之丘
Bear's Hump

Bear's Hump Trail

威爾斯王子酒店
Prince of Wales Hotel

Prince of Wales Trail

Entrance Rd

←往Akamina Pkwy

Emerald Bay

Meadow Rd

Waterton Glacier Suites
Bear Mountain Motel

瓦特頓遊湖船碼頭

←往Crandell Lake

←往Akamina Lake
Cameron Lake

Evergreen Ave

Fern St

Fountain Ave

Windflower Ave

Clematis Ave

Hazard Rd

Bayshore Inn

Wieners of Waterton

Waterton Lakes Resort

Pearl's

Cameron Falls Dr

Clematis Ave

Hardwell Ave

Waterton Ave

Windflower Ave

Vimy's Grill

Cameron Creek

←往Lakeshore Trail、Bertha Trail

Evergreen Ave

Vimy Ave

Northland
Lodge

Townsite
Campground

Townsite Loop Trail

上瓦特頓湖
Upper Waterton
Lake

Waterton Ave

Cameron
Bay

圖例
17 省道　景點　住宿　餐廳
碼頭　營地　廁所　停車場
遊客中心　- - - 步道

# 瓦特頓湖遊船 Waterton Cruise

P.223B2　遊船碼頭在瓦特頓鎮上　(403) 859-2362

**單純遊湖的行程**

5月初~10月初，每日2~4個船班，行程1.5小時，詳細時刻請上官網查詢　成人＄61，3~12歲＄30

**中途在美國高杭特上岸的行程**

6月底~9月底，每日10:00、16:00出發(週末增加13:00的梯次)，行程2小時15分鐘　成人＄85，3~12歲＄42　www.watertoncruise.com

　瓦特頓湖是洛磯山區最深的湖泊，也是公園內最著名、最上鏡頭的湖泊，從上瓦特頓湖(Upper Waterton Lakes)的碼頭，搭乘這艘載客量達200名乘客的遊船，可以選擇坐在室內座位或甲板上的露天座椅，盡情瀏覽湖畔美不勝收的景觀。

　船上導遊會為乘客進行介紹解說，像是四周環繞著海拔2,400公尺以上的群山峻嶺、垂直的峭壁稜線、閃閃發光的湖水、流瀉的瀑布等沿岸美景，同時還可以越過國界，抵達美國蒙大拿州的高杭特(Goat Haunt)。在高杭特設有一座美加邊境檢查站；當船靠岸之後，遊客可以下船進行徒步健行賞景的活動，在悠閒散步之際，偶爾可見可愛的小松鼠、黑熊或北美馬鹿等野生動物穿梭在山林之間。

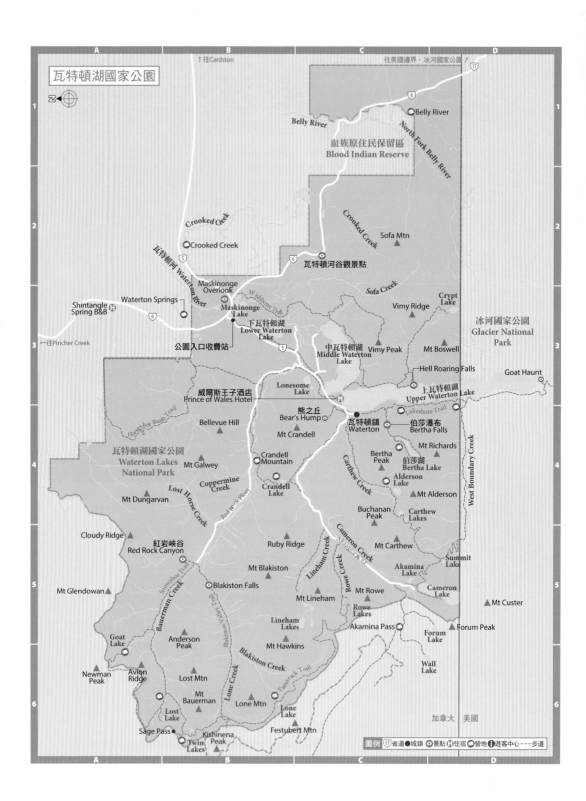

瓦特頓湖國家公園

N

↑往Cardston

往美國邊界、冰河國家公園↑

Belly River

North Fork Belly River

血族原住民保留區
Blood Indian Reserve

Belly River

Crooked Creek

Crooked Creek

Sofa Mtn

瓦特頓河 Waterton River

瓦特頓河谷觀景點

Shintangle
Spring B&B

Waterton Springs

Maskinonge
Overlook

Wishbone Trail

Sofa Creek

Crypt
Lake

冰河國家公園
Glacier National
Park

Vimy Ridge

Maskinonge
Lake

下瓦特頓湖
Lower Waterton
Lake

←往Pincher Creek

公園入口收費站

中瓦特頓湖
Middle Waterton
Lake

Vimy Peak

Mt Boswell

Hell Roaring Falls

Goat Haunt

Lonesome
Lake

威爾斯王子酒店
Prince of Wales Hotel

Horseshoe Basin Trail

Bellevue Hill

熊之丘
Bear's Hump

瓦特頓鎮
Waterton

上瓦特頓湖
Upper Waterton Lake

Lakeshore Trail

伯莎瀑布
Bertha Falls

West Boundary Creek

瓦特頓湖國家公園
Waterton Lakes
National Park

Mt Crandell

Mt Galwey

Crandell
Mountain

Coppermine
Creek

Crandell
Lake

Carthew Creek

Bertha
Peak

伯莎湖
Bertha Lake

Mt Richards

Alderson
Lake

Mt Alderson

Lost Horse Creek

Red Rock Pkwy

Mt Dungarvan

Buchanan
Peak

Carthew
Lakes

Cloudy Ridge

紅岩峽谷
Red Rock Canyon

Ruby Ridge

Lineham Creek

Cameron Creek

Akamina Rd

Mt Carthew

Akamina
Lake

Summit
Lake

Mt Glendowan

Snowshoe Trail

Blakiston Falls

Mt Blakiston

Mt Lineham

Rowe Creek

Mt Rowe

Cameron
Lake

Mt Custer

Blakiston Valley Trail

Lineham
Lakes

Mt Hawkins

Rowe
Lakes

Akamina Pass

Forum
Lake

Forum Peak

Goat
Lake

Anderson
Peak

Lone Creek

Blakiston Creek

Wall
Lake

Newman
Peak

Avion
Ridge

Lost Mtn

Mt
Bauerman

Lone Mtn

Lone
Lake

加拿大 | 美國

Bauerman Creek

Tamarack Trail

Lost
Lake

Sage Pass

Twin
Lakes

Kishinena
Peak

Festubert Mtn

圖例 ⑰省道 ●城鎮 ◎景點 ⊞住宿 △營地 ⓘ遊客中心 ---步道

MAP ▶ P.220B1

# 省立恐龍公園

**MOOK Choice**

## Dinosaur Provincial Park

### 跟著考古學家尋找恐龍化石

🚗 從卡加利開車約220公里，有免費停車場　🌐 www.albertaparks.ca/parks/south/dinosaur-pp

**遊客中心**

📞 (403) 378-4342　🕐 4月~10月每日09:00~16:00 (5月~9月初至17:00)，10月中~3月週末10:00~15:00　💲 展覽$2　🚌 可報名多種巴士與健行導覽行程，詳細時間及價錢請上官網查詢

　踏進省立恐龍公園之前，每位遊客都必須宣誓，保證不從公園裡拿走任何東西，因為那些被你不小心踢到的石頭，都有可能是億萬年前生活在這裡的龐然大物們的遺骸。

　1884年，地質學家約瑟夫泰瑞爾(Joseph Tyrell)在此地發現了第一塊恐龍化石，從此古生物學家們開始由四面八方湧入這片寸草不生的「惡地」，展開長達一個世紀的尋寶之旅。至今出土的恐龍物種多達35種，年代可追溯至7,500萬年前，難以想像的是，在當時這裡竟是片濱海的亞熱帶叢林！完整出土的恐龍化石大都被展示在德蘭赫勒的皇家泰瑞爾古生物博物館中，現在的公園裡，仍能找到許多細碎的化石殘骸。遊客中心不但放映著和恐龍有關的影片，專業的解說

員還會教你如何透過氣泡、色澤、泡沫等差異，以及由外觀、顏色和結晶的構造，來分辨化石和一般石頭的不同。

　公園內共有5條健行路線，你可以在惡地形中感受天地荒野的蒼茫，也可以運用在遊客中心學到的技巧，找一找藏身在石堆中的恐龍化石。由於省立恐龍公園在古生物學上的特殊貢獻，因而在1979年時被聯合國教科文組織納入世界自然遺產之列。

# 德蘭赫勒
## Drumheller

從卡加利沿著省道9號公路，大約2小時的車程，便可以慢慢靠近德蘭赫勒，一路盤旋起伏的奇特風景，保證會讓人見過之後嘖嘖稱奇。被紅鹿河(Red Deer River)一分為二的德蘭赫勒以煤礦業起家，同時也是西加拿大最重要的天然氣產區，鐵路的經過讓這裡在1930年代迅速發展，並曾一度達到市鎮的規模。而打從1985年世界知名的皇家泰瑞爾古生物學博物館在此地設立起，德蘭赫勒更是成為全球恐龍迷的最愛，只要是對恐龍著迷的人，莫不以前往德蘭赫勒朝聖作為其畢生志向。德蘭赫勒也不放過任何機會，大張旗鼓地打著恐龍招牌，幾乎每個路口轉角都能看到恐龍塑像，有官方設立的，也有私人擺放的，有形象逼真的，也有Q版造型的；滿街的店家、餐廳、旅館都以恐龍作為號召，在恐龍形狀的霓虹招牌中亮起和恐龍有關的名字，並販賣各種恐龍的周邊商品；甚至就連遊客中心門前都要矗立一尊「全世界最大的恐龍」。恐龍在德蘭赫勒真是無所不在，不愧是名符其實的「恐龍之都」！

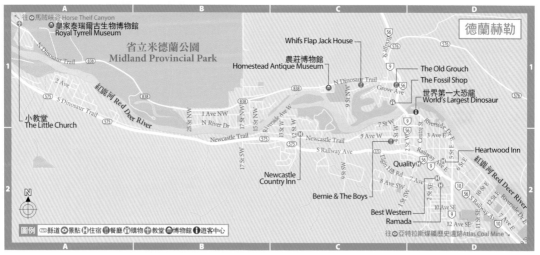

地圖內文字：

往 馬賊峽谷 Horse Theif Canyon
皇家泰瑞爾古生物博物館 Royal Tyrrell Museum
省立米德蘭公園 Midland Provincial Park
紅鹿河 Red Deer River
N Dinosaur Trail
S Dinosaur Trail
小教堂 The Little Church
Whifs Flap Jack House
農莊博物館 Homestead Antique Museum
N Dinosaur Trail
The Old Grouch
The Fossil Shop
世界第一大恐龍 World's Largest Dinosaur
Grove Ave
1 Ave NW
N River Dr
Newcastle Trail
Newcastle Country Inn
Newcastle Trail
S Railway Ave
7 St W
3 Ave W
Heartwood Inn
Quality
Bernie & The Boys
Best Western
Ramada
往 亞特拉斯煤礦歷史遺跡 Atlas Coal Mine
德蘭赫勒
圖例 縣道 景點 住宿 餐廳 購物 教堂 博物館 遊客中心
Red Deer River

# INFO

道靠左，開上省道9號北，約44.5公里後，右轉省道9號東。沿著省道9號一直開，大約63公里即會進入德蘭赫勒鎮。總里程數約140公里，車程約2小時。

## 基本資訊

**人口**：約8千
**面積**：約107.5平方公里
**區域號碼**：403、587

## 如何前往
### ◎開車

　從卡加利開車，走國道1號往東，注意路旁往Drumheller的出口指標，靠右下交流道。交流道匣

## 旅遊諮詢

◎德蘭赫勒旅遊局
🌐 traveldrumheller.com
◎ 德蘭赫勒遊客中心
📍P.227D1
📍60 1 Ave. W, Drumheller, AB, T0J 0Y0
☎(403) 823-1331、1-866-823-8100
🕐週日至週四10:00~17:30，週五、六09:00~19:00

**MAP ▶ P.227A1**

# 皇家泰瑞爾古 生物博物館

MOOK Choice

## Royal Tyrrell Museum

**恐龍迷心中永遠的聖地**

🚗 從德蘭赫勒市中心開車約6.5公里，有免費停車場 🏠 在 Midland Provincial Park內 ☎ (403) 823-7707 🕐 5月中~8月09:00~21:00，9月~5月中10:00~17:00 🚫 9月~5月中的週一 💲 成人＄21，65歲以上＄14，7~17歲＄10 🌐 www.tyrrellmuseum.com ❶ 6歲以下免費，但仍需取票

　　皇家泰瑞爾博物館是全加拿大唯一專門研究古生物學和恐龍化石的博物館。1884年，地質學家約瑟夫泰瑞爾在紅鹿河谷的惡地形中發現了亞伯達龍(Albertosaurus)的化石遺骸，後來在這一帶又有不少恐龍化石出土，使亞伯達省儼然成了世界研究上古爬蟲類的重鎮。1980年代起，政府當局將所發現的數百具恐龍化石移到此處，並於1985年設立博物館，開放供民眾參觀。這裡不但可以看到35種以上的恐龍骨骸化石，同時更是全球規模最大、件數最多的恐龍骨骸展示中心，因此每年都吸引了超過上百萬的遊客來此。

　　博物館的館藏豐富多元，運用生動有趣的科技聲光效果，向所有恐龍迷們熱情問好！同時館方也藉由高科技的電腦多媒體模擬與動態展出，讓人彷彿搭乘時光機器回到45億年前的地球，穿梭於進化演變的歷史中，從最初地球的形成到生物的誕生，以及恐龍和哺乳類動物的出現，一直演變到今日的世界等，均有非常詳盡的介紹。

　　此外，館方每年夏天都會精心規劃各種恐龍1日遊或半日遊行程，包括徒步健行、遊覽惡地化石地床，甚至還有營隊活動，讓遊客能夠藉由探

索惡地中動植物生態的過程，更加珍惜這片人類居住的土地，以及思考如何保育美好的大自然。當你踏進這片惡地形中，第一印象可能會以為這裡灰濛濛地毫無生氣，其實仔細一看，這兒有火山或冰河等時期所遺留下來的礦石，包括石灰岩、泥土、砂土、冰河石等，各種顏色的土石散布在這個區域，真是美不勝收；夏季期間，惡地仙人掌開出顏色鮮豔的美麗花朵，獨特造型的花卉植物和岩石景觀，交織成為五彩繽紛的世界。

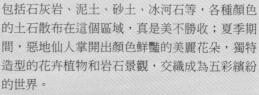

MAP ▶ P.227D1

# 世界第一大恐龍
World's Largest Dinosaur

## 從恐龍嘴巴看世界

🏠 60 1 Ave. W　🕐 週日至週四10:00~17:30，週五、六09:00~19:00　💲 每人＄5，5歲以下免費　🌐 www.worldslargestdinosaur.com

來到德蘭赫勒遊客中心，首先你一定會對這隻矗立於戶外的恐龍模型讚嘆不已，可別小看這隻恐龍，牠可是世界最大的鋼架中空恐龍模型，高度有25公尺，重達6萬6千公斤，據說比真正的暴龍還要大上4倍，也為造訪德蘭赫勒更增添了無數趣味。除了有仰之彌高的外觀尺寸，遊客還能走進其內一探究竟，沿著恐龍肚子裡的106階樓梯攀爬而上，光是恐龍的大嘴巴就足以容納12個人，可在此鳥瞰小鎮市容及其外圍的惡地形風光。

MAP ▶ P.227A1

# 馬賊峽谷

**MOOK**
Choice

## Horsethief Canyon
**惡即是美的惡地形**

🚗 從德蘭赫勒開車約17公里，有免費停車場

　　馬賊峽谷之名來自早年拓荒時期，當時這裡以畜牧業為主，從紅鹿河谷一直到東邊的山丘上，最盛時有上千隻馬匹在此放養。不過當馬匹跑到紅鹿河畔的這一帶峽谷時，常會無緣無故地失蹤，甚至有令人匪夷所思的傳聞指出，失蹤的馬後來再次出現，只是身上帶了不同的烙印，於是「馬賊」之名從此不脛而走。

　　這片峽谷屬於北美大陸平原地區常見的惡地形(Badland)，站在峽谷邊緣，望著一片無際的崎嶇，雖然荒涼、險惡，卻也有種亙古太初的雄渾美感，壯觀的景色，直可比擬美國的惡地國家公園。

MAP ▶ P.227A1

# 小教堂

## The Little Church
**請用莊嚴神聖的心情看待**

🚗 從德蘭赫勒開車約7公里，有免費停車場

　　這間教堂的名字非常誠實，就叫做「小」教堂，也的確，除了這個字外，似乎也找不到其他更好的形容詞。不過這間教堂的志氣可不小，根據解說牌上宣稱，教堂「可容納1萬名信徒」，然而立刻又坦誠招認：「只是一次只能進去6位」。教堂是由牧師公會委託本地承包商建於1968年，後來又於1991年重建。小巧玲瓏的白色木造教堂，空間比一間車庫還要小，裡頭只

有6張低矮的座位和一個窄小的佈道壇，由於實在太可愛，吸引許多遊客前來與它合照。不過教堂解說牌也要提醒遊客，這座教堂建造的目的不是為了娛樂大家，而是提供一處禱告與沉思的空間，所以請大家不要戲謔以待。

MAP ▶ P.227D2

# 亞特拉斯煤礦 歷史遺跡

**MOOK Choice**

## Atlas Coal Mine

### 進入礦坑，體驗礦工生活

🚗 從德蘭赫勒開車約24公里，有免費停車場 🏠 110 Century Dr, East Coulee, AB T0J 1B0 ☎ (403) 822-2220 🕐 每日 10:00~16:00 ❌ 10月中~5月初 💲 入園門票：成人＄14，6~17歲及65歲以上＄11。礦區行程＄16.75，加工廠行程 ＄14.75，搭乘礦車＄7.75 🌐 atlascoalmine.ab.ca 🌼 參加 各行程需先購買入園門票 ❗ 參加礦區行程須年滿6歲

德蘭赫勒「恐龍之都」的威名，如今早已響徹 國際，幾乎讓人忘了煤礦業才是這裡的老本行。

早在1792年時，就有歐洲人在此發現煤礦的 記錄，19世紀末隨著鐵路開通，一車車的煤礦 從這裡運出，成就了德蘭赫勒最興盛的時期。 1912年時，這裡已擁有9座正在開採的礦坑， 可以說加拿大的工業發展，德蘭赫勒貢獻了不少 動力。然而二戰之後，石油與天然氣成了主要能

源，煤礦的需求逐年下降，到了1979年，最後 一車煤塊從亞特拉斯的4號礦坑運出後，德蘭赫 勒就正式告別了煤礦時代。然而這座最後下台的 礦坑始終未曾謝幕，而是轉換成另一個角色，繼 續留存過去的礦坑記憶。

1989年亞特拉斯煤礦被規劃成歷史園區，開 放供民眾參觀，2002年時更是被任命為國家歷 史遺跡，受到特別維護。來到這裡可以坐上從前 運煤的窄軌礦車，在蓄電式火車頭的牽引下，徐 徐欣賞礦區裡的地面風光。而各種導覽行程中， 最值得一看的是75分鐘的礦區行程(Mine Portal Hike)，從礦工們洗浴更衣的地方出發，戴上頭 盔，轉開探照燈，進入漆黑的礦山隧道中探險， 一面感受老舊輸送帶所散發出的歷史滄桑，一 面聆聽導覽員講述種種礦坑中的往事。另一個 熱門行程是45分鐘的加工廠行程(Processing Plate)，不但能了解煤礦分類、儲存與運送的過 程，還可以進入加拿大最後一座木造翻車台中參 觀，不過這個行程並不包括礦坑隧道。

# 安大略省

## Ontario

文●蔣育荏
攝影●墨刻攝影組

「**安**大略」在原住民易洛魁語中，指的是「美麗的湖泊」之意，事實上，幾乎整個安大略省的南方，就是以蘇必略湖、休倫湖、伊利湖與安大略湖作為與美國之間的邊界。

安大略省的面積大約是法國的2倍大，但絕大部分的土地都是地廣人稀的荒原，以採礦作為主要經濟來源。不過，位於安省東南角的聖勞倫斯低地，自古以來由於航運便利，與相隔數省的大西洋貿易頻繁，近代以降，又有許多跨國企業在此設立據點，使得這一區成為全國最繁榮擁擠的精華地帶，光是這一地的人口，就讓安大略省成為加拿大人口最多的省份。尤其是沿著安大略湖西岸，從奧沙華(Oshawa)到尼加拉瀑布城，重要都市密集地連成一線，素有「金色馬蹄」(Golden Horseshoe)的稱號。

在金色馬蹄的都市群中，多倫多不但是安大略的省會，更是加拿大的第一大城，優越的經濟地位吸引了世界各地的人們移民至此，造就出豐富多元的文化景象。而位於渥太華河畔的渥太華，則是加拿大的國都所在，雖然不似其他國家的首府以泱泱大城的姿態號令全國，但氣派的國會大廈與眾多精彩的博物館，仍是相當值得一遊的城市。說到觀光，來到安大略一定不能錯過的就是名列新七大奇景之一的尼加拉瀑布，那種澎湃與壯觀，如果沒有親眼一睹，是很難想像的。

# 安大略省之最 Top Highlights of Ontario

### 加拿大國家電視塔 CN Tower
多倫多天際線上的地標建築，超過553公尺的高度，曾是世界上最高的自立結構建築物。其觀景台位於346公尺與447公尺處，視野可想而知的好。（P.241）

### 卡薩羅瑪城堡 Casa Loma
建於20世紀初的超級豪宅，華麗的傢俱、精緻的壁板、先進的設備，都在訴說著一部百年前的豪門家族興衰史。（P.251）

### 尼加拉瀑布 Niagara Falls
名列世界新七大奇景的尼加拉瀑布，橫跨美加兩國邊境，浩浩湯湯的奔流水勢，彷彿要把天地全都吞沒，渺小的人類只能望著它由衷震撼。（P.255）

### 千島遊船 Thousand Islands Cruises
搭乘遊船航行在聖勞倫斯河上，沿途走訪河中央的大小島群，大的島上有市鎮田園，小的則是一島一別墅，遺世而獨立，可愛至極。（P.270）

### 國會大廈 Parliament Hill
加拿大的國家精神象徵，分為中央、東、西三部分，遊客可參觀內部的圖書館、議場與大廳，並登上60公尺高的和平塔，俯瞰渥太華市景。（P.277）

# 多倫多
# Toronto

原住民語中的「多倫多」意思是「眾人聚居之處」，這層涵意到了現代似乎更是貼切，多倫多不僅是加拿大的第一大城，也是北美第四大城，就像台北吸引著台灣人，紐約吸引著美國人一樣，401號公路與11號公路就像兩根大吸管，將加拿大的年輕人全都吸到了這追夢之都。多倫多沒有溫哥華的乾淨清爽，也沒有魁北克市的典雅秀麗，它所呈現的，是一種繁雜又多元的城市風格。這種印象在多倫多最著名的大街央街(Yonge Street)上最為明顯，從北一路往南走，首先是高級奢華的布洛爾大道，然後經過人潮熙攘的購物中心和地鐵出口，接著是一間間高級飯店與不起眼的商店拼湊成的建築曲線，最後是高聳雲霄的商業大廈；沿路上有許多異國餐廳，新潮的店面和老舊的商家比鄰而居，燈泡不太亮的路牌在夜裡勉強眨著眼，正是這些奇怪又矛盾的視覺印象，構成了多倫多。

在這樣文化混雜的城市裡，多倫多卻是知名的藝術之都，它不只擁有好幾間世界數一數二的優秀博物館，幾乎每晚熱鬧上演的歌舞劇和固定前來巡演的經典歌劇，都讓藝術愛好者們讚不絕口。較不為外人所知的是，多倫多也是美國好萊塢電影的超級生產地，幾乎每年都有超過數十部的美國電影及影集在多倫多取景拍攝，電影中所謂的「紐約」、「波士頓」或「洛杉磯」，其實可能都是「多倫多」。

# INFO

## 基本資訊

**人口**：約279萬(市區)
**面積**：約630平方公里(市區)
**區域號碼**：416、437、647

# 如何前往

## 飛機

　　多倫多皮爾森國際機場(機場代碼YYZ)位於市中心西方約20公里處，機場共有1、3兩座航廈，第1航廈起降加拿大航空與包括長榮航空在內的星空聯盟班機，第3航廈則是西捷航空的大本營。免費的機場輕軌Terminal Link連結兩座航廈以及停車場，24小時行駛，約4~8分鐘就有一班。

　　長榮航空目前有提供台灣直飛多倫多的航線，其BR36班機每日1班，從桃園機場第二航廈起飛，降落在皮爾森機場第一航廈。去程約14小時，回程約15小時。

**多倫多皮爾森國際機場**
**Toronto Pearson International Airport**

🌐www.torontopearson.com

## 火車

　　多倫多聯合火車站位於市區南部的Front St與Bay St交會處，靠近港灣區，和地鐵1號線的Union站直接相連。

　　搭乘加拿大國鐵的火車從京士頓出發，車程約2.5小時；從渥太華約4.5小時；從蒙特婁約5小時；從尼加拉瀑布每日只有1班車，車程約2小時。從魁北克市則需要在蒙特婁或渥太華轉車。

　　另外，由安省運輸公司營運的通勤火車GO Trains也是以聯合車站作為樞紐，除了機場快線(UP線)外，還有前往Oshawa等周邊城市的7條路線，其中最常被遊客利用的是湖濱西線(LW線，通往Hamilton)，因為其延伸路線每天都有3班列車前往尼加拉瀑布，而在這條路線上也可轉乘到尼加拉瀑布的GO Transit巴士。

**聯合車站 Union Station**
🔺P.236C6 ⓞ55 Front St W
**加拿大國鐵 VIA**
🌐www.viarail.ca
**安省運輸公司 GO Transit**
🌐www.gotransit.com

## 開車

　　多倫多聯外高速公路主要為Hwy 401、Hwy 400與

多倫多市區

往旺市購物中心 Vaughan Mills
往海柏公園 High Park

A B C D

1
Davenport Rd.
卡薩羅瑪城堡 Casa Loma
Ⓜ Summerhill
Bridgman Ave.
Mac Pherson Ave.
Ⓜ Dupont
Dupont St.
Mac Pherson Ave.
Roxborough St. W
Avenue Rd.
Crescent Rd.
Roxborough St. E
Yonge St.
Davenport Rd.
布洛爾-約克維爾區 Bloor-Yorkville
Ⓜ Rosedale
Bernard Ave.
Madison Ave.
Spadina Rd.
Huron St.
St. George St.
Admiral Rd.
Bedford Rd.
Hazelton Ave.
Rosedale Valley Rd.
Park Rd.
Lowther Ave.
Scollard St.
Yorkville Ave.
Cumberland St.

2
Ⓜ Christie
Ⓜ Bathurst
Ⓜ Spadina
Prince Arthur Ave.
Ⓜ St. George
InterContinental Ⓗ
Roots
Ⓜ Bay
Holt Renfrew
Bloor St. E
Bloor St. W
Fresh by Juice For Life
貝塔鞋子博物館 Bata Shoe Museum
皇家安大略博物館 Royal Ontario Museum
加丁納博物館 Gardiner Museum
Ⓜ Bloor-Yonge
Clinton St.
Lennox St.
Museum
Victoria University
Charles St. E
Isabella St.
Sussex Ave.
Church St.
Gloucester St.
Harbord St.
Hoskin Ave.
Whitney Hall
St. Joseph St.

3
多倫多大學 University of Toronto
皇后公園 Queen's Park
Queen's Park Cr.
Ⓜ Wellesley
Ulster St.
University College
Wellesley St.
Maitland St.
Willcocks St.
Knox College
安大略省議會
Alexander St.
小義大利 Little Italy
Ⓗ Duff's Famous Wings
Grosvenor St.
Wood St.
Jarvis St.
College St.
Grenville St.
Carlton St.
Oxford St.
College St.
Queen's Park Ⓜ
Ⓜ College
Nassau St.
青辛頓市場 Kensington Market
Baldwin St.
Granby St.
Bulldog
艾倫植物 Allan Gard

4
Pancho's Bakery
D'Arcy St.
央街中心區 Downtown Yonge
Robinson St.
中國城 Chinatown
Dundas St.
Ⓜ St. Patrick
安大略美術館 Art Gallery of Ontario
Ⓜ Dundas
登打士廣場 Yonge-Dundas Square
Dundas St. E
Grange Ave.
伊頓中心 Eaton Centre
Sullivan St.
新市政廳 City Hall
Shuter St.
皇后西街 Queen St. W
舊市政廳 Old City Hall

5
Scotiabank Theatre
Ⓜ Osgoode
Queen Ⓜ
Queen St. E
Richmond St. W
Keg
Richmond Station
Richmond St. E
Adelaide St. W
金融區 Financial District
Beerbistro
Adelaide St. E
King St. W
娛樂區 Entertainment District
St. Andrew Ⓜ
Ⓜ King
SoHo
Canoe
One King West Hotel
C'est What
Roy Thomson Hall
Wellington St.
Wellington St. W
Fairmont Royal York
冰球名人堂 Hockey Hall of Fame
Front St.
Novotel
Front St. W
聯合車站 Union Station
Ⓜ Union
The Esplanade

6
約克堡 Fort York
Marriott
加拿大國家電視塔 CN Tower
聖勞倫斯市場 St. Lawrence Market
Gardiner Expressway
Blue Jays Way
Bremner Blvd.
雷普利加拿大水族館 Ripley's Aquarium of Canada
360
羅傑士中心 Rogers Centre
汽笛啤酒廠 Steam Whistle Brewery
豐業銀行體育館 Scotiabank Arena
Harbour St.
Lake Shore Blvd.
圖例 Ⓗ飯店 Ⓡ餐廳 糕餅 Ⓜ博物館 火車站 政府機關 遊客中心
百貨公司 商店 劇院 巴士 碼頭 公園 學校 Ⓜ地鐵站 碼頭
安大略湖 Lake Ontario
Queens Quay W
女王碼頭區 Queen's Quay Harbourfront
女王碼頭大廈 Queen's Quay Terminal
Ⓗ Westin
渡輪碼頭 Ferry Terminal
往多倫多群島
Queens Quay E

QEW (Queen Elizabeth Way)，Hwy 401往東可達京士頓(約255公里)，過省界後成為Hwy 20，可達蒙特婁(539公里)與魁北克市(791公里)。Hwy 401往西行，過溫莎(Windsor，381公里)即是美國密西根州的底特律。Hwy 400以多倫多為起點，往北可接上Hwy 11與Hwy 69，這兩條都是通往加西的加拿大橫貫公路(Trans-Canada Highway)。QEW則是沿著安大略湖，通往漢彌頓(Hamilton，70公里)及尼加拉瀑布(141公里)，從尼加拉瀑布過彩虹大橋，即是美國的紐約州。

# 機場至市區交通

## 機場快線 Union Pearson Express

簡稱UP Express的快線開通於2015年6月，從機場直通市中心地鐵1號線的Union站，車程僅需25分鐘(中途尚停靠Bloor與Weston兩站)。機場車站位於1航廈的Terminal Link月台隔壁，從1航廈順著「Train to City」的指標走就能找到。

⬇️05:27~23:27 (週末06:27起)，每15分鐘一班
💲成人＄12.35，65歲以上＄6.2，12歲以下免費
🌐www.upexpress.com
🎫若使用PRESTO卡搭乘，另有折扣優惠

## TTC公車

在1航廈地面層外第2候車道的R4號柱，與3航廈入境層外第3候車道的C8至C12號柱前，可找到TTC的公車站牌。其中900號公車是快速巴士Airport Express，直達地鐵2號線的Kipling站；952號公車亦是快速巴士，可通往地鐵1號線的Lawrence West站，只是中途會停靠較多站點。若是在凌晨抵達，可搭乘300號夜間巴士，該路線進入市區後會沿著Bloor St與Danforth Ave行駛，行經地鐵Kipling站、Bloor-Yonge站與Kennedy站。332號夜間巴士可前往地鐵1號線的Eglinton West站；352號夜間巴士也可前往Lawrence West站。

💲成人＄3.35，65歲以上＄2.3，13~19歲＄2.4，12歲以下免費

## 租車

皮爾森機場的租車服務櫃台在航廈1及航廈3的室內停車場Level 1附近，有Hertz、National/Alamo、Enterprise、Avis、Budget、Dollar/Thrifty等6家租車公司可供選擇。

## 計程車

計程車招呼站位於1航廈的D門外、3航廈的D、E、F門外。從機場到市中心Bloor St以南，公定價為＄61；Bloor St以北則約＄53~65。

# 市區交通

## 大眾運輸工具

多倫多市的大眾運輸由TTC營運，計有地鐵、公車、路面電車等3種交通工具。

### 多倫多公共運輸局TTC
🌐www.ttc.ca

### 地鐵 Subway

多倫多僅有4條地鐵線，U字型的1號線行經市區內的熱鬧景點，是觀光客最常搭乘到的路線；東西向的2號線大致上沿著Bloor St與Danforth Ave行駛，與1號線有Spadina、St. George、Bloor-Yonge三個轉乘車站；而3號線與4號線則分別為2號線、1號線在東段的短程延伸。

⬇️約06:00~01:30 (週日約08:00起)

### 路面電車 Streetcar

路面電車有12條路線，是僅次於地鐵最常為遊客使用的交通工具，沿著Queen St、King St、Dundas St、Carlton St、Lake Shore Blvd West、Spadina Ave、Bathurst St、St. Clair Ave、Queens Quay West，都有電車路線分布，號碼以500開頭(夜間電車以300開頭)。電車為前門上車後門下車，路線上幾乎每個有紅綠燈的路口都有車站，有的車站在路中央會有月台，有的只在路口有簡單的標誌，但基本上只要在路口招手，電車都會停下來。

⬇️24小時

### 公車 Bus

在地鐵與路面電車未涵蓋的區域，則有超過140條公車路線。路線號碼7~189者為一般公車，號碼在900以上的為快速公車，200開頭的為季節性公車，300開頭的為夜間公車，而400開頭則為尖峰時刻的郊區通勤巴士。

⬇️06:00~01:00 (週日約08:00起)

### 購買車票

TTC的車票系統是共用的，搭乘距離不分遠近皆為統一票價。車票分為PRESTO Ticket與PRESTO Card兩種，前者為適合短期來訪者購買的單程票或一日票，而後者是儲值票卡，適合長期待在多倫多的人使用。車票可在地鐵站自動售票機、市內的Shoppers

多倫多地鐵圖

Drug Mart連鎖藥局、與Davisville地鐵站上方的TTC客服中心購買。而使用PRESTO搭乘市內大眾運輸工具，可享2小時轉乘優惠。

### ◎ PRESTO Ticket

不分年齡，皆為統一票價。日票效期至隔日凌晨05:30，可在效期內無限次數搭乘。

💲 單程票＄3.35，一日票＄13.5，12歲以下免費

### ◎ PRESTO Card

卡片本身售價為＄6，車資需另外儲值。成人每次搭乘也是扣款＄3.35，若是13～19歲青少年或65歲以上長者，可在Shoppers Drug Mart或TTC客服中心將卡片設定為學生卡或敬老卡，前者每次扣款＄2.4，後者每次扣款＄2.3。

## 計程車

多倫多的計程車起錶價為＄4.47，每公里跳錶＄1.75，等待時間每分鐘跳錶＄0.5。

## 地下通道 PATH

在Yonge St與University Ave之間，從Dundas St往南一直到港邊，這塊廣大區域的下面幾乎全是被稱為「PATH」的地下世界，讓行人不但免除在路面上等待紅綠燈的麻煩，也解決了天候帶來的種種

不便。PATH的通道總長約30公里，並與Dundas、Queen、King、Union、St. Andrew、Osgoode等地鐵站相連接。雖然PATH裡也有不少商店，但不像蒙特婁的地下城市以大規模的購物中心串連，PATH的大多數區域都是單純的通道，商家也較多以地下街的形式出現，而且週末大都不營業。在進入PATH之前，建議你先從旅館或遊客中心拿一份地圖，免得在錯綜複雜的地下城中迷路。

## 渡輪 Ferry

多倫多渡輪碼頭位於Bay St路底的港灣廣場公園(Harbour Square Park)旁、Westin Harbour酒店前方。從地鐵1號線的Union站步行前往，約莫10分鐘路程，也可在地鐵站轉乘509、510號電車至港邊。

渡輪的3條路線分別前往多倫多群島上的渥德島(Ward's Island)、中央島(Centre Island)和漢蘭角(Hanlan's Point)碼頭(冬季僅開有渥德島航線)。每日航班約在06:30～23:00之間，每30～60分鐘一班，詳細時刻表可在碼頭索取。

📞 (416) 392-8193

💲 成人＄9.11，13～19歲及65歲以上＄5.86，2～14歲＄4.29 🚢 票價含回程

## 水上計程車 Water Taxi

水上計程車的路線與渡輪完全相同，不過時間上更為自由。

- 🚩碼頭在女王碼頭大廈旁
- ☎(416) 203-8294
- 🕐6~9月09:00~22:00 (週五~週日至23:00)
- 💲成人＄12.5，1歲以下免費
- 🌐www.torontoharbourwatertaxi.com
- ❗至少需有5名乘客才會出航

### 共享單車

多倫多的共享單車為Bike Share Toronto，在市中心共有680個租還站，想騎乘的人可上官網，或利用租還站旁的自動服務機以信用卡租賃。租車費率有兩種，一是先付＄1解鎖，再以每分鐘＄0.12計費(若租的是電動自行車，則是每分鐘＄0.2)；另一種是租用一日，費用為＄15，可在24小時內無限次數租借，但每次不得超過90分鐘，超過時一樣以每分鐘＄0.12計費。

- 🌐bikesharetoronto.com
- ❗租用一日的方案不包括電動自行車

# 觀光行程

## 隨上隨下觀光巴士 Hop-On Hop-Off

### City Sightseeing Toronto

雙層露天的觀光巴士，沿途停靠卡薩羅瑪城堡、皇家安大略博物館、安大略美術館、貝塔鞋子博物館、加拿大國家電視塔、古釀酒廠區、聖勞倫斯市場等15個站點，車上附有耳機，可收聽中文語音導覽。車票效期為24小時，可上車向司機購買，但在官網上預訂會比較便宜。

- 🚩發車地點在登打士廣場
- ☎(416) 410-0536

- 🕐4~9月09:00~17:00，15~30分鐘一班；秋季10:00~15:00，30~60分鐘一班；冬季10:00~14:00，1~2小時一班
- 💲成人＄58.41，65歲以上＄55.75，3~12歲＄37.17
- 🌐citysightseeingtoronto.com

## 遊港船

### city experiences

1小時的港灣行程，帶領遊客航行於安大略湖沿岸與多倫多群島，可飽覽市中心的天際線風景，船上並備有中文語音導覽耳機。除了港灣行程外，該公司也有推出早午餐、午餐及晚餐的巡航行程。

- 🚩207 Queens Quay West (女王碼頭大廈前)
- ☎(416) 203-0178
- 🕐5~6月12:30~18:30 (週末11:00起)，7~8月11:00~20:00，9~10月12:30~17:00，每1.5小時一班
- 💲成人＄29.9，4~12歲＄22.9
- 🌐www.cityexperiences.com

### Toronto Harbour Tours Inc.

1小時的港灣行程，路線與city experiences相似，但船型為有著透明玻璃圓頂的觀景船。

- 🚩145 Queens Quay West (女王碼頭大廈旁的6號碼頭)
- ☎(416) 203-6994
- 🕐4~5月11:00~16:00，6月及9月11:00~17:00，7~8月11:00~21:00，10月12:00~16:00，每小時一班(7、8月12:30~17:30為每30分鐘一班。感恩節之後僅週末出發)
- 💲成人＄30.97，65歲以上＄26.55，3~12歲＄22.12
- 🌐harbourtourstoronto.ca

# 優惠票券

## Toronto CityPASS

這本通票當中共有5張票券，第1張是加拿大國家電

視塔門票，另外4張是選擇票券，可從卡薩羅瑪城堡、皇家安大略博物館、多倫多動物園、安大略科學中心、多倫多港灣遊船當中，選出4個景點參觀，如果全部用上的話，可省下42%的費用。

　　CityPASS在官網上購買，付款後，電子票券會寄送到電子信箱裡，可下載到手機中，或是列印下來。要特別注意的是，部分景點就算持有入場票券，仍然需要事先在官網上預約，因此安排行程時最好先上各景點官網確認。

🔽票券效期為連續9天，自第一張票券使用起計算
💲成人 $78.96，4~12歲 $59.07
🕸www.citypass.com/toronto

# 旅遊諮詢

## 多倫多遊客中心

🔗P.236C6
🏠65 Front St. West
☎(416) 203-2600、1-800-499-2514
🕐09:00~17:00
🚫週日
🕸www.destinationtoronto.com

# 多倫多行程建議
# Itineraries in Toronto

### 如果你有3天

　　來多倫多，首先要去的當然就是港灣區的加拿大國家電視塔，而像是雷普利水族館、安省第一的汽笛啤酒廠、藍鳥隊主場羅傑士中心等景點，都位於電視塔腳下，光是這裡就值得花上大半天。下午若還有時間，不妨到女王碼頭大廈旁報名遊港船行程，或是搭乘渡輪到對岸的多倫多群島賞景。晚上則可到娛樂區看場戲，或在皇后西街上走走逛逛。

　　第二天早上先逛個肯辛頓市場，接著參觀安大略美術館。中午在登士廣場一帶用餐，順便逛一下伊頓中心。下午去新市政廳前拍個打卡照，然後搭乘電車到古釀酒廠區，那裡也有不少好餐廳提供你留下來吃晚餐的理由。

　　第三天早上先參觀卡薩羅瑪城堡，中午到多倫多大學散步，或是參觀貝塔鞋子博物館、皇家安大略博物館與加丁納博物館，傍晚則在布洛爾街上逛街。

### 如果你有6天

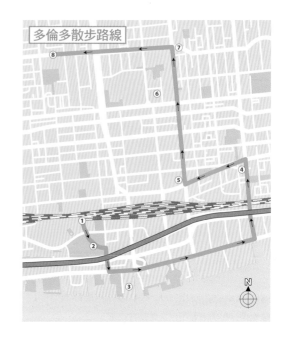

多倫多散步路線

　　如果你還有幾天時間，不妨前往尼加拉瀑布或京士頓，來個2天1夜或3天2夜的小旅行。

# 多倫多散步路線
# Walking Route in Toronto

　　散步路線從①**加拿大國家電視塔**開始，這是多倫多的招牌景點，346公尺高的觀景台足以飽覽全市景觀。而②**汽笛啤酒廠**就位於電視塔附近的鐵道公園內，參加導覽團可以品嚐到最新鮮的初釀啤酒。穿過馬路走到③**女王碼頭大廈**，裡頭有商店與餐廳，外面則是遊港船的報到碼頭。沿著港邊漫步，再往市區方向走一點路，就會來到有著2百多年歷史的④**聖勞倫斯市場**，這裡是最貼近多倫多人傳統生活的地方。回到市區後，可以參觀⑤**冰球名人堂**，認識一下這項加拿大人為之瘋狂的運動。接著來到⑥**市政廳**，廣場上的TORONTO立體字母是城裡最熱門的打卡地點。市政廳斜對面的⑦**登打士廣場**上，五光十色的看板招牌，號稱是多倫多的時報廣場。最後往西走到⑧**安大略美術館**，在富有加拿大特色的藝術中結束這段散步行程。

**距離**：約5.1公里　**所需時間**：約70分鐘

## Where to Explore in Toronto
## 賞遊多倫多

MAP ▶ P.236B6

# 加拿大國家電視塔

**MOOK Choice**

CN Tower

### 擁抱360度多倫多市景

🚇搭乘地鐵1號線至Union站，經站內通道步行約10分鐘 🏠290 Bremner Blvd 📞(416) 868-6937 🕐每日09:00~21:30 💲成人＄43，6~13歲及65歲以上＄30，3~5歲＄14。要上SkyPod得多加＄10 🌐www.cntower.ca ✽有與雷普利加拿大水族館的聯合套票 ❶參加極限邊緣漫步需年滿13歲，並另外購票

若論多倫多的象徵地標，加拿大國家電視塔絕對當仁不讓。這座塔高達553.33公尺，一方面是為了克服電視訊號傳輸的通暢問題，一方面也是向國際展示加拿大的工業技術。而自1976年完工之後，加拿大國家電視塔就一直是世界最高自立結構建築的金氏世界紀錄保持者，直到2007年才被杜拜哈里發塔超越。

遊客搭乘58秒高速電梯來到346公尺高的觀景台後，便能擁有最完整的多倫多市景，白天如果天氣好的話，甚至有可能看到安大略湖對岸的尼加拉瀑布呢！在觀景台的下一層，還有一片透明的強化玻璃地板，看著腳底下的地面距離自己有7、80層樓遠，感覺真的很奇妙。雖然觀景台已然其高也如此，但在447公尺的地方，還有一處名為SkyPod的觀景樓層，正所謂「欲窮千里目，更上一層樓」，SkyPod的景觀值得你再多買一張票上去。

而為了向世界其他景觀塔看齊，這裡也推出了極限邊緣漫步的行程(EdgeWalk)，讓遊客扣上安全繩索，行走在電視塔外側離地356公尺高的甲板邊緣，絕對是多倫多最刺激的體驗活動。

MAP ▶ P.236C6

# 雷普利加拿大水族館

Ripley's Aquarium of Canada

### 悠哉漫步鯊魚群中

🚇搭乘地鐵1號線至Union站，經站內通道步行約8分鐘 🏠288 Bremner Blvd 📞(647) 351-3474 🕐每日09:00~21:00 (5月中~9月初至23:00) 💲成人＄44，6~13歲及65歲以上＄29，3~5歲＄12.5 🌐www.ripleyaquariums.com/canada ✽每晚19:00後，門票享＄5元折扣

位於加拿大國家電視塔腳下的雷普利加拿大水族館，依照不同的水域環境，分為10個區域，一共養了超過1萬6千隻水生動物，總用水量高達570萬公升。這裡最精彩的是北美最長的水底隧道，踏上緩慢前進的自動輸送帶，各種魚類皆在頭頂上悠遊來去，而當經過危險湖(Dangerous Lagoon)時，更是引起孩子們的興奮尖叫，因為高鰭真鯊、沙虎鯊、班竹鯊、鋸鰩等海中霸主，就在觸手可及的距離與遊客相對，巨大的魟魚和海龜亦經常成為遊客追逐的焦點。其他如小丑魚、海葵、電鰻、水母、獅子魚等，也都散發出魔幻般的魅力。館內隨處可見互動式的知識小遊戲，十足具有寓教於樂的效果。

MAP ▶ P.236C6

# 汽笛啤酒廠
## Steam Whistle Brewery
### 安大略最好喝的啤酒

🚇搭乘地鐵1號線至Union站，經站內通道步行約10分鐘 🏠255 Bremner Blvd ☎(416) 362-2337、1-866-240-2337 🕐週五、六13:00、14:00出發(7~9月增開週四與週日15:00的梯次)，行程30分鐘 💲每人$22.6 🌐steamwhistle.ca

　　當工廠汽笛聲響起，工人們結束一天工作，意味著喝瓶啤酒的時候到了，這正是汽笛啤酒所要傳達的形象。這家啤酒廠的歷史並不久遠，2000年才成立，最初的品牌名為3 Fired Guys，因為3位創始人當年是在被大啤酒廠炒魷魚後自立的門戶。雖然只釀造皮爾森拉格單一一種啤酒，但汽笛啤酒廠只用了短短數年，就被公認為多倫多最好喝的啤酒，目前不但已在安大略站穩腳跟，更把版圖擴張到全加拿大。參加酒廠的導覽行程時，導覽員除了發給每人耳機外，還會附上一瓶冰涼的啤酒，讓遊客一邊認識啤酒的生產過程，一邊品嚐酒廠的得意成果，而汽笛啤酒甘冽暢快的滋味，更勝過千言萬語的解說。至於啤酒廠所座落的紅磚建築，任何人都不難看出其原本的用途，這裡在20世紀初時是太平洋鐵路公司的扇形火車機房，鐵路地下化後機房空置，隨著啤酒廠的進駐而又獲得重生。機房外的扇形鐵道今日則成了鐵路博物館，留有多輛火車車廂供遊客拍照。

MAP ▶ P.236B6、C6

# 羅傑士中心與
# 豐業銀行體育館
## Rogers Centre & Scotiabank Arena
### 職業運動的殿堂

◎ 羅傑士中心 🚇搭乘地鐵1號線至Union站，經站內通道步行約12分鐘 🏠1 Blue Jays Way 🌐www.mlb.com/bluejays/ballpark ❗目前球場導覽暫停運作，恢復日期請待官網公告
◎ 豐業銀行體育館 🚇搭乘地鐵1號線至Union站，出站即達 🏠40 Bay St 🌐www.scotiabankarena.com

　　常看體育頻道的人，一定不會對這兩棟建築感到陌生，每當轉播多倫多主場的比賽，開場前的鏡頭總是會先帶到這裡。羅傑士中心是MLB藍鳥隊的主場，豐業銀行體育館(前稱加航體育館)則是NBA暴龍隊與NHL楓葉隊的主場。如果你是在球季造訪多倫多，而球隊又剛好在主場迎戰，那麼不要猶豫了，趕快買票觀戰吧，北美職業運動聯盟無論是比賽強度還是場邊噱頭，都是在國內所難以感受的。若是球隊不巧作客他方，那也不妨參加羅傑士中心的導覽行程，可以參觀球員更衣室、實況轉播台等平常無緣一見的地方，也算是過足了體育癮。

MAP ▶ P.236C6

# 女王碼頭大廈
## Queen's Quay Terminal

**水岸商業娛樂中心**

🚇搭乘地鐵1號線至Union站,步行約12分鐘;或是在地鐵站轉乘509、510號電車至Queens Quay W / Harbourfront Centre站即達 🏠207 Queens Quay W. ⏰商店大約10:00開始營業 🌐queensquayterminal.ca

原本港前區是一個逐漸沒落的老舊碼頭區,在經過多倫多市民和藝術家的重建改造後,這裡成了一個擁有戲院、購物中心、特色餐廳及商店的新興娛樂區,而女王碼頭大廈正是港前區繁榮的代表。這棟高達8層樓的大廈,透明的建築外觀映射在港灣的水面上,顯得特別耀眼。

大廈的1到3樓是餐廳及商店,4樓以上則做為辦公室。大樓內部採光良好,走在裡面逛街,心情也好了起來。大部分的商店都是一些紀念品店及服飾店,如果你不想到餐廳用餐,在2樓也有美食小吃街,挑個靠港邊的窗口位置坐下,美景絕不輸給大餐廳。

MAP ▶ P.236D6

# 多倫多群島
## Toronto Islands

**收覽多倫多天際線**

🚢搭乘渡輪或水上計程車前往

多倫多群島是指安大略湖上的17個的島嶼群,從Westin Harbour酒店後方的碼頭,可以搭乘渡輪前往群島中的主要島嶼渥德島(Ward' Island)、中央島(Centre Island)和漢蘭角(Hanlan's Point)。多倫多群島是觀賞多倫多全景最完整的地方,以加拿大國家電視塔為首構成的多倫多天際線,吸引了不少攝影師在此安置腳架。

穿過島上的樹林和小湖,悠閒的散步到島嶼另一邊,一望無際的安大略湖就像是多倫多人的大海,豁然開朗的景致使人身心為之舒暢。在中央島上擁有最多娛樂設施,建議你租一台自行車,在靜謐的環境中單車悠遊,也可以租一艘小船划入湖中,或是在沙灘上玩水嬉戲。每個島嶼都像一個獨立的世外桃源,和10分鐘船程外的多倫多市區直有天壤之別。

MAP ▶ P.236A5-C5

# 皇后西街
## Queen Street West

**充滿個性的大道**

🚇 搭乘地鐵1號線至Osgoode站，這裡大約是皇后西街200多號，如果要到400多號，可轉乘501號電車往西

皇后大街是一條極長的街道，我們要從皇后西街的200多號開始介紹，這裡或許可以說是多倫多的蘇活區，街上盡是些奇奇怪怪的商店。正如街牌上標註的「藝術＋設計區域」，據說一開始是因為房租便宜，因而吸引不少貧窮的藝術家來此居住創作，久而久之就使這裡變成了一個風格獨特的生活區域。

皇后西街上分佈著不少個性小店、藝廊、骨董店、餐廳、酒吧和夜店，每一家都很有特色，也很融入大街本身搞怪的風格。白天這裡的街道上，充滿一種玩世不恭的頹廢氣息，當夕陽西下後，這裡又成了多倫多最熱鬧的夜生活區，除了本地年輕人外，許多外來遊客也很喜歡到這附近的pub流連。而皇后西街的夜店與酒吧，也是好萊塢大明星和超級名模們來到多倫多時的最愛，那些經常被他們光顧的店面，名氣自然水漲船高，光環也更耀眼了。

MAP ▶ P.236A6

# 約克堡
## Fort York

**約克戰役的場景**

🚇 搭乘地鐵2號線至Bathurst站，轉乘511號電車南行即達 🏠 250 Fort York Blvd ☎ (416) 392-6907 🕐 11:00~17:00 休週一、二 💰免費 🌐 www.fortyork.ca 🕐 11:00~16:00，每小時一梯免費導覽，行程45分鐘

1793年時，上加拿大副總督John Graves Simcoe為了減輕來自美國的威脅，選擇在此處

建立營壘，並將首府從尼加拉河口的紐華克(今尼加拉湖畔鎮)遷移至此，新移民們大都住在營寨東方，他們稱呼這裡為「約克」，這便是現代多倫多城市的雛型。由於英國當局認為京士頓的戰略地位遠較約克重要，因此防守的重心和資源全都集中在京士頓，使得Simcoe始終沒能在約克建立堅固的堡壘。1812年，美國向加拿大宣戰，在優勢火力下，約克堡很快便被攻佔，佔領期間，美軍對約克鎮大肆燒掠，但這麼做的代價是當1814年英軍攻佔華盛頓時，燒燬了白宮與國會大廈作為報復。經歷3度易幟之後，英軍總算對約克堡加強了守備，並於1814年成功擊退自安大略湖返航的美軍。

儘管英國人因為同一時期發生在歐陸上的巨大勝利而將1812年的約克戰役淡忘，但對加拿大人來說，這場戰爭凝聚了加拿大不同族裔間的團結，也讓加拿大朝自治之路又邁進一步。現今在約克堡內仍保留了大量1812年的建築與遺物，夏天時還會有毛瑟槍射擊、士兵操練與軍樂隊的表演。

MAP ▶ P.236D5

# 冰球名人堂
## Hockey Hall of Fame
### 冰球迷朝聖地

🚇搭乘地鐵1號線至Union站,步行約3分鐘 🏠30 Yonge St (入口在Brookfield Place中) 📞(416) 360-7765 🕙10:00~17:00 (6月底~9月初至18:00) 💲成人＄25、65歲以上＄20、4~13歲＄15 🌐www.hhof.com

加拿大人對冰球的瘋狂程度,絕不亞於歐洲人對足球的狂熱。這裡所陳列的仍以冰球界的最高殿堂NHL為主軸,包括傳奇球星的球衣、球具、個人榮譽獎座等。最意義非凡的館藏,莫過於加拿大人期盼已久的冬奧冰球金牌,而那顆冠軍戰延長賽中,由Sidney Crosby攻進的制勝「金牌冰球」,也收藏於名人堂內。在一間仿製的蒙特婁加拿大人隊更衣室中,你可以穿上球員的球衣護具,假裝自己正在等待上場,還能親手觸摸令所有球員朝思暮想的史丹利冠軍獎盃(Stanley Cup)。若館內的3D球賽影片還不過癮,模擬遊戲公司提供的大型互動螢幕,一定能滿足你站在球場上和明星球員過招的渴望,無論想當前鋒還是守門員,都有場地讓你和模擬明星一較高下。

MAP ▶ P.236C4、C5

# 新、舊市政廳
## City Hall & Old City Hall
### 多倫多市的拍照地標

🚇搭乘地鐵1號線至Osgoode站或Queen站,步行約3分鐘 🏠100 Queen St. W

從高空俯瞰新市政廳,就像看到一個大「括弧」,這兩棟以弧形對立但不等高的建築物,出自芬蘭設計師Viljo Revell之手,從1965年落成開始,就成為多倫多市中心的地標之一。市政廳前的納森菲利普廣場是多倫多市民夏季溜直排輪、冬季溜冰的好去處,而自從2015年廣場上豎立起彩色的「TORONTO」立體字母後,這裡更是成為觀光客來到多倫多一定要打卡拍照的地點。至於落成於1899年的舊市政廳,則位在新市政廳的斜對面,現在作為法院使用,古老典雅的美麗建築也很值得一看。

MAP ▶ P.236D4

# 登打士廣場
## Yonge-Dundas Square
### 五光十色的城市風景

🚇搭乘地鐵1號線至Dundas站，出站即達 ⓤwww.ydsquare.ca

在央街(Yonge St)與登打士街(Dundas St)交會的路口東南角，有一小塊梯形的空地，空地上有個地鐵站出入口，而對面就是人來人往的伊頓中心。照理說這裡當是多倫多市中心最精華的地段，但長年以來卻被雜亂無章的攤販所佔據。因此市府在20世紀末決心整頓，將空地重新打造成一座公共廣場。新的廣場上不但有噴泉地面，還建了一個小舞台，每到假日經常舉辦各式各樣的活動，小小的廣場總被人潮擠得水洩不通。而周邊商業大樓也高掛起LED閃爍的廣告電子看板，頗有向紐約時報廣場看齊的意味。

MAP ▶ P.236B4

# 安大略美術館
**MOOK Choice**
## Art Gallery of Ontario
### 前衛建築中遇見藝術

🚇搭乘地鐵1號線至St. Patrick站，步行約5分鐘 ⌂317 Dundas St. W ☎(416) 979-6648、1-877-225-4246 🕙每日10:30開始，週二、四至17:00，週三、五至21:00，週六、日至17:30 ⊗週一 💲成人＄30，25歲以下免費 ⓤago.ca 🎫週三18:00後免費，但需事先上官網搶票

安大略美術館簡稱「AGO」，館內收藏超過9萬件，最讓該館引以為傲的是亨利摩爾(Henry Moore)雕塑中心，這位英國現代主義雕塑大師，擅於利用中空、扭曲的意象來表現人體姿態，他的作品經常被美術館當成鎮館之寶，而世界上擁有最多摩爾作品的地方就在這裡。AGO同時也是加拿大本土自然派畫家「七人組」(Group of Seven)作品的大本營，七人組崛起於1920年代，他們的成就在於喚起了「以加拿大為自我特色」的本土藝術覺醒，而他們在1920年合辦的第一次公開展覽，地點就是在今日的AGO中。

美術館於2008年重新整修後，建築本身也成了一件大師級傑作，負責操刀的是曾經獲得普立茲克獎的解構主義大師法蘭克蓋瑞(Frank Gehry)，弧型的玻璃外觀，倒映出馬路上的即時街景，創造了一個與現實世界平行的鏡像空間，令人印象深刻。

## MAP ▶ P.236B4

# 肯辛頓市場

**MOOK Choice**

## Kensington Market

**嬉皮風格強烈的料理食材重鎮**

🚇搭乘地鐵1號線至St. Patrick站,步行約15分鐘,或轉乘505號電車於Spadina Ave下車 🏠在Kensington Ave、Augusta Ave與Baldwin St一帶 🕐多數商店營業時間11:00~19:00 🌐 www.kensington-market.ca

提著菜籃買菜的婆婆媽媽,與滿身刺青的嬉皮浪子混在一塊,不知你能否想像這樣的畫面?在肯辛頓市場,你可以收購鄰近地區栽種的當季蔬果,也能夠買到遠從印度運來的辛香佐料,複雜的外來人口結構,讓這裡成了各國飲食文化交流的重鎮,城內幾家有名異國餐館的廚師,也會定期來市場報到。然而這只是肯辛頓市場的一面。在肯辛頓市場,幾乎找不到一棟完全沒有塗鴉的建築,就連果菜市場也不能倖免,這裡是多倫多次文化的大本營,嬉皮酒吧、龐克商店、刺青店,和一些你永遠搞不懂有沒有開門的二手商店,就這麼夾雜在水果攤販和材料行中間,構成相當另類的風景。

## MAP ▶ P.236B2-C3

# 多倫多大學

## University of Toronto

**心靈捕手的重要場景**

🚇若要前往遊客中心,可搭乘地鐵1號線至Queen's Park站,沿College St西行,或轉乘506號電車到St. George St即達 🏠主校園由Spadina Ave、College St、Bloor St W和Bay St包圍,遊客中心位在St. George St和College St的路口附近

經典名片《心靈捕手》雖然故事背景設定在波士頓,不過事實上大部分都在多倫多拍攝,而多倫多大學裡的數棟建築,也成了電影裡那些一流大學的縮影。成立於1827年的多倫多大學佔地遼闊,範圍甚至還橫跨皇后公園,共設有17個學院,120多個系所,是加拿大規模最大的大學。電影的拍攝場景包括中心校園的Whitney Hall和Knox College,主建築的University College也很值得一看。另外位於校園北邊的Victoria College也是拍攝地點之一,這裡是圖書館兼學生福利社,你可以在此買到多倫多大學的學校商品。漫步在19世紀英式古典建築所包圍的校園裡,濃濃的學術氣息和靜謐的綠地花園,迎面而來的教授和學子或許正討論著課業,讓人彷彿置身在電影畫面中。

MAP ▶ P.236C2

# 皇家安大略博物館

MOOK Choice

## Royal Ontario Museum

### 加拿大最重要的博物館

🚇搭乘地鐵1號線至Museum站，出站即達 🏠100 Queen's Park 📞(416) 586-8000 🕙10:00~17:30 🛌9月初~7月初的週一 💲成人＄26，65歲以上＄21，15~19歲＄20，4~14歲＄16（持有PRESTO票卡享85折優惠） 🌐www.rom.on.ca ✹每月第3個週二開放至20:30，且16:30之後門票免費

猶如大都會博物館之於美國、大英博物館之於不列顛，簡稱「ROM」的皇家安大略博物館在加拿大也擁有相同地位。其34個展廳內，收藏了來自世界各地文明的古物，藏量之豐，在加拿大各省博物館中獨佔鰲頭。

作為加拿大首屈一指的博物館，ROM有許多可觀之處，例如年代橫跨7千年歷史的中國古文物，約有超過2,500件珍品，從史前時代的陶器到明清時期的瓷器都有；其他重要館藏還有加拿

大本土豐富的恐龍化石與哺乳類動物標本等，尤其是那座在牙買加發現的巨型蝙蝠洞，展示了4千多種蝙蝠模型，令人大開眼界。

博物館的外觀也相當搶眼，全新的外牆像「殼」一樣包覆在舊建築上，這是2010年整修擴建完成的結果，建築師李伯斯金(Daniel Libeskind)延續其一貫的風格，以大量金屬斜面與線條如裂縫般的採光窗，營造出既碎裂又堅實的震撼效果。

## MAP ▶ P.236C2

# 加丁納博物館
## Gardiner Museum
**活躍於陶瓷上的彩繪文化**

🚇搭乘地鐵1號線至Museum站，出站即達 🏠111 Queen's Park ☎(416) 586-8080 🕙10:00~18:00（週三至21:00，週末至17:00）💲成人＄15，65歲以上＄11，18歲以下免費 🌐www.gardinermuseum.on.ca 🎫週三16:00後免費，持有PRESTO票卡享8折優惠

這間陶瓷博物館雖然不大，館藏卻相當精彩。展覽動線以哥倫布到達美洲大陸前，原住民諸民族的陶藝品為起點，有些作品年代可以遠溯至西元前12世紀，從奧爾梅克文明、提奧提華坎到阿茲特克，其以陶土製作的人偶、人像、器皿等，由簡單趨向複雜，為早期原住民族的形象藝術、肢態表現、燒製技術等，提供了充足的資料。在其他展廳中，則是大家較為熟悉的陶瓷藝術，德國麥森的精緻瓷偶形態生動，動物色彩層次豐富，最值得駐足欣賞；維也納的宮廷瓷器展現了奧匈帝國的氣派，法國瓷器將波旁王朝的奢華表露無遺，而英國維多利亞時代的瓷器則有一種高貴優雅，似乎從燒製的瓷器中也能看出各國的民族個性。當然，中國景德鎮的青花瓷與注重圖案趣味的日本瓷器，也不會在這場瓷藝大會中缺席。

## MAP ▶ P.236B2

# 貝塔鞋子博物館
## Bata Shoe Museum
**腳下的世界史**

🚇搭乘地鐵1號線或2號線至St. George站，步行約3分鐘 🏠327 Bloor St. W ☎(416) 979-7799 🕙10:00~17:00（週日12:00起）💲成人＄14，65歲以上＄12，5~17歲＄5 🌐batashoemuseum.ca 🎫週日免費參觀

如果你只把鞋子當成穿在腳上走路的工具，那參觀完博物館後一定會對鞋子刮目相看，因為這裡的陳列，每一樣都超乎了你對鞋子的想像。在入口展廳，貝塔鞋子博物館便氣勢如虹地呈現出一部世界鞋子演進史，從埃及、希臘、羅馬，到哥德、文藝復興、巴洛克，甚至是中國獨一無二的三寸金蓮也沒有漏掉。而鞋子的起源、功用、外觀，也都有實品和圖文並茂的解說。

在這有圖有真相的時代，博物館也在相應的展品後面展示了古時的肖像畫，畫中權傾一時的王公大臣現在全都成了展示鞋子的model，證實古人的穿著品味的確曾經如此。最讓人不可思議的，是看起來像高蹺一樣的Chopines，這是流行在文藝復興時期婦女之間的「社交鞋」，有的Chopines底部何止10吋，簡直要以呎計量，這是因為鞋子的高度象徵穿著者的地位，看來在古時想當貴婦名媛，還得先練好平衡感才行。

# 古釀酒廠區
## Distillery Historic District
### 文創購物新據點

🚇搭乘地鐵1號線至King站，轉乘東向的504A號電車至Distillery Loop即達　🏛Parliament St、Mill St、Cherry St之間的區域　🕐週一至週四10:00~18:00，週五、六10:00~20:00，週日11:00~18:00 (餐廳營業至更晚)　🌐www.thedistillerydistrict.com

**MOOK Choice**

古德漢與沃茲釀酒廠(Gooderham and Worts Distillery)在維多利亞時代是加拿大最大的釀酒商，他們於1859至1927年間陸續建起酒廠建築，規劃廣達5.3公頃，稱得上喧赫一時。

1980年代酒廠易手後，這處古色古香的紅磚工業區成了炙手可熱的電影及電視拍攝場地，據說有超過800部影片曾在這裡取景。2001年時，Cityscape集團將這座工業區買下，經過一番整修，於2年後重新開放為徒步商業區，而其40餘棟酒廠建築也搖身一變，成了一間間餐廳、咖啡館、微釀酒館、精品藝廊與個性商店。由於不出租給連鎖企業品牌，因此這裡販售的商品都具有獨特性，像是小眾品牌服飾、在地生產的調味料、古董、藝術品、手工香皂等，而許多頗有名氣的大廚也紛紛在這裡開設新餐廳，讓這塊古意盎然的街區，空氣中卻流動著新潮的味道。

**MAP ▶ P.236B1**

# 卡薩羅瑪城堡

**Casa Loma**
**MOOK Choice**

**俯瞰多倫多的城堡豪宅**

🚇搭乘地鐵1號線至Dupont站，步行約10分鐘 🏠1 Austin Terrace ☎(416) 923-1171 🕐每日09:30~17:00 (售票至16:30) 💲成人$40，14~17歲及65歲以上$35，4~13歲$25 🌐casaloma.ca ❗城堡花園僅開放至15:00 (週一~週三至16:00) 🎧門票含中文語音導覽

羅瑪城堡的故事得從亨利佩特拉爾爵士(Sir Henry Mill Pellatt)說起，他是20世紀初一位十分活躍的將校、工業家及資本家，並由英王愛德華七世授與爵位殊榮。憑著長年累積的大筆財富，爵士於1911年著手興建夢想中的居所，他不惜重金禮聘設計多倫多舊市政廳的建築師E.J. Lennox打造豪宅，花了3年時間建成，所選用的都是最好的建材，成本高達350萬加幣。

然而工匠間卻流傳著不祥的耳語，原因是建城的第一塊落腳石並未遵循古法放在東北角，這被認為是不吉利的。不知是應驗還是巧合，爵士的事業受到一次世界大戰影響而一落千丈，城堡巨大的開銷更使他陷入困境，最後只好宣告破產搬離城堡，諷刺的是，他真正享受這座城堡的時光還不到十年。

城堡內共有98個房間，其中以橡木室(Oak Room)最為富麗奢華，精雕細琢的橡木壁板是3名英國工匠嘔心瀝血的結晶，這間原本是爵士收藏藝術品的藝廊，但大多數珍藏都在他破產時以別開生面的超低價格拍賣一空。爵士夫人的套房包含臥室和起居室，牆身的藍色是夫人最喜愛的顏色，她會在起居室款待她的密友，從這裡可以俯瞰城堡庭園和多倫多的美麗景色。夫人臥室的綠粉白色壁爐，中央有一個英國式的雕版，曾經被盜走後又被匿名人士寄回，也算是城堡的一則軼事。在爵士的浴室，你一定會很驚奇的發現，在100年前居然就有現在最流行的花灑淋浴設備，而城堡中龐大的電話線路及多倫多的第一台豪宅電梯，都說明了城堡雖然型式古老，但機能卻很前衛。

### MAP ▶ P.236D5　Cluny Bistro

🚇搭乘地鐵1號線至King站，轉乘東向的504A號電車至Distillery Loop即達 🏠35 Tank House Ln ☎(416) 203-2632 ⏰平日11:30~22:00（週五至23:00），週六10:00~23:00，週日10:00~22:00 💲 $ $ $ 🌐clunybistro.com

　　位於古釀酒廠區的Cluny是近年當紅的新派法式餐廳，主廚Paul Benallick是前川普酒店Stock餐廳的大廚，擅長在傳統法式菜餚上玩出新意，以輕鬆、新奇的方式呈現餐點。餐廳建築前身是棟建於19世紀末的歷史酒廠，紅磚外牆散發出古樸的氣質。不過推開大門，裡面卻是超現實的華麗場景。餐廳以藍白地磚、古董鏡子、大理石檯面、金屬餐桌與各式燈具，營造出復古摩登的前衛感，引領顧客們投身這場巴黎饗宴。

### MAP ▶ P.236B4　Pancho's Bakery

🚇搭乘地鐵1號線至St. Patrick站，轉乘505號電車往西，至Dundas St. W與Denison Ave路口，再步行約5分鐘 🏠214 Augusta Ave ☎(416) 854-8770 ⏰每日10:00~21:00 💲 $ 🌐www.panchosbakery.com

　　位於肯辛頓市場中央的這家人氣小吃，雖然2009年才開幕，但早在立足加拿大之前，Pancho's這個品牌在墨西哥就已傳承了80餘年。這裡主要賣的是西班牙油條「Churro」，和中國的油條類似，也是將長條狀的生麵團下鍋油炸，據說這種食物最初就是由葡萄牙人從中國帶進歐洲，只是當時葡萄牙人沒有學會手拉麵團的技巧，只好將麵團透過星形的模具擠出，這便是Churro有著條紋外觀的原因。後來Churro又從西班牙傳入拉丁美洲，成為當地普遍的庶民點心，一般是撒上肉桂粉與糖粉，而在這家店也有巧克力、牛奶醬、草莓果醬等口味。

### MAP ▶ P.236C5　Richmond Station

🚇搭乘地鐵1號線至Queen站，步行約2分鐘 🏠1 Richmond St. W ☎(647) 748-1444 ⏰16:30~22:30（週五至週日15:30起）💲 $ $ $ 🌐richmondstation.ca

　　Richmond Station的主廚Carl Heinrich，是2012年實境選秀節目《加拿大王牌主廚》的總冠軍，這間餐館便是他用獲勝獎金開設的，當時他還未滿30歲。餐廳裝潢溫馨雅致，二樓的用餐室還可看到廚師們在半開放式廚房裡烹飪菜餚的身手，手寫的黑板上則告示著當日特別菜單。這裡的餐牌會依據當季食材每日調整，唯一不會變動的是招牌漢堡(Stn. Burger)，雖然只是簡單的牛肉堡，沒有譁眾取寵的創意材料，但這也才能嚐出主廚的真功夫，烤得火候得宜的厚片漢堡肉，一口咬下的鮮香肉汁真是教人欲罷不能。其他菜色如兔肉、番鴨、蘑菇等，也都是利用簡單的食材烹調出不可思議的美味。

## MAP ▶ P.236D5　Beerbistro

🚇搭乘地鐵1號線至King站，出站即達 🏠18 King St. E ☎(416) 861-9872 🕐平日11:30~24:00，週六11:00~24:00，週日11:00~21:00 💲$$$ 🌐www.beerbistro.com

這是多倫多有名的小酒館，光是新鮮的精釀生啤酒就有20多種，至於瓶裝啤酒種類更是多達上百，其中不少來自地方性的酒廠，平常不容易找到。這裡的下酒菜不勝枚舉，最受歡迎的是用牛油和鴨油炸的比利時薯條，蘸上店家自製的美乃滋與燻蕃茄醬，和啤酒堪稱絕配。而以啤酒蒸熟的淡菜，也是相當理想的下酒菜。想吃飽一點，這裡也有供應披薩、三明治等餐點，晚上則有牛、羊排、烤魚、燉雞等主餐。

## MAP ▶ P.236C5　Canoe

🚇搭乘地鐵1號線至Union站，步行約5分鐘 🏠66 Wellington St. W(在TD Bank Tower的54樓) ☎(416) 364-0054 🕐11:45~13:15、17:00~21:30 🈺週末 💲$$$$ 🌐www.canoerestaurant.com

做為多倫多公認排名第一的高級餐廳，Canoe位於54樓面向安大略湖的優越景觀，的確是錦上添花。Canoe擅長運用創意，烹調出新式的加拿大菜，「有機」和「本地生產」是主廚選用食材的兩大原則，因此新鮮的元素為餐點注入更多美味。而侍者在上菜的時候，也會對餐點做詳細介紹，豐富的藏酒名單更為餐廳加分不少。

## MAP ▶ P.236B6　360 Restaurant

🚇搭乘地鐵1號線至Union站，步行約10分鐘 🏠290 Bremner Blvd (加拿大國家電視塔頂樓) ☎(416) 362-5411 🕐每日11:30~15:00、16:30~22:00 💲$$$$ 🌐www.cntower.ca 🈺若有預約訂位，可免費上加拿大國家電視塔

360 Restaurant位於加拿大國家電視塔觀景台的上一層，是間供應高級料理的旋轉餐廳，餐廳旋轉一圈約為72分鐘，不用換位子就能同時欣賞多倫多市與安大略湖的景色，由於晚餐時段非常熱門，因此一定要預約。雖然餐點價格並不便宜，但只要在這裡用餐就能省下觀景台的門票，直接搭乘電梯來到餐廳，因此常被認為是一項划算的交易。

## MAP ▶ P.236C5　The Keg

🚇搭乘地鐵1號線至Osgoode站，步行約3分鐘 🏠165 York St ☎(416) 703-1773 🕐平日11:30~24:00(週五至01:00)，週六16:00~01:00，週日16:00~24:00 💲$$$ 🌐thekeg.com

Keg是加拿大著名的連鎖牛排館，這裡的牛排幾乎都是頂級的沙朗牛肉跟肋排，選用牛肉精華部位，搭配季節時蔬，襯托出高品質牛肉的多汁與口感。主餐部分，除了Keg經典款的各部位牛排，還有搭配特調醬料的特色風味牛排，配菜則有帝王蟹、龍蝦尾等海鮮可以選擇。而這裡的服務生更隨時保持笑容，為顧客提供服務，加上店內明亮的裝潢，讓人在享受高級餐廳的美味餐點時，卻能像在自己家裡一般放鬆，沒有任何拘束，愉快地品味值回票價的服務。

## Where to Shop in Toronto
### 買在多倫多

---

**MAP ▶ P.236C2-D2** **布洛爾街 Bloor Street**

🚇搭乘地鐵1、2號線至Yonge-Bloor站，出站即達

　　布洛爾街常被稱為「多倫多的第五大道」，或許它沒有紐約第五大道那般熱鬧精彩，不過奢華昂貴倒是一致的。從Ave Rd到Yonge St之間的路段最為精華，這裡匯集了國際知名品牌，如LV、Hermes、Prada、Chanel、Cartier、Gucci、Coach和Tiffany & Co.等，當然也有如Club Monaco、Roots、MAC等價格平實的加拿大本土品牌。在布洛爾街上熙來攘往的人群莫不衣著光鮮，發亮而精緻的櫥窗，襯托著價位驚人的高級名品，讓人充滿了紙醉金迷的幻想。

---

**MAP ▶ P.236D5** **聖勞倫斯市場 St. Lawrence Market**

🚇搭乘地鐵1號線至King站，轉乘東向的504號電車在Jarvis St路口下車，步行約2分鐘 　📍92-95 Front St. E
☎(416) 392-7219 　🕐南棟：週二至週四09:00~19:00，週五07:00~17:00，週日10:00~17:00。北棟：週六05:00~15:00 　🔗www.stlawrencemarket.com

　　和肯辛頓市場比起來，聖勞倫斯市場就顯得「正常」多了。聖勞倫斯市場是多倫多的第一家市場，建於1803年，建築分為南北兩棟，北棟只有週六作為農人市集開放，南棟裡則是固定的商店、肉販、麵包坊、餐廳與熟食舖，加拿大人的柴米油鹽醬醋茶都聚集在這裡了。值得一提的，是一家名為Carousel Bakery的早餐店，這裡的「Peameal Back Bacon」聞名遐邇，那是一種裹上豌豆粉的燻肉，既不似火腿的單薄，也沒有排骨的油膩，夾在麵包裡吃，很是美味，一份大約8加幣上下。

---

**MAP ▶ P.236C4** **伊頓中心 Eaton Centre**

🚇搭乘地鐵1號線至Dundas站，出站即達 　📍220 Yonge St 　☎(416) 598-8560 　🕐週一至週六10:00~21:00，週日11:00~19:00 　🔗shops.cadillacfairview.com

　　位在央街上的伊頓中心，無疑是這一帶最受歡迎的購物景點。伊頓中心是一座含地下樓層在內共有5層樓的超大型購物商場，透明的穹頂天幕靈感來自義大利米蘭的艾曼紐二世拱廊街，內部匯集了數百家流行商店與美食餐廳，並有天橋連通皇后西街對面的哈德遜灣百貨公司(Hudson's Bay)。伊頓中心內也有一間遊客中心，只要是和安大略省有關的旅遊資訊，這裡一應俱全。購物中心估計每週都有超過百萬人次造訪，雖然你不一定要來血拼，但如果沒來過伊頓中心，就不算是見識過多倫多。

**MAP ▶ P.236A1** **旺市購物中心 Vaughan Mills**

🚇從多倫多市中心開車約30公里 　📍1 Bass Pro Mills Dr, Vaughan, ON L4K 5W4 　☎(905) 879-2110
🕐週一至週六10:00~21:00，週日11:00~19:00 　🔗www.vaughanmills.com

　　旺市購物中心是多倫多近郊的一間大型暢貨中心，與美加常見的多棟式暢貨中心不同，這間商場只有一棟面積大得驚人的建築物，光是出入口就有7個，所有購物動線都在室內，讓前來逛街血拼的人免除日曬雨淋的麻煩。這裡的店面多達2百多間，主流的美加品牌在這裡幾乎都找得到，由於是販賣過季品的暢貨中心性質，折扣後的價錢自然要比正價店低上許多。商場內還包括薩克斯第五大道的暢貨店Saks OFF 5th與廉價百貨Winners等百貨公司，而戶外用品店Bass Pro Shops的規模更是可比一間獨立賣場，舉凡登山裝備、衣物鞋帽、各類釣具等，一應俱全。

尼加拉瀑布

# 尼加拉瀑布
# Niagara Falls

名列世界新七大奇景的尼加拉瀑布，橫跨美、加兩國邊境，據說12,000年前的瀑布不過是條涓涓細流，因地殼變動的關係而影響了五大湖，遽增的湖水於是衝破峽谷，造成今日壯觀的尼加拉瀑布。

尼加拉瀑布被公羊島分隔為「馬蹄瀑布」和「美國瀑布」，700年前這兩座瀑布原本是連在一起的，後因地形變化而分成兩邊，馬蹄瀑布規模較大，隸屬加拿大，而較小的美國瀑布和公羊島則是美國領土。五大湖之一的伊利湖湖水，以每秒60萬加崙的豐沛水量流入安大略湖，侵蝕作用旺盛的結果，使得尼加拉瀑布成為全世界移動最快的瀑布，估計每年瀑布大約

後退1公尺多，雖然現在已用水閘控制水量，減緩瀑布的侵蝕速度，不過根據預估，大約在1,200年後，尼加拉瀑布就會從此消失。

瀑布附近一帶原本都是荒蕪之地，自從1683年赫南平神父(Louis Hennepin)發現此地，宣稱它是在歐洲大陸前所未見的壯觀奇景，從此尼加拉地區聲名大噪，每年都有超過一千萬名來自世界各地的遊客前來一睹瀑布的壯闊。環繞著瀑布所發展出的各種娛樂設施，也讓此地成為名副其實的觀光勝地，現在的人不必再做敢死隊(Daredevil)，就能以最輕鬆的方式，感受尼加拉瀑布的磅礴氣勢。

尼加拉瀑布

往翠爾絲酒莊
Trius Winery

漩渦空中纜車
Whirlpool Aero Car

漩渦州立公園
Whirlpool
State Park

Thorold Stone Rd

加拿大

Leader Ln

Ferguson St

Buttrey St

The Crystal Inn

白水步道
White Water Walk

Niagara Falls, NY

Niagara Falls, ON

Bridge St

Park St

Queen St

HI-Niagara Falls

市政廳
City Hall

Maple St

Huron St

Morrison St

Morrison St

美國

Valley Way

Jepson St

Simcoe St

McRae St

Stamford St

(ON-420) Falls Ave

Kitchener St

尼加拉峽谷探索中心
Niagara Gorge Discovery Center

尼加拉水族館
Aquarium of Niagara

Pine Ave

尼加拉峽谷步道中心
Niagara Gorge Trailhead Cent

North St

Lewis Ave

Centre St

尼加拉賭場
Casino Niagara

飛鳥王國
Bird Kingdom

尼加拉冒險劇場
Niagara Adventure Theatre

Sheraton
Fallsview

邊界關卡

One Niagara
Gateway Mall

(US-62) Ferry Ave

尼加拉摩天輪
Niagara Skywheel

The Secret
Garden

霧中少女號
乘船碼頭

邊界
關卡

Niagara Ave

歷史博物館
尼加拉瀑布
Niagara Falls
History Museum

Ferry St

Grand View
Marketplace

觀景台

霧中少女號售票處
Maid of the Mist Boat Tours

圖例

尼加拉城遊船
Niagara City Cruises

Observation Deck

尼加拉瀑布州立公園
Niagara Falls State Park

尼加拉瀑布
會展中心
NFCC

Robinson St

展望觀景點
Prospect Point

Rainbow Blvd

Main St

史凱隆塔
Skylon Tower

美國瀑布
American Falls

塞內卡尼加拉賭場渡假村
Seneca Niagara Resort & Casin

Murray St

Murray St

Queen Victoria
Place

新娘面紗瀑布
Bridal Veil Falls

月島
Luna Island

Hilton

風洞
Cave of the Winds

Dixon St

瀑景賭場假村
Fallsview Casino Resort

水龜觀景點
Terrapin Point

公羊島
Goat Island

傾斜鐵道車站
Falls Incline Railway

桌岩遊客中心
Table Rock
Welcome Centre

Dunn St

Top of the Falls

Goat Island Rd

三姐妹島
Three Sisters Islands

瀑布探險
Journey Behind the Falls

馬蹄型瀑布
Horseshoe Falls

Marriott

尼加拉4D劇場
Niagara's Fury

尼加拉公園發電廠
Niagara Parks Power Station

**圖例**

- 國道
- 省道
- 州道
- 邊界關卡
- 公園
- 政府機構
- 景點
- 住宿
- 餐廳
- 碼頭
- 火車站
- 纜車站
- 停車場
- 博物館
- 遊客中心
- 劇場
- 酒莊
- 購物
- 州界
- 步道

N

# INFO

## 基本資訊

**人口**：約8.8萬(市區) **面積**：約209.7平方公里(市區)
**區域號碼**：905、289、365

## 如何前往

### 火車

　　加拿大國鐵從多倫多，每日有1班火車前往尼加拉瀑布，早上08:20出發，10:20抵達，車程2小時。要注意的是，在尼加拉河對岸的美國紐約州，也有一座尼加拉瀑布火車站，因此購票或搭乘時，一定要認明是安大略(ON)的車站，而非紐約(NY)的車站。

　　加拿大國鐵的火車一天只有一班，若希望行程彈性點，可利用GO Transit的通勤火車。GO Trains的湖濱西線(LW線)從多倫多聯合車站，每日約有3班直達尼加拉瀑布火車站，車程約2.5小時。若班車底站不是尼加拉瀑布城，則可在Burlington或Oakville轉乘，車程約3小時。

　　尼加拉瀑布火車站位於瀑布區北邊，靠近白水步道的地方，可搭乘WEGO的綠線巴士前往市中心的瀑布區與酒店區。

### 尼加拉瀑布車站 Niagara Falls Train Station
📍P.256C2
📍4267 Bridge St, Niagara Falls, ON L2E 2R6

### 加拿大國鐵 VIA
🌐www.viarail.ca

### 安省運輸公司 GO Transit
🌐www.gotransit.com

### 開車

　　從多倫多市中心，走Gardiner Expy. W，接上QEW(伊莉莎白女王公路)往西。快到尼加拉時，走內側車道接上Hwy 420 (往The Falls方向)，順著Hwy 420一直走，便是Falls Ave，這條路最後即會接上通往瀑布區的Niagara Pkwy。總里程數約140公里，車程約1.5小時。

### 跨越美國邊界

　　從美國開車前往加拿大，須經過橫跨尼加拉河的彩虹大橋(Rainbow Bridge)，而兩國的關防就位於大橋兩端。從美國到加拿大時，除了要在入境海關出示護照並接受移民官員問話，還要繳交過路費。以一般小客車而言，過路費為美金5元或加幣6.5元，可使用E-ZPass扣款。而從加拿大回到美國則不用再繳過路費。

　　彩虹大橋上也有給行人使用的步道，從橋上眺望馬蹄瀑布也另有一番風景。從美國徒步入境加拿大，只要通過海關，不用繳交通路費；但從加拿大回到美國時，在海關前會有道小閘門，需投幣＄1才能入閘。

## 市區交通

### WEGO隨上隨下巴士

　　基本上，遊覽瀑布旁的景點以步行的方式就已足夠，從彩虹橋到桌岩，大約是1.6公里遠。如果要去比較遠的景點，可搭乘WEGO巴士。WEGO共有藍、

紅、綠、橘4條路線，除了橘線外，其他3條在桌岩遊客中心、維多利亞女王公園與克里夫頓山丘道路口皆有站牌，而橘線則是綠線在北邊的延伸。若你的目的地是漩渦空中纜車、白水步道、火車站或客運總站的話，可搭乘綠線前往。

WEGO的車票有24小時與48小時兩種，可在車票效期內於任何站點隨意上下車。
💲

| 效期 | 成人 | 3~12歲 |
|------|------|--------|
| 24小時 | $ 12 | $ 8 |
| 48小時 | $ 16 | $ 12 |

🌐wegoniagarafalls.com

### 斜坡軌道車 Falls Incline Railway
由於尼加拉河沿岸與Fallsview酒店區之間有一段地形落差，往返兩處最省力的方式，就是在桌岩遊客中心後方搭乘斜坡軌道車。
🔽09:00~21:00 (6~9月至23:00)
💲單程 $ 3.1，來回 $ 6.19，一日票 $ 7.08，2歲以下免費

### 開車
尼加拉公園內的停車場絕大多數為計次或計時收費，若有經常停車的需要，可在主要停車場或遊客中心購買一日停車券，適用於公園內的所有停車場，每張 $ 30.97。

## 優惠票券
### Adventure Pass與Niagara Falls Pass
Adventure Pass Classic，可用於瀑布探險、Niagara's Fury 4D劇場、白水步道各一次，並包含WEGO巴士的48小時票，全部用上的話可省下19%的費用。而Niagara Falls Pass除了Adventure Pass Classic的內容外，還加上尼加拉公園發電廠與隧道、漩渦空中纜車、斜坡軌道車的2日通行券，全部用上的話可省下40%的費用。至於Adventure Pass Plus，比起Niagara Falls Pass更多了蝴蝶園、尼加拉花園溫室、4處歷史景點、以及前往濱湖尼加拉鎮的接駁車票，全部用上的話可省下53%的費用。

票券效期每年約為4月中至11月初，在公園歡迎中心與園內各景點售票處，都可以買到這張票券，不過只有在尼加拉公園的官網上購買，才能享有網路優惠價。
💲

| 官網價 | 成人 | 3~12歲 |
|--------|------|--------|
| Adventure Pass Classic | $ 59 | $ 38 |
| Niagara Falls Pass | $ 79 | $ 51 |
| Adventure Pass Plus | $ 99 | $ 65 |

### Wonder Pass
由於冬季公園內有許多景點並不開放，如果在此時造訪，則可以購買Wonder Pass，每年效期約為11~4月，內容包括瀑布探險、Niagara's Fury 4D劇場、蝴蝶園、尼加拉公園發電廠與隧道、與WEGO巴士＋斜坡軌道車的2日車票，全部用上的話可省下58%的費用。
💲官網價：成人 $ 45，3~12歲 $ 29

## 旅遊諮詢
### 尼加拉公園歡迎中心
較常為遊客利用的歡迎中心共有4處，分別位於馬蹄瀑布旁的桌岩、尼加拉城遊船碼頭旁的Grand View Marketplace、克里夫頓山丘道與Falls Ave路口、Queen Victoria Place附近的Murray Hill。
📞1-877-642-7275
🔽桌岩全年開放，其他遊客中心6~8月開放，每日09:00起
🌐www.niagaraparks.com

## Where to Explore in Niagara Falls
## 賞遊尼加拉瀑布

**MAP ▶ P.256B6-C6**

# 馬蹄瀑布

**MOOK Choice**

Horseshoe Falls

**滔滔洪水天上來**

　　隸屬於加拿大的馬蹄瀑布，寬達792公尺，流量約佔尼加拉瀑布的90%，是美國瀑布的好幾倍大，因此也成為一般人心目中對尼加拉瀑布的第一印象。尼加拉河上游的磅礴大水，聲如萬馬地奔流到此後，瞬間從57公尺的高度遽然墜落，激起半天高的霧幕，幾乎要將瀑布隱藏其中。環形的瀑布就像地表上的一個大洞，人類在這頭怒吼的巨獸面前渺小如同蟻螻，不由得對造物者的偉大發出讚嘆。

　　觀賞馬蹄瀑布的最佳角度位於加拿大岸的桌岩平台，不論是白天或晚上，來自世界各地的遊客都會在這裡留下以瀑布為背景的身影。

## 編輯筆記 🖊

**尼加拉瀑布燈光秀**
**Niagara Falls Illumination**
◐ 每日從開始天黑到午夜
✿ 5月中~10月初，每日22:00會有煙火施放

　　當天色逐漸轉暗，七色的彩光就為氣勢奔騰的尼加拉瀑布換上溫柔豔媚的表情。瀑布不分晴雨，幾乎每天都有燈光秀，從太陽西下開始，一道道顏色不同的光束便從加拿大岸的維多利亞女王廣場投射在瀑布上，紅橙黃綠藍靛紫和白色都有，由於顏色變換不甚快速，所以氣氛甚於驚艷。美國側最好的觀賞地點是在觀景台附近，而加拿大側則是在桌岩、尼加拉城遊船碼頭上方觀景台或史凱隆塔上。

MAP ▶ P.256C5

# 美國瀑布

## American Falls

**亂石崩雲，驚濤裂岸**

高約57公尺的美國瀑布，由於造型較為平緩，因此氣勢上不如馬蹄瀑布來的壯觀，然而洶湧的大水垂直衝擊位在瀑布底部的岩石上，倒也興起另一種雄奇美感。其實，美國瀑布底部的岩石是在20世紀中葉才掉落的，地理學家認為美國瀑布的水量還不足以對岩石進行沖刷，但岩石仍會被瀑布逐漸往前推進，因此瀑布可能會越來越傾斜。

在美國岸與加拿大岸觀賞美國瀑布，可以有兩種截然不同的風情，從美國岸看的是瀑布大水從身旁轟然而下的震撼，在公羊島和瀑布旁的觀景塔(Observation Tower)上，都有不錯的景觀。但如果想從正面觀看瀑布全貌，那恐怕還是得回到加拿大這岸，克里夫頓山丘道尾端的觀景平台，正對著美國瀑布，視野最好。

---

**延伸行程——**
**美國岸的風洞 Cave of the Winds**

穿上雨衣和防滑夾腳涼鞋，你就可以搭乘電梯來到新娘面紗瀑布的底部，然後沿著木造的曲折棧道，一步步走向美國瀑布如傾盆大雨般的簾幕，這時你終於了解門票附贈雨衣的用意。知名作家馬克吐溫曾對風洞作過生動的描述：「雷聲讓我慌亂，強風使我覺得無助，一排排雨點重重打在我身上……我從來沒有這麼害怕過。」在馬克吐溫的時代還沒有電梯，走下瀑底全靠陡峭的階梯，而原始的風洞也因為落石而永久封閉。今日的風洞早已不再如此危險，但瀑布所散發的自然力量依舊令人著迷，從遠處觀看就已經很震撼的大瀑布，現在就在觸手可及的距離，威力當然更是驚天動地。這不是一個能好好欣賞風景的地方，因為就算是最強的颱風也不能讓你溼成這樣，但能以如此

**靠近的距離接觸尼加拉瀑布，一生又能有幾次機會呢？**

🅟 P.256C6　🚪售票處及步道位於美國尼加拉瀑布公園的公羊島上　☎(716) 278-1794　🕐每日09:00起，春秋兩季約至19:00，夏季約至21:00，冬季約至16:00。當日詳細時刻請上官網查詢　💲成人US＄21 (冬季US＄14)，3~12歲US＄17 (冬季US＄10)　🌐www.niagarafallsstatepark.com　🎫門票含雨衣及防滑夾腳涼鞋

MAP ▶ P.256B6

# 桌岩
## Table Rock
**瀑布旁的遊客中心**

⌂6650 Niagara Pkwy ▼每日09:00起(部分設施冬天關閉)
$免費

　　觀賞馬蹄瀑布的最佳角度位於加拿大岸的桌岩平台，其實桌岩早已成為歷史名詞，因為瀑布的年年後退，真正的桌岩也越來越小，後來考慮到安全因素，於是在1935年把桌岩移除了。今日的桌岩遺址被開發為一處觀景平台，並在旁邊建了

一棟英式優雅的遊客中心，中心內不但有資訊詢問處及售票櫃檯，還有美食街、購物廊和一間景觀餐廳。而深入馬蹄瀑布背後的瀑布探險與需要穿雨衣進場的4D劇場Niagara's Fury，也是位於桌岩歡迎中心內。

MAP ▶ P.256B6

# 瀑布探險

**MOOK Choice**

## Journey Behind the Falls
**進入瀑布的內心世界**

⌂入口處在桌岩歡迎中心內 ▼春、秋兩季約10:00~18:00
(週末至19:00)，夏季每日09:00~22:00，冬季每日10:00~17:00。當日時刻請見官網 $成人$24，3~12歲$16 ❶下層平台冬季不開放

　　瀑布探險帶領你深入到河谷下方的馬蹄瀑布內，站在瀑布後方，你可以更清楚地感受瀑布雷霆萬鈞的聲響與水勢。搭乘桌岩歡迎中心內的電梯來到45公尺深的河谷下方，這裡已經接近馬蹄瀑布的底部，站在瀑布旁的上下兩層平台上，觀看如海嘯般的大水從天上奔流而至。這裡每秒有2,800立方公尺的水量以65公里的時速落下，那種石破天驚的震撼絕對教人永生難忘。

　　觀景平台旁有條長長的隧道，可深入到馬蹄瀑布西段背後約1/3長的地方，隧道上有兩處開向瀑布的涵洞，名為Cataract Portal與The Great Falls Portal，與其說洞口有如水簾，不如說根本是堵堅實的水牆，加上瀑布的咆哮聲在隧道中迴盪，霸氣指數再升一級。

# 尼加拉公園發電廠

**Niagara Parks Power Station**

MOOK Choice

## 古蹟的璀璨復活

🏠 7005 Niagara Pkwy 🕐 3月中~6月中10:00~18:00，6月中~7月初09:00~19:00，7月初~9月中09:00~20:00，9月中~3月中10:00~17:00 💲 一般門票(含隧道)：成人＄28，3~12歲＄18.25。導覽行程：成人＄38，兒童＄25。夜間光影秀：成人＄30，兒童＄19.5

　20世紀初葉，政府的水利專家看中了馬蹄瀑布萬馬奔騰的驚人水量，於是在1905年建成了這座水力發電廠，為安大略省提供穩定電力，直到一個世紀後的2006年，才因為其他更有效率的發電廠啟用而功成身退。不過退休後的發電廠並沒有蟄伏太久，2021年就被開放為博物館，成為瀑布區最新的人氣景點。

　白天來到這裡，可參觀發電廠內的修復文物，從巨大的發電機組、壓力鋼管，到令人眼花撩亂的控制面板，認識從前水力發電的原理與過程。遊客還可以搭乘玻璃電梯下降到55公尺深的地底，從那裡展開一段隧道之旅，這處隧道超過670公尺長，過去作為發電用水的排水口，幽暗的隧道走到盡頭頓時豁然開朗，重現天光的同時，壯闊的尼加拉瀑布就在眼前！

　到了晚上，發電廠內更是精彩萬分，史詩級的3D光影圖像投射在發電機組與牆面上，帶領遊客一路走過冰河時期與氣候暖化，再演示發電廠如何將尼加拉河的水勢動能轉化為電的過程。而這些聲光投射是互動式的，能根據人們的動作手勢做出相應變化，最後在遊人們的共同努力下，電能一舉衝上天花板，在燦爛的光影中，整座發電廠就此甦醒。

**MAP ▶ P.256B5**

# 史凱隆塔

**MOOK Choice**

## Skylon Tower

### 俯瞰尼加拉瀑布全景

🏠5200 Robinson St　☎(905) 356-2651、1-888-975-9566　🕐09:00~23:00 (週末至24:00)
💲

| 票種 | 成人 | 4~12歲 | 內容 |
|------|------|--------|------|
| 一般票 | ＄19 | ＄9.5 | 登樓＋觀景台 |
| 日夜票 | ＄24 | ＄12 | 一天可登樓上觀景台2次 |
| 套票 | ＄28 | ＄14 | 日夜票+3D/4D電影 |

🌐www.skylon.com　🎫官網上購票另有折扣優惠　❶3D/4D電影播放時間為平日12:00~20:00，週末10:00~22:00 (冬季僅週末放映)

**旋轉餐廳 Revolving Dining Room**

🕐每日11:30~15:00、18:00~22:00　💲午餐＄＄＄＄，晚餐＄＄＄＄＄，早鳥晚餐每人＄55　🍴早鳥晚餐為16:30、17:00兩個場次

**Summit Suite自助餐廳**

🕐早鳥晚餐17:00、17:30兩場，晚餐時段18:00起　💲成人晚餐＄59，早鳥晚餐＄49，兒童一律＄24

　　1964年建成的史凱隆塔，以擁有眺望尼加拉瀑布的最高視野著稱，它同時也是世界上第一個使用「滑脫形式」建造的建築，也就是說，今日我們所看到的圓塔部分，其實是在中心柱蓋好之後，才像套甜甜圈般地從底部往上吊升。

　　乘坐暱稱「黃色小蟲」(Yellow Bug)的外露式景觀電梯，只需52秒便來到距離瀑布236公尺的觀景甲板上。觀景平台下方則是Summit Suite自助餐廳與360度旋轉餐廳，以世界知名度排名第一的瀑布當作用餐背景，尤其是夜晚的瀑布燈光秀，簡直是夢中才會出現的場景，因此強烈建議要訂位。餐廳也提供傍晚開始的「早鳥晚餐」(Early Bird Dinner)，除了價格優惠，還可避開用餐人潮。

　　史凱隆塔的底部則是一座超大型的遊樂場及購物中心，還有一間播放尼加拉瀑布傳奇故事的3D／4D電影院，帶你重返原住民心目中的尼加拉大瀑布。

MAP ▶ P.256B4-C5

# 克里夫頓山丘道
## Clifton Hill
### 眼花撩亂的遊樂場

🌐www.cliftonhill.com　🎫可購買Clifton Hill Fun Pass，內容包括含尼加拉摩天輪在內6項熱門設施的門票，成人＄34.95，12歲以下＄22.95

　　一般都以為，加拿大人崇尚自然，而美國人常有浮華糜爛的一面，但這種印象到了尼加拉瀑布卻似乎恰好相反，美國岸處處是綠蔭密布的自然保護區，而加拿大岸卻建起了五光十色的娛樂場，好似將拉斯維加斯從沙漠搬到了瀑布水岸邊。而克里夫頓山丘道就是瀑布區裡最熱鬧也是最誇張的一條街，這裡匯集了各式各樣的娛樂場所，光是不同主題的蠟像館就有4間，鬼屋也有3間，另外還有像雷普利信不信由你博物館、金氏世界紀錄博物館、室內模擬雲霄飛車、迷你高爾夫球場、立體車道的卡丁車等遊樂設施，造型突出的招牌與五花八門的街景，真讓人誤以為闖進了一家遊樂園。

MAP ▶ P.256B4

# 尼加拉摩天輪
## Niagara Skywheel
### 新奇的觀瀑體驗

🏠4960 Clifton Hill　☎(905) 358-4793　🕐夏季約10:00~02:00，冬季約12:00~22:00（週末至24:00）。當日詳細時刻請上官網查詢　💲成人＄15，12歲以下＄7　🌐www.skywheel.ca

　　創造出新的觀瀑視野，一直都是尼加拉地區的人們不斷努力的目標，於是一棟棟高塔樓房在瀑布邊的土地上如雨後春筍般冒出，而一座摩天輪在眾多觀景平台當中，絕對是異軍突起的吸睛亮點。

　　摩天輪高53公尺，擁有42個空調座艙，每個座艙可以容納6人，旋轉一圈大約10分鐘，自2006年開幕起，便成為克里夫頓山丘道上的新地標。

雖然尼加拉摩天輪讓克里夫頓山丘道朝遊樂園又邁進了一步，但這種360度觀瀑體驗，不但可以欣賞瀑布的壯觀，也能同時觀看山丘道上五花八門的娛樂，還真是相當特別。

**MAP ▶ P.256C5**

# 尼加拉城遊船

**MOOK Choice**

## Niagara City Cruises

### 被瀑布包圍的震撼

🏠 5920 Niagara Pkwy　🌐 www.niagaracruises.com

**瀑布航行行程 Voyage to the Falls Boat Tour**

🔽 夏季約08:30~20:30，春秋兩季約09:30~18:30，每15分鐘一班；冬季約10:00~16:00，每30分鐘一班。當日詳細時刻請上官網查詢，行程約20分鐘　😕 12~4月　💲 成人＄32.75，3~12歲＄22.75

**瀑布煙火行程 Falls Fireworks Cruise**

🔽 6月中~9月初每日、9月初~10月初週五至週日，21:30出發，行程約40分鐘　💲 成人＄37.75，12歲以下＄24.75

要感受尼加拉瀑布的震撼，還有什麼地方會比在馬蹄瀑布的弧形中央更接近搖滾區呢？除了搏命當敢死隊，搭船才是萬無一失的方法。過去這門生意由美國岸的霧中少女號(Maid of the Mist)所獨佔，瀑布下的尼加拉河面上全是一船又一船的藍色雨衣。為了不讓鄰國專美於前，加拿大這岸於是在2012年與霍恩布洛爾遊船公司(Hornblower)簽下一紙長約，從此河面上便開出一船船紅色雨衣，與對岸的霧中少女分庭抗禮。

當白色的雙層遊船駛離碼頭，刺激的瀑布之旅便展開了。遊船先是緩緩經過美國瀑布，接著從河岸一路勇猛地駛向馬蹄瀑布近前，當第一陣風吹來，所有人都狼狽地趕緊收起相機，因為除了水花，你幾乎拍不到任何畫面。豐沛的河水有如萬馬奔騰向你撲來，頓時船上的陌生人似乎都成了同船共渡的淪落人，就在一片朦朧水霧中，親身感受著瀑布的氣勢和威力。

脫離暴風圈後的遊船，有如歷劫歸來的小船，搖搖晃晃地漂回美國瀑布，天氣晴朗時，太陽光和水氣交織出又長又美的彩虹，投射在名副其實的彩虹大橋前。

MAP ▶ P.256D2

# 白水步道

**MOOK Choice**

## White Water Walk

### 晴日裡的暴烈怒濤

🚌搭乘WEGO巴士綠線至White Water Walk站即達。若開車前往，有免費停車場 🏠4330 River Rd 🕐夏季每日09:00~20:00，春秋兩季約10:00~17:00（週末至18:00）。當日詳細時刻請上官網查詢 ⓧ11月初~4月底 💲成人＄17.5，3~12歲＄11.5

1935年，尼加拉河下游峽谷發生崩塌，再加上經濟大恐慌，導致原訂連結美加國境的鐵路工程越加困難，不過隨著自有汽車的普及，這項鐵路計劃後來也就不了了之。所謂的白水步道，其實就是將當年未完成的工程充分利用，遊客先搭乘

電梯降到地面下約70公尺處，再穿過一段隧道後便能漫步在峽谷河岸。步道全長僅350公尺，緊貼著驚濤裂岸的滾滾巨浪，這裡的流速高達每小時48公里，就像衝向敵人的千軍萬馬，翻騰撲躍，發出巨大怒吼，前仆後繼著比人還要高的浪頭，令人怵目驚心。

MAP ▶ P.256C1

# 漩渦空中纜車

**MOOK Choice**

## Whirlpool Aero Car

### 水面宛如颱風雲圖

🚌搭乘WEGO巴士綠線至Whirlpool Aero Car站即達。若開車前往，有免費停車場 🏠3850 Niagara Pkwy 🕐夏季每日09:00~20:00，春秋兩季約10:00~17:00（週末至18:00）。當日詳細時刻請上官網查詢 ⓧ11月中~3月底 💲成人＄17.5，3~12歲＄11.5

尼加拉河流經此地時，由於河道的方向突然改變，因而形成一處跳浪翻騰的大漩渦，過去這裡是水手避之唯恐不及的惡夢，今日則是許多特製噴射遊船追尋刺激的場域。如果你不願意在惡浪中驚心動魄地載浮載沈，又不想要錯過大漩渦難得一見的風景，橫渡激流上空的漩渦空中纜車將會解決你的疑慮。漩渦空中纜車的歷史將近一百年，年代雖久但保證安全無虞。纜車是由西班牙工程師Leonardo Torres-Quevedo在1916年所設計沿用至今的，雖然後來更新了纜車材質，但基本構造仍然相同。纜車會行駛到對岸後再返回，搭乘者如果去程站在右邊，回程就換到左邊，所以兩邊美景都不會錯失。在纜車上可以清

楚欣賞驚險的漩渦與急流，綠色和白色的水花激烈地在河面上盤旋起舞，彷彿時刻變幻的低氣壓雲圖。

# 京士頓

## Kingston

17世紀是法國人毛皮貿易的中心，18世紀是英國軍隊的駐紮地，19世紀還曾經成為加拿大省的第一個首府。這就是京士頓，從它靜謐的街道大概很難想像，昔日竟然有過如此繁華。

京士頓的居民主要由英裔後代所組成，美國獨立時，十三殖民地中效忠英王的人，紛紛不辭辛勞地遷移到這裡，不但使京士頓披上了

「忠誠」的光環，也讓這裡幾乎沒有法裔居民。建造於1826~1832年的里多運河，是英國在加拿大投入最多人力物力的建設，這條運河可從京士頓一路往北連接到渥太華，原本是為了防禦美軍所設計的補給路線，不過它卻從未真正上過戰場，倒是成為北美唯一至今仍在運作的古老運河。

由於京士頓的皇后大學(Queen's University)是加拿大的頂尖學府，負笈來此的大學生也佔了城裡不少人口比例。皇后街與公主街是城裡的兩條主要幹道，商店與餐廳最為密集，而靠近港邊的安大略街與國王街也開有不少紀念品店。街道上洋溢悠閒的度假心情，要不是沿著河畔的一座座碉堡與橋對面的皇家軍事學院，一點也無法將這裡與軍事重鎮做出聯想。

267

# INFO

## 基本資訊
**人口：**約13.2萬(市區) **面積：**約451.2平方公里(市區)
**區域號碼：**613、343

## 如何前往
### 火車
搭乘加拿大國鐵的火車從多倫多出發，車程約2.5小時；從渥太華約2小時；從蒙特婁搭乘直達車約2.5小時，若是在渥太華轉車則約5.5小時。

京士頓車站位於市區西北邊緣，可搭乘18號公車至市中心。

**京士頓車站**
🏠1800 John Counter Blvd
**加拿大國鐵VIA**
🌐www.viarail.ca

### 開車
從多倫多走Hwy 401 E，路程約260公里，需時約2.5小時。從蒙特婁走Hwy 20 W→Hwy 401 W，路程約285公里，需時約3小時。從渥太華走Hwy 417 W→Hwy 416 S→Hwy 401 W，路程約200公里，需時約2小時。

## 市區交通
### 市區公車
京士頓市中心觀光區域不大，步行即可走遍，但若要前往的地點較遠，也可搭乘市區公車。京士頓市區有16條公車路線，號碼皆在20以內，另外還有8條站點較少的快速公車。若有需要轉乘，可向司機索取轉乘券(transfer)，效期為60分鐘。
💲成人單程＄3.25，14歲以下免費。一日票＄8.25
❗公車上只接受硬幣，並且不找零

## 觀光行程
### Kingston Trolley Tours
復古電車造型的隨上隨下觀光巴士，沿途停靠亨利堡、大湖海事博物館、貝勒瑜之家等10個站點。
🏠購票地點在千島遊船售票亭，發車地點在遊客中心前
📞(613) 549-5544、1-800-848-0011
🕐5月底~10月初行駛，每日09:30~16:30，每30分鐘發車
💲

| 效期 | 成人 | 2~15歲 |
|------|------|--------|
| 24小時 | ＄48 | ＄38 |
| 48小時 | ＄60 | ＄48 |
| 72小時 | ＄72 | ＄57 |

🌐www.kingstontrolley.ca

### Discovery Cruise
搭乘千島遊船公司的Island Belle號遊船，航行於京士頓水岸邊，並探訪千島群島的起點。
🏠1 Brock St
📞(613) 549-5544、1-800-848-0011
🕐4月底~10月底行駛，其中5月中~10月中為每日11:30、13:00、15:00、16:30出發，其他日子為每日16:00出發，行程1小時
💲成人＄38.5，2~15歲＄29，1歲以下＄5
🌐www.1000islandscruises.ca

## 優惠票券
### K-Pass
這張通票包含千島遊船船票、隨上隨下觀光巴士車票、3小時單車租用券，及包括亨利堡、貝勒瑜之家、墨尼塔等在內的博物館門票。K-Pass可在官網上購買，將憑證列印下來，到了京士頓再去K-Pass的服務處(248 Ontario St)兌換成實體票券。由於遊船座位有限，因此購買時就必須決定好遊船行程及出發日期、時間。
💲

| 效期 | 成人 | 兒童 |
|------|------|------|
| 24小時 | ＄119 | ＄89 |
| 48小時 | ＄145 | ＄115 |
| 72小時 | ＄175 | ＄145 |

🌐kpass.ca

## 旅遊諮詢
### 京士頓遊客中心
📍P.269C2 🏠209 Ontario St
📞(613) 548-4415、1-888-855-4555
🕐09:00~19:00 (週五、六至20:00)
🌐www.visitkingston.ca

京士頓

聖勞倫斯河
St. Lawrence River

沃爾夫島渡輪
Wolfe Island
Ferry Terminal

千島遊船
Thousand Islands
Cruises

市政廳
City Hall

馬爾泰羅巷
Martello Alley

加拿大皇家
軍事學院
Royal Military
College of Canada

亨利堡
Fort Henry

皇家軍事學院博物館
RMC Museum

皇后大學
Queen's University

大湖海事博物館
Marine Museum of the Great Lakes

聖勞倫斯河
St. Lawrence River

醫療博物館
Museum of Health Care

水泵站蒸汽博物館
Pump House Steam Museum

貝勒瑜之家
Bellevue House

墨尼塔
Murney Tower

圖例 2省道 景點 碼頭 學校 遊客中心 博物館 政府機構

---

**MAP ▶ P.269B3**

# 墨尼塔

## Murney Tower
### 探訪河邊的圓形火炮塔

在市中心搭乘往Kingston Centre的3號公車，至George St
站即達 2 King St W (613) 217-8235 每日10:00~17:00
9月初~5月中 建議捐獻＄5 www.murneytower.com

1794年，英軍炮擊科西嘉島摩爾泰拉角上的一
座小碉堡，當時他們出動2艘戰艦、100門炮，卻
只對碉堡造成一點小損傷。這讓英軍印象深刻，
於是著手設計類似的防禦塔，並稱之為馬爾泰羅
塔(Martello Tower)。馬爾泰羅塔造價低廉、興
建快速、結構堅固，而且只需要少量駐軍來操作
裡面的火炮。在短短半個世紀內，英國在世界各
地建了200多座馬爾泰羅塔，而在加拿大的14座
中，京士頓就佔了4座。如果你對這些佇立水濱
的圓形碉堡感到好奇，位於城市公園西南角的墨
尼塔是開放參觀的博物館，這座建於1846年的
堡壘，裡頭空間之大，光憑外觀實在很難想像。

遊客在這裡可以看到當年士兵及其家人的生活空
間、彈藥庫、牢房及庫房，當然還有樓上那門可
旋轉360度的大炮。

MAP ▶ P.269C2

# 千島群島遊船

**MOOK Choice**

## Kingston 1000 Islands Cruises

### 一島一別墅的世外桃源

🏠 售票亭位於1 Brock St (Crawford Wharf)，服務處位於248 Ontario St ☎(613) 549-5544、1-800-848-0011 ⏱ Heart of the Islands Cruise：春秋兩季12:30，夏季10:30、14:00出發(週末加開12:30的梯次)，行程3小時 🚫11月~4月中 💲成人＄54，2~15歲＄43，1歲以下＄5 🌐 www.1000islandscruises.ca 🚢可加價購買含早午餐或午餐的行程

聖勞倫斯河注入安大略湖的下游河段，分布著大大小小約有1,864座島嶼，因而被稱為「千島群島」。這些星羅棋布的島嶼，小的島上只有幾棵小樹，大的島上可以建立市鎮，面積相差甚遠。同時由於聖勞倫斯河是加拿大與美國的國界線，因此島嶼群也分屬美、加兩國領土。

搭乘遊船遊覽千島群島最大的樂趣，就在於觀賞島上一棟棟的可愛別墅，有的島充其量只能算是礁岩，一棟房子就佔據了整座小島；有的島稍微大些，門前還可弄個小庭院，或是造座小橋

### 千島群島與沙拉醬

當你在吃沙拉的時候，是否也曾好奇過千島醬的名字由來？事實上，千島醬與千島群島還真的有些關聯。有一種說法是，千島群島一位釣魚嚮導的妻子為了讓丈夫的便當更加美味，而以美乃滋、蕃茄醬、橄欖油、芥末醬、醋等為原料，調製出這種醬料。後來紐約Waldorf酒店的老闆得到其食譜後，將之列入酒店餐廳的菜單內，這才將千島醬發揚光大。

連到另一個島上，擺張桌椅，小島就成了自家陽台。這些房屋有的看起來豪華氣派，有的就顯得小家碧玉，而屋主出入全靠小艇，頗有種遺世而獨立的仙境之感。不過住在這裡的可不是現代隱士，畢竟美景難得，能在千島區擁有一棟小屋和船埠，想必也非富豪人士莫屬。

**MAP ▶ P.269A3**

# 貝勒瑜之家

**MOOK Choice**

## Bellevue House

### 加拿大第一任總理曾住過這裡

🚌 在市中心搭乘往Kingston Centre的3號公車至Beverley St站,再步行約5分鐘 🏠 35 Centre St ☎ (613) 545-8666、1-888-773-8888 🕐 5月底~10月初10:00~17:00 🚫 春秋兩季的週二、三 💲 成人＄8.5,65歲以上＄7,17歲以下免費 🌐 parks.canada.ca/lhn-nhs/on/bellevue ✳ 每日皆有導覽行程,每人＄10.31

　　貝勒瑜之家曾是約翰麥唐納(John A. Macdonald)的住所,麥唐納後來成為加拿大的第一任總理,不過1848年,當他為了生病的妻子伊莎貝拉尋覓清幽的養病處而搬到這裡時,才剛以風雲律師的姿態踏入政壇。

　　整棟房屋面積並不算大,每個房間都以典雅簡單的風格裝飾。走進屋內,一邊是氣派的起居廳,另一邊是餐廳,紅色的木桌上擺放著精緻的瓷器和銀器,大多自英國海運而來。伊莎貝拉的臥房是他最常活動的地方,為了陪伴臥病中的夫人,麥唐納會在這裡寫信、閱讀,甚至用餐。裝潢最精緻的是主臥室,也就是麥唐納的寢室,在這裡我們可以看到19世紀典型的床式,即床鋪與床架分開的設計。

　　麥唐納曾說:「這是一棟完全安靜而且隱蔽的房子,它被樹林環繞,而且有從安大略湖上吹來的清風。」不過遺憾的是,他們一家住在這裡的時間還不超過兩年,伊莎貝拉的病情並沒有好轉,剛滿1歲的長子又不幸夭折,房子龐大的開銷更是雪上加霜,致使麥唐納夫婦1849年便搬離此處。儘管貝勒瑜之家後來又經歷不少屋主,不過政府接管後,今日又還原為麥唐納居住時的擺設。

MAP ▶ P.269D2

# 亨利堡

**MOOK Choice**

## Fort Henry
### 與19世紀的英軍一同操練

🚍 在市中心搭乘往CFB Kingston的12號公車,至Hwy 2 at Royal Military College站,再步行約10分鐘 🏠1 Fort Henry Dr ⏰每日10:00~17:00 ⏸10月~5月中 💲成人$20,5~18歲$13 🌐www.forthenry.com ☀每日10:00~16:00,每30分鐘一梯英語導覽,行程約50分鐘

亨利堡修築於1812年戰爭期間,當時是為了防備美軍突襲皇家海軍造船廠而建,並監視聖勞倫斯河進入安大略湖的河口動靜。里多運河建成後,要塞又進行了大規模擴建,以擔負起守衛運河南口的重責大任。

今日的亨利堡已不再是軍事單位,昔日營房多已闢為展覽室,陳列從前英軍使用的武器、火炮、軍裝、徽章等,也有幾間還原成過去指揮官與高級軍官的房間,讓遊客了解大英帝國時代的軍營生活。最有趣的還是這裡的工作人員,全部穿著英軍古裝,甚至連家眷也有專人扮演。這群人是被稱為亨利堡衛隊(Fort Henry Guard)的解說員團體,人數非常龐大,他們所做的就是重現古時的軍隊作息,不論何時前往,都能在下層要塞廣場看到他們的操練。而這裡從早上10:00升旗到下午16:45降旗之間,幾乎每個小時都有節目,像是火炮射擊、樂儀隊遊行、部隊集合點名、炮兵訓練等。每日也有兩次火槍示範,由火槍手講解不同時期槍械的射擊要領,有興趣的遊客還可另外付費,親手握起19世紀的毛瑟槍,打上幾發空包彈。

由於古時部份士兵的家眷也住在軍營中,因此要塞裡有間學堂,教導兒童讀書寫字。今日要塞也還原了這個場景,每日開課三次,遊客將假裝成10歲小孩,向美麗的女老師學習史地與數學,若是答不出題,還有機會體驗維多利亞時代的體罰呢!

# 渥太華
# Ottawa

渥太華原本是塊不毛之地，1826年，英軍為了戰略需要而建築里多運河，才開始在此地屯墾，那時候的地名叫做「拜城」(Bytown)，只有稀少的居民在此從事伐木業。到了1855年，拜城以當地原住民部族的名字，改稱為「渥太華」，就在更名後的兩年，維多利亞女王頒布了一道重要命令，從此改變了渥太華的命運。

起初，加拿大聯省(United Province of Canada)的首都曾先後設在京士頓、多倫多或蒙特婁等邊界上的重要城市，但這些城市都因距離美國太近而備受威脅。1857年，維多利亞女王欽定渥太華為聯省首都，這一方面是考慮到渥太華的內陸位置較諸沿河大城更為安全，一方面也由於渥太華位於英語區與法語區的交界地帶，有利於調解加拿大境內的兩大族群，而遷都的想法又獲得渥太華本地英法人口雙方的支持，才正式定都渥太華。

遷都之初，渥太華還是個不起眼的小鎮，今日的都市面貌，則是到了二次大戰結束後，由設計巴黎的都市計畫師賈各(Jacques Greber)操刀，才重新將渥太華改頭換面的。渥太華並沒有繁華熱鬧的百貨公司，也少有現代摩登的辦公大樓，取而代之的，是異於其他國家首都的廣大綠地與寬敞街道，還有美輪美奐的國會大廈，與一棟棟內涵豐富的國家級博物館。

# INFO

## 基本資訊

人口：約102萬(市區)
面積：約520.8平方公里(市區)
區域號碼：613、343

# 如何前往

### 飛機

　　渥太華國際機場(機場代碼YOW)位於市中心南方約10公里處，機場只有1座航廈，提供飛往美、加各大城市及英國、德國等地的航線。目前台灣並無直飛渥太華的航班，旅客可經由溫哥華或多倫多轉機，從溫哥華飛行時間約4.5小時，從多倫多約1小時。

**渥太華國際機場 Ottawa International Airport**
🏠1000 Airport Parkway Private, Ottawa, ON K1V 9B4
🌐yow.ca

### 火車

　　渥太華火車站位於市區東南方，可搭乘輕軌聯邦線(Confederation Line)前往市中心。搭乘加拿大國鐵的火車從多倫多出發，車程約4.5小時；從京士頓約2小時；從蒙特婁約2小時；從魁北克約6小時。

**渥太華火車站**
🏠200 Tremblay Rd, Ottawa, ON K1G 3H5
**加拿大國鐵 VIA**
🌐www.viarail.ca

### 開車

　　從蒙特婁前往渥太華可走Hwy 40 W→Hwy 417 W，里程約205公里。從多倫多可走Hwy 401 E→Hwy 416 N→Hwy 417 E，里程約400公里。

# 機場至市區交通

### 租車

　　租車中心位於航站外的立體停車場Level 1，有Hertz、Alamo、National、Enterprise、Avis、Budget、Thrifty等7家租車公司櫃檯。

### 公車

　　在入境區外的14號柱旁搭乘97號公車，至Hurdman站下車，再從一旁的Hurdman輕軌站轉乘聯邦線輕軌進入市中心。

### 計程車

　　計程車候車站在入境層(Level 1)外，到市中心車資約＄42左右。

# 市區交通

　　渥太華市的觀光景點大都相當集中，因此很適合以步行的方式遊覽，里多運河與渥太華河的匯流處可以算是一般所稱的市中心，往西就是國會大廈，往東就是拜渥市場，步行距離都在20分鐘以內。

### 大眾運輸工具

　　渥太華的大眾運輸工具由OC Transpo營運，主要有輕軌電車(O-Train)與公車兩種。輕軌只有兩條路線，其中的1號線(又稱聯邦線，Confederation Line)於2019年通車，沿著Queen St穿越市中心，前往國會大廈、拜渥市場、加拿大戰爭博物館等景點都很方便。而2號線(又稱延齡草線，Trillium Line)則位於市區西邊，一般遊客不太有機會使用到。

　　至於公車則分為一般的市區公車(Local & Frequent)、只停靠少數站點的快速公車(Rapid)、與平日尖峰時段往返郊區與市中心的通勤公車(Connexion)等。
🌐www.octranspo.com

**購買車票**
　　OC Transpo的車票系統是共用的，搭乘距離不分遠近皆為統一票價，車票有以下數種：

## ◎單程票

可在輕軌站的自動售票機購買，或是上公車投零錢。

💲成人＄3.75，65歲以上＄2.85，8~12歲＄1.9

## ◎一日票與多日票

效期至隔日凌晨03:00，可在效期內不限次數搭乘。一日票在自動售票機或公車上購買，多日票只能在自動售票機購買。一日票平日只供個人使用，到了週末時則可用作家庭票，最多可讓2名成人與4名兒童共用。

💲一日票＄11.25，三日票＄27.75，五日票＄44.5，七日票＄52.75

## ◎Presto Card

這種儲值票卡適合長期待在渥太華的人使用，可在輕軌站自動售票機、市內的Shoppers Drug Mart連鎖藥局與Loblaws連鎖超商購買。卡片本身售價為＄6，車資需另外儲值，每次搭乘車資比購買單程票便宜＄0.05。若是兒童與長者，可在Shoppers Drug Mart或Loblaws將卡片設定為兒童卡或敬老卡。

## 計程車

渥太華的計程車，起錶價為＄3.8，每公里跳錶＄2.09。

# 觀光行程

## Gray Line隨上隨下觀光巴士

雙層露天隨上隨下觀光巴士，停靠包括國會大廈、里多廳、加拿大國立美術館、拜渥市場、加拿大自然博物館等13個站點。

📍售票與發車地點在44 Sparks St
☎(613) 562-9090、(613) 223-6211 (售票處)

⏰每日10:00~16:00，每30~60分鐘發車
💲

| 效期 | 成人 | 3~12歲 | 65歲以上 |
|------|------|--------|----------|
| 24小時 | ＄39.79 | ＄26.79 | ＄36.79 |
| 48小時 | ＄59.69 | ＄40.19 | ＄55.19 |

🌐grayline-ottawa.com
🎧車上有中文語音導覽耳機

## Lady Dive Amphibus鴨子船

這是一種水陸兩棲的觀光巴士，在大約1小時的時間裡，帶領遊客飽覽渥太華河兩岸景點，並包括一段遊河行程。

📍售票與發車地點在44 Sparks St
☎(613) 524-2221、(613) 223-6211 (售票處)
⏰5月~11月初，每日10:30~19:10，每65分鐘一班
💲成人＄39.79，13~17歲及65歲以上＄36.79，3~12歲＄26.79，2歲以下＄15.5
🌐ladydive.com

## Ottawa River Cruise遊船

搭乘遊船航行於渥太華河上，可同時欣賞兩岸的地標與風景。

📍搭船碼頭位於1 Canal Ln (Ottawa Dock，位於國會大廈與洛麗耶城堡酒店之間)
☎(819) 246-3855
⏰5~10月每日11:00~17:30，每1.5~2小時一班(6~9月增開19:30一班)，行程1.5小時
💲成人＄39.5，2~11歲＄27.5
🌐www.ottawaboatcruise.com

# 旅遊諮詢

## 渥太華旅遊局

🌐ottawatourism.ca
### 首都資訊亭 Capital Information Kiosk
🗺P.276B3
📍90 Wellington St (國會大廈正對面)
☎(613) 236-0044
⏰每日09:00~17:00
### 加蒂諾市遊客中心
🗺P.276B1
📍103 Rue Laurier, Gatineau, QC J8X 3V8
☎1-888-265-7822
⏰09:00~16:00 (6月底~9月初至18:00)

**MAP ▶ P.276B3**

# 菲爾夢洛麗耶城堡酒店

## Fairmont Château Laurier

**渥太華的地標性建築**

🏠1 Rideau St ☎(613) 241-1414 💲 💲 💲 💲 ⏳www.
fairmont.com/laurier

於1912年開幕的洛麗耶城堡酒店，隸屬於菲爾夢酒店集團(前身為加拿大太平洋鐵路酒店集團)，是渥太華的地標之一，曾有無數政商名流在此下榻，如前披頭四成員約翰藍儂、飾演007的演員羅傑摩爾和攝影大師卡爾許(Yousuf Karsh)等。

飯店的建築風格和青銅色的屋頂，完全是中世紀晚期法式建築的翻版，而這也影響了加拿大大部分的「國家級建築」風格。飯店的建造始於1907年，由太平洋鐵路集團總經理海斯(Charles Melville Hays)負責監督，沒想到在1912年4月的開幕日前夕，新任經理海斯和一些預計從英國運來的全新家具，全都隨著鐵達尼號沈入海底了，開幕典禮也因而被迫延期，成為洛麗耶飯店史上最有名的小插曲。這間飯店也是加拿大廣播組織的大本營，1920年時，曾有500位賓客在飯店一同聆聽了從100英哩外傳回的人聲，這段故事也為渥太華的廣播史開啟新的一頁。

MAP ▶ P.276B2

# 國會大廈

## Parliament Hill

### 加拿大人的精神指標

⌂國會大廈：111 Wellington St (報到處在西棟與中央棟之間的遊客中心)，參議院：2 Rideau St ☎(613) 996-0896 ⏰每日約08:40~16:45之間，參議院行程約30分鐘，眾議院行程約40分鐘，東棟行程約50分鐘 休議會進行期間 ⓢ免費 ⏸www.parl.ca ✿6月底~8月底每日10:00有衛兵交接儀式。和平鐘音樂會為7、8月平日11:00~12:00，其他月份為平日12:00~12:15 ❶雖然每日出發梯次很多，但還是建議事先上網預約導覽票，行程有分英語及法語，請務必看仔細再訂。同時由於進入國會大廈前須通過嚴格安檢，因此攜帶輕便即可

國會大廈所代表的是加拿大人最自豪的價值觀——言論的民主、包容和自由，它不只是首都渥太華的地標，更是國家的精神象徵。這棟哥德式的大廈工程始於1866年，也就是在維多利亞女王欽定渥太華為正式首都之後，當時還引起建築師們的爭相競標。國會大廈由三棟建築構成：目前加拿大的眾議院(House of Commons)座落於西棟大樓(West Block)內；東棟(East Block)曾一度作為總理官邸及總督的辦公室，現在還原為19世紀晚期的裝飾，在夏天開放讓遊客參觀；而中央棟(Centre Block)是加拿大總理及其高級官員的辦公室，另外還有議會圖書館及幾間具有特殊紀念意義的大廳。至於加拿大參議院(The Senate)的議場，則在里多運河對岸的舊車站大樓內。

第一次世界大戰結束後，加拿大決定興建一座紀念物來追悼那些在戰爭期間為國捐軀的人，因而有了和平塔的建立。今日，遊客也可登上60公尺高的和平塔，從塔內觀景平台俯瞰渥太華的市景。而在1927年的國慶日，53個鐘鈴被正式安裝在塔上，從此這座樂器就為全國人民奏出和平之音，截至今日，每年7、8月的中午，都會在此舉行和平鐘音樂會。而位在國會大廈前方草坪的「永恆火焰」，則是於1967年為了紀念聯邦立國100週年，由當時的首相Lester Pearson所點燃至今的。

# 里多運河

**MOOK Choice**

Rideau Canal

**掌握經濟動脈的水道**

經歷了1812至1814年與美國的鏖戰，英軍驚駭地發現，一旦美軍控制了聖勞倫斯河航運，上、下加拿大之間的補給線將被完全切斷，為了防備美軍出此戰略，建造一條連結安大略湖與渥太華河的運河顯得刻不容緩。這項任務後來交付給約翰拜上校(Colonel John By)執行，拜上校本身是

皇家工程師，他又從歐洲帶來了專業工兵，這些為了建造運河的人在此定居下來，他們以拜上校為名而暱稱這塊屯墾區為「拜城」(Bytown)，這就是渥太華建城的起源。

這條長達202公里的運河從1826年開始建造，到1832年才完工，工程遠比想像中要來得艱辛漫長，是有史以來英國在加拿大耗資最多的建設。完工之後拜上校回到英國，換來的卻是一連串的嘲諷，大家說他超出預算、耗費太多時間和人力在一條小運河上，沒幾年後，拜上校就在無奈與心痛中過世了。雖然里多運河自始至終都沒有運用在它最初設定的軍事用途上，但是卻成為渥太華和安大略湖之間重要的經濟動脈。在里多運河之前的軍事運河閘門都很狹窄，軍用的補給船可以通行，但是商用的蒸汽船就無法通過，所幸拜上校前瞻遠矚，建造了寬大的水閘門，才得以讓商船也暢行無阻。今日的里多運河，是北美仍在運作的運河中最古老的一條，豐富的歷史遺跡與經濟價值，使得里多運河在2007年時被聯合國教科文組織評定為世界文化遺產。

MAP ▶ P.276B2

# 拜城博物館

## Bytown Museum

### 展示渥太華的建城史

🏠1 Canal Ln (靠近國會大廈側的里多運河旁) ☎(613) 234-4570 ◷10:00~16:00 ⊗週一、二 💲成人＄8，長者＄5，3~12歲＄2 🕸bytownmuseum.com

　　位在運河旁的拜城博物館，是渥太華最古老的現存建築，也是運河建造者的工作中心，博物館收藏了許多史料，大都是由建造者的後代所捐獻的。參觀時可向櫃檯要求免費的中文語音導覽耳機，其生動的解說搭配豐富的陳列品，讓遊客在短時間內就能迅速了解渥太華的建城歷史，包括拜上校的偉大工程、渥太華的城市規劃、伐木業的奇聞軼事、下城區的酒館騷亂、渥太華被指定為首都的來龍去脈、以及1916年的國會大火等。

其中不少19世紀的日常用品，也說明了當時的生活情形。

MAP ▶ P.276B2

# 基威克伊瞭望點

## Kìwekì Point

### 渥太華視野最好的地方

🏠位於Alexandra Bridge橋頭

　　沿著加拿大國立美術館外圍往亞歷山卓橋的方向走，可以來到一處突起的小高地，那便是渥太華市中心視野最好的地方。至於制高點上那尊高舉著星象儀、一副志得意滿的銅像，則是第一位來到此地的歐洲人：法國探險家山繆香普蘭(Samuel de Champlain)。

　　這裡原本叫做尼皮安瞭望點(Nepean Point)，名字來自英國殖民地長官伊凡尼皮安，2022年時改為現名，取的則是原住民阿岡昆語中「回歸故里」之意。與此同時，高地也進行大規模改建工程，包括一座造型有如飛碟般的環形觀景平台，以及周圍穿梭在樹林之間的散步道，此外還新建一座通往將軍丘公園的步行橋。預計2024年完工之後，將成為渥太華最新的地標景點。

# 將軍丘公園
## Major's Hill Park
### 市民慶祝活動的場地

🌀 位在洛麗耶城堡酒店後方,可沿里多運河往渥太華河方向步行即達

位於里多運河旁的將軍丘公園,對渥太華市民而言,不僅僅是渥太華市的第一座公園,也是與生活息息相關的一塊中心綠地。在里多運河建成,拜上校回到歐洲後,他的房子由一位將軍繼承,這便是「將軍丘」地名的由來,只可惜拜上校的故居在後來的一場大火中付之一炬,昔日的故人往事只能藉由公園裡那座拜上校的銅像來憑弔。

打從19世紀的「拜城」時代,人們就把將軍丘作為休閒的綠地,現在每個星期日在此舉行的戶外音樂會,也是從那時起便流傳至今的。1867年7月1日加拿大聯邦成立時,慶祝的市民更是聚集在將軍丘上施放禮炮和煙火,直到今日每年國慶,大家還是照例把將軍丘公園當作歡騰慶祝的場地。此外,每到盛夏五月的「鬱金香節」,這裡也是百花齊放的重要舞台之一。

# 皇家加拿大造幣局
## Royal Canadian Mint
### 見證貨幣的誕生

🏠320 Sussex Dr ☎(613) 993-0949、1-800-267-1871
🕐每日10:15~16:00,行程45分鐘 💲成人＄12,5~17歲＄8,65歲以上＄10 🌐www.mint.ca ❶內部禁止拍照

皇家加拿大造幣局成立於1908年,在加拿大共有兩座造幣廠,新廠位於溫尼伯,而渥太華的這座舊廠則是打從造幣局設立之初便已存在,目前的石造建築是在1980年代重新整修的。在此鑄造的,除了市面上流通的一般貨幣外,還有各種特殊硬幣,像是加拿大楓葉金幣、獎章和各種收藏紀念幣等,2010年溫哥華冬季奧運的獎牌就是在這裡製造。有趣的是,因為加拿大造幣技術精良,這間造幣廠甚至接了不少海外訂單,協助鑄造其他國家的貨幣或紀念幣。

想進入造幣局參觀,必須先在門口購票加入導覽團,在玻璃圍成的導覽走廊上,可以看到貨幣的製造過程,從金屬熔鑄到製造完成,算是相當特別的體驗。

MAP ▶ P.276B2

# 加拿大國立美術館

**National Gallery of Canada**

## 豐富的本土藝術收藏

⌂ 380 Sussex Dr ☎ (613) 990-1985、1-800-319-2787 ◷ 10:00~17:00 (週四至20:00) ⊘ 10~4月的週一 💲 成人 $20，65歲以上$18，12~24歲$10，11歲以下免費 www.gallery.ca 🎫 每週四17:00後免費，但仍需訂票或取票

原本美術館所在的位置是一間小飯店，1880年時，26位傑出的加拿大藝術家在此展出作品，於是促成了國立美術館的成立。之後，美術館曾經數度遷移，直到1988年新館落成，國立美術館才正式成為全國數一數二的博物館。

美術館收藏了來自北美地區和歐洲各國的藝術品，當然其中最具份量的館藏，還是加拿大本土藝術家的傑作，從北美原住民時代，到歐洲人移民新大陸的時期，從因紐特(Inuit)原住民的手工雕刻，到本土自然派畫家湯普森(Tom Thomson)與七人組(Group of Seven)的著名作品，國立美術館都有收藏，而這些依照年代先後順序排列的作品，就像是一部豐富的加拿大藝術史。

國立美術館的設計師薩福迪(Moshe Safdie)，也是設計魁北克文明博物館及蒙特婁67號住宅區的知名建築師，美術館的造型類似哥德式的城堡，據說是來自國會大廈的靈感。雖然外型復古，但建築素材卻極富現代感，薩福迪在外觀上大量採用玻璃建材，創造出美術館內的明亮及透明感，使人印象深刻。而美術館大門口的巨型蜘蛛雕塑則是出自女藝術家布爾喬亞(Louise Bourgeois)之手，這尊名為「Maman」(意為母親)的雕塑，是世界7座同名雕塑的其中之一。

MAP ▶ P.276C2

# 拜渥市場

**MOOK Choice**

ByWard Market

## 活力旺盛的庶民生活

⌂在George St、York St、Byward St與William St包圍起來的街區內　☎(613) 562-3325　⏰攤販營業時間大約為09:00~17:00　ⓦwww.byward-market.com

　　里多運河將渥太華市中心切割成兩部分，一般稱運河以西為上城(Upper Town)，為富裕階級的住宅區，而以東為下城(Lower Town)，居民多為法裔及愛爾蘭裔，生活水準較上城差，而拜渥市場就是下城生活的起源點。拜渥市場的歷史幾乎和渥太華一樣長久，早在1820年代的拜城時代，便是當地平民的生活重心，至今仍是渥太華人重要的購物休閒場所。夏秋時節，農人們在此兜售當季的蔬果花卉，到了春天，也能買到新鮮的楓糖漿；本地的藝術家們在這裡販賣著手工服飾與珠寶藝品，餐廳與咖啡館裡則不斷冒出熱騰騰的香氣。

　　沿著市場周圍的附近街區，也發展出許許多多的餐廳與酒吧。白天市場裡的鼎沸交易人潮，到了晚上便轉移到這些餐廳裡，如果要感受一下渥太華人的生活風格，一定不能錯過拜渥市場。

### Beaver Tails

⌂69 George St　☎(613) 241-1230　⏰11:00~23:00 (週五、六至24:00)　Ⓢ一份約$6.5~8.5　ⓦbeavertails.com

　　到了渥太華，如果沒有買份Beaver Tails嚐一嚐，未免有點說不過去。大部分的人在初次聽到「Beaver Tails」時，通常是一陣驚愕：「怎麼把海狸的尾巴煮來吃呢？」其實這不是真的海狸尾，只是把麵粉揉成海狸尾的形狀，下鍋油炸來吃。現炸成金黃色的海狸尾，吃起來有點像台灣常見的小吃雙胞胎，但口感比較厚實，通常會依個人喜好再加上不同口味的配料，譬如最受歡迎的Killaloe Sunrise甜醬、大蒜起士、蘋果肉桂、香蕉巧克力等，入口時那種又香又脆的口感，還真叫人回味無窮呢！雖然現在Beaver Tails已經發展成全國連鎖店，不過位於拜渥市場門口的這家可是自1978年起便開始營業的始祖老店，也算是渥太華本地的名產吧！

MAP ▶ P.276B3

# 加拿大自然博物館

MOOK Choice

## Canadian Museum of Nature

### 豐富多樣的加拿大物種

🌐 在Elgin St上搭乘南行的14號公車，至Gladstone / Metcalfe站下車，再步行約2分鐘 🏠240 McLeod St ☎(613) 566-4700、1-800-263-4433 🕐09:30~17:00(週四至20:00) 🈺9月初~5月底的週一 💲成人＄17.5，13~17歲及65歲以上＄15.5，3~12歲＄13.5 🌐nature.ca 🎏每週四17:00後免費，但仍需訂票或取票

這棟布雜藝術風格的建築建於1912年，原名維多利亞紀念博物館大樓，由名建築師David Ewart所設計，雄偉的石造建築與Metcalfe St另一端盡頭的國會大廈相輝映。事實上在1916年國會大火之後，這裡還曾作為參、眾議院的臨時會場。原本大樓中央也有一座高塔，只是興建過程中發現這裡的地質並不穩固，高塔的重量可能會傷及結構，因而不得不將之拆除。2010年博物館重新整修時，在原來塔樓的位置加建了玻璃帷幕，並命名為「女王的燈籠」，當中還裝置了一隻巨大的白色水母，既以新潮的姿態向原設計致敬，又能符合自然博物館的旨趣。

博物館內部分為左右兩翼，各別展示來自亞伯達的恐龍化石、哺乳類動物標本、水生動植物、鳥類、與地球科學等主題，而這些都是加拿大地質調查局自1856年以來的收藏與研究成果。至於4樓則是特展空間，地下樓層內還有間3D劇場。

---

MAP ▶ P.276C1

# 里多瀑布

## Rideau Falls

### 首都地區的天然電池

🌐 在輕軌Rideau站附近，搭乘北行的9號公車至Rideau Falls站，往河邊走即達。若是開車前往，沿Sussex Dr過橋後左側的法國大使館前，有2小時免費停車 💲免費

里多瀑布位在Sussex Drive旁，「rideau」在法文中是「簾幕」的意思，據說400多年前山繆香普蘭來到這裡時，曾用簾幕來形容這座瀑布，連帶上游河流後來也被命名為「里多河」，而「里多」這個名字更是被廣泛地運用在這座城市裡。

里多瀑布是里多河注入渥太華河的匯流處，瀑布雖然規模不大，但汛期時的水量卻相當驚人，從遠處即可聽見澎湃的水聲。過去本地的木材廠、磨坊、冶鍛廠、紡織廠、鞣皮廠等，都是利用瀑布豐沛的水力運作，可說是鄰近地區的天然電池，今日的瀑布則開發為一座小公園，可在這裡觀瀑野餐。

# 里多廳

**MOOK Choice**

## Rideau Hall

**最平易近人的國家首長官邸**

🚇 在輕軌Rideau站附近，搭乘北行的9號公車至Sussex/Alexander站下車，再繼續往前走，即可看到里多廳大門。若是開車前往，Mackey St整條街皆可免費停車 🏠 1 Sussex Dr ☎ (613) 991-4422、1-866-842-4422 🕐 導覽團：5~6月10:00~16:00，平日需上官網預約，週末每10~30分鐘一梯；7~8月10:00~14:40，每10分鐘一梯，15:00~16:30為自由參觀。行程45分鐘 💲 免費 🌐 www.gg.ca 🌿 花園每日08:00至日落前1小時開放

　　里多廳始建於1838年，原本是富商湯瑪士麥凱(Thomas MacKay)的住所，而他也是建造里多運河的重要工程師之一。1867年加拿大聯邦成立，政府買下麥凱的房子作為加拿大總督辦公與居住的地方，經過幾番整修增建，現在的里多廳就算是麥凱也認不出來了。

　　在里多廳內可看到歷任總督的畫像，解說員除了不厭其煩地講述每位總督的任內政績，也對加拿大的行政結構作出說明，加拿大在獨立自治後，仍將英王尊為國家元首，而總督就是英王在加拿大的代表。總督任期5年，由總理提名，經英王任命後，行使國家元首的職務。官邸內的主要參觀項目為由總督及加拿大銀行贊助的藝廊及宴會廳，總督接見外國元首及榮譽勳章的授勳儀式，就是在這座宴會廳中舉行。

　　除了官邸本身，廣大的花園也對外開放，遊客可以自在地在總督家的庭園中休憩野餐、騎車散步，秋季的落葉把草地鋪上金黃色或酒紅色的地毯，許多人也在陽光灑進的林間，享受拾葉的樂趣。雖然里多廳距離市中心相當遙遠，不過從花園卻仍可眺望到國會大廈，據說這是為了時時提醒總督，扮演好監督與調和國會的工作。里多廳的遊客中心位於入口處，這間小屋原本是19世紀時的園丁長居所，園丁長和總督的關係相當親密，也就是這位園丁，才將里多廳打造成全世界最親近人群的國家首長官邸。

MAP ▶ P.276D3

# 洛麗耶之屋

**MOOK Choice**

## Laurier House

### 兩位加拿大總理的家

🚇在輕軌Parliament站旁搭乘19號公車,至Laurier / Chapel站下車即達 ⌂335 Laurier Ave. E ☎(613) 992-8142、1-888-773-8888 ⏰5月初~9月初10:00~17:00 ⏸5~6月的週二、三 💲成人＄4.25,65歲以上＄3.75,17歲以下免費
🌐parks.canada.ca/lhn-nhs/on/laurier

洛麗耶之屋建於1878年,它曾是兩位20世紀初最有影響力的加拿大人的家。威爾弗里德洛麗耶(Wilfrid Laurier)是加拿大的第7任總理,他上任的時間長達32年之久,1897年,也就是洛麗耶當上總理的第二年,他便搬進了這棟房子裡,直到1919年過世,都沒有搬離此處。1921年洛麗耶的遺孀臨終前,把房子送給了新上任的總理威廉麥肯錫金(William Lyon Mackenzie King),麥肯錫金後來三度當上加拿大總理,最後也在這裡終老。洛麗耶和麥肯錫金都曾帶領加拿大安穩地渡過風風雨雨,因而被視為加拿大史上最出色的總理,而他們的肖像現在也都留在加拿大的鈔票上。因此當內閣提議把洛麗耶之屋定為正式總理官邸時,遭到繼任總理強烈反對,因為在一位巨人的影子下生活,壓力已經夠大,更何況是兩位!

今日參觀此地,可看到總理們的起居空間,包括富麗的會客室、餐廳、寢室、書房等,在麥肯錫金氣派的圖書館中,遊客不禁讚嘆這位總理的博學飽覽,而積案如山的辦公桌似乎也透露出他的日理萬機。3樓的房間原是洛麗耶的管家房,麥肯錫金看上它的明亮,將之改為早餐室,於是一面用餐一面聽收音機,便成了他當時最大的樂趣。另外如升降電梯、自動彈奏的鋼琴等,在當時也都是流行玩意兒。

MAP ▶ P.276A3

# 加拿大戰爭博物館
## Canadian War Museum

**了解戰爭、珍視和平**

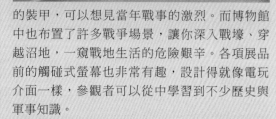

🚇 從輕軌聯邦線的Pimisi站,步行約6分鐘 🏠 1 Vimy Place ☎ (819) 776-7000、1-800-555-5621 🕐 09:00~16:00 (7、8月至17:00),每週四至19:00) 🚫 週一(7、8月除外) 💲 成人$18,65歲以上$16,2~12歲$12 🌐 www.warmuseum.ca 🐾 每週四17:00後免費,但仍需取票

　　走進戰爭博物館之前,實在沒有想到,向來給人與世無爭印象的加拿大,居然也打過這麼多仗!從數千年前原住民部落間的紛爭、12世紀的維京人入侵、英法美在新大陸上的交鋒,到加拿大出兵參與的二次世界大戰,正如博物館入口開宗明義地寫著:戰爭形塑了加拿大與加拿大人5千年來的歷史。

　　這裡展示了不少軍事裝備,你可以看到曾經登陸諾曼第的Forceful III,以及德國閃擊戰中的要角Sturmgeschütz III,這些可都不是模型,而是真正在沙場上出生入死過,它們有些是退役的裝備,有些則是俘虜而來,從焦黑的炮痕與變形的裝甲,可以想見當年戰事的激烈。而博物館中也布置了許多戰爭場景,讓你深入戰壕、穿越沼地,一窺戰地生活的危險艱辛。各項展品前的觸碰式螢幕也非常有趣,設計得就像電玩介面一樣,參觀者可以從中學習到不少歷史與軍事知識。

　　加拿大戰爭博物館所陳述的不只是加拿大曾經發生及參與過的大小戰事,同時也反映出戰爭在各個時期對社會型態與生活層面所帶來的影響,它的目的是讓人們更加了解戰爭的本質,進而達到消弭戰爭的目的,最後,不妨在出口前點播一首U2的反戰MV當作這一趟戰爭之旅的結尾吧!

**MAP ▶ P.276B1**

# 加拿大歷史博物館
## Canadian Museum of History
### 加拿大的諸般面相

🚶 從渥太華市區步行過Alexandra Bridge，下橋後左手邊即是
🏠 100 Laurier St, Gatineau, QC K1A 0M8 ☎(819)
776-7000、1-800-555-5621 🕐09:00~16:00 (7、
8月至17:00，每週四至19:00) 休週一(7、8月除外) 💲
成人＄21，65歲以上＄19，2~12歲＄14 🌐www.
historymuseum.ca 🎫每週四17:00後免費，但仍需取票

　　加拿大歷史博物館其實位在魁北克省的加蒂諾市(Gatineau)，不過由於和渥太華市僅一河之隔，所以常被列入渥太華的景點之一。而這座佔地廣大的博物館，由於館藏豐富特別，因此參觀價值也相當高。

　　博物館分成四個樓層，一樓大展廳挑高的空間裡，放置了30多具雕刻精美的圖騰柱，年代大約在19到20世紀，所刻畫的內容展現了加拿大太平洋海岸附近的原住民文化，而大展廳的背後便是神祕而精彩的加拿大原住民展區。二樓包含了兒童博物館與CINÉ＋影院，兒童博物館就像是文明世界的小縮影，以角色扮演的方式讓孩子認識世界其他地區人們的生活，每個場景都有特別為孩子準備的服裝與道具，於是在中國市集上、北歐碼頭前、日本拉麵店裡、美國大西部小木屋中，一幕幕由孩子自導自演的異國狂想曲就這麼展開了：CINÉ＋是北美第一間使用4K高畫質呈現3D影像的視聽影院，在巨型螢幕前，彷彿身歷其境跟隨君主斑蝶跨洲遷徙、回到諾曼第登陸的那一天，或是潛入海底探索加拉巴哥群島的古生物。

　　三樓及四樓的加拿大歷史展廳，主要展示的是曾經在這塊土地上發生的故事，從西元11世紀維京人登陸加拿大、英法之間的七年戰爭，一直到近代的外國移民屯墾發展史，除了歐洲探險隊與軍隊的進攻路線、毛皮貿易、海上捕鯨業等，也有華人的移民故事與史料展示，文明史以實物模型加上故事看板的方式解說，內容相當精彩。

# 魁北克省

## Québec

文●蔣育荏
攝影●墨刻攝影組

魁北克省位於加拿大東部，面積154萬平方公里，為法國的3倍、英國的7倍大，是加拿大面積最大的省份。魁北克省人口約850萬，80%的人口為法國後裔，是北美地區的法國文化中心，官方語言為法語。

魁北克省超過90%的地區位於加拿大地盾，北部廣闊，無人居住，人口最稠密的區域在南部的聖勞倫斯河谷，主要城市魁北克市和蒙特婁均位在聖勞倫斯河畔，其中魁北克省的首府為魁北克市，最大城市則為蒙特婁。

魁北克市不但是魁北克省的省會，也是北美唯一擁有城牆的城市，由於保留完整的城牆遺跡，因而被聯合國教科文組織列為「世界遺產」城市；除了遍佈各處的古蹟外，魁北克市亦有不少當代展覽、戲劇及著名的冬季嘉年華會。而加拿大的第二大城蒙特婁，人口約429萬，以豐富的歷史及活絡的文化活動著稱於世，不但有時尚購物去處、世界級的美食，還有熱鬧的爵士樂、戲劇表演和電影慶典。

# 魁北克省之最 Top Highlights of Québec

**蒙特婁聖母大教堂**
**Basílica Notre-Dame de Montréal**
　蒙特婁的首席地標景點，其華麗非凡的內部裝飾，讓每位遊人都不自禁地屏息讚嘆，神聖的氛圍甚至擁有改變人們信仰的魅力。（P.297）

**生物圈 Biosphère**
　太空船般的博物館被包覆在有如大氣層的球形結構中，這裡展示了氣候變遷對人類造成的影響，並教導人們如何善待地球上的資源。（P.306）

**蒙特婁奧林匹克公園**
**Parc Olympique de Montréal**
　1976年奧運會的場地，今日內部有蒙特婁塔、天文台、自然生態館、蒙特婁植物園與昆蟲館等景點，集景觀、休閒、自然、教育等面相於一身。（P.307）

**菲爾夢芳堤納克城堡酒店**
**Fairmont le Château Frontenac**
　雄踞聖勞倫斯河畔，令人聯想起法國羅亞爾河上的城堡群。這座酒店緬懷了18世紀的貴族宮廷，並為當代的奢華標準重新定義。（P.321）

**星型要塞 The Citadelle de Québec**
　北美最大的四芒星型要塞，今日仍是加拿大皇家陸軍22連隊駐紮地與總督辦公室。參加導覽行程，可參觀各建築與博物館，並有機會看到衛兵交接儀式。（P.323）

# 蒙特婁
# Montréal

蒙特婁的法語人口僅次於巴黎，同時也是全世界最大的雙語城市，英式的典雅與法式的浪漫在這裡兼而有之。而新潮與創意似乎早已成了蒙特婁的普遍價值，彷彿每個蒙特婁人的血液裡都存在一種不滿足於現狀的叛逆基因。來到蒙特婁，你幾乎不用花什麼力氣，就能輕易地從廣告行銷、街道景觀和料理方式上體認到這一點，若你待得再久一些，蒙特婁人的思想觀念、生活模式，就會更加向你印證。對蒙特婁人來說，因循舊例是一件極其無聊的事，如果一個創意大家都玩過，那再去模仿也就沒有什麼意思了。於是各種新奇巧思不斷在這座城市中湧現，從蒙特婁發跡進而風靡全球

的太陽劇團就是最好的例子，而豐富的新意讓蒙特婁於2006年時被聯合國教科文組織授予「設計之城」的稱號。

雖然蒙特婁人一向給人玩世不恭的印象，但他們其實也是虔誠的天主教徒，事實上，教會的影響力量直到60年代以後才開始逐漸消退。馬克吐溫曾經說過：「在蒙特婁隨手扔一塊石頭，都會砸中教堂的彩繪玻璃。」話雖然說得誇張，但也反映出蒙特婁的教堂密度，所謂的「千座鐘樓之城」(City of a thousand bells)，絕對不是浪得虛名。

蒙特婁的現代建築也是相當出名，華裔建築大師貝聿銘初試啼聲之作即是蒙特婁的瑪麗城廣場，舊港邊出自摩西薩福迪(Moshe Safdie)手筆的67號住宅區(Habitat 67)，亦為建築史上的經典之作。有趣的是，蒙特婁的新建築若是蓋在古蹟或教堂附近時，通常會在風格元素上有所回饋，或是在窗框的形狀上，或是在主體的線條上，使彼此截然不同的建築之間取得一種微妙的聯繫。

蒙特婁

**1**

Ⓜ Viau

天文台
Planetarium

蒙特婁塔
Tour de Montréal

自然生態館
Biodôme

蒙特婁奧林匹克公園
Parc Olympiquede Montréal

梅桑納芙市場
Marché Maisonneuve

蒙特婁昆蟲館
Insectarium
de Montréal

Ⓜ Pie-IX

蒙特婁植物園
Jardin Botanique
de Montréal

杜弗雷斯城堡博物館
Château Dufresne

**2**

Joliette Ⓜ

Guido Molinari
Foundation
藝術博物館

聖勞倫斯河
Fleuve Saint-Laurent

Ⓜ Préfontaine

Ⓜ Longueuil-Université-
de-Sherbrooke

**3**

Frontenac Ⓜ

羅德遊樂園 La Ronde

監獄博物館
Pied-du-Courant
Prison

聖海倫島
Île Sainte-Hélène

生物圈 Biosphère

Papineau Ⓜ

聖母島
Île Notre Dame

Jean-Drapeau Ⓜ

Espace 67

蒙特婁賭場
Casino de
Montréal
Le Montréal

Man

**4**

Ⓜ Beaudry

勞動者博物館
Écomusée du
fier monde

Ⓜ Montreal

鐘塔
Tour de l'Horloge

St-Viateur
Bagel & Café

Au Pied de
Cochon

Resto la
Banquise

Laurier
Ⓜ

Mont-Royal
Ⓜ

Sherbrooke
Ⓜ

Berri-UQAM Ⓜ

←往❶珍塔隆市場
Marché Jean-Talon

聖丹尼斯街 Rue Saint-Denis

Champ-de-Mars Ⓜ

舊城區
Vieux- Montréal

普拉朵-皇家山區
Plateau
Mont-Royal

軍事博物館
Musée des Fusiliers
Mont-Royal

中國城
Chinatown

舊港區
Vieux-Port

Habitat 67

Fairmount Bagel

Schwartz's

Saint-Laurent Ⓜ

Place-
d'Armes Ⓜ

蒙特婁聖母大教堂
Basilica Notre-
Dame de Montréal

**5**

Place-des-Arts Ⓜ

蒙特婁市中心
Downtown Montréal

Square Victoria Ⓜ

McGill Ⓜ

中央車站 Gare Centrale

皇家十字架
Mt Royal Cross

Peel Ⓜ

Bonaventure Ⓜ

**6**

Parc du Mont-Royal

皇家山公園

Lucien-L'Allier Ⓜ

Guy-Concordia Ⓜ

↙往✝聖約瑟夫禮拜堂
L'Oratoire Saint-Joseph
du Mont-Royal

↓往❶愛瓦特市場 Marché Atwater

# INFO

## 基本資訊

**人口**：約176萬(市區) **面積**：約365平方公里(市區)
**區域號碼**：514、438

## 如何前往

### 飛機

蒙特婁國際機場(機場代碼YUL)位於市中心西南方約20公里處。機場只有1座航廈，東北、西北、西南三角各自延伸出登機區，分別用來起降國內線、國際線與美國線的班機，3個登機區則由中央的公共區域相連。

目前台灣並無直飛蒙特婁的航班，旅客可經由溫哥華或多倫多轉機，從溫哥華飛行時間約5小時，從多倫多約1小時15分鐘。

**蒙特婁國際機場 Montréal-Pierre Elliott Trudeau International Airport**
📍975 Roméo-Vachon Blvd. N, Dorval, QC H4Y 1H1
🌐www.admtl.com

### 火車

蒙特婁是加東主要的鐵路交會點，其中央車站位在市中心的世界之后瑪麗亞教堂附近，最靠近的地鐵站為橘線的Bonaventure站。

搭乘加拿大國鐵的火車從多倫多出發，車程約5小時；從京士頓搭乘直達車約2.5小時，若是在渥太華轉車則約5.5小時；從渥太華約2小時；從魁北克約3小時15分鐘。

**蒙特婁中央車站 Gare Centrale de Montréal**
📍P.291C4
📍895 de la Gauchetiere W, Montréal, QC H3B 4G1
**加拿大國鐵 VIA**
🌐www.viarail.ca

### 長途客運

從魁北克市可以搭乘奧爾良快車前往蒙特婁，每日06:30~19:30每小時發車，車程約3~4小時。蒙特婁巴士總站位在市中心，最靠近的地鐵站為Berri-UQAM站與Sherbrooke站。

**蒙特婁巴士總站 Gare d'autocars de Montréal**

📍P.291A1 📍1717, rue Berri
🌐www.gamtl.com
**奧爾良快車 Orléan Express**
🌐www.orleansexpress.com

### 開車

蒙特婁的聯外公路主要為東西向的Hwy 40與Hwy 20，往東皆通往魁北克市，里程數約254公里。Hwy 40往西行過省界後，成為Hwy 417，可抵達渥太華，里程數約205公里。Hwy 20往西行過省界後，成為Hwy 401，可抵達京士頓和多倫多，里程數分別為292公里和539公里。

## 機場至市區交通

### 機場巴士

由STM營運的747號公車，每日24小時行駛於機場與市中心之間，大約10~20分鐘就有一班，車程約45~70分鐘。其在市中心大致上沿Blvd René-Lévesque行駛，並會經過地鐵Berri-UQAM站。車票可在入境樓層的自動售票機購買，或是上車直接向司機購買。不過車上只收零錢，不收鈔票。車票至少為每張$11的一日票，在24小時效期內，可無限次搭乘STM的公車與地鐵。

### 租車 Rental Car

在機場內可找到Hertz、Alamo、National、Enterprise、Avis、Budget、Dollar、Thrifty等8家租車公司櫃檯。

### 計程車

從機場出發的計程車都必須持有機場許可證，因此無需事先預約，只要到入境大廳靠近中央出口的寄物處前找到計程車調度員，由他來安排派車即可。從機場到市中心的公定價為$48.4，若是在23:00~05:00之間搭乘，則為$55.65 (不含小費)。

## 市區交通

### 大眾運輸系統

蒙特婁的大眾運輸由STM負責營運，交通網由地鐵和公車共同構成。
🌐www.stm.info

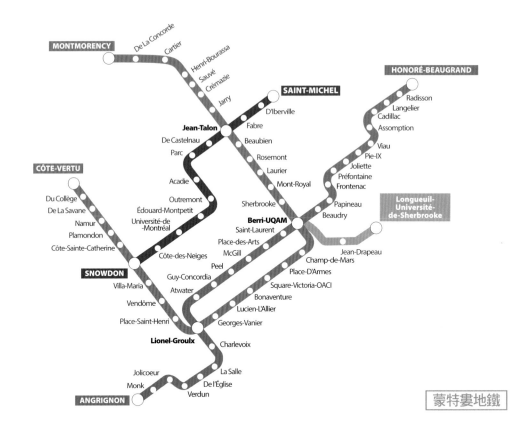

蒙特婁地鐵

## 地鐵

地鐵有4條路線，分別為橘色、綠色、藍色、黃色，可通往市區多數景點。呈馬蹄型的橘色環狀線，是和其他三線都有交會的主要地鐵線，利用橘線前往南邊的舊城區和北邊的普拉朵區，是最為方便的；貫串蒙特婁市中心的綠線，可前往麥基爾大學、藝術博物館和奧林匹克公園，是僅次於橘線最常被觀光客使用到的路線；黃線是連接聖海倫島的接駁地鐵，而藍線則是皇家山西側的縱貫線。

## 公車

公車包括197條日間路線和23條夜間路線，公車號碼10~249號者為市區路線，尖峰時段不到10分鐘就有一班；號碼300開頭者為夜間巴士，400開頭者為行駛於高速公路或專用道的快速巴士，700開頭者為往返機場、賭場等特定地點的接駁巴士。

## 購買車票

地鐵與公車使用相同的車票，票價雖然分為A、B、C三個區段，不過整個市中心(絕大部分地鐵路線涵蓋的範圍)都是屬於區段A。車票可在地鐵站的自動售票機購買，或是上公車付零錢，若是長期在蒙特婁生活，也可在自動售票機購買一張＄6的儲值票卡OPUS Card。

在120分鐘內(以進站或上車時間計算)可使用同一張車票相互轉乘，不過轉乘不得用於回程或再次搭乘相同路線，離開地鐵站後也不能使用同一張票再次進站。

💲單程票＄3.75 (6~17歲及65歲以上＄2.75)，2張回數票＄7 (兒童及長者＄5)，10張回數票＄32.5 (兒童及長者＄21.75)，24小時票＄11，三日票＄21.25，當週票(效期至週日23:59)＄30
🎫與成人同行的11歲以下兒童免費搭乘

## 開車

蒙特婁其實是個不太適合開車的城市，市區道路時常因為施工或舉辦活動而封閉，或是佔用大量停車格，讓原本就已不容易找的路邊停車位變得更稀罕。

一旦停好車，若在收費時段內一定要記得立刻去繳費機付錢，因為巡票員很快就會來。因此這裡建議，除非要去如皇家山公園等特定景點，不然還是把車停在旅館，搭乘大眾運輸工具會比較方便。

### 計程車

在蒙特婁可在路邊隨手招車，也可到計程車招呼站或各大飯店門口乘車。起錶價為＄3.45，每公里跳錶＄1.7，等待時間每分鐘＄0.6。

### 共享單車

蒙特婁的共享單車為BIXI，在蒙特婁市區與聖勞倫河對岸的Longueuil共有將近800個租還站與上萬台自行車(包括2,600台電動自行車)。想騎乘的人可以用手機下載BIXI的APP，短期遊客如不想加入會員，可選擇One-Way Pass，即一次性租借，以信用卡付款後即可掃描QR Code解鎖。如不方便使用APP，也可利用租還站旁的自動服務機取得解鎖密碼。
- 🅢解鎖費＄1.25，每分鐘15¢(電動自行車每分鐘30¢)
- 🆄www.bixi.com/en
- 🈲每張信用卡可同時租借4台自行車
- ❶租借時會先有一筆＄100元的押金

## 觀光行程

### 隨上隨下觀光巴士 Hop-On Hop-Off

紅色露天雙層的觀光巴士，每日從世界之后瑪麗亞教堂對面的道徹斯特廣場(Placer Dorchester)出發，沿途總共停靠舊城區、考古歷史博物館、蒙特婁美術博物館、聖約瑟夫禮拜堂、皇家山公園等10個站點。車票效期為連續2日。
- 🅐1255 Rue Peel
- 🅣(514) 398-9769、1-800-461-1233

- ⬇️4月底~10月底每日10:00~16:00，每30分鐘一班(6月中~9月中每隔15分鐘一班)
- 🅢成人＄47.6，5~11歲＄30.21
- 🆄www.grayline.com

### 遊港船 Bateau-Mouche

航行在聖勞倫斯河上的遊港船，行程有60分鐘與90分鐘兩種。
- 🅐出發地點在舊港的Quai Jacques-Cartier
- 🅣(514) 849-9952、1-800-361-9952
- ⬇️5月中~10月中營運。60分鐘行程：6~8月平日11:00、14:30、16:00，週末13:00、14:30、16:00出發；其他月份週末14:30、16:00出發。90分鐘行程：6~8月平日12:30，週末11:00出發；其他月份週末12:30出發。

| 價錢 | 成人 | 60歲以上 | 3~13歲 |
|---|---|---|---|
| 60分鐘行程 | ＄32 | ＄30 | ＄12 |
| 90分鐘行程 | ＄34 | ＄32 | ＄14 |

- 🆄bateaumouche.ca

## 優惠票券

### 蒙特婁通行券 Passeport MTL

這張通行券的內容幾乎涵蓋全市所有景點與觀光行程，並依照原票價高低區分為藍色與粉紅色兩類，＄80的通行券可從中選擇2處藍色景點與3處粉紅色景點，＄50的通行券可從中選擇1處藍色景點與2處粉紅色景點。另外還有多處景點提供額外的特別優惠。

蒙特婁通行券可在旅遊局官網上購買，付款之後即會在電子信箱中收到QR Code票券，夏季通行券效期為4~10月，冬季通行券效期為11~3月。
- 🆄www.mtl.org/en/passeport-mtl

### 蒙特婁博物館卡 Montréal Museums Card

如果你想要有計劃地遊覽蒙特婁的博物館及景點，不妨考慮購買博物館卡，這張通行券可遊覽蒙特婁考古歷史博物館、美術博物館、蒙特婁植物園與昆蟲館、自然生態館、生物圈、麥寇爾博物館、哈默介城堡博物館等44座博物館與景點。博物館卡效期為連續3日，可在遊客中心、大部分的博物館和官網上購買。另外要注意的是，每間博物館都只能憑券參觀一次。
- 🅢＄75
- 🆄www.museesmontreal.org

到普拉朵區附近遊逛，傍晚登上皇家山公園，欣賞夕陽下的蒙特婁景色。第三天前往奧林匹克公園，那裡的諸多景點足夠你花上一整天時間遊覽。

# 蒙特婁散步路線
## Walking Route in Montréal

　　散步行程從①**賈克卡蒂爾廣場**開始，那是舊城區裡最熱鬧的角落。從廣場往北走，首先來到的是②**哈默介城堡博物館**，那是從前的總督官邸，今日陳列許多17、18世紀的貴族生活。博物館正對面即是雄偉的③**市政廳**，每到夜晚這裡還會打上七彩燈光。過了市政廳繼續前行，然後在Rue Bonsecours右轉，便會來到以水手教堂聞名的④**邦瑟克聖母教堂**，遊客可登上教堂塔頂，眺望舊港風景。教堂一旁是⑤**邦瑟克市場**，那裡從前是議會大廈，今日則成為販售加拿大個性商品的摩登市場。沿著⑥**舊港水濱**來到⑦**蒙特婁考古歷史博物館**，那裡是蒙特婁城市發展的起點，曾挖掘出不少重要文物。折而向西，華麗非凡的⑧**蒙特婁聖母大教堂**就在眼前，散步路線便在這裡結束。
**距離**：約2公里
**所需時間**：約30分鐘

# 旅遊諮詢

## 蒙特婁老城遊客中心
🅰️P.291C2　🏠174, rue Notre-Dame Est
📞(514) 844-5400、1-877-266-5687
🕐10:00~18:00 (6月中~8月09:00~19:00)
🈲11~4月的週二、三
🌐www.mtl.org

# 蒙特婁行程建議
## Itineraries in Montréal

### 如果你有3天
　　蒙特婁說大不大，說小不小，如果你有3天，剛好可以把城區精華景點玩個大概。第一天先去舊城區走逛，像是蒙特婁聖母大教堂、邦瑟克聖母教堂等，都是非看不可的景點，中午則可以在賈克卡蒂爾廣場或是聖保羅路上用餐。下午若是不想再逛老城，則可以到市中心和麥基爾大學一帶，那裡有些不錯的博物館值得參觀，最後再到伊頓中心與地下城市來趟購物之旅。
　　第二天早上先去聖海倫島，從那裡可以眺望蒙特婁的天際線，並參觀蒙特婁地標之一的生物圈。中午回到城區，在聖丹尼斯街或皇家山大道上用餐，下午再

蒙特婁散步路線

N

MAP ▶ P.291C3

# 蒙特婁聖母大教堂

**MOOK Choice**

## Basílica Notre-Dame de Montréal

**以璀璨華麗榮耀聖母**

🚇 搭乘地鐵橘線至Place d'Armes站，步行約3分鐘 🏠 110, rue Notre-Dame O ☎ (514) 842-2925 🕐 平日 09:00~16:30，週六09:00~16:00，週日12:30~16:00 💲成人 $15，6~16歲 $9.5 🌐 www.basiliquenotredame.ca

◎ **光影秀 The AURA Experience**
🕐 週一至週六18:00、20:00 💲成人 $36，65歲以上 $31，6~16歲 $19

論歷史，完工於1829年的聖母大教堂說不上太古老，論地位，蒙特婁的主教座堂也另有他處，那麼為什麼所有人來到蒙特婁，第一個要朝拜的就是這裡呢？這個問題等你親眼見到這座教堂，就會立刻迎刃而解，因為教堂內部的華麗，恐怕只有「極致」兩個字可以形容。

其實早在18世紀以前，老城區內便已有一座聖母教堂，但隨著城市迅速發展，原有的教堂不敷使用，居民們於是決定建造一座更大更莊嚴的教堂。他們從紐約重金請來著名的教堂建築師詹姆斯歐唐納(James O'Donnell)，歐唐納本身是愛爾蘭裔的新教徒，起初對於建造天主教堂有點排斥，但終究還是接受了委託。在建造的過程中，歐唐納被自己所打造的神聖意象深深感動，最後竟改變了信仰，成為天主教徒，而他也是唯一在這座教堂中長眠的人。

教堂建築為新哥德式，內部精細繁複的胡桃木雕刻，將祭壇、廊柱、拱頂裝飾得富麗堂皇，澄藍的光線從聖像背後照射進來，就算是不信教的人也會不由得屏息讚嘆。而用色豐富的彩繪玻璃，描述的則是蒙特婁的建城歷史。

原本就已華麗非凡的主祭壇和聖殿，現在到了晚上更加夢幻，除了週日以外，每晚兩場的The AURA Experience光雕秀，將教堂內部化為絢麗燦爛的投影劇場。日月星辰、樹海雲霄、火樹銀花等場景輪番上陣，照耀在大教堂的四壁與穹頂上，再加上管弦樂團氣勢磅礴的樂曲，更使神聖的氛圍無以復加。

魁北克省⋯ **蒙** 特婁 Montréal

MAP ▶ P.291C1-D3

# 舊城區

## Vieux- Montréal

**漫步在往日的優雅街頭**

🚇 出Place d'Armes地鐵站或Champ-de-Mars地鐵站後，往聖勞倫斯河的方向走即達 ⓦ vieux.montreal.qc.ca

當你發現街上的路牌從白色換成復古的酒紅色，代表已經走到舊城區了。舊城的年代最早可追溯到18世紀，大約是由Rue Notre-Dame和Rue Saint-Paul兩條平行街道所包圍的區域，往日街景的懷舊氛圍，使它成為以19世紀為背景的美國電影中常見的場景。

這些古老建築多半有幾個特色，首先是玻璃窗戶都不大，這是因為早年玻璃都是從歐洲運來，太大的玻璃容易碎，才會把窗戶做小；其次是煙囪特別多，在沒有暖氣的時代，必須燃燒足夠的柴火才能保持溫暖；房屋間的高大山牆具有防火牆的功用，而外牆上的S形鐵條則是為了固定建築內的木桁。同樣令人印象深刻的，還有那灰色的石板路、每家店各有特色的復古招牌，以及街道兩旁保存完好的蒸氣燈，時常讓置身其中的人誤以為，會有高大的馬車達達走過。

MAP ▶ P.291D3

# 蒙特婁考古歷史博物館

## Pointe-à-Callière

**挖掘城市起源**

🚇 搭乘地鐵橘線至Place d'Armes站，步行約7分鐘 🏠 350, Place Royale (Rue de la Commune轉角) ☎ (514) 872-9150 🕙 10:00~18:00 (週末11:00起) 💲 成人 $26，5~12歲 $8，13~17歲 $13，65歲以上 $24 ⓦ pacmusee.qc.ca

對這座城市來說，一切都是從這裡開始的！博物館所在位置曾是蒙特婁的一座銀行與第一棟海關大樓，不但如此，考古學家還在這塊狹小的區域裡，挖掘出豐富的文物遺跡，顯示這裡曾經出現過蒙特婁的第一處市集、第一座天主教墓穴，甚至還證實了遷徙至此的第一個原住民聚落就位在這裡。

今日博物館的地窖內完整重現了這些重見天日的歷史陳跡，部分展示還配合先進的多媒體技術，將蒙特婁過去的生活面貌呈現在世人眼前。博物館的兩棟建築之間以地下通道相連，中間會穿越一段下水道，那是過去的河道所在。博物館的地面樓層也會定期輪換特展，展出內容並不侷限於考古學的範疇，舉凡文化藝術甚至現代生活，都有可能成為特展主題。

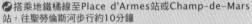

**MAP ▶ P.291D2-D3**

# 舊港
## Vieux-Port
**聖勞倫斯河親水樂園**

🚇搭乘地鐵橘線至Place d'Armes站或Champ-de-Mars站，往聖勞倫斯河步行約10分鐘

◎ **科學中心 Centre des Science de Montréal**

🏠2 rue de la Commune O. 📞(514) 496-4724、1-877-496-4724 🕐每日10:00~17:00 💲成人$34.5，65歲以上$31.5，13~17歲$23，2~12歲$22（IMAX劇場需另外購票）🌐www.montrealsciencecentre.com

◎ **蒙特婁摩天輪 La Grande Roue de Montréal**

🏠362 Rue de la Commune E. 📞(514) 325-7888 🕐每日10:00~23:00 💲成人$30.47，65歲以上$25.87，3~17歲$23 🌐lagranderouedemontreal.com

在世界航運史上，蒙特婁舊港的地位也曾喧赫一時，20世紀中葉，它的規模和吞吐量都達到顛峰。然而60年代以後，隨著拉什納運河（Lachine Canal）的關閉，蒙特婁貨運港也遷移到下游數十公里外，這片面積廣大的區域竟成了令市政府頭痛的閒置空間。經過將近20年的討論，當局決定保留這塊蒙特婁往日的驕傲，並將它改建成讓市民得以親近聖勞倫斯河的休閒園區。

2.5公里長的河濱步道是散步與騎乘自行車的完美場域，寬敞的碼頭也經常用來舉辦各種大型活動，例如每年8、9月的煙火節便是在此施放。舊港區中最引人注目的是科學中心與摩天輪，前者有充滿互動與趣味的展示設施和多媒體遊戲，後者高60公尺，擁有42個皮質座椅車廂，提供美不勝收的港灣視野。

**MAP ▶ P.291C1**

# 邦瑟克聖母教堂
## Notre-Dame-de-Bon-Secours Chapel
**守護水手的聖母**

🚇搭乘地鐵橘線至Champ-de-Mars站，往聖勞倫斯河步行約7分鐘 🏠400, rue Saint-Paul E 📞(514) 282-8670 🕐11:00~17:00（5月中~10月中至18:00）🚫10月中~5月中的週一 💲教堂：免費。博物館與塔樓：成人$14，65歲以上$12，13~17歲$5 🌐margueritebourgeoys.org

「耶穌也曾是位水手，當祂行走在水面上，當祂花了很長的時間從那孤獨的木塔上凝望…」加拿大詩人音樂家李歐納孔在60年代寫下這首世界名曲《Suzanne》後，邦瑟克聖母教堂便成為樂迷們前來蒙特婁朝聖的焦點之一。

邦瑟克聖母教堂的始建年代可以追溯至1657年，塔樓頂上面對著聖勞倫斯河的青銅聖母雕像，300多年來一直默默地為出航的水手們祈福，因此邦瑟克聖母教堂又別名「水手教堂」，懸掛在教堂內的小木船，就是當年水手們為感念聖母庇祐所贈送的謝禮。今日教堂內還闢有一間馬格麗特鮑吉絲博物館（Marguerite Bourgeoys Museum），馬格麗特是1653年追隨梅桑納弗創建蒙特婁的3位女性之一，也是蒙特婁教育體系的創始者，這間博物館就是在展示她的生平。此外，教堂的塔樓擁有老城區裡最好的視野，教堂下方還有一處原始教堂的考古遺跡。

MAP ▶ P.291C2

# 賈克卡蒂爾廣場
## Place Jacques-Cartier
### 老城區的心臟

🚇搭乘地鐵橘線至Champ-de-Mars站，步行約5分鐘

連接市政廳與舊港的賈克卡蒂爾廣場是老城區的心臟，這裡建成於1804年，過去是老城的公眾市場，也是老城裡最熱鬧的地方。廣場雖然以蒙特婁的發現者賈克卡蒂爾命名，但這裡最醒目的地標，卻是英國海軍名將納爾遜高高在上的雕像。在世界各地的納爾遜雕像中，蒙特婁的這座是唯一用欄杆包圍起來的，這是因為在法國人的地盤蓋起英國的戰爭英雄本就有點宣示的意味，為了保護納爾遜將軍的「人身安全」，只好讓它不那麼平易近人。

賈克卡蒂爾廣場的熱鬧並不隨著歲月而減損，至今仍是重要的娛樂區域，每到夏天，寬闊的廣場兩旁就會擺滿餐廳的露天咖啡座，街頭藝人的表演吸引了駐足路人們的目光，維多利亞式的街燈與一旁的花市更增添了浪漫情調，也讓廣場的繁華之名歷久不衰。

MAP ▶ P.291C2

# 哈默介城堡博物館
## Musée du Château Ramezay
### 蒙特婁百年生活史

🚇搭乘地鐵橘線至Champ-de-Mars站，步行約5分鐘 🏠280, rue Notre-Dame E 📞(514) 861-3708 🕐每日10:00~17:00 💲成人$13.5，65歲以上$11.5，5~17歲$6 🌐www.chateauramezay.qc.ca

哈默介城堡建於1705年，原為蒙特婁總督哈默介（Claude de Ramezay）的官邸，在1895年成為博物館之前，也曾做為法院、學校之用。博物館的陳列範圍幾乎涵蓋了整個蒙特婁歷史，從殖民時期前的北美原住民社群到19世紀初期，你可以看到原住民與歐洲人交易皮毛的場景、法國貴族的華麗廳堂、前工業時代百姓的經濟生活樣貌等等。這當中不乏許多有趣的用具，例如爐灶旁的大圓桶，竟是旋轉肉叉的畜力裝置，當要烤肉時，就放狗進去「運動」，圓桶帶動滑輪，烤肉叉便會轉動。像這種今人看來匪夷所思的器具，在17世紀可是相當流行呢！

城堡的花園也是相當有名，前庭為英式花園，後庭為18世紀的法式花園，春夏時節，百花齊放，為老城中心提供一處僻靜的所在。

## 市政廳
### Hôtel de Ville
**氣勢恢弘的政府辦公室**

🚇搭乘地鐵橘線至Champ-de-Mars站，步行約3分鐘 🏠275, rue Notre-Dame E 🕐08:30~17:00 ⓧ週末 💲免費 🌐montreal.ca

外觀華麗高貴的市政廳，建於1872到1878年之間，在這裡發生過最著名的歷史事件，應該要算是1967年法國總統戴高樂將軍造訪蒙特婁時所發表的那場著名演說了，當時他就站在市政廳的陽台上，對著廣場上數以萬計的人群演講，由於魁北克省原是法國殖民地，受到法國文化影響很深，戴高樂將軍愈講愈亢奮，講到激動處，終於情不自禁喊出那句舉世名言：「自由魁北克萬歲！」就是這句話，直接點燃了魁北克獨立運動的導火線，也讓爾後30年的加拿大政府頭痛不已。

市政廳的榮譽大廳(Hall of Honour)開放給一般民眾參觀，入夜之後，外牆還會打上不同顏色的燈光，將老城區的夜晚照耀得輝煌燦爛。

## 聖勞倫斯大道
### Boulevard Saint-Laurent
**蒙特婁的聯合國大街**

聖勞倫斯大道無疑是蒙特婁最富傳奇性的主街，它的傳奇得從蒙特婁的發展歷程說起。18世紀末，蒙特婁的城市擴張已經超過城牆飽和，當局於是在城門外建了一條筆直大道，一直通往島的盡頭，城外的聚落很快便沿著這條大道發展起來，逐漸成為今日新城的規模。因此蒙特婁的城市規劃也以聖勞倫斯大道分為東西兩半，早期英國人住在西邊，法國人住在東邊，而中間這條商業大街則成了「各國移民的通道」，中國人、猶太人、希臘人、義大利人、葡萄牙人紛紛在此開店定居。有趣的是，這條多元文化並存的擾攘大街，夾在兩區中間既顯得格格不入，但英法兩個互相排斥的族群卻又藉著這種異國情調而有所交融。於是聖勞倫斯大道充滿雜亂與衝突的街景，竟成為蒙特婁融合與包容的底蘊。

今日的聖勞倫斯大街嘈雜依然，靠近老城的地方豎起了唐人街的牌坊，中段的街區可以吃到各國民族的道地小吃，而在Jean Talon一帶則以小義大利區著稱。

# 瑪麗城廣場

## Place Ville-Marie

### 貝聿銘的開山之作

🚇搭乘地鐵橘線至Square-Victoria站，步行約6分鐘 🏠 1, Place Ville Marie ☎(514) 861-4268 🌐www. placevillemarie.com

簡稱PVM的瑪麗城廣場，是華裔建築師貝聿銘的開山之作，當它在1962年落成時，曾在國際建築界引起熱烈的討論。這棟高188公尺的47層大廈，平面呈十字型構造，在通風及採光上都有其設計考量。大樓與周圍3棟建築物合組成一個建築群，內部多為辦公室，像是加拿大

皇家銀行總部(RBC)與加拿大鐵路總部就分別位於瑪麗城廣場1與瑪麗城廣場3。瑪麗城廣場底下是一大片商城，同時也是地下城市的中心，透過通道連結成加拿大最大的購物區域。

# 世界之后瑪麗亞教堂

## Cathédrale Marie-Reine-du-Monde

### 蒙特婁的主教座堂

🚇搭乘地鐵橘線至Bonaventure站，出站即達 🏠1085, rue de la Cathédrale 🕐07:00~18:15(週末07:30起) 💲免費

世界之后瑪麗亞教堂是蒙特婁的天主教主教座堂，建於19世紀末葉，其設計是以梵蒂岡聖彼得大教堂為範本，用大約二分之一的比例興建。教堂頂上的13尊雕像全是蒙特婁的守護聖人，而教堂旁的雕像則是蒙特婁的第二任主教Mgr Ignace Bourget，這座教堂就是為了他而建造的。

教堂內部雖然沒有聖母大教堂那般華麗，但新巴洛克式的祭壇華蓋也頗有看頭，耳堂頂上的溼壁畫描繪的是蒙特婁的歷史場景，擁有93個音栓及4組鍵盤的管風琴，在城內也是首屈一指。由於教堂的原名為聖雅各大教堂(La Cathédrale saint-

Jacques)，因此教堂內的刻字大多與雅各的生平有關。2006年時，世界之后瑪麗亞教堂正式被公布為加拿大的國家歷史古蹟。

# 麥基爾大學
## Université McGill

### 領袖菁英風範

🚇 搭乘地鐵綠線至McGill站,步行約10分鐘 🕸www.mcgill.ca

◎ 雷德帕斯博物館 Musée Redpath

🏠859, rue Sherbrooke O ⏰09:30~16:30 🚫週六至週一 💲成人建議捐獻＄10

位於皇家山山腳下的麥基爾大學,是依照蘇格蘭毛皮富商James McGill的遺囑所捐獻的,在1821年時,由英王喬治四世正式命名為麥基爾大學。雖然位於法語城市蒙特婁,不過麥基爾卻是加拿大名聲最好的英語大學,以醫學院、工學院和文學院最為突出,曾經孕育出12位諾貝爾獎得主和多位加拿大總理及外國元首,素有「北方哈佛」之稱。全校約有80多棟建築,大部分是英國維多利亞式風格,但是每一棟都各有特色。校園內還有一座雷德帕斯博物館,是一處展示恐龍化石、礦物學、人類學的自然史博物館。

大學所在的榭爾布魯克街上,林立著藝術館、舊式豪宅、高級公寓、大酒店等,建築氣派典雅,透露出這塊街區的不凡身份。在過去,加拿大曾有超過40%的財富聚集在這彈丸之地,因此有「黃金一英哩」的稱號。

# 麥寇爾博物館
## Musée McCord Stewart

### 認識蒙特婁的過去與現在

🚇 搭乘地鐵綠線至McGill站,步行約3分鐘 🏠690, rue Sherbrooke O ☎(514) 861-6701 ⏰10:00~18:00(週三至21:00,週末至17:00) 🚫週一 💲成人＄20,65歲以上＄19,17歲以下免費 🕸www.musee-mccord-stewart.ca ☀週三17:00後免費

建立這座博物館,一直是大衛羅斯麥寇爾(David Ross McCord)的夢想。大衛出身於加拿大的知名商人家族,他本人對於收集加拿大歷史古物一直很熱衷,1919年,他將私藏的15,000件文物捐獻給麥基爾大學,而這也促成了1921年麥寇爾博物館的開幕。在博物館裡展示了從加拿大的原住民生活、歐洲移民前來屯墾、到近代加拿大的社會變遷,館藏相當豐富。動態模型和靜態圖片的搭配,讓展示變得生動起來,即使是小朋友也不會覺得無聊。

除了定期輪換的特展外,博物館常設展區中展示了蒙特婁居民在19至20世紀所穿著的服飾、從事的活動,還有蒙特婁獨特的普拉朵區住宅照片等,其中包括許多加拿大19世紀攝影先驅威廉諾曼(William Notman)的攝影作品。

## 蒙特婁美術博物館
### Musée des Beaux-Arts de Montréal
**豐富多元的藝術收藏**

🚇搭乗地鐵綠線至Guy-Concordia站，步行約7分鐘 🏠1379 & 1380, rue Sherbrooke O ☎(514) 285-2000 🕐10:00~17:00 (主展廳週三至21:00) 🚫週一 💲成人$24，21~30歲$16，20歲以下免費 🌐www.mbam.qc.ca ⚡週三17:00後$12

　　隔著樹爾布魯克大街相望的兩棟建築，一棟摩登新潮，另一棟卻是古典式樣，這兩棟都是美術博物館。蒙特婁美術博物館是加拿大最重要的美術館之一，於1860年創立，收藏來自世界各地的藝術作品，由於館藏量與日激增，因此後來才又在對街建了風格迥異的新館。舊館主要展示加拿大本地藝術家傑作、北美原住民的手工創作、地中海及非洲的藝術收藏，及大師級玻璃珍藏等；而新館的展示內容則以歐洲藝術為主，包括從莫內到畢卡索，以及戰後的當代作品，全館收藏將近3萬多件。

## 當代藝術博物館
### Musée d'art Contemporain de Montréal
**突破框架的藝術狂想**

🚇搭乗地鐵綠線至Place-des-Arts站，出站即達 🏠185, rue Sainte-Catherine O ☎(514) 847-6226 🕐平日11:30~19:00，週六11:00~18:00，週日11:00~17:30 🚫週一 💲$10，18歲以下免費 🌐macm.org ❗本館整修中，預計2025年重新開放，臨時展館位於瑪麗城廣場內

　　對藝術評論者而言，藝術可能不只是藝術，但對當代藝術家來說，藝術就應該只是藝術，說得如此弔詭，只

是希望你在參觀當代藝術博物館之前，先做好心理準備。自20世紀以來，西方文明經歷了各種不同思潮的洗禮，無上的權威逐漸破滅，取而代之的是混亂無序的後現代主義。隨著思想上的解放，藝術也掙脫了昔日的框架，以各種意想不到的精彩方式來呈現自身。蒙特婁的當代藝術博物館薈萃了加拿大與國際上重要的當代藝術作品，從繪畫、雕塑、攝影等素材，到結合多媒體的裝置藝術，都意在突破藝術的疆界，並試圖為藝術創造新的定義。

## 奎森街
### Rue Crescent
**蒙特婁式的生活樂趣**

🚇搭乗地鐵綠線至Guy-Concordia站，步行約4分鐘；或至Peel站，步行約5分鐘

　　在蒙特婁這座法語城市裡，竟有一區這麼典型英國風格的房屋群，而這些色彩鮮豔的公寓一樓，其實都是一家家各有特色的餐廳、酒吧、藝廊或高級精品店。奎森街和樹爾布魯克街所延伸的附近區域，就是古老的英國移民區，這是源於19世紀英法兩大社群分化的結果。現今這裡的居民大部分仍是英裔人口，除了建築風格外，這一區的英式街名也和蒙特婁大部分的法式街名大異其趣。白天的奎森街大部分都是前來用餐的上班族，夜晚的奎森街則匯集了各色各樣前來享受夜生活的男女老少。當然，光是用看的一定不能滿足你，你得挑一家餐廳或是酒吧坐下來，看看那些暢快朵頤的蒙特婁人，是如何實踐他們的生活哲學。

MAP ▶ P.292A4-B5

# 普拉朵區

## Plateau

### 濃濃的歐洲情調

🚇搭乘地鐵橘線至Mont-Royal站，出站即達

　　由聖丹尼斯街和聖勞倫斯街平行包圍的區域，是一塊較高的台地(plateau)，故名為普拉朵區，又因位在皇家山的山腳下，所以常被拿來與世界各大城市的半山住宅相提並論。普拉朵的住宅並非以華麗取勝，而是以極具歐陸特色的建築風格吸引目光，成為蒙特婁明信片中最常出現的街景；彎彎曲曲的黑色鐵梯和不同色彩的屋頂牆壁，甚至是精心彩繪過的玻璃窗，每一個細節，都讓人好想進去瞧個究竟。這種房屋的設計不只是美觀，也兼顧了蒙特婁的嚴寒環境，屋子的地基和地面不同高，是為了要隔絕溼氣，而雙層的門和窗，更可讓熱空氣保留在屋內。由於二樓大多是出租套房，獨立的大門鐵梯也可讓房客在出入時不致打擾到房東。

　　如果你到普拉朵來，一定要用步行的方式，慢慢品味藏在小街小巷中的驚喜。雖然位於市中心，但這裡的房價卻意外地便宜，據說是因為蒙特婁曾經有很嚴重的年輕人口外流問題，為了吸引沒錢租屋的年輕人住在城內，因而如此。同時，由於生活機能非常方便，也吸引了不少歐洲移民及藝術家在此定居，讓普拉朵區沾染上濃濃的歐洲文藝風情。

MAP ▶ P.292C3-D4

# 聖海倫島

## Île Sainte-Hélène

### 蒙特婁人的後花園

🚇搭乘地鐵黃線至Jean-Drapeau站，出站即達　🌐www.parcjeandrapeau.com

**遊客中心**

🏠位於Espace 67內　🕒旺季每日09:00~19:00，淡季週五至週日10:00~17:00

**羅德遊樂園 La Ronde**

🏠22, chemin Macdonald, Île Sainte-Hélène　📞(514) 397-2000　🕒5月底~8月底每日及9~10月的週末，時間大約為11:00~19:00　💲官網價：成人＄45，60歲以上及137公分以下＄32.99　🌐www.laronde.com

　　聖海倫島的岸邊可說是眺望蒙特婁天際線的絕佳地點，聖勞倫斯河氣勢洶洶地奔流而過，皇家山的起伏輪廓也清晰可見，還可照著岸邊的導覽牌，將舊城區的知名建築物一棟一棟地指認出來。在走近岸邊之前，你會先看到一個造型特殊的大型金屬雕塑，這座名為Man的作品，是由知名藝術家Alexander Calder所創作，為島上著名地標。

　　來聖海倫島遊玩，最好的方式是在蒙特婁租台腳踏車，然後搭地鐵過來後，可以在島上野餐、騎車，非常悠閒。島上最知名的景點就是生物圈，而島的北半部則是擁有全加拿大最高與最快雲霄飛車的羅德遊樂園，屬於六旗樂園集團的成員之一。至於聖海倫島南端，近年新闢為公共空間Espace 67，有藝術廣場、餐廳、遊客中心等設施，也是蒙特婁舉辦活動與音樂會的熱門場地。

# 生物圈

MOOK Choice

Biosphère

## 加拿大第一座生態觀察中心

🚇搭乘地鐵黃線至Jean-Drapeau站，步行約2分鐘 🏠160, Chemin du Tour de l'isle ☎(514) 868-3000、1-855-518-4506 🕐09:00~17:30 (9月初~5月中至16:30) 🚫9月初~5月中的週一 💲成人＄22.75，65歲以上＄20.5，5~17歲＄11.5 🌐espacepourlavie.ca/biosphere 🎫生物圈、自然生態館、天文台、植物園與昆蟲館的套票為＄83

生物圈最初是為了1967年的蒙特婁博覽會而設立的，同時也是加拿大的第一座生態觀察中心，尤其是針對五大湖及聖勞倫斯河的生態進行研究。作為一座以環境為主題的博物館，這裡展示了許多關於空氣、水資源、氣候變遷及生態保育的圖片資料、影片和實體等，探討人類如何在發展文明的同時，也能在保護環境上取得平衡，並對消費行為與資源浪費之間的聯結提出新的思維。

位於中心一樓左手邊的諮詢台，提供相關科學資料查詢的服務，如果你是對自然保育或環境科學很有興趣的人，不妨到這裡看看。從生物圈可以登上頂層眺望蒙特婁市景，不過高度並不是很高，中間又隔著聖勞倫斯河，看到的景致並不算遼闊。據說生物圈這棟建物的設計之所以會如此特別，其實並不是因為有什麼功能上的需求，而是當初設計的建築師從地球大氣層擷取了靈感，由此設計出這奇特的網狀球型外觀，也因為造型特殊，使得生物圈成為常出現在蒙特婁畫冊上的景點之一。

MOOK
Choice

**MAP ▶ P.292A1-A2**

# 蒙特婁奧林匹克公園

## Parc Olympique de Montréal

### 休閒、教育、娛樂的綜合園地

🏠4545, avenue Pierre-De Coubertin　📞(514) 252-4141、1-877-997-0919　🌐parcolympique.qc.ca

　奧林匹克公園是1976年蒙特婁夏季奧運會的舉辦場地，而今則成為蒙特婁市民的休閒去處。今日公園內的設施，包括了奧林匹克體育館(Le Stade olympique)、蒙特婁塔、體育中心、力拓加鋁天文台、自然生態館、蒙特婁植物園與昆蟲館等，佔地相當遼闊。其中被稱為「大O」(The Big O)的體育館，可容納約8萬名觀眾，體育館的屋頂為可以收放自如的傘狀頂棚，本來是項建築學上的創舉，結果由於設計上出了點問題，前前後後花了不少經費修理，不滿的蒙特婁人於是戲謔地以同音字稱它為「大負債」(The Big Owe)。

## 天文台 Planétarium

🚇搭乘地鐵綠線至Viau站，步行約5分鐘　🏠4801, avenue Pierre-De Coubertin　📞(514) 868-3000、1-855-518-4506　🕐09:00~20:30（週日~週二及9月初~6月中的週三至17:30）　🚫9月初~6月中的週一　💲成人＄22.75，65歲以上＄20.5，5~17歲＄11.5　🌐espacepourlavie.ca/planetarium　🌿生物圈、自然生態館、天文台、植物園與昆蟲館的套票為＄83

　這座天文台揭幕於2013年4月，館內的展示廳雖然不大，但所陳列的展覽都是互動性十足的有趣體驗，讓遊客在短時間內了解宇宙形成、地球歷史與太陽系各行星的故事。而天文台最主要的設施，是兩棟球型的多媒體劇場：銀河劇場(Milky Way Theatre)配有先進的星象投影設備，除了介紹北半球的夜空與星座，還會播放關於宇宙探索與地球科學的影片；混沌劇場(Chaos Theatre)則更是有趣，裡頭不設座椅，而是讓遊客自在地躺在劇院中央的軟骨頭沙發上，觀看球形螢幕上播放的天文電影。電影片長約1小時，需要事先在官網上預訂場次，同時這兩部電影皆有分英語及法語場次，預訂之前記得看清楚時間。

## 自然生態館 Biodôme

🚇搭乘地鐵綠線至Viau站，步行約4分鐘　🏠4777, avenue Pierre-de Coubertin　☎(514) 868-3000、1-855-518-4506　🕐09:00~17:00 (6月中~9月初至18:00)　🚫9月初~6月中的週一　💲成人＄22.75，65歲以上＄20.5，5~17歲＄11.5　🌐espacepourlavie.ca/biodome　🎫生物圈、自然生態館、天文台、植物園與昆蟲館的套票為＄83

　　自然生態館可說是完全體現了「四海一家」的精神，當然，這裡指的並不是對人類而言。面積約為10,000平方公尺的自然生態館，分為熱帶雨林、楓樹森林、聖勞倫斯灣、拉不拉多海岸與次南極群島五個部分，有230個物種、超過5,000隻動物棲息在同一個屋頂之下，每一區的氣候條件包括溫度及溼度等，都依照該地理區的真實狀況設定，因此能為該區的動植物營造最適合的生長環境。

　　譬如在熱帶雨林內，一年四季都維持在大約攝氏24度左右，茂密低矮的叢林是這區的特色，像是樹懶、金絲猴和許多色彩鮮豔的鳥類，都可以在這裡看到。楓樹森林區主要是以美加交界的五大湖區為設計標準，冬季時大約攝氏4~9度，夏季時則有17~24度，在這區的動物有加拿大山貓和海狸等。聖勞倫斯灣以展示聖勞倫斯河口棲息的鳥類、魚類和周圍生態為主，由於聖勞倫斯河最後注入大西洋，因此這裡也可算是大西洋海洋生態圈的一部分。拉不拉多海岸模擬的是加拿大東北海岸的環境，最有代表性的動物是大西洋海鸚與崖海鴉。而在次南極群島區中，則可觀察到企鵝悠游水中的矯健泳姿，真的很難與他們在路上搖搖擺擺的笨拙模樣作出聯想。

## 蒙特婁植物園與昆蟲館
### Jardin Botanique & Insectarium de Montréal

🚇搭乘地鐵綠線至Pie-IX站，步行約6分鐘 📞(514) 868-3000、1-855-518-4506 💲成人＄22.75，65歲以上＄20.5，5~17歲＄11.5 🌐espacepourlavie.ca 🌿生物圈、自然生態館、天文台、植物園與昆蟲館的套票為＄83

**植物園**

🏠4101, rue Sherbrooke E. 🕐11月~5月中09:00~17:00；5月中~8月09:00~18:00 (7、8月週五、六至19:00)；9~10月09:00~21:00 (週五、六至22:00) 🚫11月~5月中的週一

**昆蟲館**

🏠4581, rue Sherbrooke E. 🕐09:00~17:00 (5月中~9月初至18:00) 🚫9月初~5月中的週一

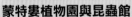

　　蒙特婁植物園是世界三大植物園之一，從1931年開幕以來，一直是相當熱門的景點。這裡有30多個室外主題花園和10座溫室展覽館，超過22,000種植物生長在180英畝的巨大園區裡，若要好好瀏覽，需要花上不少時間。其中最受蒙特婁人喜愛的莫過於中國庭園和日本庭園，中國庭園以明代庭園為藍本，在中國建好後分批運至蒙特婁組裝，是中國本土以外最大的同類型花園。每年秋天，為了在中國庭園舉辦一年一度的花燈節，植物園特別開放至晚上9點，是蒙特婁重要的節慶活動。而植物園中的「樹屋」，

則展示了魁北克本地林相，另外還有一座北美最大的原住民花園，意在喚起人們對環境之間遺忘已久的「自然魂」。

　　在植物園裡還有一座昆蟲館，飼養了來自世界各地的昆蟲種類，例如七彩繽紛的蝴蝶、嗡嗡作響的蜜蜂、體形龐大的甲蟲、善於偽裝的蜘蛛等，有些品種相當稀少珍貴，堪稱「昆蟲界中的寶石」。

### 蒙特婁塔 La Tour de Montréal

🚇搭乘地鐵綠線至Viau站，步行約7分鐘 🌐parcolympique.qc.ca/quoi-faire/la-tour ❗目前蒙特婁塔整修中，預計2024年底重新開放

在體育館旁的蒙特婁塔是常被用來作為蒙特婁象徵的重要地標，其最顯著的特徵就是45度的傾斜造型，為當今世界上最高的傾斜建築物。搭乘軌道車緩緩上升，到達一定高度後，蒙特婁的城市景觀在眼前漸次展開，而在高約165公尺的塔頂觀景平台上，更是擁有360度的好視野。往下看，公園內的各個體育場館與設施皆一覽無遺，尤其是自然生態館那有如三葉蟲般的屋頂，更是引人注目。往東看，寬闊的聖勞倫斯河正決決流過；往南看，市中心的高樓大廈勾勒出城市輪廓，皇家山上的十字架也隱約可見；往西看，前方就是翠綠一片的蒙特婁植物園；往北看則是一望無際的住宅群。據說若是天氣晴朗，塔頂的視野可達方圓80公里呢！

---

MAP ▶ P.292B6

# 聖約瑟夫禮拜堂

## L'Oratoire Saint-Joseph du Mont-Royal

### 治癒疾病的神蹟聖殿

🚇搭乘地鐵藍線至Côte-des-Neiges站，步行約8分鐘 🏠3800, chemin Queen-Mary ☎(514) 733-8211 🕐每日06:30~21:00 🌐www.saint-joseph.org

**博物館**
🕐每日10:00~16:30 (售票至16:00)
💲成人＄3，7~17歲＄1

位於皇家山的聖約瑟夫禮拜堂，其文藝復興式的圓頂高達124公尺，僅次於梵諦岡的聖彼得大教堂。這一切都要從一位名為安德烈(Brother André)的僕工說起。安德烈生於1845年，自幼身體羸弱、身世坎坷，因而使他對同樣出身貧苦的聖約瑟夫特別虔誠。1904年，他在朋友資助下建了一間小禮拜堂，神奇的是，他竟能用油燈的油治癒不少人的病，隨著神蹟逐漸傳開，求醫者也越來越多，安德烈就用這些病人的捐獻，逐步將禮拜堂擴建成今日的規模。

在地窖教堂旁，一共有9個神龕，分別有著家庭、健康等不同祈禱功能，神龕之間的架子上堆滿了如山一般的拐杖，這些都是拄杖而來的信徒在祈禱過後丟棄在這裡的。禮拜堂中的管風琴擁有5,811根風管及78個音栓，規模為加拿大之最；而教堂外朝聖者服務處頂上的編鐘，56座鐘各有不同音色，能奏出完整的曲目，是目前北美最大的樂鐘。禮拜堂內可參觀到不少安德烈的遺物，包括他的蠟像、居室、生前用品及痊癒者的奉獻等，而他的棺木甚至心臟也都公開展示。

**MAP ▶ P.292B6**

# 皇家山公園
**MOOK Choice**

## Parc du Mont-Royal

### 蒙特婁的制高點

🚇搭乘地鐵橘線至Mont-Royal站，再轉乘11號巴士，即可直達山頂的Remembrance / Chemin du Chalet站。若開車前往，沿著avenue Mont-Royal往西南一直開即可上山 💲免費
🌐www.lemontroyal.qc.ca

1535年，法國航海家賈克卡蒂爾沿著聖勞倫斯河來到此地，並將這座小山丘用法語命名為「皇家山」(Mont-Royal)，這便是日後蒙特婁地名的由來。要說皇家山對蒙特婁人有多重要，從當局明文規定所有建物的高度不得超過皇家山即可見一斑。同時，這種以皇家山為指標的思考邏輯反映在蒙特婁市區地圖上，就是將皇家山置於地圖最上方，而不是習慣上的正北方，所以常把外地遊客搞得暈頭轉向。

至於皇家山公園則是建成於1876年，當時是為了讓市民們不用出城也能有郊遊的去處，並且請來曾設計出紐約中央公園的奧姆斯德(Frederick Law Olmsted)操刀。公園以休閒生活為設計理念，包含了慢跑道、滑雪道、健行步道等設施，每年的國際山地自行車賽也是在此舉行。公園正中央是一大片停車場，從這裡可沿著步道來到皇家山之屋(Mount Royal Chalet)，這棟建築常被用來舉辦各種活動，而建築前的大片廣場平台則是眺望蒙特婁市容與拍攝夜景最理想的地方。皇家山之屋旁的環形步道可通往山上的地標：一支巨型的十字架，這座十字架是源於蒙特婁的創建

者梅桑納弗(Paul Chomedey de Maisonneuve)的典故。當蒙特婁還是一座小村落的時候，有一年犯了大洪水，眼看辛苦建立的家園即將毀於一旦，梅桑納弗於是向聖母禱告，若是洪水退去，他願意背負十字架登上皇家山。今日的十字架豎立於1924年，高達30公尺，這當然不是梅桑納弗當年背上山的那支。每到夜晚，十字架上的LED燈亮起，即使在市區都能清晰可見，非常壯觀。

另外，公園內還有兩座相當美觀的公墓，小說《安娜與國王》中的女教師安娜，和一部分鐵達尼號罹難者，都被安葬在這裡。墓園規劃得相當優美，綠草如茵，一點也不可怕，毫不忌諱的蒙特婁人，倒是很喜歡在墓園裡野餐、遛狗呢！

**MAP ▶ P.291C3** **Toque!**

🚇搭乘地鐵橘線至Square-Victoria站或Place d'Armes站，步行約3分鐘 📍900, place Jean-Paul-Riopelle ☎(514) 499-2084 🕐平日11:30~13:45、17:30~21:30，週六17:30~21:30 ⊗週日、一 💲午餐$$$$，晚餐$$$$$ 🌐www.restaurant-toque.com

說到Toque!餐廳的主廚Normand Laprise，在蒙特婁應該是無人不曉，光是在加拿大東岸的各類報章雜誌，大約就有10幾家媒體寫過Normand在Toque!的精彩故事，他不但是「蒙特婁最炙手可熱的主廚」，甚至還有饕客特地從紐約飛來一嚐他的手藝。色、香、味俱全的法國料理，經過Normand的詮釋後，更有一份細膩感，味道就不用說了，絕對是沒齒難忘，莫怪Toque!天天都是大排長龍。正如《The Gazette》雜誌所說的：「Normand雖然備受爭議，卻創造出國際性的魁北克法式料理。」

**MAP ▶ P.292B4** **Au Pied de Cochon**

🚇搭乘地鐵橘線至Mont-Royal站，步行約8分鐘 📍536, avenue Duluth E 🕐17:00~23:00 ⊗週一、二 💲$$$$ 🌐www.aupieddecochon.ca

這是蒙特婁市中心相當熱門的法式加拿大料理餐廳，主廚Martin Picard是加拿大知名的料理人，曾在美食頻道上擁有自己的節目，並出過多部暢銷食譜。餐廳名字的意思是「豬腳」，可想而知這裡主打豬肉料理，菜單中與豬腳有關的兩道菜，分別是楓糖漿豬腳與豬腳佐鵝肝醬，而楓糖料理與鵝肝料理亦同為Martin的拿手好戲。其他招牌菜還有刷上楓糖油炸的整顆豬頭、鵝肝醬漢堡、醃豬舌等。

**MAP ▶ P.292D4** **Le Montréal**

🚇搭乘地鐵黃線至Jean-Drapeau站，轉乘777號公車即達。若開車前往，可將車停在賭場停車場內 📍1, avenue du Casino (在Casino de Montréal的5樓) ☎(514) 392-2709、1-800-665-2274 🕐週日至週四17:00~23:00，週五16:30~23:00，週六16:30~24:00 💲$$$$ 🌐casinos.lotoquebec.com/en/montreal/explore/restaurants/le-montreal ❗請著正式服裝

Le Montréal的前身Nuances，曾連續10年拿下CAA/AAA評鑑的5顆鑽石最高評價，並被《Guide Debeur's》評定為最佳餐廳，更名之後，聲勢依舊不減從前。這一切，都要歸功於行政主廚Jean-Pierre Curtat。當餐點上桌，你馬上就能知道這麼多的獎牌是何而來，因為端上桌的並不只是食物而已，而是一種充滿大膽與細膩的精神。雖然以法式料理為基調，但無論是食材、烹飪手法還是擺盤視覺，都打破了傳統規則，融入許多國際元素。舉例來說，以晶瑩如薄紗般的法式肉凍，包裹住日本越光米，企圖營造出壽司的感覺，這正是蒙特婁人創意與個性的表現。

**MAP ▶ P.291B5** **Au Pain Doré**

🚇搭乘地鐵綠線至Peel站，步行約1分鐘 📍1455, rue Peel ☎(514) 843-3151 🕐平日07:30~17:00，週六08:00~18:00，週日09:00~17:00 💲$ 🌐atelier.aupaindore.com

Au Pain Doré是蒙特婁有名的連鎖麵包店，在城內一共有16家分店，如果你逛街逛到肚子餓了，或是不想花錢吃大餐，那就到這裡買個麵包果腹吧。不要覺得吃麵包好像很委屈，好吃的麵包總是會喚起許多幸福的記憶，這裡的法國棍子麵包(Baguette)外酥內細，還帶有一種自然的麥子香甜；而牛角麵包與可頌麵包也是香氣四溢，各式口味的水果塔與蛋糕更是令人垂涎。

MAP ▶ P.292B5 **Schwartz's**

🚇搭乘地鐵橘線至Sherbrooke站，步行約7分鐘 📍3895, Boul. Saint-Laurent ☎(514) 842-4813 🕐08:00～23:00（週五、六至24:00）💲三明治＄，排餐＄＄ 🌐schwartzsdeli.com ❶10:30後開始販賣肉類熱食

可別小看這家毫不起眼的小餐館，這可是蒙特婁人心目中排名第一的小吃店呢！Schwartz's開業於1928年，店內以各種燒烤肉類為主，人氣最高的招牌是燻肉三明治，這裡的燻肉都是依照猶太家傳祕方，以香草及香料精心燻製，無論在味道還是口感上皆屬上乘，既不會太鹹，也不會太乾，夾在抹有黃芥末醬的切邊吐司裡，實在是絕配，因此每到用餐時刻，店門外的人群總是嚴重影響附近交通。而Schwartz's的名人光環也是不容小覷，上自加拿大總理，下至影歌明星都是這裡的常客，尤其是加拿大天后席琳狄翁，她因為太愛Schwartz's，索性在2012年入股，直接從熟客變成老闆。

---

MAP ▶ P.292A4 **St.-Viateur Bagel & Café**

🚇搭乘地鐵橘線至Mont-Royal站，步行約7分鐘 📍1127, avenue du Mont-Royal E ☎(514) 528-6361 🕐每日07:00～20:00 💲＄ 🌐www.stviateurbagel.com

蒙特婁最有名的兩家Bagel店，一家是創業於1919年的Fairmount，另一家就是開業自1957年的St.-Viateur。好吃的祕訣，就在於Bagel總是熱騰騰地新鮮出爐，無論何時光顧，都能看到一盤盤Bagel從廚房內偌大的磚灶中端出。這些Bagel都是遵循古法以柴火烘烤，因此表皮格外酥脆，吃起來軟硬適中，密度恰到好處。除了單純的Bagel外，也有許多不同的Bagel套餐可以選擇，譬如傳統口味的Bagel內，就夾了數片厚厚的燻鮭魚，配上特製沾醬及朝鮮薊，令人意猶未盡。還有一種以肉泥混和肉凍的醬料，也很合Bagel的口感。

MAP ▶ P.292B4 **Resto la Banquise**

🚇搭乘地鐵橘線至Mont-Royal站，步行約10分鐘 📍994, rue Rachel E ☎(514) 525-2415 🕐24小時營業 💲＄ 🌐labanquise.com

Poutine是什麼？簡單的説，就是炸薯條，但如果真的説得那麼簡單，魁北克人可是會不高興的。基本款的Poutine是將炸薯條淋上香濃的肉汁，並加上半融化的瑞士起士，而這家Resto la Banquise的Poutine號稱全城第一，他們的Poutine多達29種，義大利臘腸、燻肉、嫩煎洋蔥、蘑菇、黑橄欖、培根等配料更創造出無窮變化，簡直就是把薯條當成披薩料理。在美式的簡單上賦予法式的講究，把薯條變成正港的「French Fries」，Poutine絕對是「新魁北克」小吃的代表典型。

---

**MAP ▶ P.291C1**

## 邦瑟克市場
### Marché Bonsecours

搭乘地鐵橘線至Champ-de-Mars站，步行約5分鐘 350, rue St.-Paul E 每日10:00起 www.marchebonsecours.qc.ca

邦瑟克聖母教堂旁那座有著醒目銀色圓頂的新古典主義式長型建築，怎麼樣也很難將它與市場聯想起來，事實上，當它於1847年建成時，的確是當作加拿大聯邦的議會大廈使用。在1852到1878年間，這裡也曾經是蒙特婁市政廳的所在，接下來的一個世紀內，這棟大樓又成了與市民生活息息相關的公共市場，邦瑟克市場的角色不斷在更替著。在經過一段時間的整修後，邦瑟克市場重新開放為交易市集使用，然而現在進駐的，不再是嘈雜喧囂的果菜攤販，而是品味獨具的設計師品牌。從服飾配件、珠寶首飾、復古傢俱，到繪畫雕塑與手工藝品，本地的藝術工作者們將蒙特婁的創意精神發揮得淋漓盡致。雖然賣的價格都不便宜，但還是有不少人願意掏出腰包，畢竟這裡的每一樣東西在世上都是獨一無二。

---

**MAP ▶ P.291B4**

## 伊頓中心 Centre Eaton

搭乘地鐵綠線至McGill站，出站即達 705, rue Sainte-Catherine O (514) 288-3710#0 平日10:00~21:00，週六10:00~19:00，週日11:00~17:00 www.centreeatondemontreal.com

伊頓中心是聖凱瑟琳街上最大的百貨公司，並且有地下道通往瑪麗城廣場與McGill地鐵站，與瑪麗城廣場同為地下城系統的中心。這裡的商家多達120間，大多數是加拿大本地潮牌，也有不少像是Levi's、Nike、Old Navy、UNIQLO等國際品牌，價位則偏向中下。此外，這裡的餐廳與飲料店多達42間，是個適合逛街的好地方。

---

**MAP ▶ P.292C6, A4, B1**

## 蒙特婁市場
### Marché de Montréal

www.marchespublics-mtl.com

◎ **愛瓦特市場 Marché Atwater**
搭乘地鐵橘線或綠線至Lionel-Groulx站，步行約5分鐘 138, avenue Atwater 09:00~18:00（週末至17:00）

◎ **珍塔隆市場 Marché Jean-Talon**
搭乘地鐵橘線或藍線至Jean-Talon站，步行約5分鐘 7070, avenue Henri-Julien 08:00~18:00（週日至17:00）

◎ **梅桑納弗市場 Marché Maisonneuve**
搭乘地鐵綠線至Pie-IX站，步行約15分鐘 4445, rue Ontario E 09:00~18:00（週日至17:00）

想要貼近蒙特婁人柴米油鹽的一面，建議你找時間逛一逛蒙特婁的室內市場。在蒙特婁市有4座市場，除了拉欣市場(Marché de LaChine)距離較遠外，愛瓦特市場、珍塔隆市場和梅桑納弗市場都在地鐵站附近。這些市場不只是一處販賣著魚肉蔬果的果菜市場，也提供了蒙特婁人最真實的日常面貌，每座市場大約都有數十家攤販，從麵包店、肉販、魚販、起士專賣店、花店、雜貨店，到小餐廳、點心吧等都有。每逢重要

節慶，也會舉辦慶祝的活動，如三月的楓糖漿節、四月的復活節、十月的南瓜節、年末的聖誕節等，人們都會聚在這些市場裡品嚐食物、選購東西，並分享著彼此的生活。

**MAP ▶ P.291A1-C5** **地下城市**
**Réseau Piétonnier Souterrain**

🚶地下城市以Rue St.-Urbain、Boul de Maisonneuve、Rue Peel和Avenue Viger包圍起來的區域最為密集,在許多商場或大樓前都可看到「RÉSO」的標誌,即是地下城入口。地鐵橘線Bonaventure站、Square-Victoria站、Place-d'Armes站、Berri-UQAM站、綠線Peel站、McGill站、Place-des-Arts站、Saint-Laurent站,以及中央火車站,皆是地下城市的通道

　　蒙特婁的冬天既寒冷又漫長,這對老是待不住家裡的蒙特婁人來說,實在難以忍受,於是便出現了地下城市的構想。當初瑪麗城廣場建造時,其地下便被設計為一處購物中心,並有通道與中央車站及周圍的建築相連,這便是地下城的濫觴。緊接而來的,是1967年的蒙特婁博覽會與地鐵線的開通,市中心的新大樓及地鐵站紛紛加入了這個地下城系統,一直到今天,地下城的規模已經涵蓋了數十棟辦公大樓,串連起10座地鐵站,通道總長綿延33公里。大多數建築物在地下城中的角色都是購物商場,有些還有餐廳、展覽空間,甚至電影院,從此不論外頭是刮風還是下雪,蒙特婁人照樣可以逛街享樂,就算一整個冬天都在地下渡過,生活也絲毫不受影響。

**MAP ▶ P.291B1-B6** **聖凱瑟琳街**
**Rue Saint-Catherine**

　　一個世紀以來,聖凱瑟琳街上便存在著一種恐怖的魔法,它會讓路上行人的荷包愈變愈扁,手上的購物提袋愈變愈多,這一方面除了要怪你自己抗拒不了誘惑,一方面也要怪聖凱瑟琳街上的誘惑實在太多。聖凱瑟琳街的精華路段從Avenue Atwater一直延伸到Rue St.-Urbain(光這個距離就讓人走到腿軟),蒙特婁主要的百貨公司如Bay、Eaton Centre、Place Montréal Trust、Complexe Les Ailes等都位於這條街上,其他如精品店門市、餐廳、劇院等更是不勝枚舉,堪稱蒙特婁排名第一的名店購物大街。

**MAP ▶ P.292A4-B4** **聖丹尼斯街 Rue Saint-Denis**

🚇搭乘地鐵橘線至Mont-Royal站或Sherbrooke站,步行約1分鐘 🏠最精彩的部分是介於Rue Roy及Avenue du Mont-Royal的這段

　　聖丹尼斯街是普拉朵區的主要商業大道,商店的種類五花八門,以各具特色的藝品店及家飾行最多,服飾店與戶外用品店也不少,接著是來自各國的異國料理餐廳。比起地下城市中的大型購物中心,這條街顯得更有個性,許多商家都是僅此一家別無分號。

# 魁北克市
# Québec City

在魁北克老城裡待上一天，常會使人誤以為自己身處歐洲，畢竟城牆、城門、堡壘這些元素，並不應該出現在美洲大陸上，而彎曲窄小的石板街道與高聳尖塔的石造教堂，更是讓魁北克市和法國小鎮無異。事實上，魁北克市也是北美洲唯一還保有城牆的城市，由於完整的城牆遺跡和大量防禦工事，見證了殖民時代英法兩強在此爭霸的歷史，讓魁北克市在1985年被聯合國教科文組織納入「世界遺產」城市之列。

魁北克在原住民語中意指「河流變窄的地方」，這裡是加拿大的歷史發源地，每走一步幾乎就是一棟古蹟、一個故事。由於居高臨下面對聖勞倫斯河，宰制了通往內陸的補給航運，因此自古以來就是兵家必爭之地，曾有小說家將魁北克市比喻為「北美的直布羅陀」。

從18世紀中葉開始，法軍就在鑽石岬(Cape Diamont)上建築要塞，城牆內是一般所稱的上城，古時是高級住宅區，大部分將領和新法蘭西總督都居住於此；而鑽石岬下方緊臨聖勞倫斯河的街區則是下城，是一般老百姓活動的商業區域，較有平民風格。今日的魁北克雖已失去戰略上的重要地位，但其集中的景點、鮮明的特色與異國情調，讓魁北克成為恐怕是全加拿大最值得一遊的觀光城市。

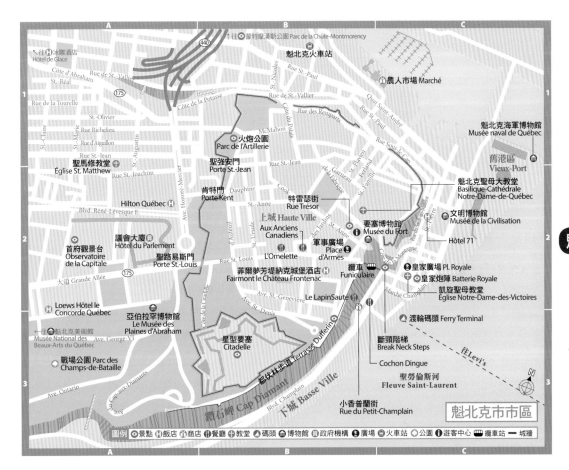

# INFO

## 基本資訊

**人口**：約55萬(市區)
**面積**：約427.7平方公里(市區)
**區域號碼**：418、581

## 如何前往

### 飛機

　　魁北克讓勒薩熱國際機場(機場代碼YQB)位於市區西南方16公里處，機場不大，只有1個航站。目前從台灣並無直飛魁北克的班機，旅客必須在多倫多轉機，飛行時間約1小時40分鐘。若是從蒙特婁或渥太華起飛，飛行時間則約1小時。

**魁北克讓勒薩熱國際機場**
**Aéroport international Jean-Lesage de Québec**
🚗 505, rue principale, Québec City, QC G2G 0J4
🌐 www.aeroportdequebec.com

### 火車

　　從加東各主要城市搭乘加拿大國鐵前往魁北克市，均需在蒙特婁或渥太華轉車。從蒙特婁至魁北克市一天有5班火車，車程約為3.5小時；而從渥太華有4班，車程約6小時。魁北克市車站位於上城與St. Roch區之間，步行即可抵達酒店區與各主要景點。

**魁北克市車站 Gare du Palais**
🚉 P.317B1
🚗 450, rue de la Gare du Palais, Québec, QC G1K 3X2
**加拿大國鐵 VIA**

www.viarail.ca

### 長途客運

魁北克市巴士總站位於火車站後方。從蒙特婁可搭乘奧爾良快車前往魁北克市，每日07:00~21:30間約有12班車，車程3小時15分鐘。

**奧爾良快車 Orléan Express**

www.orleansexpress.com

### 開車

魁北克市的主要聯外公路為Hwy 20與Hwy 40，前者沿聖勞倫斯河南岸，後者沿聖勞倫斯河北岸，均可通往蒙特婁，里程數約254公里。

## 機場至市區交通

### 租車

在行李轉盤外即可看到租車指標，循指標前往，可找到Hertz、Alamo/National、Enterprise、Avis、Budget、Thrifty等6家租車公司櫃檯。

### 計程車

欲搭乘計程車，可在機場服務櫃台查詢電話叫車。從機場到市中心，或從市中心到機場，公定價是$41.4 (夜間23:00~05:00為$47.6)。

### 公車

從機場雖有80號巴士前往市中心西邊，但至老城仍需經過多次轉乘，且班次極少，因此旅客大多搭乘計程車，或在機場租車至市區。

## 市區交通

### 公車

魁北克市的公車由RTC營運，分為4種類型：leBus是一般的公車，一般遊客最常使用到的是11號公車，這條路線行經下城、上城與城牆西邊，在渡輪碼頭、文明博物館、聖強安街、市政廳、聖路易街、議會大廈等處都有車站，最適合觀光客搭乘。

eXpress是快速公車，號碼為200~584；Métrobus則是BRT系統的專用道公車，號碼為800~807。至於Couche-tard則是在週五、六晚上行駛的夜間公車，號碼為904~992。

$單程票$3.75，一日票$9。5歲以下免費

**首府運輸局 RTC**

www.rtcquebec.ca

### 上城與下城之間

◎ **斷頸階梯 L'Escalier Casse-Cou**

連結上城與下城的主要車道為Côte de la Montagne，徒步的遊客多從小香普蘭街登上斷頸階梯來到這條路上。斷頸階梯的名字取得恐怖，源於美國觀光客戲謔地比喻，在古時木梯結構並不很穩固的情形下，走這段又陡又長的階梯可能會有摔斷脖子的危險。現在的階梯當然是安全無虞的，而它的存在也標示了1660年代市鎮計劃的一部分。

◎ **傾斜軌道車 Funiculaire**

若你真的不想爬樓梯，不妨乘坐傾斜軌道車進城吧，其歷史甚至還可追溯至1879年呢！雖然搭乘的時間只有短短兩分鐘，但卻能飽覽下城景色，也難怪這麼多人願意花錢搭乘。

下城入口在Maison Louis-Jolliet內，上城入口在都伏林步道上

每日09:00~21:00

$單程$5，117公分以下兒童免費

www.funiculaire.ca

只收現金

### 計程車

魁北克市的計程車，起錶價為$4.1，每公里跳錶$2.05，等待時間每分鐘跳錶$0.65。

### 魁北克-李維渡輪 Traverse Québec-Lévis

雄峙在懸崖頂端的芳堤納克城堡、險峻難攀的鑽

石岬、欣欣向榮的小香普蘭區、煙囪冒著白煙的舊港區，再配上江面浩蕩的聖勞倫斯河做為前景，便構成了魁北克老城最美的畫面。想要看到這樣的全景，就必須得登上從魁北克到李維市的渡輪。渡輪的存在其實是為了居住在河對岸的居民而設，但你會發現有趣的是，當渡輪向李維港邊靠岸時，大多數的乘客卻都留在船上，等著要原船返回魁北克，渡輪公司也因應這種附加的觀光功能，除了提供特大的露天甲板，還在甲板護欄貼上360度的景觀對應照片，堪稱一座會移動的觀景平台。

🔺碼頭位於10, rue des Traversiers
🔻每日06:30~02:20，大致上每30分鐘一班，單向航程約10分鐘
💲單程票：成人＄3.95，65歲以上＄3.35，6~15歲＄2.7
🌐www.traversiers.com

## 觀光行程

### Double Decker隨上隨下觀光巴士

由Unitours營運的雙層露天觀光巴士，每日從芳堤納克城堡酒店旁的軍事廣場發車，沿途停靠文明博物館、皇家廣場、首府觀景台、魁北克美術館、星型要塞等15個站點。

📞(418) 664-0460、1-800-267-8687
🔻5月中~10月底行駛，每日約09:00~16:00，每30~45分

鐘一班，詳細時刻請上官網查詢
💲成人＄49.99，6~12歲＄34.99。車票效期為連續2天
🌐www.toursvieuxquebec.com
🌏車上有中文語音導覽耳機

### Quebec City Guided Sightseeing River Cruises

Croisières AML營運的遊船，航行在聖勞倫斯河上，沿途可欣賞芳堤納克城堡酒店、鑽石岬、奧爾良島、蒙特摩漢斯瀑布的風景。

🔺登船碼頭為下城區的Chouinard Pier
📞1-866-856-6668
🔻5月中~10月底，每日11:30、14:00、16:00出發，行程約1.5小時
💲成人＄44.99，2~12歲＄10
🌐www.croisieresaml.com
🌏船上有中文語音導覽耳機

## 旅遊諮詢

### 魁北克市老城區遊客中心

🔺P.317B2
🔺12, rue Sainte-Anne
📞(514) 873-2015、1-877-266-5687
🔻每日09:00~17:00
🌐www.quebec-cite.com

上城與下城 Haute Ville & Basse Ville

**MAP ▶ P.317B1-C3**

# 舊城區

**MOOK Choice**

Vieux-Québec

**世界遺產的歷史風情**

　　上城是昔日的住宅區，在蜿蜒曲折的石板小道間，隱藏的是魁北克人數百年來的生活情調。較靠近北邊的聖強安街(Rue St.-Jean)，是當地人休閒娛樂的主要街道，白天的聖強安街匯集了許多商店，到了晚上則搖身一變為風情萬種的夜生活區，每一間鬧哄哄的餐廳和酒吧，幾乎都是高朋滿座，城內幾家出名的餐廳也位在這條街上。

　　相較於上城的街道，下城的小街小巷顯得更狹窄彎曲，屋齡的古老更不假修飾。鼎鼎大名的小香普蘭區就不用說了，舊港一帶的聖保羅街(Rue St.-Paul)也是值得一看的古董大街，這裡的古董大都是18至20世紀的傢俱或雜物，如煤油燈、杯盤、茶壺、古董相機、銀製餐具等，許多美國的古董迷甚至會遠道來此尋寶，因為這裡的價格大約只有美國的三分之一。

　　而聖皮耶街(Rue-Saint Pierre)原是銀行、企業行號的聚集地，這些機構遷走之後，留下的氣派建築有很多被改建為精品旅館，由於這些旅店風格典雅、房間數少，且高度個人化服務，相當受到菁英階級的遊客喜愛。

---

上城 Haute Ville

**MAP ▶ P.317B1-C3**

# 城塞

Fortifications-de-Québec

**見證城市防禦歷史**

**城塞導覽行程**

🏠在都伏林步道上的芳堤納克服務亭報名出發　☎(418) 648-7016　◗5月底至10月初每日10:30~16:30，每2小時一梯，行程2小時　💲成人＄8.5，65歲以上＄7，17歲以下免費

　　魁北克被列為世界遺產，就是因為它是北美唯一保有完整城牆的城市。城牆始建於1690年，因為在英軍攻擊下，法軍開始覺得需要建築更牢固的防禦工事，但是這些城牆到了七年戰爭(1756-1763)期間都還不是很穩固，因此1759年的亞伯拉罕會戰時，法軍統帥蒙卡姆才會決定出城迎戰。在魁北克正式成為英國殖民地後，城牆失去了防衛作用，然而到了1776年，防禦性的議題又再度受到重視，因為英國開始要煩惱新的敵人入侵

——宣告獨立的美國。

　　當英國結束和美國的敵對關係後，為了舒緩日益擴張的人口與交通，於是產生了拆除城牆和城門的提議，所幸在總督都伏林堅持下，城牆才得以被保留，而已經拆除的城門，也獲得重建的機會。今日的城牆總長約4.6公里，遊客若參加導覽團，可沿著城牆上的步道，回顧魁北克數個世紀以來的攻防史。

上城 Haute Ville

**MAP ▶ P.317B2**

# 菲爾夢芳堤納克城堡酒店

**MOOK Choice**

Fairmont le Château Frontenac

**永不褪色的經典奢華**

🏠1, rue des Carrières ☎(418) 692-3861、1-866-540-4460 💲$ $ $ $ $ $ 🌐www.fairmont.com/frontenac-quebec

若要票選全世界最上鏡頭的豪華旅館，芳堤納克城堡酒店肯定榜上有名，畢竟當初它的興建，就是那群靠著太平洋鐵路發達的富豪們，企圖為世間的奢華訂下新的標準。儘管奢華的定義隨著時代不斷改變，芳堤納克城堡酒店的風采卻仍停留在19世紀，但就是這種時空錯置的美感，喚起了人們對於宮廷、貴族的美好想像，也讓芳堤納克更加聞名。

青銅製的法式斜頂、老虎窗上的小尖塔、四周圍的圓樓城塔，在在令人聯想起16世紀的法國城堡，其實，這座酒店的建築靈感就是來自於以雪儂梭堡為首的法國羅亞爾河畔城堡群。負責操刀的建築師是布魯斯普萊斯(Bruce Price)，當時他已為太平洋鐵路公司建造了班夫溫泉酒店，自然成為新建案的當然人選，而他果然不負眾望，1893年落成的芳堤納克城堡酒店不但是他生涯的顛峰代表作，更成為魁北克市無可取代的地標。無論從軍事廣場、都伏林步道、首府觀景台，還是從下城區觀看，芳堤納克城堡都是整個視覺的重心所在，或許它和魁北克成為世界遺產並沒有多大關聯，但它無疑是這座世界遺產城市中的最佳主角。

如果你的預算充足，在城堡酒店裡住上一晚將會是體現奢華的最好方式，不然也可以在露台酒吧點杯飲料，對著聖勞倫斯河感受把酒臨風的豪情。總之，來到這裡絕對不能只從遠處遙望興嘆，因為酒店的內部和其外觀一樣，都華麗得叫人大開眼界。

**MAP ▶ P.317B2-B3**

# 都伏林步道

**MOOK Choice**

## Terrasse Dufferin

**人文風景絕美的步道**

**平底雪橇**

⌂ 售票處在滑道尾端的點心亭內　🕐 12月中~3月中，10:00~17:00（週五、六至21:00）　💲 一趟＄4，四趟＄12

　都伏林伯爵作為加拿大總督(1872~1878)，在當時的政爭中曾扮演重要的調和角色，這條沿著聖勞倫斯河，連接芳堤納克城堡酒店和星型要塞

的寬闊步道，就是以他為名。步道旁放置了數枚大砲，其中有兩隻炮筒上雕有俄國沙皇的雙頭鷹紋徽，這是因為俄國在克里米亞戰爭中被英國打敗，大砲才會被英軍帶到這裡。

　都伏林步道前有聖勞倫斯河的美景，後有魁北克無敵地標芳堤納克城堡，許多人都喜歡來這兒散步、拍照，或是在觀景亭中眺望對岸李維市的風景。到了冬天，都伏林步道又化身為刺激的平底雪橇滑道，從星型要塞前的斜坡上一路滑向芳堤納克城堡前，由於整條滑道都是用冰雕成，速度之快，可想而知，是當地由來已久的傳統娛樂。

**MAP ▶ P.317B2**

# 要塞博物館

## Musée du Fort

**戰爭聲光秀**

⌂ 10, rue Sainte-Anne　☎ (418) 692-2175　🌐 www.museedufort.com　❗ 目前整修中，預計2024年重新開放

　與其說這是一間博物館，不如說是一間歷史劇場，因為除了聲光秀之外，所有的展示就只有一柄火槍和幾幀照片而已。然而，就是那場精彩的聲光秀，讓這間博物館也成了魁北克老城的必遊景點之一。劇場以投影、模型、燈光及音效的方式呈現，依照歷史進程，描述了魁北克所經歷過的6次圍城攻防戰，包括1759年決定加拿大命運

的亞伯拉罕平原會戰，及1775年美軍將領班乃迪克阿諾德(Benedict Arnold)向魁北克的進擊。若你對戰史或戰略研究有興趣，相信這裡一定合你的胃口。

上城 Haute Ville

**MAP ▶ P.317B3**

# 星型要塞

MOOK Choice

## The Citadelle de Québec

### 北美最大四芒星型要塞

🏠1 Côte de la Citadelle ☎(418) 694-2800 ⏰5月底~9月初09:00~17:00；每30分鐘一梯導覽；9月初~5月底10:00~16:00，每小時一梯導覽。行程1小時 💲成人＄18，65歲以上＄16，11~17歲＄6 🌐www.lacitadelle.qc.ca ❗導覽有分英、法語，請注意梯次

**衛兵交接**
⏰6月底~9月初週三至週日10:00 (惡劣天氣除外)

從18世紀起，法國軍隊就開始在聖勞倫斯河旁的鑽石岬上進行防禦工事，但是這座北美最大的四芒星型要塞，卻是在1820~50年間由英軍建築完成的。今日的星型要塞仍然是加拿大皇家陸軍第22連隊的駐紮地，由於法語的「22」讀音近似「凡杜斯」(Van Doos)，所以第22連隊又別名「凡杜斯」。這支軍隊曾經在第一次世界大戰、

第二次世界大戰及韓戰中作戰，因此贏得不小的名聲。

參加要塞導覽團的話，可以參觀皇家陸軍第22連博物館(Royal 22nd Regiment Museum)，裡面收藏了不少自17世紀以來的武器、地圖與軍事藝術品。而環繞要塞高牆的步道，則提供了欣賞老城的絕佳視野。在夏季的早上，還有機會看到雄壯威武的衛兵交接儀式，而第22連隊的吉祥物：一隻名為「Batisse」的西藏山羊，也會出現在交接儀式中。

上城 Haute Ville

MAP ▶ P.317B2

# 魁北克聖母大教堂

## Basilique-Cathédrale Notre-Dame-de-Québec

### 北美最古老主教座堂

⌂ 16, rue de Buade ◷ 週一07:30~15:00，週二07:30~16:00，週三至週六07:30~17:00，週日08:45~17:00 ⊕holydoorquebec.ca

　　魁北克聖母大教堂始建於1647年，是當地天主教的主教座堂，也是北美洲墨西哥以北最古老的教堂。雖然教堂在1759與1922年時分別毀於兵燹與火災，但重建後的教堂仍依照原本的設計，還原了它華麗的巴洛克風格。

　　一邊是尖塔而另一邊為方樓是教堂最大的特色，這是因為教堂立基於斜坡上，為了保持重量平衡才做出如此不協調的設計。從教堂的外觀其實看不出內部竟是如此金碧輝煌，畫風細膩的彩繪玻璃、金光萬丈的聖殿祭壇和牆上裝飾的壁畫雕刻等，都很值得一看。其中面對著聖家庭神龕的一盞祭壇吊燈是教堂中最古老的遺跡，那是1663年法王路易十四送給魁北克第一任主教拉瓦

爾的禮物，是唯一逃過兩次災難而保留下來的珍寶。而包括芳堤納克在內的4位新法蘭西總督，和20多位主教也都埋葬於此。

---

上城 Haute Ville

MAP ▶ P.317B2

# 特雷瑟街

## Rue Trésor

### 老城裡的畫家巷

◷ 每日09:00~18:00（平日可能較晚才有攤位）

　　在這條小小的街道上，擠滿了前來賞畫買畫的觀光客，這裡匯集了大約20攤左右風格各異的畫攤，大部分均出自魁北克本地畫家之手。水彩畫、蠟筆畫、針筆畫、油畫，或是黑白素描、彩色噴漆，各攤都有各攤的特色，大多是描繪魁北克市春夏秋冬的風景。而在這些風景畫中，又以從各種角度表現芳堤納克城堡的畫作最受歡迎。畫家巷販賣的作品有些是量產的複製品，價格通常都很低，一張小幅的畫作通常只要10加幣，也經常會有特價行情，但若是畫家所繪的原作，那可就貴得多了，小幅的作品通常從50加幣起跳，如果畫家本人就在旁邊，價錢則還有討論的空間。

下城 Basse Ville

**MAP ▶ P.317C2**

# 凱旋聖母教堂

## Église Notre-Dame-des-Victoires

**帶來勝利的傳奇教堂**

🏠32, rue Sous-le-Fort　🕐週末10:00~17:00　休平日　🚇
www.notre-dame-de-quebec.org

　　教堂早在1688年便已建成，起源是由於當時的主教拉瓦爾希望能為下城居民建立一個信仰中心，它也是魁北克省現存最古老的石造教堂。在17至18世紀的魁北克，英國和法國為了此地豐沛的漁獵資源而爭奪不休，1690年，英軍上將菲普(William Phips)率領軍艦命令新法蘭西總督芳堤納克(Louis de Buade de Frontenac)投降，年邁的總督卻只回給菲普一句話：「聽我的槍砲聲吧」，後來菲普無功而返，居民將這次勝利歸功於教堂的庇祐。1711年，另一位英軍上將渥克(Hovenden Walker)又再度叩關，結果損失了幾艘船艦後也放棄攻城，居民們再度相信這座教堂的神力，從那時開始，就正式更名為「凱旋聖母教堂」。

---

下城 Basse Ville

**MAP ▶ P.317B2-B3**

# 小香普蘭區

**MOOK Choice**

## Quartier Petit-Champlain

**下城區的觀光大道**

　　下城的小香普蘭區是魁北克老城的發源地，這裡充滿活力的交易榮景，讓你有機會能親近魁北克的百姓面貌，儘管經歷法殖民的政權交替，人們依舊神采奕奕地為生計打拼。小香普蘭街是魁北克市最著名的觀光街道，不管一年四季，這裡永遠人來人往，除了慕名而來的各國觀光客外，當地人也會來此買東西，主要商品有繪畫、楓製品、毛皮、工藝品等。例如Atelier la Pomme這位本地設計師，便使用了回收原料，創作出許多不可思議的服飾和藝術品；L'Oiseau du Paradis中有許多利用棉紙製作的相本、筆記本、信紙信封等，甚至還有印製在棉紙上的浪漫情詩；La Soierie Huo風格獨具的印染製品和配件，則都是由魁北克當地一名女藝術家所設計創作。在這條街上的特色商店族繁不及備載，值得你花點時間好好逛逛。

**MAP ▶ P.317C2**

# 皇家廣場

MOOK
Choice

## Place Royale
**魁北克的城市起源**

1608年，法國探險家山繆香普蘭(Samuel de Champlain)以皇家廣場為基地，建立了一個社區，這不但是第一個在新法蘭西永久定居的社群，也是美洲法裔人口的起源。香普蘭有計劃地在此興建房屋及教堂，到了1660年，皇家廣場已經成為一個兼具公共市集、集會中心、處決刑場等多項功能的繁榮廣場了。法王路易十四的雕像在1686年時被設立在廣場上，這也是皇家廣場的名稱由來，但是沒多久就因為居民認為這座雕像妨礙交通，因而將之移走，現在的路易十四雕像則是1928年時，法國送給魁北克市的禮物。

皇家廣場的繁榮到19世紀之後略有消退，除了1832年的傳染病奪走不少人命外，英國正式接管加拿大之後的裁軍也有影響。商人們逐漸移往新崛起的上城居住，而皇家廣場和下城就變成單純的商業中心。由於原先廣場周圍的建築老舊，政府為了吸引觀光客至此，於1960年代加以重修，新的房屋仿照17世紀的建築風格，以石磚砌造，並建有防火牆、加裝斜梯的屋頂等結構，展現了古時建築的防火功能。

廣場上有面由12位來自魁北克和法國里昂的畫家所共同創作的超級大壁畫，壁畫運用了法國常見的視幻覺法(trompe l'oeil)，頗有一種虛實實的趣味。面積大約420平方公尺的壁畫，刻畫了17位和魁北克歷史有關的古今人物，例如卡蒂爾(Jacques Cartier)、香普蘭、拉瓦爾等等。壁畫完工於1999年的夏季，立刻便成為魁北克市的新興拍照景點。

下城 Basse Ville

**MAP ▶ P.317C2**

# 文明博物館

## Musée de la Civilisation

**從互動中學習文明進程**

🏠85, rue Dalhousie ☎(418) 643-2158 ⏱10:00~17:00
🚫9月初~6月底的週一 💲成人＄24，65歲以上＄23，
18~34歲＄19，12~17歲＄8，6~11歲＄5.5 ⓜmcq.org

　　開幕於1988年的文明博物館是魁北克最重要的博物館，其玻璃高塔、斜面採光與觀景平台的外觀設計，還曾讓它贏得建築獎項。9個展廳中有3間是常設展，分別展示魁北克市400年來從古到今的各種面向、揭開地球的神祕面紗，以及探索原住民的歷史文化等。而多樣化的特展展廳以互動、新穎為其訴求，摒棄一般博物館走馬看花的方式，讓遊客能真實參與其中，用另一種視角來思考我們身處的文明環境。而博物館中不時還可看到勞作或遊戲區，穿著古裝的館員以生動有趣的口吻，向孩子解說文明的奧妙，果真是寓教於樂的優良示範。

---

議會山 Colline Parlementaire

**MAP ▶ P.317A2**

# 議會大廈

**MOOK Choice**

## Hôtel du Parlement

**北美最古老的議會之一**

🏠1045, rue des Parlementaires ⓜwww.assnat.qc.ca
**導覽行程**
☎(418) 643-7239、1-866-337-8837 ⏱週一至週六
09:00~17:00，導覽時間約1小時 💲免費 ❗導覽有分英語及法
語梯次，記得要看清楚。需攜帶護照

　　魁北克的議會大概是加拿大歷史上最不凡的地方議會了吧！1867年，大英北美法案設立大英國協加拿大(Dominion of Canada)，魁北克省自始成為實體的行政區，擁有自己的立法會和議會，至今它仍然是北美最古老的議會之一。原本分為兩院的魁北克議會，現在為一院制，也就是國家議會，由一名副總督和125名代表組成，議員對法律進行投票，並且監督政府。

　　自從1976年，主張分離主義的魁北克人黨(Parti Quebecois)主政，魁北克議會就成為全國的政治焦點，除了舉世皆知的1980年和1995年兩次獨立公投，魁北克人在這段期間又數次推動分離主張的協定，雖然最後皆鎩羽而歸，但是魁北克人黨至今仍是聯邦政府最不敢忽視的聲音之一。

　　現在的議會大廈完成於1886年，正面建築上的22座青銅雕像群是在魁北克歷史上留名的重要人物，如探險家、傳教士、軍人等，而在正門上則雕刻了魁北克的著名箴言——「我記得」(Je me souviens)。議會大廈遊客中心提供免費的專人導覽，你不但可以更深入瞭解魁北克的議會系統，也能一窺議會大廈裡的典雅美麗。

議會山 Colline Parlementaire

MAP ▶ P.317A2

# 大道

## Grande Allée

### 典雅的餐廳大街

穿過聖路易門，你就離開了魁北克市的舊城區，而聖路易街也更名為大道。這條大道從國會大廈旁一直往西延伸，主要的商店和餐廳都分布在由Rue d'Artigny和Rue de l'Amerique Francaise前後所夾的大道上。這段路兩旁分布著典雅的法式建築，彩色屋頂和別緻的窗戶讓每一棟房屋看起來都很獨特，卻又十分協調地並列著。這些房屋目前多作為商店或餐廳之用，即使是連鎖速食店，也都以融入該區房屋特色來設計。

議會山 Colline Parlementaire

MAP ▶ P.317A2

# 首府觀景台

**MOOK Choice**

## Observatoire de la Capitale

### 俯瞰魁北克城全景

⌂1037, rue de la Chevrotière(位在31樓) ☎(418) 644-9841、1-888-497-4322 ◷10:00~17:00 (週四~週六至19:00) 休10月中~1月的週一 ⑤成人$14.75，65歲以上$11.5，6~17歲$7 ⊕observatoire-capitale.com

這座瞭望台高約221公尺，位於魁北克城最高的商業大樓頂端，從這裡不但可以俯瞰聖勞倫斯河及對岸的李維市，也能將芳堤納克城堡酒店、魁北克聖母大教堂、星型城塞和戰場公園一覽無遺。圍繞著觀景窗四周的導覽牌，上面提供英、法、西三種語言的標示，清楚地指出景點的對應位置和相關的故事背景，如果想對魁北克的歷史有一粗略了解，這裡可以說是最好的出發點，像是法國人登陸加拿大、新法蘭西的殖民歷程、英法兩軍的浴血戰役，到魁北克市的建城過程等等，都有詳盡的解說。

議會山 Colline Parlementaire

MAP ▶ P.317A3

# 戰場公園
## Parc des Champs-de-Bataille
### 改變歷史的重要場景

🚗 從聖路易門出城，沿左手邊的Ave Georges VI走，即可進入戰場公園 🕐 全年開放 💲 免費 🌐 www.theplainsofabraham.ca

**亞伯拉罕博物館 Le Musée des Plaines d'Abraham**

🕐 835, avenue Wilfrid-Laurier 🕐 每日09:00~17:00 💲 7月~9月初：成人＄21.5，13~17歲及65歲以上＄16.5，5~12歲＄8 (門票含45分鐘的亞伯拉罕巴士行程)。9月初~6月：成人＄13.25，長者及青年＄11，兒童＄4.5

　　這裡原名亞伯拉罕平原，因1646年這塊地的主人而得名。1759年時，這裡發生一場改變北美洲200多年歷史的戰役。當時「七年戰爭」正如火如荼地席捲世界，歐陸戰場的主角是普魯士，而在海外戰場則以英法之間的較量為主軸。英國的年輕統帥渥菲(James Wolfe)率領艦隊長驅直入聖勞倫斯河，卻在魁北克遭到法軍統帥蒙卡姆(Louis-Joseph de Montcalm)據險堅守，雙方僵持了3個月之久，眼看冬日將至，法軍以為英軍準備放棄，沒想到渥菲成功偷襲登陸，並在亞伯拉罕平原上佈陣，蒙卡姆擔心魁北克城牆經不起英軍猛攻，於是率軍出城迎戰。這場激戰在10分鐘之內就結束了，英軍大獲全勝，然而渥菲將軍卻中彈身亡，翌日，蒙卡姆也傷重不治。英軍攻佔魁北克後，切斷了新法蘭西的補給線，迫使蒙特婁在次年投降，於是整個加拿大在七年戰爭結束後都成了英國的殖民地。

　　現在，戰場公園是魁北克市民休閒運動的去處，公園佔地250英畝，除了好幾個紀念碑供後人憑弔，身兼遊客中心的亞伯拉罕博物館內，互動展覽則帶你回到1759年的那場戰役。

---

議會山 Colline Parlementaire

MAP ▶ P.317A3

# 魁北克美術館
## Musée National des Beaux-Arts du Québec
### 昔日囚禁犯人，今日收藏藝術

🚗 在大道上搭乘西向的11號公車，至Musée beaux-arts站即達 🏠 179 Grande Allée O. 📞 (418) 643-2150 🕐 10:00~18:00 (週三至21:00)，9~5月的週一 💲 成人＄12，18~30歲及65歲以上＄10，13~17歲＄5 (官網購票折＄2) 🌐 www.mnbaq.org ✨ 週三17:00後半價

　　其實過去的魁北克美術館算不上是值得一看的展覽館，因為館舍過於狹小，因此魁北克重要的美術作品大都由蒙特婁所收藏。但是這一切在1991年時有了改觀，原先位於美術館旁的魁北克市立監獄於1989年搬走後，其閒置的空間正好可以留給美術館使用，經過2年的整修合併後，新的展館面積大為增加，也讓這座位於一省首府的美術館終於獲得其應有的重要地位。加上2016年新開幕的展館後，現在魁北克美術館共有四棟展場，展出38,000件從17世紀至當代的藝術作品。

　　美術館的永久館藏中，較重要的有發跡於魁北克的加拿大名家作品，包括Charles Daudelin和Jean-Paul Riopelle等人在內。此外，因紐特人的原民藝術作品，這裡也收藏了不少。

魁北克近郊

MAP ▶ **P.317B1**

# 蒙特摩漢斯公園

MOOK Choice

## Parc de la Chute-Montmorency

### 氣勢滂礴的水幕震撼

🚗 從魁北克市中心開車約12公里 🏠 5300, boul. Sainte-Anne, Québec, G1C 0M3 ⏰ 全年開放 💲 成人＄7.57（淡季＄5.74），65歲以上＄6.96（淡季＄5.22），17歲以下免費 🌐 www.sepaq.com/chutemontmorency

**停車場**
⏰ 夏季約09:00~18:30，春、秋兩季約09:00~17:00，冬季約10:00~16:00 💲 小客車＄3.78

**纜車 Cable Car**
⏰ 夏季約09:00~18:30，春、秋兩季約09:00~17:00，冬季約10:00~16:00 🚫 11初~2月初 💲 成人＄14.95，65歲以上＄13.46，6~17歲＄7.48（當日不限次數搭乘）

**高空滑索 Zipline**
⏰ 5月底~10月初營運，每日11:00~16:00（6月底~8月底10:00~16:30）💲 成人＄30，18歲以下＄22.5（價錢含門票及停車費）

**懸崖攀爬 Via Ferrata**
⏰ 詳細出發時間請見官網 💲 成人＄39.5~51.5，兒童＄29.75~38.5（價錢含門票及停車費）⚠ 3條路線有不同年齡限制

　　公園位於魁北克市近郊，以法國殖民時代的總督蒙特摩漢斯(Charles de Montmorency)命名。公園的主要景點就是高約83公尺的蒙特摩漢斯瀑布(Montmorency Falls)，其落差是尼加拉瀑布的1.5倍，雖然不若尼加拉瀑布出名，不

過砅崖轉石的氣勢絕不遜色。春夏之時，雪水消融，水勢之大，彷彿要將地表戳穿一般；冬天的瀑布更具奇趣，被水氣沖高的新雪堆積在夏日的觀瀑平台上，成為一座壯觀的雪丘，當地人稱為「sugar loaf」，還有許多攀岩好手前來挑戰瀑布周圍凍結的冰牆。

　　整座公園擁有規劃完善的休閒設施，你可以沿著步道，經過兩座小橋，再走下一段曲折的階梯，從各種不同的角度欣賞瀑布的霸氣美感。不想走太多路的話，也可以搭上纜車，直接到達觀瀑平台所在的那一邊；膽子夠大的人，還可以挑戰高空滑索飛越瀑布，或是利用鐵梯在瀑布邊的懸崖上攀爬。公園裡也有餐廳、自行車道、野餐桌等設施，如果有充裕的時間，不妨在這裡消磨悠閒的一天。

## Where to Eat in Québec City
## 吃在魁北克市

### 上城 Haute Ville

**MAP ▶ P.317B2** **Aux Anciens Canadiens**

📍34, rue Saint-Louis ☎(418) 692-1627 🕐每日12:00~21:00
💲 $ $ $ $ 🔗auxancienscanadiens.qc.ca

　　古加拿大人餐廳所在的紅頂白牆建築，大約是在1675~76年間
建成，堪稱現存魁北克上城中最古老的房屋，當時名為「賈各之
屋」。打從1966年成為古加拿大人餐廳以來，這裡始終以美味的
家鄉料理和溫馨的用餐環境，吸引著世界各地的遊客前來大快朵
頤。魁北克肉派是這裡的招牌菜，瀰漫著蔬菜和燉肉混合的濃郁
香味；楓糖鴨是另一道名菜，甜甜的楓糖漿讓鴨肉滲出極好的口
感。鮮奶油楓糖漿派是明星級的點心，而做法特別的蘋果起士蛋
糕，將新鮮的蘋果片藏在爽口的起士蛋糕下層，最適合搭配香草
茶享用。

### 下城 Basse Ville

**MAP ▶ P.317B2** **Le Lapin Sauté**

📍52, rue du Petit-Champlain ☎(418) 692-5325 🕐
11:00~21:00 (週二16:00起) 🚫週一 💲 $ $ $ 🔗www.
lapinsaute.com

　　說這是一家「兔子主題餐廳」，可一點也不為過，餐廳裡
的佈置就像是兔子住的鄉村莊園，而菜單上秀出的兔子菜，
也從烤的、煮的、燉的，到兔肉、兔腿、兔派都有。餐廳也
有為捨不得吃兔寶寶的人著想，以牛肉或雞肉所烹調的主菜
也相當美味可口。特別要推薦的是開胃菜的家鄉味自製糕
餅，香香熱熱的可頌餅皮內夾著起士火腿，絕對值得一試。

### 下城 Basse Ville

**MAP ▶ P.317B2** **Cochon Dingue**

📍46, Boul. Champlain ☎(418) 692-2013 🕐08:00~21:00
(週二、三至14:00) 💲特餐及早餐 $ $，主餐 $ $ $ 🔗
www.cochondingue.com

　　儘管店名叫做「瘋豬」，但這裡賣的可不是只有豬肉料理
而已。Cochon Dingue有兩大招牌，一是用楓木燻烤的豬肋
排，烤得香嫩的肋排裹上一層鹹鹹甜甜的楓糖烤肉醬，無論
口感、味道都很相宜，實在吮指過癮。另一道是牛排配薯
條，主廚用的是熟成30天的牛肉，滋味的確美妙，在平價餐
館中更顯得物超所值。另外，這還有供應炸魚片、燻鮭魚
等海鮮餐點，以及三明治、龍蝦捲等輕食。

# The Savvy Traveler
# 聰明旅行家

文●蔣育荏　攝影●墨刻攝影組

## 簽證辦理

　　自2010年11月22日起，持有由外交部核發的中華民國護照，且護照內註有國民身分證字號的遊客，不需申請加拿大簽證，即可入境加拿大。

　　台灣民眾在加拿大可享有最長6個月的免簽證待遇，但若是要前往加拿大工作、留學，或是旅行時間超過6個月，就必須要申請相關簽證。

　　若還有相關疑問，可洽詢加拿大駐台貿易辦事處或加拿大簽證申請中心。

**加拿大駐台北貿易辦事處**
📍台北市信義區松智路1號6樓
☎(02) 8723-3000
🕐週一至週四08:15~12:00、12:30~17:00，週五08:15~12:45
🌐international.gc.ca/world-monde/taiwan

**加拿大簽證申請中心**
📍台北市信義區松仁路97號(第二交易廣場)7樓A室

### 入境海關

　　入境加拿大海關常會使人心生畏懼，這裡提供一些應答技巧。面對海關人員時，保持輕鬆自然的表情，避免面露緊張不安的神色；對於海關人員的問話，盡可能簡短確實，避免節外生枝，記住，你的目的是通過海關，而不是和海關人員聊天，因此度假就是度假，觀光就是觀光，千萬不要提到「找朋友」或是扯一些不相關的事。海關的問題通常是你到加拿大的目的、停留天數長短、會去哪些城市、身上帶了多少錢(是否足夠支付旅程)等，回答問題時前後要一致，簡明扼要，很快便可通過。

　　其實海關就只是想知道你會不會賴在加拿大不走，因此過海關之前，也可先把第一天的住宿證明、回程機票準備好，以備海關要求時立即出示。

☎0080-149-1261、0080-149-1152
🕐週一至週五09:00~17:00
🌐www.vfsglobal.ca/Canada/Taiwan

### 電子旅行證 eTA

　　這是來自加拿大政府的新規定，與入境美國的ESTA相似，自2016年3月15日起，持有免簽證護照的旅客搭乘飛機入境加拿大者，需要事先申請eTA(意即持有加拿大簽證者，與經由陸路或海路進入加拿大者，無需申請)。

### ◎如何申請

　　eTA為線上申請，網址為：www.canada.ca/en/immigration-refugees-citizenship/services/visit-canada/eta.html。申請表僅有英文或法文版本，若擔心填錯，該網頁上也可下載繁體中文的填寫說明。填寫完表單後，需以信用卡繳交申請費，費用為7加幣，大約幾分鐘後就能得知申請結果。申請完成，不必列印，帶著申請時的護照前往加拿大即可。(但若是從美國搭乘飛機前往加拿大，美國航空公司會要求看eTA的紙本證明，最好事先把通過核可的email頁面列印下來，美國機場的印表機很貴！)

### ◎效期

　　5年或護照到期日，以先到期者為準。

## 交通資訊

### 飛航資訊

#### ◎從台北到溫哥華

　　目前在台灣提供直飛溫哥華航線的，有長榮航空、中華航空2家航空公司，長榮的BR10與華航的CI32，每日從桃園機場第二航廈起飛，至溫哥華機場國際航廈降落。至於加拿大航空的AC6546則是與長榮航空聯營，搭乘的是BR10的商務艙。從台北直飛溫哥華，飛行時間去程約11小時，回程約12小時。

#### ◎從台北到多倫多

　　長榮航空目前有提供台灣直飛多倫多的航線，其BR36班機每日1班，從桃園機場第二航廈起飛，降落

在皮爾森機場第一航廈。去程約14小時，回程約15小時。

### ◎飛往加拿大其他城市

可在溫哥華或多倫多轉乘加拿大航空或西捷航空的國內班機。若是入境時轉乘，記得預留在海關辦理入境手續的時間(至少2小時)。

**加拿大航空 Air Canada**

📱 www.aircanada.com

**西捷航空 West Jet**

📱 www.westjet.com

### ◎台灣飛航加拿大主要航空公司

| 航空公司 | 飛行城市與航班 | 訂位電話 | 網址 |
|---|---|---|---|
| 中華航空 | 每日直飛溫哥華 | (02) 412-9000 | www.china-airlines.com |
| 長榮航空 | 每日直飛溫哥華與多倫多 | (02) 2501-1999 | www.evaair.com |
| 聯合航空 | 台北經舊金山飛往溫哥華與多倫多 | (02) 2325-8868 | www.united.com |
| 國泰航空 | 台北經香港飛往溫哥華與多倫多 | (02) 7752-4883 | www.cathaypacific.com |
| 大韓航空 | 台北經首爾飛往溫哥華與多倫多 | (02) 2518-2200 | www.koreanair.com |

## 火車資訊

加拿大說起來，是個比較適合開車旅行的國家，尤其是加拿大西部，因為加西的火車路線較少，旅行時間又長，搭乘火車的，多半是喜歡慢旅行的乘客。但加拿大東部就不同了，主要的城市都有火車經過，而且班次也多，不失為城際交通的好方式。

**加拿大國鐵 VIA**

📱 www.viarail.ca

### ◎購買車票

如果有搭乘火車的打算，建議愈早在官網上買票愈好，說不定可以搶到優惠的Escape票，這種票數量有限，先搶先贏，價錢有時只需Economy票價的一半，雖然不能退票，但可改期。

其他等級的車票還有Economy、Economy Plus、Business、Business Plus等數種，差別在於退票規定、行李限額、車上餐飲等，而Business以上的票種在候車時還可進入車站貴賓室。

在線上以信用卡結帳後，將車票列印下來，上面的二維條碼就是你上車的憑證。

### ◎行李

大部份的火車可以托運行李，限額為每人2件23公斤以內的大件行李。至於隨身行李方面，購買Economy車票的乘客可攜帶1件手提行李和1件23公斤以內的大型行李(或2件11.5公斤以內的小型行李)上車；而購買Business車票的乘客可攜帶1件手提行李和2件23公斤以內的大型行李上車。

### ◎車上設施

火車上有免費Wi-Fi與充電插座可以使用。

# 旅遊資訊

## 時差

幅員廣大的加拿大從西向東共分為6個時區，包括溫哥華、維多利亞等城市在內的絕大部分卑詩省，屬於太平洋時區(Pacific Time Zone)，夏令時間比台灣慢15個小時，其他月份則慢16個小時。洛磯山脈地區與亞伯達省，則屬於北美山區時區(Mountain Time Zone)，比太平洋時區快1個小時，也就是夏令時間比台灣慢14個小時，其他月份則慢15個小時。加東地區的安大略省及魁北克省，採用東部時區(Eastern Time Zone)，夏令時間比台灣慢12個小時，其他月份則慢13個小時。

## 貨幣與匯率

台幣兌換加幣(CAD)約為24:1 (實際匯率會有變動)。

加拿大錢幣區分為紙鈔及硬幣，硬幣面額有5¢(Nickel)、10¢(Dime)、25¢(Quarter)、50¢(Half dollar，已很少見)、$1(Loonie)、$2(Toonie)；紙鈔面額則有$5、$10、$20、$50、$100。原本硬幣還有1¢(penny)，但已在2013年正式停用，因此有時商品加上購物稅後，雖然發票上還是會出現0.05元以內的數字，商家實際收取的現金卻已經過四捨五入。

在許多時候，美金也會被加拿大的店家接受，但他們並不會找還匯差的部分。至於主要的信用卡，如VISA、MasterCard、American Express等，大多能在境內各商家廣泛使用。

## 小費

加拿大多數服務人員的薪資結構中，並不包含服務費這一項，小費於是成了他們主要的收入來源。因此在加拿大接受服務，必須給予小費才不會失禮。給小費的參考標準如下：

**餐廳：**通常為帳單稅前金額的15~20%，如果覺得服務十分周到，給到25%的也大有人在，反之如果覺得不滿意，給10%就算明示服務生要自己檢討。若是一毛小費也沒給，那是十分嚴重的事，有些服務生是不肯善罷干休的。

**計程車：**小費約為10~15%，若請司機幫忙提行李，則可再多一點。由於大部分計程車是不找零的，如果付給大鈔的話，可能會被他們當成慷慨的小費，請多加注意。

**旅館：**清潔服務每晚$1~2元，高級酒店的行情最多可以給到每晚$5元。搬運行李或招呼計程車則是$1~2元。

### ◎給小費的方式

刷卡的話，在簽單金額下的Tip欄位寫上要給的小費金額，再把付帳的總額填入總金額欄位內，習慣上都會湊成整數。不過，目前有愈來愈多餐廳喜歡把小費金額打在收據上，而小費要給多少，總不能由餐廳決定，於是服務生在結帳時會把刷卡機給你，讓你自己來操作。首先檢查金額，看看是否正確，沒錯的話就按下「OK」，然後選擇你要給小費的方式，看是選擇「%」讓機器自己去算出百分比，還是直接輸入你想要付的金額數字，最後確認總額是否正確，按下「OK」後機器就會列印簽單，在上面簽名即可。

付現的話，把找回的零錢湊足要給的小費金額留在桌上。在某些較小的店裡，收銀台前會放一個小費罐，把找回的散零丟進去即可。至於速食店或快餐店等自行在櫃檯點餐的餐廳，則沒有給小費的必要。

## 消費稅

在加拿大購物，你會發現發票金額多了兩個稅，一個是聯邦政府課徵的「商品及服務稅」(GST)，另一個是由各省課徵的銷售稅(PST)，通常商品都只會標示原價，下手之前最好自己先計算一下。另外，自2007年開始，加拿大已取消外國遊客退稅的政策。

本書範圍內各省的消費稅如下：

| | GST | PST | 合計 |
|---|---|---|---|
| 卑詩省 | 5% | 7% | 12% |
| 亞伯達省 | 5% | 0% | 5% |
| 安大略省 | 5% | 8% | 13% |
| 魁北克省 | 5% | 9.975% | 14.975% |

## 電壓

加拿大的電壓為110伏特、60赫茲，插座型式與台

---

### 夏令時間

夏令時間又稱日光節約時間，因為在高緯度的國家，冬季與夏季的日照長短落差很大，為使人們配合日光作息，因而有此規定。每個國家的夏令時間不盡相同，而美國在2005年修法延長後，加拿大也立刻修法跟進，與美國維持一致。目前公告的夏令時間是從每年3月份的第2個週日開始，將時鐘調快1個小時，到11月份的第1個週日結束，再將時鐘調慢1個小時。

> ### 為何電話號碼是英文字母？
>
> 　　美加許多提供服務的業者，都有免付費電話，其開頭為1-800、1-888、1-887等，但要注意的是，這些免付費電話都只能在加拿大國內與美國撥打；從台灣撥出，一樣以國際通話費率計算。此外，有些業者的電話號碼為了方便大家記憶，會使用英文字母代替，各字母所對應的數字如下：ABC（2）、DEF（3）、GHI（4）、JKL（5）、MNO（6）、PQRS（7）、TUV（8）、WXYZ（9）。

灣相同，因此不需攜帶轉換插頭。

## 打電話

### ◎台灣撥打加拿大
　　002-1-區域號碼-電話號碼

### ◎加拿大撥打台灣
　　011-886-(區域號碼去掉0)-電話號碼（若以手機撥打，可用「＋」來代替國際冠碼002或011）

### ◎加拿大撥打國內市話
　　直接撥打7位數電話號碼

### ◎加拿大撥打長途電話
　　1-區域號碼-電話號碼

## 飲水

　　基本上，加拿大的自來水是可以生飲的，而且許多地方自來水的水質甚至比瓶裝水還要好。

## 治安

　　加拿大整體來說，治安還算不錯，而東部的安大略和魁北克又比西岸的卑詩省要好。不過即使是安全的城市，也還是會有治安較差的區域，譬如溫哥華的東區(Downtown Eastside)就是該城市有名的黑區。總之，出門在外還是要保持應有的警覺，多留意周遭環境。人多擁擠時要小心扒竊，錢包最好收在身上的暗袋，避免外露，裡面也不要同時放太多現金。深夜避免獨自外出，儘量少在夜間前往偏僻的街區。

### ◎緊急聯絡電話

**旅外國人急難救助全球免付費專線**：011-800-0885-0885 (在加拿大僅可使用市內電話免費撥打，而行動電話與公共電話則無法撥打)

**中華民國旅外國人緊急服務專線**：+886-800-085-095 (國外撥打回國須自付國際電話費用)

**駐加拿大台北經濟文化代表處：**
🏠45 O'Connor St, Suite 1960, Ottawa, ON K1P 1A4
☎(613) 231-5080、急難救助電話為1-613-762-6090

**駐多倫多台北經濟文化辦事處：**
🏠151 Yonge St, Suite 501, Toronto, ON M5C 2W7
☎(416) 369-9030、急難救助電話為1-416-587-8111

**駐溫哥華台北經濟文化辦事處：**
🏠650 West Georgia St, Suite 2200, Vancouver, BC V6B 4N7
☎(604) 689-4111、急難救助電話為1-604-377-8730

**當地報案** ☎911

## 法語區常見法文

| 東 | est | 免費 | gratis |
|---|---|---|---|
| 南 | sud | 星期一 | lundi |
| 西 | ouest | 星期二 | mardi |
| 北 | nord | 星期三 | mercredi |
| 停 | arrêt | 星期四 | jeudi |
| 公路 | autoroute | 星期五 | vendredi |
| 車站 | gare | 星期六 | samedi |
| 出口 | sortie | 星期日 | dimanche |
| 機場 | aéroport | 男 | homme |
| 車子 | voiture | 女 | femmes |

# 加拿大
**M OO K NEWAction** no.76
Canada

作者
蔣育荏・墨刻編輯部

攝影
墨刻攝影組

主編
蔣育荏

美術設計
李英娟・駱如蘭 (特約)

地圖繪製
Nina (特約)・墨刻編輯部

出版公司
墨刻出版股份有限公司
地址：台北市104民生東路二段141號9樓
電話：886-2-2500-7008
傳真：886-2-2500-7796
E-mail：mook_service@cph.com.tw
讀者服務：readerservice@cph.com.tw
墨刻官網：www.mook.com.tw

發行公司
英屬蓋曼群島商家庭傳媒股份有限公司城邦分公司
地址：台北市104民生東路二段141號2樓
電話：886-2-2500-7718　886-2-2500-7719
傳真：886-2-2500-1990　886-2-2500-1991
城邦讀書花園：www.cite.com.tw
劃撥：19863813
戶名：書虫股份有限公司

香港發行所
城邦(香港)出版集團有限公司
地址：香港灣仔駱克道193號東超商業中心1樓
電話：852-2508-6231
傳真：852-2578-9337

馬新發行所
城邦(馬新)出版集團 Cite (M) Sdn Bhd
地址：41, Jalan Radin Anum, Bandar Baru Sri Petaling,
57000 Kuala Lumpur, Malaysia.
電話：(603)90563833
傳真：(603)90576622
E-mail：services@cite.my

製版・印刷
藝樺設計有限公司・漾格科技股份有限公司印

經銷商
聯合發行股份有限公司（電話：886-2-29178022）
誠品股份有限公司
金世盟實業股份有限公司

城邦書號
KV3076

定價
499元

ISBN
978-986-289-900-7・978-986-289-901-4(EPUB)
2023年8月初版

首席執行長　Chief Executive Officer
何飛鵬　Feipong Ho

生活旅遊事業總經理暨墨刻出版社長　PCH Group President & Mook
Managing Director
李淑霞　Kelly Lee

總編輯　Editor in Chief
汪雨菁　Eugenia Uang

資深主編　Senior Managing Editor
呂宛霖　Donna Lu

編輯　Editor
趙思語・唐德容・陳楷琪・王藝霏
Yuyu Chew, Tejung Tang, Cathy Chen, Wang Yi Fei

資深美術設計主任　Senior Chief Designer
羅婕云　Jie-Yun Luo

資深美術設計　Senior Designer
李英娟　Rebecca Lee

影音企劃執行　Digital Planning Executive
邱茗晨　Mingchen Chiu

資深業務經理　Senior Advertising Manager
詹顏嘉　Jessie Jan

業務經理　Advertising Manager
劉玫玟　Karen Liu

業務專員　Advertising Specialist
程麒　Teresa Cheng

行銷企畫經理　Marketing Manager
呂妙君　Cloud Lu

行銷企畫專員　Marketing Specialist
許立心　Sandra Hsu

業務行政專員　Marketing & Advertising Specialist
呂瑜珊　Cindy Lu

印務部經理　Printing Dept. Manager
王竟為　Jing Wei Wan

國家圖書館出版品預行編目資料

加拿大/墨刻編輯部作. -- 初版. -- 臺北市：墨刻出版股份有限公司
出版：英屬蓋曼群島商家庭傳媒股份有限公司城邦分公司發行，
2023.08
336面；16.8×23公分. -- (New action；76)
ISBN 978-986-289-900-7(平裝)
1.CST: 旅遊 2.CST: 加拿大
753.9　　　　　　　　　　112011234